Primeiros elogios ao Use a Cabeça Data Analysis

"Já era hora de publicarem um guia direto e abrangente sobre análise de dados, que tornasse o aprendizado dos conceitos simples e divertidos. Esse livro vai mudar seu modo de pensar e abordar os problemas, utilizando técnicas comprovadas e ferramentas gratuitas. Os conceitos são muito bons na teoria, mas são ainda melhores na prática."

— Anthony Rose, Presidente da Support Analytics

"*Use a Cabeça Data Analysis* desenvolve um trabalho fantástico ao passar para o leitor métodos sistemáticos para analisar os problemas do mundo real. Desde o café até pedir um aumento, *Use a Cabeça Data Analysis* mostra ao leitor como encontrar e destravar o poder dos dados na vida cotidiana. Através do uso de gráficos e recursos visuais, e até mesmo programas de computadores como Excel e R, *Use a Cabeça Data Analysis* possibilita que leitores de todos os níveis consigam entender como a sistemática pode melhorar a tomada de decisões, sejam elas grandes ou pequenas."

— Eric Heilman, professor de estatística, Escola Preparatória de Georgetown

"Perdido em uma montanha de dados? Permita que Michael Milton seja seu guia à medida que você enche sua caixa de ferramentas com habilidades analíticas. No *Use a Cabeça Data Analysis*, você vai aprender como transformar números crus em conhecimento de verdade. Pode guardar seu tabuleiro Ouija e suas cartas de tarô; para tomar boas decisões você só precisa de alguns programas de computador e uma cópia desse livro."

— Bill Mietelski, engenheiro de software

CB035433

Elogios sobre outros livros da série Use a Cabeça

"O livro *Use a Cabeça Java* de Kathy e Bert transforma as páginas impressas na coisa mais próxima a uma interface gráfica que você já viu. De maneira atualizada e destorcida, os autores fazem do aprendizado de Java uma experiência encantadora com a expectativa de "o que eles vão fazer depois?""

— **Warren Keuffel, Software Development Magazine**

"Além do estilo envolvente que te arrasta do estágio não saber nada para a fase guerreiro de Java, o *Use a Cabeça Java* cobre uma enorme quantidade de assuntos práticos que outros textos apresentam como o temido "exercício para o leitor...". É um livro muito engenhoso, atualizado, destorcido e prático — não existem muitos livros que conseguem fazer essa alegação e superar as expectativas enquanto ainda te ensina sobre serialização de objeto e protocolos de lançamento na rede."

— **Dr. Dan Russel, diretor do Centro IBM de Pesquisa em Almaden (e professor de inteligência artificial na Universidade de Standford)**

"É rápido, irreverente, divertido e envolvente. Cuidado — você provavelmente vai aprender alguma coisa!"

— **Ken Arnold, ex-Engenheiro Sênior da Sun Microsystems, co-autor (com James Gosling, criador de Java) do *A Linguagem de Programação Java***

"Eu me sinto como se uma tonelada de livros tivesse sido lançada da minha cabeça."

— **Ward Cunningham, inventor da Wiki e fundador do Grupo Hillside**

"O tom perfeito para quem não é *geek*. A referência certa para estratégias de desenvolvimento prático — faz o meu cérebro funcionar sem ter de ralar em uma série de aulas cansativas."

— **Travis Kalanick, fundador da Scour e Red Swoosh, membro do MIT TR100**

"Existem livros que você compra, livros que você guarda, livros que ficam na sua escrivaninha e graças a O'Reilly e a equipe do *Use a Cabeça*, existe a última categoria, os livros *Use a Cabeça*. Esses livros são aqueles com orelhas, deformados, que você carrega pra cima e pra baixo. *Use a Cabeça SQL* está no topo da minha pilha. Nossa, até o PDF que eu tenho de revisar está surrado."

— **Bill Sawyer, gerente de currículos, Oracle**

"A admirável clareza, humor e doses exatas de inteligência deste livro fazem dele o tipo de livro que ajuda até os não-programadores a pensar bem sobre a solução de problemas."

—**Cory Doctorow, co-editor de BoingBoing, autor de *Down and Out in the Magic Kingdom*, e *Someone Comes to Town, Someone Leaves Town***

Elogios sobre outros livros da série Use a Cabeça

"Eu recebi o livro ontem e comecei a ler… e não consegui parar. Isso é muito tri legal. É divertido, mas abrange muitas coisas, e os autores vão direto ao ponto. Estou realmente impressionado."

— Erich Gamma, engenheiro da IBM, e co-autor de *Padrões de Projeto*

"Um dos livros mais divertidos e inteligentes sobre design de softwares que já vi."

— Aaron LaBerge, vice presidente de tecnologia, ESPN.com

"Aquilo que costumava ser um longo processo de aprendizagem à base de tentativas e erros foi reduzido primorosamente à uma brochura."

— Mike Davidson, CEO, Newsvine Inc.

"O design elegante faz parte de todos os capítulos deste livro, cada conceito expresso com doses homogêneas de pragmatismo e humor."

— Ken Goldstein, vice presidente executivo da Disney Online

"Eu ♥ o *Use a Cabeça HTML com CSS & XHTML* — ele ensina tudo o que você precisa aprender de maneira divertida."

— Sally Applin, designer e artista de interface de usuário

"Geralmente quando estou lendo um livro sobre padrões de projeto, eu preciso parar e mexer os olhos para ter certeza que ainda estou prestando atenção. Mas não com este livro. Eu sei que pode parecer estranho, mas este livro consegue tornar o aprendizado de padrões de projeto divertido."

"Enquanto outros livros sobre padrões de projeto estão dizendo… 'Buehler… Buehler… Buehler…', este livro está na frente dizendo 'Vamos agitar, galera!'"

— Eric Wuehler

"Eu literalmente amo este livro. Na verdade, eu beijei este livro na frente da minha mulher."

— Satish Kumar

Outros livros da série Use a Cabeça da O'Reilly

Use a Cabeça! Java
Use a Cabeça! Análise e Projeto Orientado ao Objeto
Use a Cabeça! HTML com CSS e XHTML
Use a Cabeça! Padrão de Projetos
Use a Cabeça! Servlets e JSP
Use a Cabeça! EJB
Use a Cabeça! PMP
Use a Cabeça! SQL
Use a Cabeça! Desenvolvimento de Software
Use a Cabeça! JavaScript
Use a Cabeça! Ajax
Use a Cabeça! Física
Use a Cabeça! Estatística
Use a Cabeça! Rails
Use a Cabeça! PHP & MySQL
Use a Cabeça! Algebra
Use a Cabeça! Web Design
Use a Cabeça! Redes de Computadores
Use a Cabeça! C#

Use a Cabeça Análise de Dados

> Não seria um sonho ter um livro sobre que não fosse simplesmente uma impressão glorificada dos arquivos de ajuda do Microsoft Excel? Mas isso deve ser só um sonho...

Michael Milton

ALTA BOOKS
EDITORA

Rio de Janeiro 2010

Use a Cabeça Análise de Dados Copyright © 2010 da Starlin Alta Con. Com. Ltda.
ISBN: 978-85-7608- 468-6

Produção Editorial:
Starlin Alta Con. Com. Ltda

Gerência de Produção:
Maristela Almeida

Coordenação Administrativa:
Anderson Câmara

Tradução:
Lilian Rejane

Revisão Gramatical:
Auri Alberto Weimer
Marcia Helena

Revisão Técnica:
André Félix
Mestre em tecnologia-
Engenharia de software
(SCJA/SCJP) e java web

Diagramação:
Lucia Quaresma

Fechamento:
Gustavo de Oliveira Soares

ALTA BOOKS
EDITORA
Rio de Janeiro 2010

Rua Viúva Cláudio, 291 – Bairro Industrial do Jacaré
CEP: 20970-031 – Rio de Janeiro – Tel: 21 3278-8069/8419 Fax: 21 3277-1253
www.altabooks.com.br – e-mail: altabooks@altabooks.com.br

Dedicado à memória de minha avó, Jane Reese Gibbs.

Autor do livro Use a Cabeça Análise de Dados

Michael Milton

Michael Milton passou a maior parte de sua carreira ajudando as organizações sem fins lucrativos a melhorar suas arrecadações, através da interpretação e estudo dos dados que eles obtinham de seus contribuidores.

Ele é formado em filosofia no New College da Flórida e em ética religiosa na Universidade de Yale. Ele achou a leitura de *Use a Cabeça* uma revelação, principalmente depois de passar anos lendo livros *maçantes*, cheios de coisas terrivelmente importantes. Ele é muito grato por ter tido a chance de escrever um livro *empolgante* e, ainda assim, cheio de coisas terrivelmente importantes.

Quando ele não está na biblioteca ou na livraria, você pode encontrá-lo correndo, tirando fotos e produzindo cerveja.

Conteúdo (Sumário)

	Introdução	xxvii
1	Introdução à Análise de Dados: *Decomponha-os*	1
2	Experiências: *Teste Suas Teorias*	37
3	Otimização: *Obtenha o Máximo*	75
4	Visualização dos Dados: *As Figuras o Tornam Mais Esperto*	111
5	Teste de Hipóteses: *Diga que Não É Verdade*	139
6	Estatística Bayesiana: *Passe da Primeira Fase*	169
7	Probabilidade Subjetiva: *Crença Numérica*	191
8	Heurística: *Analise Como um Humano*	225
9	Histogramas: *A Forma dos Números*	251
10	Regressão: *Previsão*	279
11	Erro: *Ah, Bem...*	315
12	Base de Dados Relacional: *Você Consegue Relacionar?*	359
13	Limpando os Dados: *Mantenha a Ordem*	385
i	Extras: *Os Dez Mais (Que Nós Não Cobrimos)*	417
ii	Instale R: *Inicie o R!*	427
iii	Instalando as Ferramentas de Análise do Excel: *O Pacote de Ferramentas*	431

Conteúdo (a coisa real)

Introdução

Seu cérebro na análise de dados.

E aqui está você, tentando aprender alguma coisa, enquanto seu *cérebro* está fazendo o favor de atrapalhar seu aprendizado. Seu cérebro está pensando: "É melhor deixar espaço para coisas mais importantes, como, qual animal selvagem devo evitar ou será que surfar pelado é uma má ideia?". Então, como você faz para enganar seu cérebro e fazê-lo acreditar que a sua vida depende do seu entendimento sobre análise de dados?

Para quem é este livro?	xxviii
Nós sabemos o que está pensando	xxix
Metacognição	xxxi
Faça seu cérebro se submeter à você	xxxiii
Leia-me	xxxiv
A equipe de revisão técnica	xxxvi
Agradecimentos	xxxvii

introdução à análise de dados

Decomponha-os

Os dados estão em toda a parte.

1

Nos dias de hoje, todo mundo tem de lidar com um monte de dados, caso sejam "analistas de dados" ou não. Mas as pessoas que possuem um baú de habilidades para análise de dados têm uma vantagem enorme sobre todas as outras, justamente porque essas pessoas entendem o que *fazer* com todas essas coisas. Elas sabem transformar os números crus na inteligência que **guia as ações do mundo real**. Elas sabem como **decompor e estruturar** problemas complexos e conjunto de dados, de modo a atingir o coração dos seus problemas.

Define

Decompor

Avaliar

Decidir

A Cosméticos Acme precisa da sua ajuda — 2
O CEO quer que a análise de dados ajude a aumentar as vendas — 3
Defina o problema — 5
Seu cliente vai ajudá-lo a definir seu problema — 6
O CEO da Acme tem retornos para você — 8
Quebre os problemas e dados em partes menores — 9
Agora dê outra olhada no que você já sabe — 10
Avalie as partes — 13
A análise começa quando você mergulha de cabeça — 14
Faça uma recomendação — 15
Seu relatório está pronto — 16
O CEO gostou do seu trabalho — 17
Acabou de chegar um artigo — 18
Você permitiu que as convicções do CEO te levassem para o caminho errado — 20
Suas suposições e convicções sobre o mundo são seu modelo mental — 21
Seu modelo estatístico depende do seu modelo mental — 22
Os modelos mentais deveriam sempre incluir aquilo que você não sabe — 25
O CEO lhe diz o que ele não sabe — 26
A Acme acabou de enviar-lhe uma lista enorme de dados crus — 28
Hora de se aprofundar nos dados — 31
Atacadistas americanos confirmam sua impressão — 32
Aqui está o que você fez — 35
Sua análise fez seu cliente tomar uma decisão brilhante — 36

experiências

Teste suas teorias

2

Você consegue mostrar em que acredita?

Em um teste **empírico** de verdade? Não há nada como uma boa experiência para resolver seus problemas e te mostrar como o mundo realmente funciona. Ao invés de ter de confiar exclusivamente nos seus **dados observacionais**, uma experiência bem executada pode te ajudar a realizar conexões causais. Fortes dados empíricos tornarão sua capacidade de julgamentos analíticos ainda mais poderosas.

É hora do café!	38
A reunião de diretoria do Starbuzz é daqui a 3 meses	39
Pesquisa do Starbuzz	41
Sempre use o método de comparação	42
Comparação é a chave dos dados observacionais	43
A percepção de valores pode estar causando uma diminuição da receita?	44
Pensamento típico de cliente	46
Estudos observacionais são cheios de confusão	47
Como a localização pode estar confundindo seus resultados	48
Administre as confusões separando os dados em pequenos blocos	50
É pior do que pensávamos!	53
Você precisa de uma experiência para dizer qual estratégia funciona melhor	54
O CEO da Starbuzz está com muita pressa	55
A Starbuzz abaixa os preços	56
Um mês depois...	57
Grupos controle fornecem uma linha de referência	58
Não ser demitido 101	61
Vamos experimentar de novo de verdade!	62
Um mês depois...	63
Confusões também atrapalham as experiências	64
Evite as confusões através de uma seleção cuidadosa dos grupos	65
Seleção aleatória escolhe grupos semelhantes	67
Aleatoriedade Exposta	68
Sua experiência está pronta	71
Os resultados estão prontos	72
A Starbuzz tem uma estratégia de vendas testada empiricamente	73

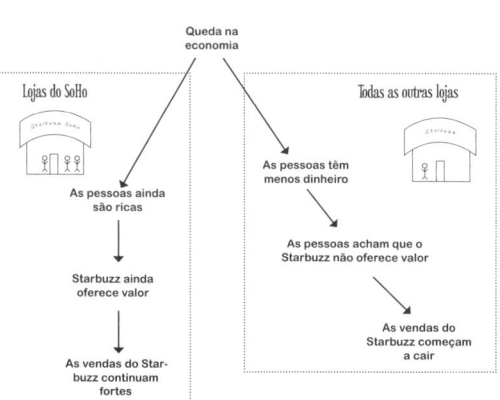

otimização

Obtenha o máximo

3

E estamos sempre tentando descobrir como conseguir isso.

Se as coisas que nós queremos mais — lucro, dinheiro, eficiência, velocidade — podem ser representadas numericamente, então, há chances de termos uma ferramenta para análise dos dados que nos ajude a ajustar nossas variáveis de decisão, as quais nos ajudarão a encontrar a **solução** ou o *ponto máximo* onde conseguimos obter o máximo daquilo que queremos. Neste capítulo, você vai usar uma dessas ferramentas e o poderoso pacote **Solver** de planilhas que o implementa.

Agora você está com os brinquedos de banho	76
Restrições limitam as variáveis que você controla	79
As variáveis de decisão são as coisas que você pode controlar	79
Você tem um problema de otimização	80
Encontre seu objetivo com a função objetiva	81
Sua função objetiva	82
Mostre o mix de produtos com suas outras restrições	83
Organize as várias restrições no mesmo gráfico	84
Suas boas opções estão todas na região viável	85
Sua nova restrição mudou a região viável	87
Sua planilha realiza otimização	90
O Solver triturou seu problema de otimização em um piscar de olhos	94
Os lucros despencaram	97
Seu modelo descreve somente aquilo que você acrescenta à ele	98
Calibre suas suposições de acordo com seus objetivos analíticos	99
Cuidado com as variáveis ligadas negativamente	103
Seu novo plano está indo muito bem	108
Suas suposições são baseadas em uma realidade em constante mudança	109

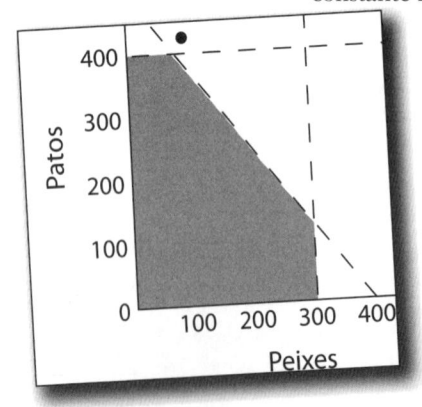

visualização dos dados

As figuras o tornam mais esperto

4

Você precisa mais do que uma simples tabela de números.

Seus dados são hiper complexos, com mais variáveis do que você contar. Passar horas meditando sobre uma montanha de planilhas não só é chato, como também pode ser um desperdício de tempo. Uma visualização clara e super variada pode, em um pequeno espaço, mostrar uma floresta cheia de árvores que você perderia se estivesse olhando somente para as planilhas o tempo todo.

O Novo Exército precisa otimizar seu site	112
Os resultados estão prontos, mas o infodesigner está fora	113
O último infodesigner enviou esses três infográficos	114
Quais os dados por trás dessa visualização?	115
Mostre os dados!	116
E aqui seguem alguns conselhos não solicitados do último infodesigner	117
Excesso de dados nunca é problema seu	118
Deixar os dados bonitos também não é problema seu	119
A visualização de dados é fazer as comparações corretas	120
Sua visualização já é mais útil do que as rejeitadas	123
Use gráficos de dispersão para explorar as causas	124
As melhores visualizações são extremamente multivariadas	125
Mostre mais variáveis analisando os gráficos juntos	126
A visualização está ótima, mas o especialista em internet ainda não está satisfeito	130
Bons designs visuais ajudam a pensar sobre as causas	131
Os designers experimentais têm seu peso	132
Os designers experimentais têm algumas hipóteses próprias	135
O cliente está satisfeito com seu trabalho	136
Os pedidos estão chegando de todas as partes!	137

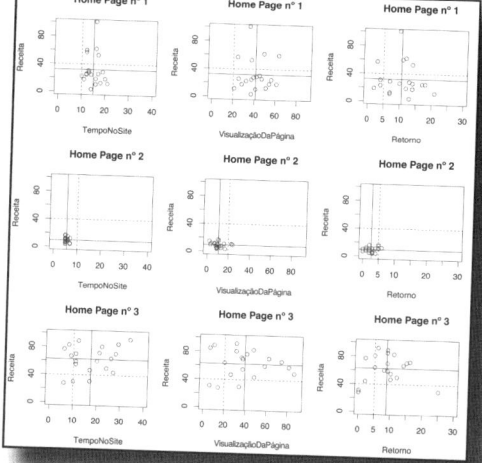

teste de hipóteses

Diga que não é verdade

O mundo pode ser difícil de ser explicado.

5

E pode ser incrivelmente difícil quando você tem de lidar com dados complexos e heterogêneos para prever eventos futuros. É por isso que a análise não conta somente com a explicação óbvia e nem presume que elas são verdadeiras: o raciocínio cuidadoso na permite que você avalie meticulosamente uma variedade de opções para que você possa incorporar todas as informações que possui nos seus modelos. Você está prestes a aprender sobre **falsificação**, uma maneira não intuitiva, mas poderosa de fazer somente isso.

Dê-me um skin...	140
Quando vamos começar a fazer novos skins para telefone?	141
A PodPhone não quer que você consiga prever o próximo passo deles	142
E isso é tudo que sabemos	143
A análise da ElectroSkinny se encaixa nos dados	144
A ElectroSkinny conseguiu esse memorando de estratégia confidencial	145
As variáveis podem estar ligadas de maneira positiva ou negativa	146
As causas no mundo real são interligadas, e não lineares	149
Crie hipóteses com as opções da PodPhone	150
Você já tem o que precisa para executar um teste de hipóteses	151
A refutação é o coração do teste de hipóteses	152
A diagnosticidade ajuda-o a encontrar a hipótese com a menor desconfirmação	160
Você não pode eliminar todas as hipóteses, mas você pode dizer qual é a mais forte	163
Você acabou de receber uma foto mensagem	164
É o lançamento!	167

estatística bayesiana

Passe da primeira fase

Você sempre vai coletar dados novos.

E você precisa ter certeza que todas as análises que você faz incorporam os dados que possui e que são relevantes para o seu problema. Você aprendeu como a *falsificação* pode ser usada para lidar com fontes de dados heterogêneas, mas e **as reais probabilidades**? A resposta envolve uma ferramenta analítica extremamente útil chamada **regra de Bayes**, que vai te ajudar a incorporar suas taxas básicas para revelar percepções não tão óbvias com relação aos dados que mudam constantemente.

O médico tem notícias perturbadoras	170
Vamos fazer a análise de precisão passo a passo	173
A gripe dos lagartos é muito comum?	174
Você está contando os falsos-positivos	175
Todos esses termos descrevem probabilidades condicionais	176
Você precisa contar os falsos-positivos, positivos verdadeiros, falso-negativos e negativos verdadeiros	177
1 por cento das pessoas têm gripe de lagartos	178
Suas chances de pegar a gripe dos lagartos ainda são muito baixas	181
Realize raciocínios probabilísticos complexos com números inteiros simples	182
A regra de Bayes gerencia sua taxa básica quando você recebe dados novos	182
Você pode usar a regra de Bayes repetidamente	183
O resultado do seu segundo teste é negativo	184
O novo teste possui estatísticas de precisão diferentes	185
Informações novas podem mudar sua taxa básica	186
Que alívio!	189

7

probabilidade subjetiva
Crença Numérica

Às vezes, é uma boa ideia inventar números.

Sério. Mas só se esses números descreverem seu próprio estado mental, expressando aquilo que acredita. **A probabilidade subjetiva** é uma maneira direta de injetar um pouco de *rigor* nas suas intuições, e você está prestes a ver como fazer isso. No decorrer do capítulo, você vai aprender a avaliar os dados usando o **desvio padrão** e curtir a visita de um convidado especial de uma das mais poderosas ferramentas analíticas que você já viu.

A Investimentos Águas Paradas precisa da sua ajuda	192
Os analistas da empresa estão se enforcando	193
A probabilidade subjetiva descreve opiniões especialistas	198
A probabilidade subjetiva pode não apresentar discordâncias	199
Os analistas responderam com suas probabilidades subjetivas	201
O CEO não entende o que você está fazendo	202
O CEO adorou seu trabalho	207
O desvio padrão mede onde os pontos estão, com relação à média	208
Você foi pego de surpresa com essa notícia	213
A regra de Bayes é ótima para revisar a probabilidade subjetiva	217
O CEO sabe exatamente o que fazer com essa nova informação	223
Os donos das ações russas se alegram!	224

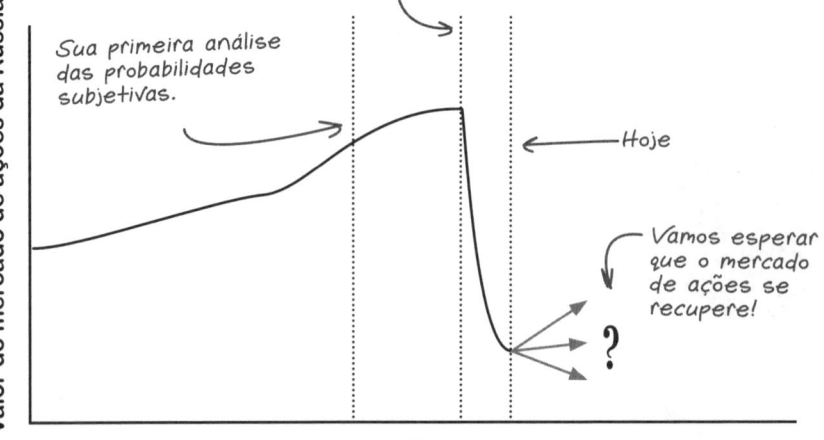

heurística

Analise Como um Humano

8

O mundo real tem mais variáveis do que você consegue lidar.

Sempre vão existir dados que você não pode ter. E mesmo quando você tem os dados sobre a maioria das coisas que deseja entender, os métodos de *otimização* normalmente são elusivos e consomem tempo. Felizmente, a maioria do raciocínio que você faz sobre a vida não é uma "maximização racional" — é o processamento de informações incertas e incompletas com regras empíricas para que você possa tomar decisões rapidamente. E o que é realmente legal é que essas regras podem funcionar e são ferramentas importantes (e necessárias) para a análise de dados.

A Resíduos enviou o relatório para a prefeitura	226
A Resíduos limpou a cidade de verdade	227
A Resíduos tem avaliado a eficácia de sua campanha	228
A ordem é reduzir as toneladas de lixo	229
É inviável medir as toneladas	230
Faça uma pergunta difícil para as pessoas, e elas vão responder uma fácil	231
Jogar lixo na rua da Dadolândia é um sistema complexo	232
Você não pode construir e implementar um modelo unificado de medir a quantidade de lixo	233
A heurística é um meio termo entre seguir sua intuição e otimização	236
Use um modelo rápido e simples	239
Existe uma maneira mais simples de avaliar o sucesso da Resíduos?	240
Estereótipos são heurísticas	244
Sua análise está pronta para ser apresentada	246
Parece que sua análise impressionou os vereadores	249

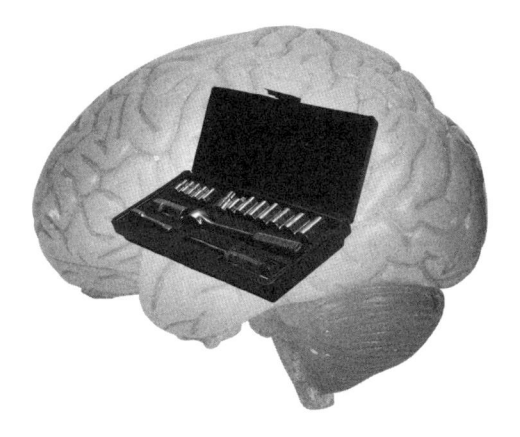

histogramas
A Forma dos Números

9

Quanto um gráfico de barras pode dizer?

Existe um zilhão de maneiras de **apresentar os dados com imagens**, mas uma delas é especial. Os **histogramas**, que são um pouco parecidos com os gráficos de barras, são uma maneira super rápida e fácil de resumir os dados. Você está prestes a utilizar esses pequenos gráficos poderosos para medir a **abrangência, variabilidade e tendência central** dos seus dados, e muito mais. Não importa o tamanho do seu conjunto de dados, se você desenhar um histograma com eles, você conseguirá "ver" o que está acontecendo dentre deles. E você está prestes a fazer isso com uma **ferramenta de software** nova, gratuita e incrivelmente poderosa.

Sua revisão anual está chegando	252
Pedir um aumento pode terminar de várias maneiras	254
Aqui estão alguns dados sobre aumentos	255
Os histogramas mostram a frequência dos grupos de números	262
As lacunas entre as barras em um histograma significam lacunas entre os pontos de dados	263
Instale e execute R	264
Carregue os dados no R	265
O R cria lindos histogramas	266
Faça histogramas a partir dos seus subconjuntos de dados	271
A negociação vale a pena	276
O que negociação significa para você?	277

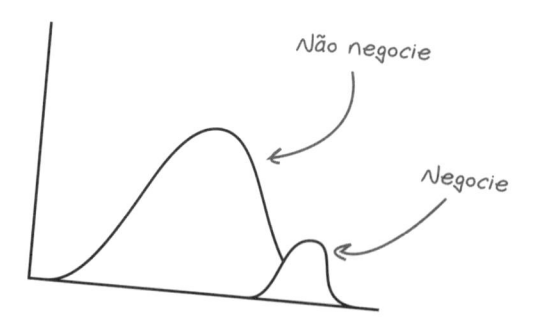

10

regressão
Previsão

Preveja.

A regressão é uma ferramenta estatística incrivelmente poderosa que, quando utilizada corretamente, tem a habilidade de ajudá-lo a prever determinados valores. Quando utilizado como uma experiência de controle, a regressão pode realmente ajudá-lo a prever o futuro. O mundo negócios utiliza regressão que nem louco para ajudá-los a construir modelos que expliquem o comportamento dos clientes. Você está prestes a ver que o uso criterioso da regressão pode ser certamente muito lucrativo.

O que você vai fazer com todo esse dinheiro?	280
Uma análise que diz às pessoas o que pedir pode ser enorme	283
Observem... o Calculador de Aumento!	284
Dentro do algoritmo haverá um método para prever aumentos	286
Os gráficos de dispersão comparam duas variáveis	292
Uma linha pode dizer aos seus clientes que caminho seguir	294
Preveja valores em cada faixa com o gráfico de médias	297
A linha da regressão prevê quais aumentos as pessoas receberão	298
A linha é útil se os seus dados exibirem uma correlação linear	300
Você precisa de uma equação para tornar suas predições precisas	304
Mande o R criar um objeto de regressão	306
A equação da regressão caminha lado a lado com seu gráfico de dispersão	309
A equação da regressão é o algoritmo Calculador de Aumento	310
Sua predição de aumento não funcionou como o planejado...	313

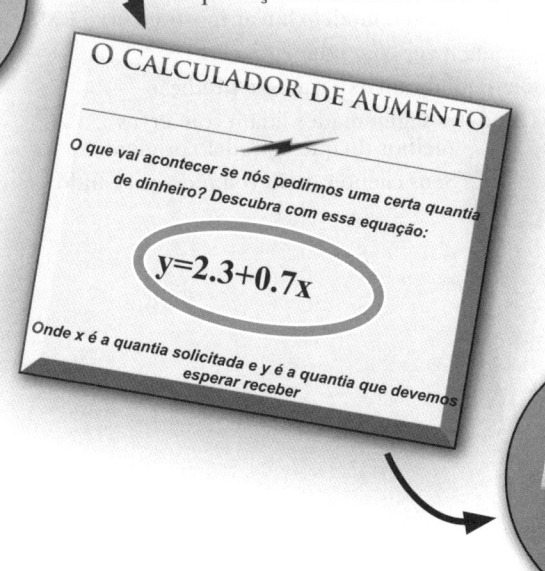

Solicitação

O CALCULADOR DE AUMENTO

O que vai acontecer se nós pedirmos uma certa quantia de dinheiro? Descubra com essa equação:

$$y = 2.3 + 0.7x$$

Onde x é a quantia solicitada e y é a quantia que devemos esperar receber

Aumento

11

erro

Ah, Bem...

O mundo está bagunçado.

Então, não deveria ser surpresa o fato de suas predições raramente atingirem o alvo desejado. Mas se você oferecer uma previsão com uma **margem de erro**, você e seus clientes saberão não somente a média do valor previsto, como também a distância entre os desvios típicos e o erro. Todas as vezes que você expressa um erro, você oferece uma perspectiva muito mais rica para as suas predições e convicções. E com as ferramentas deste capitulo, você também vai aprender sobre como controlar erros, fazendo com que fiquem o menor possível para aumentar a confiança.

Seus clientes estão bastante incomodados	316
O que seu algoritmo fez para prever o aumento ?	317
Os segmentos de clientes	318
O cara que pediu 25% saiu totalmente do modelo	321
Como lidar com o cliente que quer uma previsão fora do alcance dos dados?	322
O cara que foi demitido por causa de extrapolações já se acalmou	327
Você resolveu somente parte do problema	328
Com o que se parece os dados desse resultado terrível?	329
Chances de erro são desvios das predições do seu modelo	330
Erros são bons para você e seu cliente	334
Margens de Erro Expostas	335
Especifique os erros quantitativamente	336
Quantifique sua distribuição residual com a raiz quadrada da média	337
Seu modelo no R já conhece o RMS	338
O resumo do R para o seu modelo linear mostra o erro RMS	340
A segmentação tem a ver com lidar com erros	346
Boas regressões equilibram explicação e predição	350
Seus modelos segmentados lidam com erros melhor do que o modelo original	352
Seus clientes estão voltando em bando	357

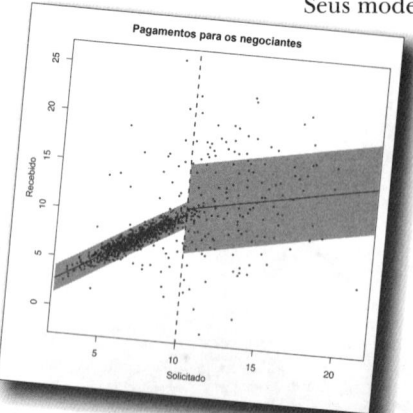

base de dados relacional

Você consegue relacionar?

12

Como você estrutura dados muito, muito multivariados?

Uma planilha de cálculos tem somente duas dimensões: linhas e colunas. E se você tiver uma enorme dimensão de dados, o **formato em tabelas** fica velho rapidamente. Neste capítulo, você está prestes a ver, em primeira mão, onde as planilhas dificultam o gerenciamento de dados multivariados e a aprender **como os sistemas de administração de base de dados relacionais** facilitam o armazenamento e restauram inúmeras permutações de dados multivariados.

A Despachos Dadolândia quer analisar as vendas	360
Aqui estão os dados que eles mantêm para rastrear as operações	361
Você precisa saber como as tabelas de dados se relacionam	362
Base de dados é uma coleção de dados que se relacionam de maneira bem especificada	365
Trace um caminho pelas relações para fazer as comparações que precisa	366
Crie uma planilha que passe pelo caminho	366
Seu resumo liga a quantidade de artigos e as vendas	371
Parece que seu gráfico de dispersão está sendo muito bem aceito	374
Copiar e colar todos aqueles dados foi uma droga	375
Bases de dados relacionais gerenciam as relações para você	376
A Despachos Dadolândia construiu um SGBD com seu diagrama de relacionamento	377
A Despachos Dadolândia extraiu seus dados usando a linguagem SQL	379
As possibilidades de comparação são infinitas se seus dados estiverem em um SGBD	382
Você está na capa	383

limpando os dados:

Mantenha a Ordem

13

Seus dados são inúteis...

se tiver estruturas bagunçadas. E muitas pessoas que *colecionam* dados realizam um trabalho muito fraco para manter a estrutura limpa. Se os seus dados não estiverem organizados, você não pode fatiá-los ou picá-los, executar fórmulas nele ou até mesmo *vê-los*. Então, vamos simplesmente ignorá-los, certo? Na verdade, você pode fazer muito melhor. Com uma **visão clara** de como você precisa que seja a aparência deles e algumas **ferramentas de manipulação de texto**, você pode arrumar essa bagunça e torná-los algo bem útil.

Acabei de receber uma lista de clientes de um concorrente morto	386
O segredo obscuro da análise de dados	387
Use a Cabeça Recrutadores quer a lista para sua equipe de vendas	388
A limpeza de dados bagunçados precisa de preparo	392
Após ter organizado os dados, você pode consertá-los	393
Use o símbolo # como delimitador	394
O Excel divide seus dados em colunas usando o delimitador	395
Utilize SUBSTITUIR para substituir o caractere quilate	399
Você limpou todos os primeiros nomes	400
O padrão do sobrenome é muito complexo para SUBSTITUIR	402
Lide com padrões complexos com fórmulas de texto aninhado	403
O R consegue usar expressões regulares para esmigalhar padrões de dados complexos	404
O comando sub consertou os sobrenomes	406
Agora você já pode enviar os dados para seu cliente	407
Talvez você ainda não tenha acabado...	408
Classifique seus dados para exibir os valores duplicados juntos	409
Os dados provavelmente são de um banco de dados relacional	412
Remova os nomes duplicados	413
Você criou registros únicos, limpos e belos	414
Use a Cabeça Recrutadores está recrutando intensamente!	415
Deixando a cidade...	416

1. Salve uma cópia dos seus dados originais

2. Pré-visualize seu conjunto de dados final.

3. Identifique padrões repetitivos nos dados.

4. Limpe e reestruture.

5. Use seus dados definitivos.

extras

Os Dez Mais (que nós não abordamos)

Você já percorreu boa parte do caminho.

Mas é um campo vasto e em desenvolvimento constante, e sempre há muito a ser aprendido. Neste apêndice, nós vamos dar uma olhada em dez itens que não tivemos espaço suficiente para abordar no decorrer do livro, mas devem estar no topo da sua lista dos próximos assuntos a serem estudados.

#1: Todas as outras coisas sobre estatística   418
#2: Habilidades no Excel   419
#3: Edward Tufte e seu princípio de visualização   420
#4: TabelasPivot   421
#5: A comunidade do R   422
#6: Regressão não linear e múltipla   423
#7: Teste de hipóteses de alternativa nula   424
#8: Aleatoriedade   424
#9: Google Docs   425
#10: Sua experiência   426

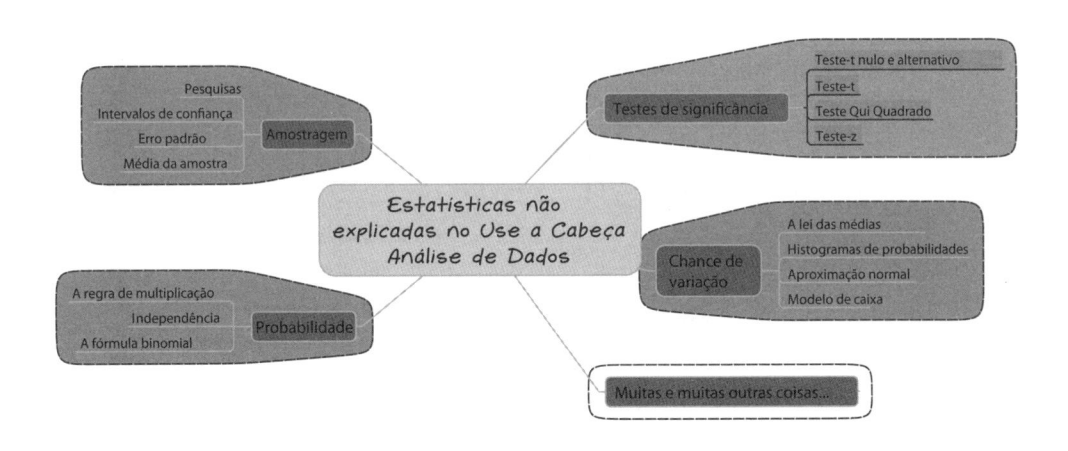

instale r

Inicie o R!

Por trás de todo o poder de esmigalhar dados está sempre uma enorme complexidade.

Mas, felizmente, instalar e **iniciar** o R é algo que você pode realizar em alguns minutos, e esse apêndice é para te mostrar como ser bem sucedido na instalação do R, sem maiores dificuldades.

Começando a usar o R   428

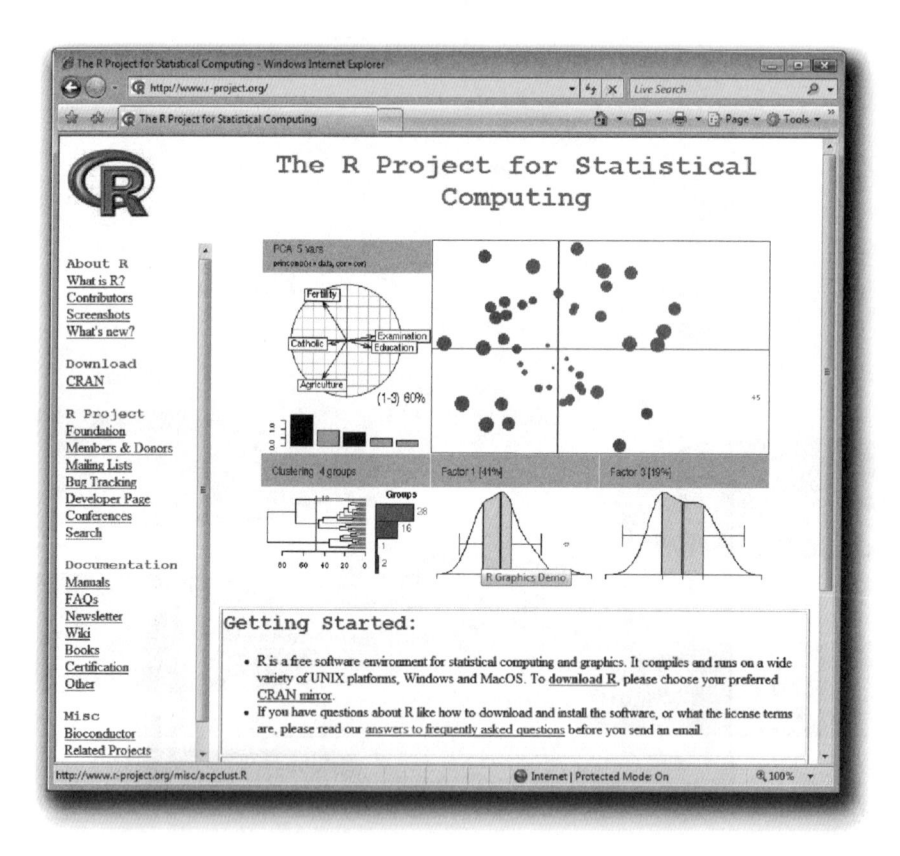

instalando as ferramentas de análise do excel

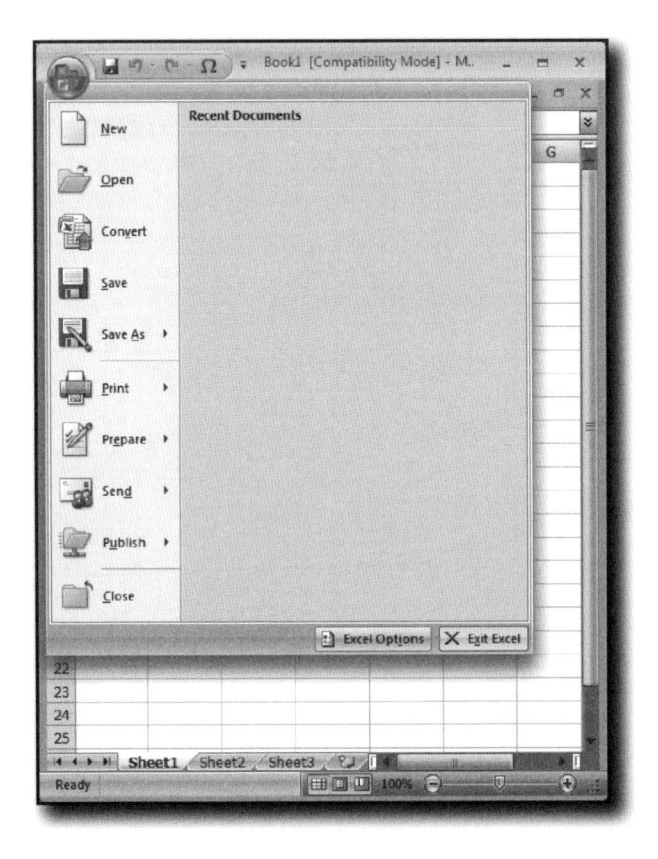

O Pacote de Ferramentas

Alguns dos melhores recursos do Excel não vêm instalados de modo padrão.

É isso mesmo. Para poder fazer a otimização do Capítulo 3 e os histogramas do Capítulo 9, você precisa ativar o **Solver** e o **Analysis ToolPak**, duas extensões que estão incluídas no Excel, mas que não são ativadas sem a sua iniciativa.

Instalar as ferramentas de análise de dados no Excel   432

Introdução

Nesta seção, vamos responder a pergunta que não quer calar: "Por que eles COLOCARAM isso em um livro de análise de dados?"

A quem se destina este livro?

Se você responder "sim" a todas essas perguntas:

1 Você sente como se houvesse muita intuição no meio dos seus dados, e que você só conseguiria acessá-los se tivesse as ferramentas corretas?

2 Você quer aprender, entender e lembrar como criar gráficos brilhantes, testar hipóteses, executar uma regressão ou fazer uma limpeza em dados bagunçados?

3 Você prefere conversas interessantes em ocasiões sociais do que palestras acadêmicas maçantes e sem graça?

este livro foi feito para você.

Quem provavelmente deve fugir deste livro?

Se você responder "sim" a alguma dessas perguntas:

1 Você é um analista de dados brilhante e capacitado procurando um levantamento sobre assuntos de última geração sobre dados?

2 Você nunca usou o Microsoft Excel ou OpenOffice Calc?

3 Você tem medo de experimentar coisas diferentes? Você prefere fazer um tratamento de canal do que misturar listras com xadrez? Você acredita que um livro técnico não pode ser sério se ele antropomorfizar grupos controle e funções objetivas?

esse livro *não* foi feito para você.

[Nota do departamento de marketing: esse livro foi feito para qualquer um que tenha um cartão de crédito.]

Sabemos o que você está pensando

"Como *isso* pode ser um livro sério sobre análise de dados?"

"Por que todos esses gráficos?"

"Será que realmente consigo *aprender* desse jeito?"

Sabemos o que seu cérebro está pensando

O seu cérebro suplica por novidades. Ele está sempre buscando, mapeando, *esperando* que algo diferente aconteça. Ele foi construído desta maneira e ajuda a manter você vivo.

Então, o que o seu cérebro faz com toda a rotina, coisas normais e ordinárias que você encontra no seu dia a dia? Tudo que *pode* para não deixar essas coisas interferirem no trabalho *real* do cérebro — gravar as coisas que realmente *importam*. Ele nem se preocupa em guardar as coisas chatas; estas nunca passam do filtro "isso obviamente não é importante".

E como o seu cérebro *sabe* o que é importante? Vamos supor que você esteja passando o dia fora, em uma caminhada, e um tigre pula na sua frente; o que acontece dentro da sua mente e corpo?

Os neurônios incendeiam. As emoções são exacerbadas. A *química* se agita.

E é assim que seu cérebro sabe...

Seu cérebro acha que ISSO é importante.

Isso deve ser importante! Não se esqueça!

Mas imagine que você está em casa ou na biblioteca. É uma área segura, calorosa e livre de tigres. Você está estudando. preparando-se para um exame. Ou tentando aprender sobre um assunto técnico difícil, que seu chefe acha que levará uma semana, dez dias no máximo.

Ótimo. Somente mais 488 páginas chatas, tediosas e maçantes.

Seu cérebro acha que não vale a pena armazenar ISSO.

Um problema. O Seu cérebro está tentando te fazer um enorme favor. Ele está tentando certificar-se de que esse conteúdo *obviamente* sem importância não ocupe espaço precioso. Espaço que é bem melhor ocupado no armazenamento de coisas bem *importantes*. Como escapar de um tigre. Como o perigo do fogo. Como você nunca deveria ter postado aquelas fotos da "festa" na sua página do Orkut. E não há maneira simples de dizer ao seu cérebro: "Oi cérebro, muito obrigado, mas não importa o qual maçante esse livro seja, e o quão pouco estou registrando na escala Richter emocional, eu realmente *quero* que você armazene tudo isso."

Entendemos que o Leitor de um livro da série "Use a Cabeça! é um aprendiz

Então, o que é preciso para aprender algo? Primeiro, você tem de entender, e depois, certificar-se de que não vai esquecer. Não é simplesmente enfiar fatos na sua cabeça. Baseado na última pesquisa sobre a ciência cognitiva, neurobiologia e psicologia educacional, o aprendizado necessita de muito mais do que textos em uma página. Nós sabemos como ligar o seu cérebro.

Alguns dos princípios de aprendizado do "Use a Cabeça":

Dê um visual: As imagens são muito mais fáceis de serem memorizadas do que as palavras, e tornam o aprendizado muito mais eficaz (até 89% de melhoria na recordação e estudos de transferências). Elas também tornam as coisas mais compreensíveis. **Coloque as palavras dentro ou perto dos do gráficos** a que elas se referem, ao invés de colocar no final ou em outra página, e os estudantes conseguirão, até *duas vezes* mais, resolver os problemas relacionados ao conteúdo.

Utilize um estilo conversacional e personalizado. Em estudos recentes, os estudantes tiveram um desempenho até 40% melhor em testes pós-aprendizado quando o conteúdo estava direcionado diretamente ao leitor, utilizando um estilo conversacional, em primeira pessoa, ao invés de utilizar um tom mais formal. Conte estórias ao invés de dar palestras. Utilize linguagem casual. Não se leve muito a sério. Em que *você* prestaria mais atenção: uma companhia interessante em uma festa ou em uma palestra?

Faça com que os aprendizes pensem mais a fundo. Em outras palavras, a menos que você movimente ativamente seus neurônios, não acontecerá muita coisa na sua cabeça. O leitor tem de ser motivado, engajado, curioso e inspirado para resolver os problemas, tirar conclusões e gerar conhecimento novo. E para isso, você precisa de desafios, exercícios e questões que desafiam o pensamento, e atividades que envolvem ambos os lados do cérebro e vários sentidos.

Consiga — e mantenha — a atenção do leitor. Todos nós já vivemos a experiência "Eu queria muito aprender isso mais não consigo ficar acordado e passar da primeira página". Seu cérebro presta atenção nas coisas que são fora do comum, interessantes, estranhas, inesperadas e que chama sua atenção. Aprender um assunto novo, difícil e técnico não tem de ser chato. Seu cérebro aprenderá muita mais rápido se não for.

Toque em suas emoções. Agora, nós sabemos que nossa habilidade para recordar um fato depende amplamente de seu conteúdo emocional. Você se lembra daquilo que realmente importa para você. Você se lembra quando *sente* alguma coisa. Não, nós não estamos contando estórias de partir o coração sobre um garotinho e seu cachorro. Estamos falando de emoções como: a surpresa, a curiosidade, a diversão e o sentimento de "Eu domino tudo!" que surge quando você resolve um quebra-cabeças, aprende algo que todo mundo considera difícil ou percebe que você sabe algo que o cara da engenharia, estilo "Eu sou mais técnico do que você!", *não sabe*.

Metacognição: pensando sobre o pensar

Se você realmente quer aprender, e quer aprender mais rápido e mais profundamente, preste atenção para ver como você presta atenção nas coisas. Pense em como você pensa. Aprenda como você aprende.

A maioria de nós não fez cursos sobre metacognição ou teorias de aprendizagem quando estávamos crescendo. As pessoas *esperavam* que aprendêssemos, mas raramente nos ensinaram a aprender.

Mas presumimos que, se você está segurando esse livro, você realmente quer aprender sobre análise de dados. E, provavelmente, não quer gastar muito tempo com isso. Se você quer usar o que ler neste livro, você precisa *lembrar* o que lê. E para isso, você precisa *entender*. Para obter o máximo desse livro, ou de *qualquer* livro ou experiência de aprendizado, aceite a responsabilidade pelo seu cérebro. Seu cérebro *nesse* conteúdo.

> Mas figuras e estilo conversacional é apenas o começo...

O truque é fazer com que seu cérebro veja o material novo que você está estudando como sendo Realmente Importante. Crucial para a sua felicidade. Tão importante quanto um tigre. Se não, você estará dentro de uma batalha constante, com o seu cérebro dando o melhor de si para evitar que o novo conteúdo seja armazenado.

Então, como é que você faz com que o seu cérebro trate a análise de dados como se ela fosse um tigre faminto?

Existe a maneira lenta e tediosa e existe a maneira mais rápida e eficaz. A maneira lenta é pela repetição absoluta. Você obviamente sabe que *é* capaz de aprender e lembrar até mesmo dos assuntos mais toscos se você ficar colocando a mesma coisa no seu cérebro. Com um certo número de repetições, seu cérebro diz, "Isso não *parece* importante para ele, mas ele fica olhando para a mesma coisa *repetidamente*, então, eu acho que deve ser."

A maneira mais rápida é fazer **qualquer coisa que aumente a atividade cerebral**, principalmente *tipos* diferentes de atividade cerebral. As coisas na página anterior são grande parte da solução, e já se provou que todas elas ajudam o seu cérebro a trabalhar em seu favor. Por exemplo, estudos mostraram que colocar palavras *dentro* das figuras que elas descrevem (em oposição a qualquer outro lugar na página, como um texto explicativo ou no corpo do texto) faz com que seu cérebro tente achar sentido na relação das palavras com a figura, e isso, leva os neurônios a mil. Quanto mais neurônios trabalhando = mais chances de o seu cérebro entender que isso é algo que realmente vale a pena prestar atenção, e, possivelmente, gravar.

Um estilo conversacional ajuda porque as pessoas tendem a prestar mais atenção quando percebem que estão em uma conversa, visto que se espera que elas participem e acompanhem até o fim. O mais impressionante é que seu cérebro não *liga* se a "conversa" é entre você e um livro! Por outro lado, se o estilo de escrita for formal e seco, seu cérebro percebe da mesma maneira como se você estivesse em uma palestra, sentado em uma sala cheia de frequentadores passivos. Não há necessidade de ficar acordado.

Mas fotos e estilo de conversação são apenas o começo ...

Aqui está o que NóS fizemos:

Nós usamos *figuras*, porque o seu cérebro é voltado para o visual, e não texto. Até onde seu cérebro sabe, uma figura realmente *vale* mil palavras. E quando texto e figuras trabalham juntos, nós embutimos o texto nas figuras porque seu cérebro funciona com maior eficiência quando o texto está *dentro* da coisa a qual ele se refere, em contraste com um texto explicativo ou enterrado em algum lugar no meio do texto.

Nós usamos *redundância*, dizer a mesma coisa de maneiras diferentes e com diferentes tipos de mídia, e *sentidos múltiplos*, para aumentar a chance de fazer com que o conteúdo seja codificado por mais de uma parte do seu cérebro.

Nós usamos conceitos e figuras de maneiras *inesperadas* porque seu cérebro está direcionado para as novidades, e nós usamos figuras e ideias com pelo menos *algum conteúdo* **emocional**, porque seu cérebro presta mais atenção à bioquímica das emoções. Isso é o que faz você *sentir* que algumas coisas são mais prováveis de serem lembradas, mesmo se esse sentimento não for nada mais do que um pouco de **humor, surpresa** ou **interesse**.

Nós usamos um *estilo conversacional* e personalizado, porque seu cérebro presta mais atenção quando ele acredita que você está no meio de uma conversa do que quando pensa que você está ouvindo, passivamente, uma apresentação. Seu cérebro faz isso até quando você está *lendo*.

Nós incluímos mais de 80 *atividades*, porque seu cérebro está propenso a aprender e lembrar mais quando você *faz* as coisas do que quando você *lê*. E nós elaboramos exercícios desafiadores, mas ainda assim possíveis de serem feitos, porque é o que a maioria das pessoas prefere.

Nós utilizamos *estilos múltiplos de aprendizagem*, porque pode ser que *você* prefira uma abordagem passo a passo, enquanto outras pessoas querem entender a figura grande primeiro, e outras só querem ver o exemplo. Mas, independente da sua preferência de aprendizagem, *todos* se beneficiam de ver o mesmo conteúdo apresentado de várias maneiras.

Nós incluímos conteúdo para *ambos os lados do seu cérebro*, porque quando maior a parte do seu cérebro que você conseguir engajar no processo, maior é a sua chance de aprender e lembrar, e consequente, consegue permanecer concentrado por mais tempo. Visto que trabalhar com um lado do cérebro significa deixar o outro descansar, você consegue ser mais produtivo no aprendizado por um período de tempo maior.

E nós incluímos *estórias* e exercícios que apresentam *mais de um ponto de vista*, porque seu cérebro está direcionado para aprender mais profundamente quando ele é forçado a fazer avaliações e julgamentos.

Nós incluímos *desafios*, com exercícios, e fizemos *perguntas* que nem sempre têm uma resposta direta, porque seu cérebro está direcionado para aprender e lembrar quando ele tem de *trabalhar* em algo. Pense — você não consegue deixar seu *corpo* em forma pelo simples ato de ver as pessoas malhando na academia. Mas nós fizemos o melhor que podíamos para nos certificar de que quando você está ralando, você está ralando nas coisas *certas*. Que *você não está gastando nem um neurônio extra* para processar um exemplo difícil de ser entendido, ou analisando um texto difícil, cheio de jargões ou extremamente sucinto.

Nós usamos *pessoas*. Nas estórias, exemplos, figuras etc., porque... bem, porque *você é* uma pessoa. E o seu cérebro presta mais atenção nas *pessoas* do que nas *coisas*.

Veja o que fazer para que seu cérebro se curve em sinal de submissão

Então, nós fizemos nossa parte. O restante é com você. Essas dicas são um ponto de partida; ouça seu cérebro e entenda o que funciona melhor para você e o que não funciona. Experimente coisas novas.

Recorte isso e coloque na sua geladeira.

----

1 Diminua a velocidade. Quanto mais você entender, menos vai precisar decorar.

Não *leia* apenas. Pare e pense. Quando o livro lhe fizer uma pergunta, não pule para a resposta. Imagine que alguém realmente *está* te fazendo a pergunta. Quanto mais você forçar o seu cérebro para pensar, maiores são as suas chances de aprender e lembrar.

2 Faça os exercícios. Faça suas próprias anotações.

Nós colocamos os exercícios no livro, mas se resolvêssemos para você, é como se estivéssemos malhando para você. E não apenas *olhe* para os exercícios. **Use um lápis.**
Aponte seu lápis Há muitas evidências de que a atividade física *enquanto* se está aprendendo pode aumentar o aprendizado

3 Leia a "Não Existe Perguntas Idiotas"

E estou me referindo a todas elas. Elas não são barras de ferramentas opcionais, *elas são parte do conteúdo principal!* Não pule essa parte.

4 Faça desse livro a última coisa que você lê antes de ir para a cama. Ou pelo menos a última coisa desafiadora.

Parte do processo de aprendizagem (principalmente a transferência para a memória de longo prazo) acontece *depois* que você para de ler o livro. Seu cérebro precisa de tempo sozinho para processar mais informações. Se você acrescentar mais coisas novas durante esse tempo de processamento, algumas coisas que você acabou de aprender serão perdidas.

5 Fale sobre isso. Em voz alta.

A fala ativa uma parte diferente do cérebro. Se você está tentando entender algo ou aumentar suas chances de se lembrar de algo mais tarde, fale em voz alta. Ou melhor, tente explicar em voz alta para outra pessoa. Você vai aprender mais rápido, e você pode descobrir ideias que não sabia que estavam lá antes de começar a ler sobre isso.

6 Beba água. Muita.

Seu cérebro funciona melhor com um belo banho de fluídos. A desidratação (que pode acontecer antes mesmo de você sentir sede) diminui a função cognitiva.

7 Ouça seu cérebro.

Preste atenção para ver quando seu cérebro está sendo sobrecarregado. Se você se pegar tentando passar os olhos pela superfície ou esquecer-se do que acabou de ler, é hora de fazer um intervalo. Após ter passado por um certo ponto, você não vai aprender mais rápido tentando enfiar as coisas na cabeça, e você pode até atrapalhar o processo.

8 Sinta alguma coisa.

Seu cérebro precisa saber que isso *importa*. Envolva-se com as estórias. Faça seus próprios textos explicativos para as figuras. Lamentar uma piada ruim é *bem* melhor do que não sentir nada.

9 Ponha a mão na massa!

Há somente uma maneira de aprender análise de dados: colocando as mãos na massa. E é isso que você vai fazer com esse livro. A é uma habilidade, e o único jeito de ficar bom nela é praticando. Nós vamos oferecer muita prática: todos os capítulos têm exercícios que apresentam um problema para você resolver. Não pule os exercícios — muito da aprendizagem ocorre quando você os realiza. Nós incluímos uma solução com cada exercício — não tenha medo de dar uma espiada na solução se você enroscar! (É fácil encontrar obstáculos em coisas pequenas). Mas tente resolver o problema antes de olhar na solução. E, decididamente, resolva-o antes de avançar para a próxima parte do livro.

Leia-me

Isso é uma experiência de aprendizagem, não um livro de referência. Nós deliberadamente eliminamos tudo que possa interferir no aprendizado. E, na primeira vez que estudar esse livro, você precisa começar do início, porque o livro faz suposições sobre o que você já viu e aprendeu.

Este livro não é sobre ferramentas de software.

Muitos livros com o título de "análise de dados" passam pela lista de funções do Excel que consideram estar relacionadas à e mostram alguns exemplos de cada. Por outro lado, o *Use a Cabeça Data Analysis* é sobre como ser uma analista de dados. Você vai aprender bastante sobre ferramentas de software nesse livro, mas elas são somente um meio de como fazer boas análises de dados.

Nós esperamos que você saiba usar as fórmulas básicas das planilhas de cálculo.

Você já usou a fórmula SOMA em uma planilha? Se não usou, talvez seja melhor você aprender um pouco sobre planilhas antes de começar esse livro. Enquanto em muitos capítulos você não precisará usar planilhas, nos capítulos em que você terá de usar, já é esperado que você saiba utilizar as fórmulas. Se você já tem familiaridade com a fórmula SOMA, então, está de bom tamanho.

Este livro é muito mais do que estatísticas.

Há muita estatística neste livro, e como um analista de dados, você deve aprender o máximo que puder sobre estatística. Quando você terminar com *Use a Cabeça Data Analysis*, seria uma boa ideia ler *Use a Cabeça Estatística* também. Mas a "análise de dados" engloba a estatística e vários outros campos, e os vários tópicos deste livro que não envolvem estatística estão direcionados para a experiência prática de realizar a no mundo real.

As atividades NÃO são opcionais.

Os exercícios e atividades não são complementos; eles fazem parte do conteúdo principal do livro. Alguns deles estão aí para ajudar com a memória, outros para a compreensão e alguns ajudarão a aplicar o que você aprendeu. ***Não pule os exercícios.*** As palavras cruzadas são as únicas coisas que você não *tem* de fazer, mas elas são boas para dar ao seu cérebro a chance de pensar sobre as palavras e termos que você está aprendendo, em um contexto diferente.

A redundância é intencional e importante.

Uma diferença distinta em um livro *Use a Cabeça* é que nós queremos que você *realmente* entenda. E nós queremos que você termine o livro lembrando tudo aquilo que aprendeu. A maioria dos livros de referência não consegue fazer com que o leitor retenha e se lembre do que aprendeu, mas esse livro foca no *aprendizado*, então, você verá que alguns conceitos aparecem mais de uma vez.

Os exercícios Poder do Cérebro não têm resposta.

Para alguns deles não existe uma resposta certa, e para outros, parte da experiência de aprendizagem das atividades Poder do Cérebro é para você decidir se e quando suas respostas estão corretas. Em alguns dos exercícios Poder do Cérebro, você encontrará dicas que o guiarão na direção certa.

Revisão técnica

Tony Rose

Eric Heilman

Bill Mietelski

Revisores técnicos:

Eric Heilman graduou-se Phi Beta Kappa na Walsh School of Foreign Service da Universidade de Georgetown com um diploma em Economia Internacional. Durante a época em que estudou na universidade, ele trabalhava no Departamento Estadual e no Conselho de Economia Nacional na Casa Branca. Ele concluiu sua graduação em economia na Universidade de Chicago. Atualmente, ele leciona análise estatística e matemática na Escola Preparatória de Georgetown em Bathesda, MD.

Bill Mietelski é engenheiro de software e revisor técnico do Head First pela terceira vez. Ele mal pode esperar para executar uma nas suas estatísticas de golfe para ajudá-lo a vencer.

Anthony Rose trabalha na área de há quase dez anos e, atualmente, é o presidente da Support Analytics, uma consultoria de e visualização. Anthony fez MBA voltado para Administração e Finanças, que é onde começou sua paixão por dados e análise. Quando não está trabalhando, ele pode ser visto nos campos de golfe em Columbia, Maryland, perdido em um bom livro, degustando um vinho delicioso ou, simplesmente, passando o dia com suas filhas e esposa.

Agradecimentos

Meu editor:

Brian Sawyer foi um editor incrível. Trabalhar com o Brian é como dançar com um dançarino profissional. Você vê todos os tipos de coisa acontecendo, e não entende a maioria delas, mas você está se divertindo e se sentindo ótimo. Nós tivemos uma maravilhosa colaboração, e o apoio, feedback e ideia que ele nos deu foram de enorme valia.

A Equipe O'Reilly:

Brett McLaughlin conseguiu visualizar este projeto desde o início, conduziu-o por épocas difíceis e foi um apoio constante. O foco insubstituível de Brett na *sua* experiência com os livros *Use a Cabeça* é uma inspiração. Ele é o homem dos planos.

Karen Shaner ofereceu suporte logístico e uma boa parcela da animação em algumas manhãs frias de Cambridge. **Brittany Smith** contribuiu com alguns elementos gráficos excelentes que nós usamos inúmeras vezes.

Brian Sawyer

Pessoas realmente espertas cujas ideias estão difundidas neste livro:

Enquanto muitas das boas ideias que ensinamos nesse livro são incomuns para livros com "análise de dados" no título, poucas são realmente minhas. Eu extraí o máximo das publicações dessas super estrelas intelectuais: Dietrich Doerner, Gerd Gigerenzer, Richards Heuer e Edward Tufte. Leia os livros deles! A ideia do anti-resumo vem de *O Cisne Negro* de Nassim Taleb (se existir um volume 2, espere para ver mais das ideias dele). **Richard Heuer** gentilmente se correspondeu comigo sobre o livro e me deu várias ideias super úteis.

Brett McLaughlin

Amigos e colegas:

Lou Barr com o apoio intelectual, moral, logístico e estético desse livro. Agradeço imensamente. **Vezen Wu** me ensinou o modelo relacional. **Aaron Edidin** patrocinou um incrível tutorial para mim sobre análise da inteligência quando eu ainda era estudante. Meu grupo de pôquer — **Paul, Bewster, Matt, Jon** e **Jason** — me propiciou uma educação inestimada sobre o balanço dos modelos de heurística e otimização de decisões.

Blair and Niko Christian

Pessoas sem as quais eu não viveria:

A **equipe de revisores técnicos** fez um trabalho brilhante, encontrou vários erros, fez sugestões excelentes e deu um tremendo suporte.

Conforme eu escrevia esse livro, eu me amparei no meu amigo **Blair Christian**, que é um estatístico e uma pessoa com pensamentos profundos. A influência dele pode ser encontrada em todas as páginas. Obrigado por tudo, Blair.

Julia Burch

Minha família, **Michael Sr., Elizabeth, Sara, Gary** e **Marie** foi extremamente encorajadora. Acima de tudo, eu agradeço o apoio constante da minha esposa, **Julia**, que é tudo pra mim. Obrigado a todos!

1 introdução à análise de dados

Decomponha-os

Eu sinto gosto de gengibre, alho, páprica e talvez um pouco de molho de peixe...

Os dados estão em toda parte.

Nos dias de hoje, todo mundo tem de lidar com um monte de dados, quer sejam "analistas de dados" ou não. Mas as pessoas que possuem um baú de habilidades para análise de dados têm uma vantagem enorme sobre todas as outras, justamente porque essas pessoas entendem o que *fazer* com todas essas coisas. Elas sabem transformar os números crus na inteligência que **guia as ações do mundo real**. Elas sabem como **decompor e estruturar** problemas complexos e conjunto de dados, de modo a atingir o coração dos seus problemas.

A Cosméticos Acme precisa da sua ajuda

Hoje é seu primeiro dia de emprego como analista de dados, e o CEO acabou de te enviar esses dados de vendas para que faça a revisão. Os dados descrevem as vendas do hidratante líder da Acme, o HidrateMais.

O que aconteceu com as vendas nos últimos seis meses?

Como os valores de venda bruta se comparam com os valores da meta de vendas?

	Setembro	Outubro	Novembro	Dezembro	Janeiro	Fevereiro
Venda bruta	$5,280,000	$5,501,000	$5,469,000	$5,480,000	$5,533,000	$5,554,000
Meta de Venda	$5,280,000	$5,500,000	$5,729,000	$5,968,000	$6,217,000	$6,476,000
Custos com anúncios	$1,056,000	$950,400	$739,200	$528,000	$316,800	$316,800
Custos com redes sociais	$0	$105,600	$316,800	$528,000	$739,200	$739,200
Preço unitário (por ml)	$2.00	$2.00	$2.00	$1.90	$1.90	$1.90

Você consegue ver um padrão nas despesas da Acme?

O que você acha que está acontecendo com esses preços unitários? Por que estão caindo?

Dê uma olhada nos dados. Você não precisa saber tudo — apenas **desacelere** e dê uma olhada.

O que você vê? O quanto a tabela diz sobre os negócios da Acme? E sobre o hidratante HidrateMais?

Bons analistas de dados sempre querem <u>ver</u> os dados.

O CEO quer que a análise de dados ajude a aumentar as vendas

Ele quer que você "**dê a análise para ele**".

Parece um pedido meio *vago*, não? Parece simples, mas, o seu trabalho está tão claro assim? Claro, ele quer vender mais. Claro, ele pensa que alguma coisa nos dados vai ajudar a atingir esse objetivo. Mas... o quê? E como?

Esse é o CEO.

Bem-vindo à equipe. Dê uma olhada em nossos dados e me dê uma análise que nos ajude a descobrir como aumentar as vendas. Estou aguardando ansiosamente as suas conclusões.

O que ele quer dizer com isso?

PODER DO CÉREBRO

Pense em que, basicamente, o CEO quer de você com essa pergunta. Quando você analisa dados, o que você está fazendo?

A análise de dados é um pensamento cauteloso sobre as evidências

A expressão "análise de dados" engloba várias atividades diferentes e muitas habilidades diferentes. Se alguém lhe diz que é analista de dados, ainda assim você não saberá muito sobre o que *especificamente* essa pessoa sabe ou faz.

Mas todos os bons analistas, independente de suas habilidades ou objetivos, passam por esse **mesmo processo básico** durante seu trabalho, sempre utilizando evidências empíricas para pensar nos problemas com cautela.

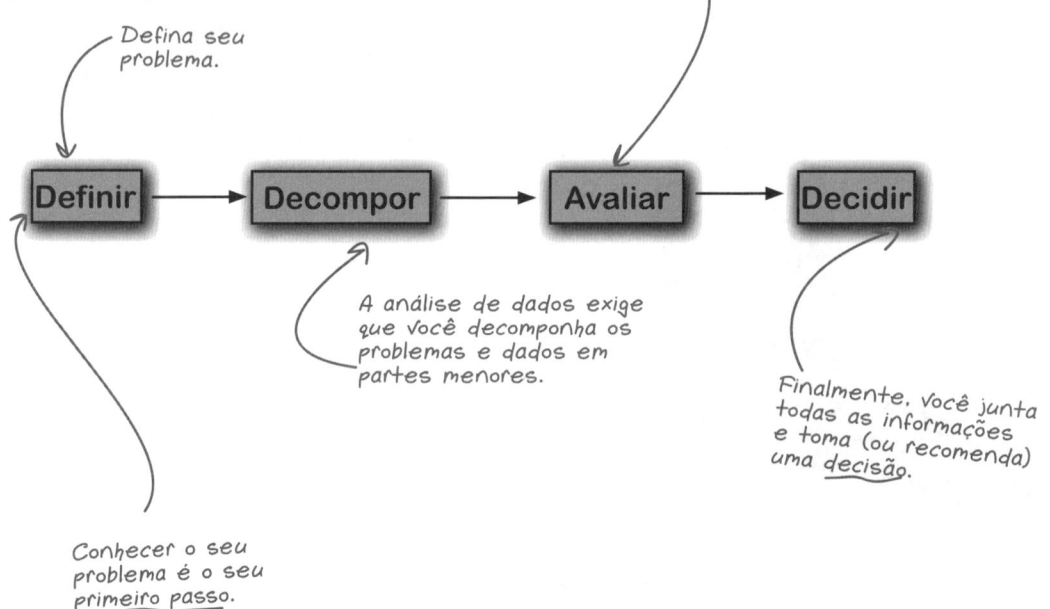

Você deve imaginar que ela sabe usar o Excel. mas só!

Aqui está a essência da análise. de onde você tira suas conclusões sobre o que aprendeu nos dois primeiros passos.

Defina seu problema.

A análise de dados exige que você decomponha os problemas e dados em partes menores.

Finalmente. você junta todas as informações e toma (ou recomenda) uma decisão.

Conhecer o seu problema é o seu primeiro passo.

Em todos os capítulos deste livro você passará por esses passos inúmeras vezes, e eles se tornarão automáticos bem rapidamente.

No final das contas, todas as análises de dados têm como objetivo levar às **melhores decisões**, e você está prestes a aprender como tomar decisões melhores juntando percepções de um mar de dados.

Defina o problema

Executar uma análise de dados sem definir **claramente** seu problema ou objetivo é como sair para uma viagem de carro sem ter escolhido o destino final.

Claro, você pode acabar encontrando paisagens maravilhosas, e, algumas vezes ,você pode *querer* perambular por aí na esperança de esbarrar em alguma coisa legal. Mas **quem pode afirmar que você encontrará alguma coisa?**

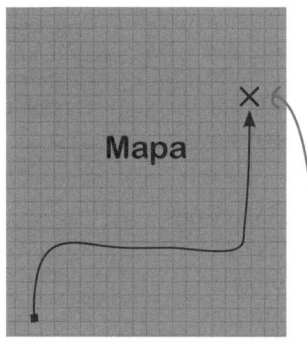

Viagem de carro com um destino final.

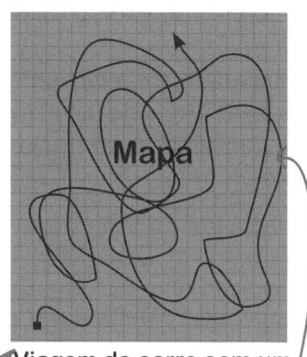

Viagem de carro sem um destino final.

Missão cumprida!

Vê a semelhança?

Quem sabe onde você vai acabar?

Esse é um relatório analítico gigante.

Você já viu um "relatório analítico" com **um milhão de páginas** e toneladas de gráficos e diagramas?

De vez em quando, um analista realmente precisa de uma resma de papel ou de uma apresentação de slide com uma hora de duração para conseguir mostrar seu ponto de vista. Mas, neste tipo de caso, normalmente o analista **não focou** suficientemente no problema, e está jogando informações para você na tentativa de acabar com a obrigação dele de **resolver o problema** e **recomendar uma decisão**.

Às vezes, a situação é até pior: o problema não é definido e o analista não quer que você perceba que ele está totalmente perdido no meio dos dados.

Como você define seu problema?

Seu cliente vai te ajudar a definir o seu problema.

A sua análise tem de atender as necessidades dele. Seu cliente pode ser seu chefe, o CEO da sua empresa ou até você mesmo.

Seu cliente é a pessoa que tomará decisões baseadas em sua análise. Você precisa que ele te dê o máximo de informações possível para **definir seu problema**.

Aqui, o CEO quer vender mais. Mas isso é só o começo da resposta. Você precisa entender mais especificamente o que ele quer dizer para elaborar uma análise que resolva o problema.

> Há um bônus esperando por você se você conseguir descobrir como aumentar as vendas do HidrateMais.

Esse é o seu cliente, o cara para quem você está trabalhando.

É sempre uma boa ideia conhecer muito bem o seu cliente.

CEO da Cosméticos Acme

PONTOS DE BALA

Seu cliente pode:
- estar bem ou mal informado sobre seus dados
- estar bem ou mal informado sobre seus problemas e objetivos
- estar bem ou mal informado sobre seus negócios
- estar focado ou indeciso
- ser claro ou vago
- ser intuitivo ou analítico

Quanto melhor você entender seu cliente, maiores chances você terá de ajudá-lo com a sua análise.

Fique de olho no final da página durante esse capítulo para ver essas dicas, que mostram onde você está.

Definir → Decompor → Avaliar → Decidir

Não existem
Perguntas idiotas

P: Eu gosto de perambular pelos dados. Você quer dizer que eu preciso ter algum objetivo específico em mente antes mesmo de olhar para os dados?

R: Você não precisa ter um problema em mente só para olhar os dados. Mas, tenha em mente que olhar por si só não é análise de dados. Análise de dados é identificar problemas e, então, resolvê-los.

P: Eu ouvi falar sobre "análise de dados exploratória", onde você explora os dados para ter ideias do que você pode querer explorar mais a fundo. Não existe definição de problema neste tipo de análise de dados!

R: Claro que existe. Seu problema na análise de dados exploratória é encontrar hipóteses que você acha que vale a pena testar. É um problema concreto para ser resolvido.

P: Está bem. Fale mais sobre esses clientes que não estão muito cientes sobre seus problemas. Esse tipo de pessoa sequer precisa de um analista de dados?

R: Claro!

P: Parece-me que esse tipo de pessoa precisa de ajuda profissional.

R: Na verdade, os bons analistas de dados ajudam seus clientes a refletirem sobre seus problemas, eles não ficam esperando que seus clientes lhe digam o que fazer. Seus clientes ficarão muito gratos se você conseguir mostrar-lhes que eles têm problemas que nem mesmo sabiam.

P: Isso parece bobo. Quem quer mais problemas?

R: As pessoas que contratam analistas de dados reconhecem que pessoas com conhecimentos analíticos têm habilidades para ajudar a melhorar os negócios. Algumas pessoas veem problemas como oportunidades, e os analistas de dados que mostram a seus clientes como explorar a oportunidade acabam dando-lhes uma vantagem competitiva.

Aponte seu lápis

O problema geral é que nós precisamos aumentar as vendas. Quais perguntas você faria ao CEO para entender melhor o que ele especificamente quer dizer? Elabore cinco.

1 ....

2 ....

3 ....

4 ....

5 ....

O CEO da Acme tem retornos para você

Esse e-mail acabou de chegar
em resposta às suas perguntas.

Suas perguntas podem ser diferentes.

Muita inteligência aqui...

Aqui temos alguns exemplos de perguntas para fazer o CEO definir seus objetivos analíticos.

De: CEO, Cosméticos Acme
Para: Use a Cabeça
Assunto: Re: Definindo o problema

Em quanto você quer aumentar as vendas?

> Eu preciso alinhar novamente com as nossas metas de vendas, que você pode ver na tabela. Todo o nosso orçamento é elaborado a partir dessas metas, e nós teremos problemas se não atingirmos esses números.

Como você acha que nós podemos fazer isso?

Sempre pergunte "quanto". Faça com que seus objetivos e convicções sejam quantitativos.

> Bem, é o seu trabalho descobrir isso. Mas a estratégia vai envolver fazer com que as pessoas comprem mais, e por "pessoas" eu me refiro às garotas adolescentes (idades 11-15). Você vai aumentar as vendas com algum tipo de marketing. Você é a pessoa dos dados. Descubra!

Quanto você acha que é possível aumentar nas vendas? Os números da meta de vendas são razoáveis?

> Essas garotas adolescentes são cheias da grana. Ganham dinheiro por cuidar de crianças, dos pais etc. Eu não acho que exista alguma limitação em relação ao que podemos conseguir vendendo o HidrateMais para elas.

Antecipe o pensamento do seu cliente. Ele definitivamente está preocupado com os concorrentes.

Como estão as vendas dos nossos concorrentes?

> Eu não tenho os número concretos, mas a minha impressão é de que eles vão nos deixar para trás. Eu diria que eles estão de 50-100 % à nossa frente em termos de receita bruta da venda de hidratantes.

Qual é o lance com o orçamento de marketing para anúncios e redes sociais?

Viu alguma coisa estranha nos números? Pergunte!

> Nós estamos experimentando algo novo. O orçamento total é 20% da nossa receita do primeiro mês. Toda essa quantia costuma ir para anúncios, mas nós estamos trocando para as redes sociais. Eu não gosto nem de pensar no que aconteceria se tivéssemos mantido o mesmo nível de anúncios.

Definir ⟶ Decompor ⟶ Avaliar ⟶ Decidir

Quebre os problemas e dados em partes menores

O próximo passo na análise de dados é juntar o que você aprendeu sobre o problema com seu cliente, os dados e, então, fragmentar ao nível de **granularidade** que atenda melhor à sua análise.

Definir → **Decompor** → Avaliar → Decidir

Divida o problema em problemas menores

Você precisa dividir o seu problema em **partes solucionáveis e gerenciáveis.** Com muita frequência, você verá que seu problema é **vago**, assim:

"Como aumentar as vendas?" ⟵ "O que nossos melhores clientes querem de nós?"
"Quais promoções têm maiores chances de funcionar?"
"Como anda nossa propaganda?"

Você não consegue resolver o problema grande diretamente. Mas, resolvendo os problemas menores, os quais você **definiu** a partir do problema grande, você consegue chegar à solução para o problema grande.

Resolva os problemas menores para resolver o grande.

Divida os dados em grupos pequenos

Mesma coisa com os dados. As pessoas não vão apresentar-lhe as respostas quantitativas precisas que você necessita; você vai ter de extrair os elementos importantes sozinho.

Se os dados que você receber forem **resumidos**, como o que você recebeu da Acme, você terá de ver quais elementos são mais importantes para você.

Se os seus dados vierem em forma **crua**, você deve resumir os elementos para tornar os dados mais úteis.

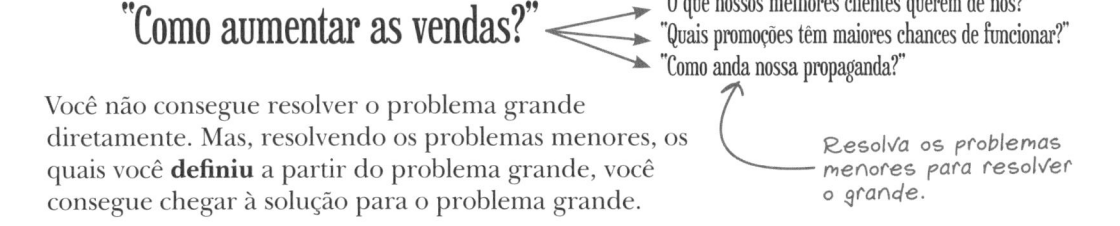

	Setembro	Outubro	Novembro	Dezembro	Janeiro	Fevereiro
Venda bruta	$5,280,000	$5,501,000	$5,469,000	$5,480,000	$5,533,000	$5,554,000
Meta de venda	$5,280,000	$5,500,000	$5,729,000	$5,968,000	$6,217,000	$6,476,000
Custos com anúncios	$1,056,000	$950,000	$739,200	$528,000	$316,800	$316,800
Custos com redes sociais	$0	$105,600	$316,800	$528,000	$739,200	$739,200
Preço unitário (por ml)	$2.00	$2.00	$2.00	$1.90	$1.90	$1.90

Meta de vendas de dezembro $5.968.000

Preços unitários de novembro $2,00

Essas podem ser as partes que você precisa observar

Mais sobre essas palavras chaves em um momento!

Vamos tentar decompor...

Agora dê outra olhada no que você já sabe

Vamos começar com os dados. Aqui você tem um resumo dos dados de vendas da Acme, e a melhor maneira de começar a isolar os elementos mais importantes é encontrar **comparações** fortes.

Decomponha seus dados resumidos procurando comparações interessantes.

Como é a comparação entre os número de venda bruta e meta de vendas para o mês de outubro?

Qual é a relação de venda bruta entre janeiro e fevereiro?

	Setembro	Outubro	Novembro	Dezembro	Janeiro	Fevereiro
Venda bruta	$5,280,000	$5,501,000	$5,469,000	$5,480,000	$5,533,000	$5,554,000
Meta de venda	$5,280,000	$5,500,000	$5,729,000	$5,968,000	$6,217,000	$6,476,000
Custos com anúncios	$1,056,000	$950,400	$739,200	$528,000	$316,800	$316,800
Custos com redes sociais	$0	$105,600	$316,800	$528,000	$739,200	$739,200
Preço unitário (por ml)	$2.00	$2.00	$2.00	$1.90	$1.90	$1.90

Como os custos com anúncios e redes sociais estão alterando entre si com o passar do tempo?

A diminuição no preço unitário coincide com alguma alteração nas vendas brutas?

Fazer boas comparações é o centro da análise de dados, e você conseguirá fazer isso no decorrer deste livro.

Neste caso, você quer **montar uma concepção na sua mente** de como funciona o negócio do HidrateMais, através de uma comparação das estatísticas resumidas.

Definir → **Decompor** → Avaliar → Decidir

Você definiu o problema: ***descobrir como aumentar as vendas***. Mas esse problema fala pouquíssimo sobre *como* espera-se que você faça isso, então, você obtive muitos comentários úteis do CEO.

Esse comentário fornece um **conjunto de suposições** sobre o funcionamento do mercado de cosméticos. Esperamos que o CEO esteja certo sobre essas suposições, porque elas serão a **estrutura central** da sua análise! Quais *são* os pontos principais dos comentários do CEO?

Aqui está a pergunta "quanto".

Esse comentário já é um tipo de dado. Quais são os pontos mais importantes?

O que é mais útil?

De: CEO, Cosméticos Acme

Para: Use a Cabeça

Assunto: Re: Definindo o problema

Em quanto você quer aumentar as vendas?

> Eu preciso alinhar novamente com as nossas metas de vendas, que você pode ver na tabela. Todo o nosso orçamento é elaborado a partir dessas metas, e nós teremos problemas se não atingirmos esses números.

Como você acha que nós podemos fazer isso?

> Bem, é o seu trabalho descobrir isso. Mas a estratégia vai envolver fazer com que as pessoas comprem mais, e por "pessoas" eu me refiro às garotas adolescentes (idades 11-15). Você vai aumentar as vendas com algum tipo de marketing. Você é a pessoa dos dados. Descubra!

Quanto você acha que é possível aumentar nas vendas? Os números da meta de vendas são razoáveis?

> Essas garotas adolescentes são cheias da grana. Dinheiro por cuidar de crianças, dos pais etc. Eu não acho que exista alguma limitação em relação ao que podemos conseguir vendendo o HidrateMais para elas.

Como estão as vendas dos nossos concorrentes?

> Eu não tenho os número concretos, mas a minha impressão é de que eles vão nos deixar para trás. Eu diria que eles estão 50-100 % à nossa frente em termos de receita bruta da venda de hidratantes.

Qual é o lance com o orçamento de marketing para anúncios e redes sociais?

> Nós estamos experimentando algo novo. O orçamento total é 20% da nossa receita do primeiro mês. Toda essa quantia costuma ir para anúncios, mas nós estamos trocando para as redes sociais. Eu não gosto nem de pensar no que aconteceria se tivéssemos mantido o mesmo nível de anúncios.

 Aponte seu lápis

Resuma aquilo em que seu cliente acredita e os seus pensamentos sobre os dados que recebeu para análise. ***Decomponha*** o e-mail acima e os seus dados em partes menores que descrevam a sua situação.

Em que seu cliente acredita.

1 ....

2 ....

3 ....

4 ....

Seus pensamentos sobre os dados.

1 ....

2 ....

3 ....

4 ....

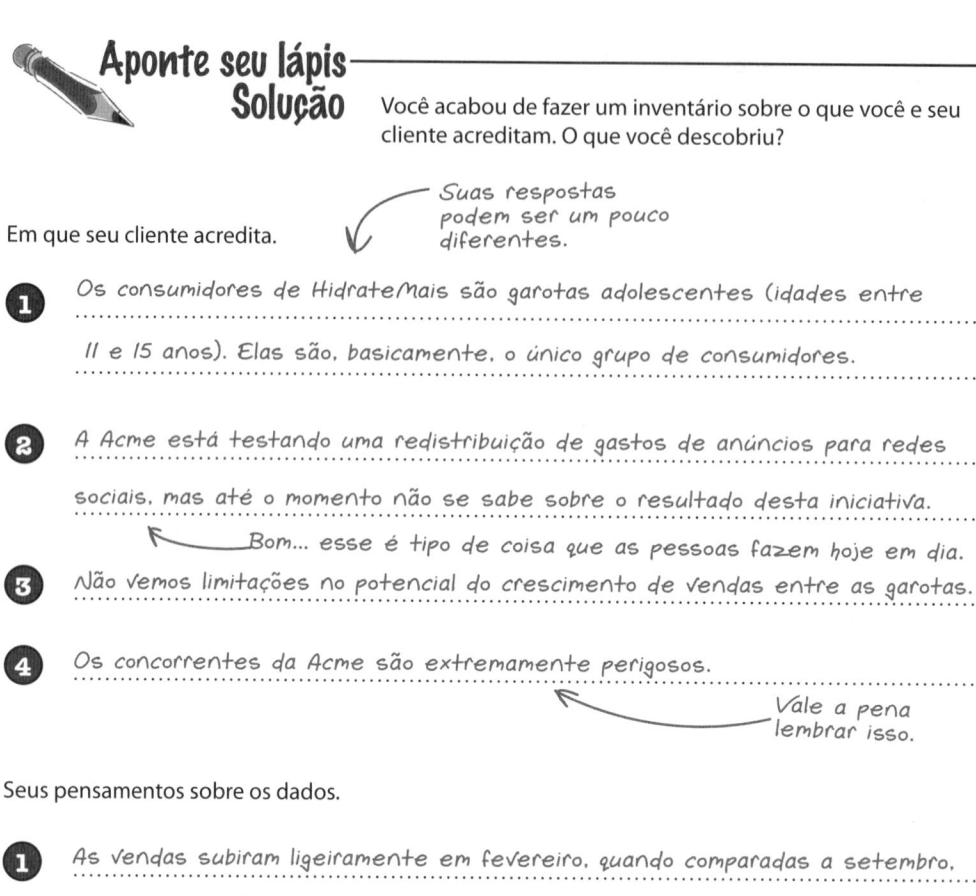

Aponte seu lápis
Solução

Você acabou de fazer um inventário sobre o que você e seu cliente acreditam. O que você descobriu?

Em que seu cliente acredita.

Suas respostas podem ser um pouco diferentes.

1 Os consumidores de HidrateMais são garotas adolescentes (idades entre 11 e 15 anos). Elas são, basicamente, o único grupo de consumidores.

2 A Acme está testando uma redistribuição de gastos de anúncios para redes sociais, mas até o momento não se sabe sobre o resultado desta iniciativa.

Bom... esse é tipo de coisa que as pessoas fazem hoje em dia.

3 Não vemos limitações no potencial do crescimento de vendas entre as garotas.

4 Os concorrentes da Acme são extremamente perigosos.

Vale a pena lembrar isso.

Seus pensamentos sobre os dados.

1 As vendas subiram ligeiramente em fevereiro, quando comparadas a setembro. Mas, ainda estão inexpressivas.

Grande problema

2 As vendas estão bem longe da meta e começaram a divergir em novembro.

3 O corte dos gastos com anúncios pode ter prejudicado a possibilidade de a Acme manter as metas de vendas.

O que eles devem fazer agora?

4 A diminuição dos preços parece não ter ajudado a manter a meta de vendas.

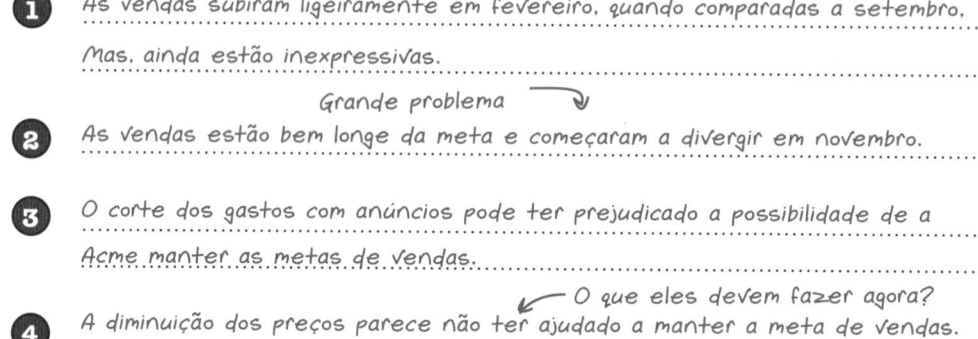

Você conseguiu fragmentar seu problema em partes menores e mais gerenciáveis.

Agora é hora de estudar essas partes em maiores detalhes.

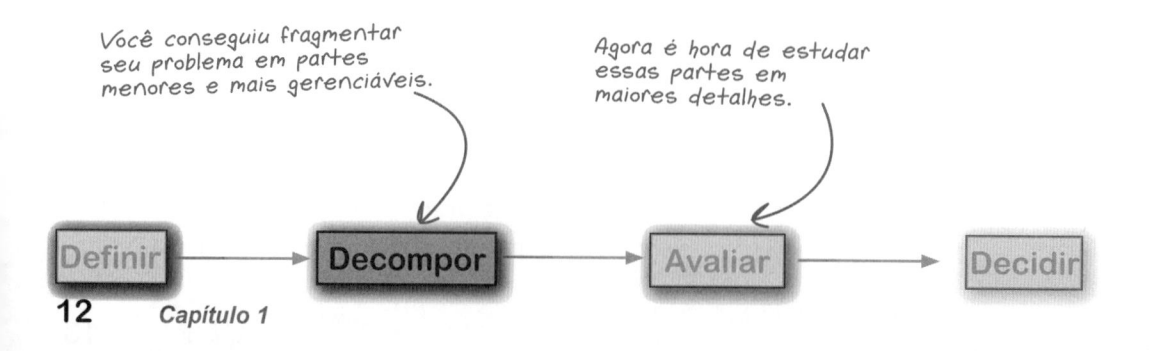

Definir → **Decompor** → Avaliar → Decidir

Avalie as partes

Agora vem a diversão. Você sabe o que precisa descobrir, e você sabe quais partes dos dados permitirão que você faça seu trabalho. Agora, dê uma olhada mais de perto nas partes e formule suas próprias idéias sobre elas.

Assim como foi feito na decomposição, a chave para avaliar as partes que você isolou é a **comparação**.

O que você vê quando compara esses elementos entre si?

Escolha quaisquer dois elementos e analise-os lado a lado.

O que você vê?

Observações sobre o problema

Os consumidores de HidrateMais são garotas adolescentes (idades entre 11 e 15 anos). Elas formam, basicamente, o único grupo de consumidores.

A Acme está testando uma redistribuição de gastos de anúncios para redes sociais, mas até o momento não se sabe sobre o resultado desta iniciativa.

Não vemos limitações no potencial do crescimento de vendas entre as garotas.

Os concorrentes da Acme são extremamente perigosos.

Use sua imaginação!

Observações sobre os dados

As vendas subiram ligeiramente em fevereiro, quando comparadas a setembro, mas ainda estão inexpressivas.

As vendas estão bem longe da meta e começaram a divergir em novembro.

O corte dos gastos com anúncios pode ter prejudicado a possibilidade de a Acme manter as metas de vendas.

A diminuição dos preços parece não ter ajudado a manter a meta de vendas.

Você já tem quase todas as partes que precisa, mas uma parte importante ainda está faltando...

A análise começa quando você mergulha de cabeça

Mergulhar de cabeça na análise quer dizer **fazer suas próprias suposições explícitas** e **apostar a sua credibilidade nas suas conclusões**.

Quer você esteja construindo modelos complexos ou tomando decisões simples, a análise de dados tem tudo a ver com você: suas convicções, sua capacidade de julgamento e sua credibilidade.

Sua possibilidade de sucesso é muito maior se você for uma parte explícita da sua análise.

Mergulhe de cabeça

Bom para você

Você vai saber o que procurar nos dados.

Você vai evitar extrapolar as suas conclusões.

Você será responsável pelo sucesso do seu trabalho.

Bom para seus clientes

Seu cliente vai respeitar mais suas considerações.

Seu cliente vai entender as limitações das suas conclusões.

Não mergulhe de cabeça

Ruim para você

Você vai perder noção de como suas suposições iniciais afetam suas conclusões.

Você será um fraco que foge da responsabilidade!

Ruim para seu cliente

Seu cliente não vai confiar na sua análise porque ele não conhecerá seus motivos e incentivos.

Seu cliente pode ter uma falsa sensação de "objetividade" ou racionalidade imparcial.

À medida que elabora seu relatório final, certifique-se de se referir a sua pessoa, para que o cliente saiba de onde estão surgindo suas conclusões.

Eca! Você não quer ter esses problemas.

Definir → Decompor → Avaliar → Decidir

Faça uma recomendação

Como um analista de dados, seu trabalho é fortalecer a si e seu cliente para tomar **decisões** melhores, utilizando percepções obtidas através do estudo cuidadoso dos dados.

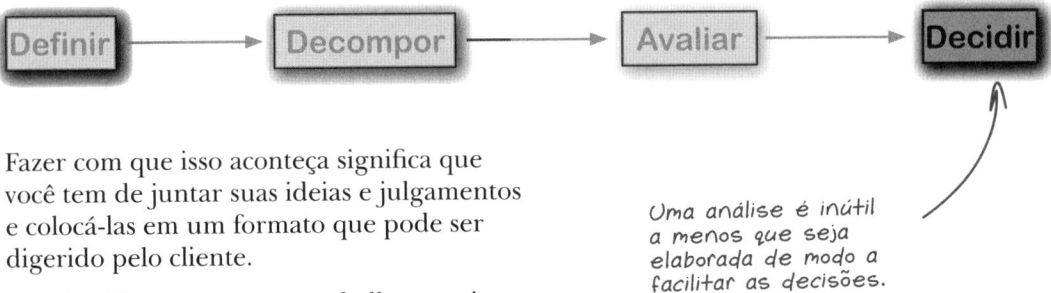

Fazer com que isso aconteça significa que você tem de juntar suas ideias e julgamentos e colocá-las em um formato que pode ser digerido pelo cliente.

Isso significa tornar o seu trabalho o mais simples possível, mas não simplista! É seu trabalho **certificar-se de que sua voz é ouvida** e que as pessoas tomam ótimas decisões baseadas no que você tem a dizer.

Uma análise é inútil a menos que seja elaborada de modo a facilitar as decisões.

Você precisa se fazer entender e parecer extremamente inteligente através do relatório que apresentar ao seu cliente.

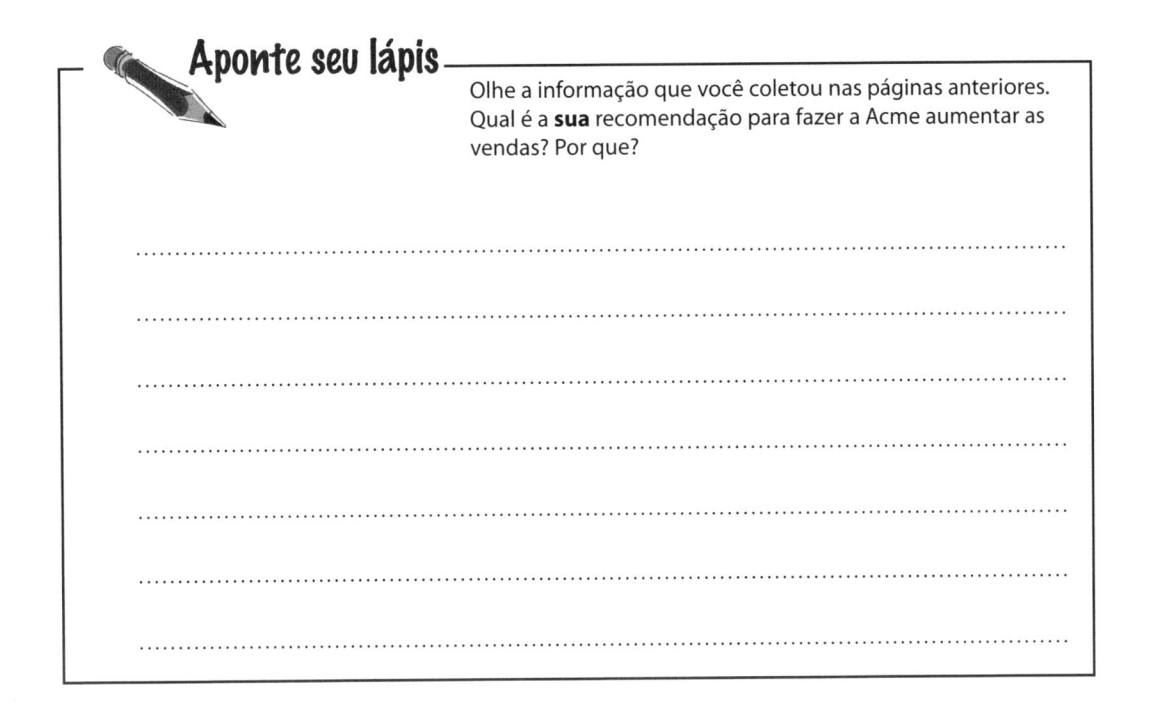

Aponte seu lápis

Olhe a informação que você coletou nas páginas anteriores. Qual é a **sua** recomendação para fazer a Acme aumentar as vendas? Por que?

....

....

....

....

....

....

....

Seu relatório está pronto

Cosméticos Acme
Relatório Analítico

Contexto

Essas são as informações que o CEO forneceu no início.

Os consumidores de HidrateMais são garotas adolescentes (com idades entre 11 e 15 anos). Elas são basicamente o único grupo de consumidores. A Acme está testando uma redistribuição de gastos, investindo nas redes sociais ao invés de anúncios apenas, mas, até agora, não se sabe o resultado desta iniciativa. Nós não vemos limitações quando ao potencial do crescimento das vendas entre essas garotas. Os concorrentes da Acme são extremamente perigosos.

É uma boa ideia colocar as suas suposições e de seu cliente no relatório.

Interpretação dos dados

Um gráfico simples para ilustrar a sua conclusão.

Aqui está o principal da sua análise.

As vendas subiram um pouco em fevereiro, quando comparadas a setembro, mas ainda estão inexpressivas. As vendas estão bem longe da meta. O corte com os gastos em anúncios pode ter prejudicado a possibilidade de a Acme manter-se nas metas. A diminuição dos preços parece não ter ajudado as vendas a ficarem perto da meta.

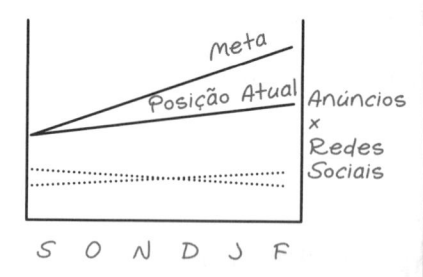

Recomendação

Sua conclusão pode ser diferente.

Pode ser que o declínio nas vendas relacionado à meta esteja ligado ao declínio em propaganda e relacionado aos gastos anteriores com propaganda. Nós não temos evidência para acreditar que as redes sociais trouxeram o sucesso esperado. Eu vou voltar a propaganda para os níveis de setembro para ver se há uma resposta por parte das garotas adolescentes. **Atingir as adolescentes com a propaganda é a maneira de fazer as vendas brutas alinhar-se novamente às metas.**

O que o CEO vai achar?

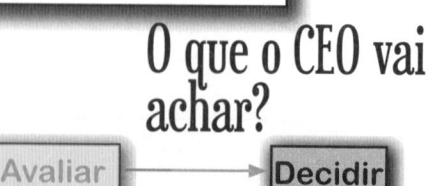

O CEO gostou do seu trabalho

Excelente trabalho. Estou totalmente convencido. Eu vou pedir para que façam mais anúncios agora mesmo. Mal posso esperar para ver o resultado!

Seu relatório está conciso, direto e com aparência profissional.

Ele atende as necessidades do CEO de maneira até mais clara do que ele consegue explicar.

Você analisou os dados, esclareceu um pouco mais as coisas com o CEO, comparou as coisas em que ele acredita com suas próprias conclusões sobre os dados e recomendou uma decisão.

Bom trabalho!

Como a sua recomendação vai afetar os negócios da Acme?

As vendas da Acme vão aumentar?

Acabou de chegar um artigo

Parece um bom artigo, pelo menos à primeira vista.

Jornal de Negócios Dadolândia

O HidrateMais atinge saturação de mercado completa entre garotas adolescentes

Nosso próprio analista da indústria de cosméticos relata que o mercado de hidratantes para as adolescentes foi completamente dominado pelo principal produto da Cosméticos Acme, o HidrateMais. De acordo com a pesquisa da Dadolândia, 95% das adolescentes relataram usar o HidrateMais "com muita frequência", normalmente duas ou mais vezes ao dia.

O CEO da Acme ficou surpreso quando nosso repórter falou sobre nossas constatações. "Nós estamos comprometidos em fornecer a experiência mais luxuosa com cosméticos que as adolescentes podem imaginar, por uma preço acessível", disse. "Estou contente em saber que o HidrateMais atingiu tanto sucesso entre as adolescentes. Espero que nosso departamento analítico consiga me apresentar essas informações no futuro, ao invés de ficar sabendo pela imprensa".

O único concorrente viável da Acme nesse mercado, a Competição Cosméticos, respondeu para nossa reportagem dizendo: "Basicamente, nós desistimos de fazer divulgação entre as adolescentes. Os consumidores que conquistamos para o mercado viral são ridicularizados por seus amigos por usarem um produto barato e inferior. A marca HidrateMais é tão poderosa que é um desperdício de dinheiro competir com eles. Se tivermos sorte, a marca HidrateMais vai levar um susto se alguma coisa acontecer com a celebridade deles, caso apareça em algum vídeo fazendo...

O que isso significa para a sua análise?

Ao que parece, tudo está ótimo para a Acme. Mas, se o mercado está saturado, provavelmente não adianta gastar com mais anúncios voltados para as adolescentes.

> Sorte sua eu ter recebido essa ligação. Eu cancelei a campanha para as adolescentes. Agora me dê um retorno com um plano que funcione.

É difícil imaginar que a campanha para as adolescentes teria funcionado. Se a grande maioria delas está usando HidrateMais duas ou mais vezes ao dia, existe alguma oportunidade para aumentar as vendas?

Você vai precisar encontrar outras oportunidades para o crescimento das vendas. Mas primeiro, você precisa entender o que aconteceu com a sua análise.

EXERCITANDO O CÉREBRO

Em algum momento, você obteve **informações incompletas ou ruins** que não permitiram que você visse esse fato sobre as adolescentes. Que informações foram essas?

Você permitiu que as convicções do CEO te levassem para o caminho errado

Aqui está o que o CEO disse sobre o funcionamento das vendas do HidrateMais:

> **O que o CEO acredita em relação ao HidrateMais**
>
> Os consumidores de HidrateMais são garotas adolescentes (idades entre 11 e 15 anos). Elas são, basicamente, o único grupo de consumidores.
>
> A Acme está testando uma redistribuição de gastos de anúncios para redes sociais, mas até o momento não se sabe sobre o resultado desta iniciativa.
>
> Não vemos limitações no potencial do crescimento de vendas entre as garotas.
>
> Os concorrentes da Acme são extremamente perigosos.

Esse é um modelo mental..

Dê uma olhada em como essas convicções se encaixam nos dados. Eles estão em concordância ou desacordo? Eles descrevem coisas diferentes?

	Setembro	Outubro	Novembro	Dezembro	Janeiro	Fevereiro
Venda bruta	$5,280,000	$5,501,000	$5,469,000	$5,480,000	$5,533,000	$5,554,000
Meta de venda	$5,280,000	$5,500,000	$5,729,000	$5,968,000	$6,217,000	$6,476,000
Custos com anúncios	$1,056,000	$950,400	$739,200	$528,000	$316,800	$316,800
Custos com redes sociais	$0	$105,600	$316,800	$528,000	$739,200	$739,200
Preço unitário (por ml)	$2.00	$2.00	$2.00	$1.90	$1.90	$1.90

Os dados não dizem nada sobre as adolescentes.
Ele presume que as adolescentes sejam as únicas compradoras e que elas podem comprar mais HidrateMais.

Considerando a reportagem, você deveria rever essas convicções.

Estamos de volta ao início!

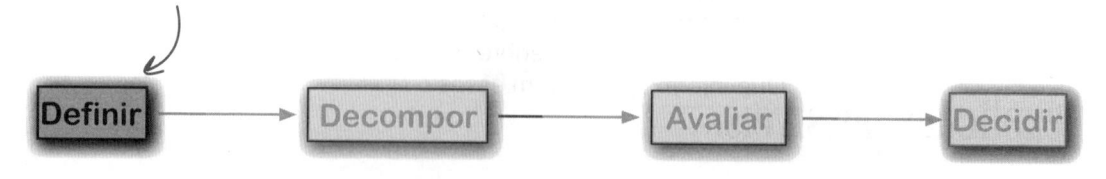

Suas suposições e convicções sobre o mundo são seu modelo mental

E, neste caso, é problemático. Se a reportagem do jornal for verdadeira, as convicções do CEO sobre as adolescentes estão erradas. Essas convicções são o modelo que você estava usando para interpretar os dados.

O mundo é complicado, então, nós usamos **modelos mentais** para achar sentido. Seu cérebro é como uma caixa de ferramentas, e sempre que recebe novas informações, ele escolhe uma ferramenta para ajudar a interpretá-las.

Os modelos mentais podem ser impressos, habilidades cognitivas inatas ou podem ser teorias que você aprende. De qualquer maneira, eles têm um **grande impacto** no modo como você interpreta os dados.

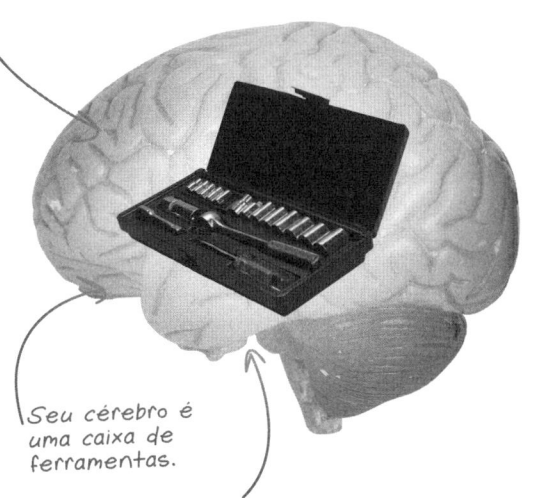

Os modelos mentais são as ferramentas.

Seu cérebro é uma caixa de ferramentas.

Sempre que você recebe informações novas, seu cérebro utiliza uma ferramenta para achar sentido nisso tudo.

Às vezes, os modelos mentais podem ser de enorme ajuda, e, às vezes, eles causam problemas. Neste livro você terá um curso intensivo sobre como usá-los a seu favor.

O mais importante agora é que você sempre os torne explícitos e ofereça **o mesmo tratamento sério e cuidadoso** que você dá aos dados.

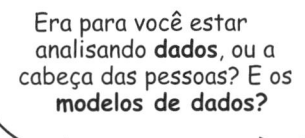

Era para você estar analisando **dados**, ou a cabeça das pessoas? E os **modelos de dados**?

Sempre faça com que seus modelos mentais sejam os mais explícitos possíveis.

Seu modelo estatístico depende do seu modelo mental

Os modelos mentais determinam o que você vê. Eles são suas lentes para ver a realidade.

Seu modelo mental é como a lente que você usa para enxergar o mundo.

Você olha para o mundo.

Você não consegue ver *tudo*, então, seu cérebro tem de ser seletivo com aquilo que escolhe para focar sua atenção. Então, o seu modelo mental predominantemente **determina o que você vê**.

Um modelo mental vai chamar sua atenção para algumas características do mundo...

...e um modelo mental diferente vai chamar sua atenção para outras características.

O mundo parece ser de um jeito.

O mundo parece ser um pouco diferente.

Se você **está ciente** de seu modelo mental, você tem mais chances de ver o que é importante e desenvolver modelos estatísticos mais relevantes e úteis.

Seu modelo estatístico **depende** do seu modelo mental. Se você usar o modelo mental errado, sua análise falha antes mesmo de começar.

É melhor que você acerte no modelo mental!

Aponte seu lápis

Vamos dar uma outra olhada nos dados e pensar sobre quais outros modelos mentais se encaixariam nesses dados.

	Setembro	Outubro	Novembro	Dezembro	Janeiro	Fevereiro
Venda bruta	$5,280,000	$5,501,000	$5,469,000	$5,480,000	$5,533,000	$5,554,000
Meta de venda	$5,280,000	$5,500,000	$5,729,000	$5,968,000	$6,217,000	$6,476,000
Custos com anúncios	$1,056,000	$950,400	$739,200	$528,000	$316,800	$316,800
Custos com redes sociais	$0	$105,600	$316,800	$528,000	$739,200	$739,200
Preço unitário (por ml)	$2.00	$2.00	$2.00	$1.90	$1.90	$1.90

Use sua criatividade!

1 Faça uma lista de algumas das suposições que seriam verdadeiras se o HidrateMais realmente fosse o hidratante preferido das adolescentes.

....

....

....

....

....

2 Faça uma lista de algumas das suposições que seriam verdadeiras se o HidrateMais estivesse correndo risco de perder seus consumidores para os concorrentes.

....

....

....

....

....

Aponte seu lápis
Solução

Você acabou de olhar nos seus dados resumidos com uma nova perspectiva: como um modelo mental *diferente* se encaixaria?

	Setembro	Outubro	Novembro	Dezembro	Janeiro	Fevereiro
Venda bruta	$5,280,000	$5,501,000	$5,469,000	$5,480,000	$5,533,000	$5,554,000
Meta de venda	$5,280,000	$5,500,000	$5,729,000	$5,968,000	$6,217,000	$6,476,000
Custos com anúncios	$1,056,000	$950,400	$739,200	$528,000	$316,800	$316,800
Custos com redes sociais	$0	$105,600	$316,800	$528,000	$739,200	$739,200
Preço unitário (por ml)	$2.00	$2.00	$2.00	$1.90	$1.90	$1.90

1 Faça uma lista de algumas das suposições que seriam verdadeiras se o HidrateMais realmente fosse o hidratante preferido das adolescentes.

As adolescentes gastam quase todo seu dinheiro destinado a hidratantes com o HidrateMais.

A Acme precisa encontrar novos mercados para aumentar as vendas do HidrateMais.

Não existem concorrentes significantes para o HidrateMais. Ele é de longe o melhor produto.

As redes sociais são a maneira mais eficaz de vender para as pessoas nos dias de hoje.

O aumento de preço do HidrateMais reduziria sua participação no mercado.

Esse é um mundo feliz.

2 Faça uma lista de algumas das suposições que seriam verdadeiras se o HidrateMais estivesse correndo risco de perder seus consumidores para os concorrentes.

As adolescentes mudam para um outro hidratante, e a Acme precisa lutar para reconquistá-las.

O HidrateMais é visto como "não maneiro" e "somente para nerds".

A aparência "seca" da pele está ficando popular entre os mais jovens.

O marketing através das redes sociais é um buraco negro, e nós precisamos voltar para os anúncios.

As adolescentes estão dispostas a gastar muito mais dinheiro com hidratante.

Isso é um desafio.

Não é algo tão incomum assim o seu cliente ter um modelo mental completamente errado. Na verdade, é muito comum as pessoas ignorarem o que pode ser a parte mais importante do modelo mental...

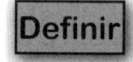 **Definir** ➔ Decompor ➔ Avaliar ➔ Decidir

Os modelos mentais deveriam sempre incluir aquilo que você não sabe

Sempre especifique as **incertezas**. Se você for explícito com relação às incertezas, você estará de guarda para utilizar os dados de modo a preencher as lacunas do seu conhecimento, e, então, fará melhores recomendações.

Pensar sobre as incertezas e pontos cegos pode ser um pouco desconfortável, mas a recompensa é enorme. Esse "anti-resumo" fala sobre o que alguém **não** sabe ao invés de falar sobre o que sabem. Se você quer contratar um dançarino, por exemplo, as danças que eles não sabem podem ser mais interessantes para você do que as danças que eles sabem.

Quando você contrata pessoas, você normalmente descobre o que elas não sabem só quando já é tarde demais.

E é a mesma coisa com a análise de dados. É essencial que você conheça as lacunas do seu conhecimento.

Especifique as incertezas de cara, e você não terá surpresas desagradáveis mais tarde.

Esse deve ser um resumo difícil de fazer.

Use a Cabeça Anti-Resumo

Experiências que ainda não tive:

Ser preso
Comer lagostim
Andar de monociclo
Remover a neve com uma pá

Coisas que não sei:

Os primeiros cinquenta dígitos de Pi
Quantos minutos ao celular eu usei hoje
O significado da vida

Coisas que não sei fazer:

Propor um brinde em urdu
Dançar merengue
Tocar violão

Livros que não li:

Ulisses, de James Joyce
O Código da Vinci

Aponte seu lápis

Quais perguntas você faria ao CEO para descobrir o que ele **não sabe?**

....

....

....

....

O CEO te diz o que ele não sabe

De: CEO, Cosméticos Acme
Para: Use a Cabeça
Assunto: Re: Lidando com incertezas

Onde você diria que estão as maiores lacunas no seu conhecimento sobre as vendas do HidrateMais?

> Bem, esta certamente é uma pergunta interessante. Eu sempre achei que realmente entendêssemos como os consumidores se sentem em relação ao nosso produto. Mas, visto que não vendemos diretamente aos consumidores, nós realmente não sabemos o que acontece depois que enviamos os produtos para os distribuidores. Então... é, nós realmente não sabemos o que acontece depois que o HidrateMais sai do nosso estoque.

Não tem problema fazer com que o cliente especule.

O quanto você confia que a propaganda ajudou a aumentar suas vendas no passado?

> Bem, é como sempre dizem: metade sempre funciona, e metade não funciona, e você nunca sabe qual metade é qual. Mas, é bem claro para mim que a marca HidrateMais é grande parte do que nossos consumidores estão comprando, porque o HidrateMais não é completamente diferente dos outros hidratantes, então, as propagandas são essenciais para estabilizar a marca.

Não existe muita certeza aqui sobre o quanto as propagandas funcionam.

Quem mais poderia comprar o produto, além das adolescentes?

> Não tenho ideia. Nenhuma. O produto é tão direcionado que nós só pensamos nas adolescentes. Nós nunca atingimos nenhum outro grupo de consumidores.

Esse é um ponto cego!

Existe alguma outra incerteza que eu deva saber?

> Claro, muitas. Você me assustou um bocado. Eu sinto como se não soubesse mais nada sobre meu produto. Sua análise de dados me faz sentir como seu eu soubesse menos do que sempre soube.

Quem mais pode estar comprando HidrateMais?

Existe outros compradores além das adolescentes?

Definir → **Decompor** → Avaliar → Decidir

Não existem.
Perguntas Idiotas

P: Achei engraçado o que o CEO disse no final: a análise de dados faz com que você se sinta como se soubesse menos ainda. Ele está errado em pensar assim, não está?

R: Depende de como você vê isso. Hoje em dia, cada vez mais problemas podem ser resolvidos utilizando as técnicas de análise de dados. Esses são problemas que, no passado, as pessoas resolveriam usando a intuição, ao invés de usar as informações disponíveis.

P: Então, os modelos mentais parecem cada vez mais frágeis quando comparados a como eram no passado?

R: Boa parte do papel do modelo mental é fazer com que você preencha as lacunas daquilo que você não sabe. A boa notícia é que a ferramenta de análise de dados dá a força para preencher essas lacunas de maneira sistemática, que inspira confiança. Então, o sentido do exercício de especificar suas incertezas em maiores detalhes é ajudá-lo a enxergar os pontos cegos que necessitam de muito trabalho com dados empíricos.

P: Mas, eu não vou precisar estar sempre usando os modelos mentais para preencher as lacunas do conhecimento como eu entendo o mundo?

R: Certamente...

P: Porque mesmo que eu consiga entender bem como as coisas funcionam agora, daqui a dez minutos o mundo estará diferente.

R: Exatamente. Você não consegue saber tudo e o mundo está em constante mudança. É por isso que especificar o seu problema rigorosamente e lidar com as incertezas no seu modelo mental é tão importante. Você tem tanto tempo e recurso para gastar tentando resolver seu problema analítico, então, responder essas perguntas vai ajudá-lo a fazer isso com eficiência e eficácia.

P: As coisas que você aprende a partir dos seus modelos estatísticos se encaixam nos seus modelos mentais?

R: Com certeza. Os fatos e fenômenos que você descobre nas pesquisas de hoje normalmente se tornam as presunções que guiam você na pesquisa de amanhã. Pense desta maneira: inevitavelmente, você vai acabar tirando conclusões erradas dos seus modelos estatísticos. Ninguém é perfeito. E quando essas conclusões fizerem parte dos seus modelos mentais você vai querer mantê-las explícitas, para que você possa reconhecer uma situação onde precise voltar atrás e mudá-las.

P: Então, modelos mentais são coisas que você pode testar empiricamente?

R: Sim, e você deve testá-los. Você não pode testar tudo, mas tudo no seu modelo deve ser possível de ser testado.

P: Como você muda seu modelo mental?

R: Você está prestes a descobrir...

O CEO pediu mais dados para ajudar você a encontrar segmentos de mercado fora das garotas adolescentes. Vamos dar uma olhada.

A Acme acabou de te enviar uma lista enorme de dados crus

Quando você pega novos dados, e ainda não fez nada para alterá-los, eles são considerados **dados crus**. **Quase sempre você precisará manipular os dados** que recebe de alguém de modo a deixá-los em um formato útil para a análise de números que você quer fazer.

Apenas certifique-se de **salvar os originais**. E mantenha-os separados de qualquer manipulação de dados que você fizer. Até mesmo os melhores analistas cometem erros, e você sempre precisa comparar seu trabalho com os dados crus.

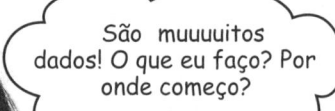

É muita informação... talvez mais do que você precise.

Data	Fornecedor	Tamanho do lote (unidades)	CEP de envio	Custo
01/09/08	Cosméticos Garotas Ousadas	5253	20817	$75.643
03/09/08	Cosméticos Garotas Ousadas	6148	20817	$88.531
04/09/08	Princesa Vaidosa	8931	20012	$128.606
14/09/08	Cosméticos Garotas Ousadas	2031	20817	$29.246
14/09/08	Princesa Vaidosa	8029	20012	$115.618
15/09/08	Atacadistas Gerais da América	3754	20012	$54.058
20/09/08	Cosméticos Garotas Ousadas	7039	20817	$101.362
21/09/08	Princesa Vaidosa	7478	20012	$107.683
25/09/08	Atacadistas Gerais da América	2646	20012	$38.102
26/09/08	Cosméticos Garotas Ousadas	6361	20817	$91.598
04/10/08	Princesa Vaidosa	9481	20012	$136.526
07/10/08	Atacadistas Gerais da América	8598	20012	$123.811
09/10/08	Cosméticos Garotas Ousadas	6333	20817	$91.195
12/10/08	Atacadistas Gerais da América	4813	20012	$69.307
15/10/08	Princesa Vaidosa	1550	20012	$22.320
20/10/08	Cosméticos Garotas Ousadas	3230	20817	$46.512
25/10/08	Cosméticos Garotas Ousadas	2064	20817	$29.722
27/10/08	Atacadistas Gerais da América	8298	20012	$119.491
28/10/08	Princesa Vaidosa	8300	20012	$119.520
03/11/08	Atacadistas Gerais da América	6791	20012	$97.790
04/11/08	Princesa Vaidosa	3775	20012	$54.360
10/11/08	Cosméticos Garotas Ousadas	8320	20817	$119.808
10/11/08	Cosméticos Garotas Ousadas	6160	20817	$88.704
10/11/08	Atacadistas Gerais da América	1894	20012	$27.274
15/11/08	Princesa Vaidosa	1697	20012	$24.437
24/11/08	Princesa Vaidosa	4825	20012	$69.480
28/11/08	Cosméticos Garotas Ousadas	6188	20817	$89.107
28/11/08	Atacadistas Gerais da América	4157	20012	$59.861
03/12/08	Cosméticos Garotas Ousadas	6841	20817	$98.510
04/12/08	Princesa Vaidosa	7483	20012	$107.755
06/12/08	Atacadistas Gerais da América	1462	20012	$21.053
11/12/08	Atacadistas Gerais da América	8680	20012	$124.992
14/12/08	Cosméticos Garotas Ousadas	3221	20817	$46.382
14/12/08	Princesa Vaidosa	6257	20012	$90.101
24/12/08	Atacadistas Gerais da América	4504	20012	$64.858
25/12/08	Princesa Vaidosa	6157	20012	$88.661
28/12/08	Cosméticos Garotas Ousadas	5943	20817	$85.579
07/01/09	Cosméticos Garotas Ousadas	4415	20817	$63.576
10/01/09	Princesa Vaidosa	2726	20012	$39.254
10/01/09	Atacadistas Gerais da América	4937	20012	$71.093
15/01/09	Cosméticos Garotas Ousadas	9602	20817	$138.269
18/01/09	Atacadistas Gerais da América	7025	20012	$101.160
20/01/09	Princesa Vaidosa	4726	20012	$68.054

São muuuuitos dados! O que eu faço? Por onde começo?

Relaxe

Muitos dados podem ser uma coisa boa. Continue concentrado naquilo que está tentando fazer com os dados. Se você sair do caminho dos seus objetivos e suposições, fica muito fácil "se perder" em meio a um monte de dados. Mas uma boa análise de dados tem tudo a ver com manter-se concentrado no que você quer aprender a partir dos dados.

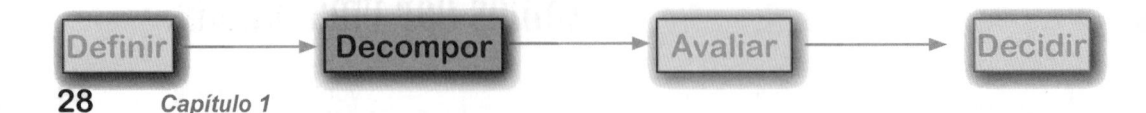

Definir → Decompor → Avaliar → Decidir

Exercício

*Dê uma olhada bem de perto nesses dados e pense no **modelo mental do CEO**. Esses dados se encaixam na ideia de que os consumidores são todos do grupo garotas adolescentes ou sugerem outros grupos?*

Data	Fornecedor	Tamanho do lote (unidades)	CEP de envio	Custo
01/09/08	Cosméticos Garotas Ousadas	5253	20817	$75.643
03/09/08	Cosméticos Garotas Ousadas	6148	20817	$88.531
04/09/08	Princesa Vaidosa	8931	20012	$128.606
14/09/08	Cosméticos Garotas Ousadas	2031	20817	$29246
14/09/08	Princesa Vaidosa	8029	20012	$115.618
15/09/08	Atacadistas Gerais da América	3754	20012	$54.058
20/09/08	Cosméticos Garotas Ousadas	7039	20817	$101.362
21/09/08	Princesa Vaidosa	7478	20012	$107.683
25/09/08	Atacadistas Gerais da América	2646	20012	$38.102
26/09/08	Cosméticos Garotas Ousadas	6361	20817	$91.598
04/10/08	Princesa Vaidosa	9481	20012	$136.526
07/10/08	Atacadistas Gerais da América	8598	20012	$123.811
09/10/08	Cosméticos Garotas Ousadas	6333	20817	$91.195
12/10/08	Atacadistas Gerais da América	4813	20012	$69.307
15/10/08	Princesa Vaidosa	1550	20012	$22.320
20/10/08	Cosméticos Garotas Ousadas	3230	20817	$46.512
25/10/08	Cosméticos Garotas Ousadas	2064	20817	$29.722
27/10/08	Atacadistas Gerais da América	8298	20012	$119.491
28/10/08	Princesa Vaidosa	8300	20012	$119.520
03/11/08	Atacadistas Gerais da América	6791	20012	$97.790
04/11/08	Princesa Vaidosa	3775	20012	$54.360
10/11/08	Cosméticos Garotas Ousadas	8320	20817	$119.808
10/11/08	Cosméticos Garotas Ousadas	6160	20817	$88.704
10/11/08	Atacadistas Gerais da América	1894	20012	$27.274
15/11/08	Princesa Vaidosa	1697	20012	$24.437
24/11/08	Princesa Vaidosa	4825	20012	$69.480
28/11/08	Cosméticos Garotas Ousadas	6188	20817	$89.107
28/11/08	Atacadistas Gerais da América	4157	20012	$59.861
03/12/08	Cosméticos Garotas Ousadas	6841	20817	$98.510
04/12/08	Princesa Vaidosa	7483	20012	$107.755
06/12/08	Atacadistas Gerais da América	1462	20012	$21.053
11/12/08	Atacadistas Gerais da América	8680	20012	$124.992
14/12/08	Cosméticos Garotas Ousadas	3221	20817	$46.382
14/12/08	Princesa Vaidosa	6257	20012	$90.101
24/12/08	Atacadistas Gerais da América	4504	20012	$64.858
25/12/08	Princesa Vaidosa	6157	20012	$88.661
28/12/08	Cosméticos Garotas Ousadas	5943	20817	$85.579
07/01/09	Cosméticos Garotas Ousadas	4415	20817	$63,576
10/01/09	Princesa Vaidosa	2726	20012	$39.254
10/01/09	Atacadistas Gerais da América	4937	20012	$71.093
15/01/09	Cosméticos Garotas Ousadas	9602	20817	$138.269
18/01/09	Atacadistas Gerais da América	7025	20012	$101.160
20/01/09	Princesa Vaidosa	4726	20012	$68.054

Escreva sua resposta aqui.

Solução do Exercício

*Dê uma olhada bem de perto nesses dados e pense no **modelo mental do CEO**. Esses dados se encaixam na ideia de que os consumidores são todos do grupo garotas adolescentes ou sugerem outros grupos?*

Parece que essas empresas vendem para as adolescentes.

Nós podemos observar que a Acme está vendendo para empresas que certamente vendem para as adolescentes. A Cosméticos Garotas Ousadas e a Princesa Vaidosa definitivamente se encaixam neste perfil. Mas há outro distribuidor na lista: "Atacadistas Gerais da América". Pelo nome somente não dá para saber quem são os clientes, mas pode valer a pena pesquisar.

Data	Fornecedor	Tamanho do lote (unidades)	CEP de envio	Custo
01/09/08	Cosméticos Garotas Ousadas	5253	20817	$75.643
03/09/08	Cosméticos Garotas Ousadas	6148	20817	$88.531
04/09/08	Princesa Vaidosa	8931	20012	$128.606
14/09/08	Cosméticos Garotas Ousadas	2031	20817	$29246
14/09/08	Princesa Vaidosa	8029	20012	$115.618
15/09/08	Atacadistas Gerais da América	3754	20012	$54.058
20/09/08	Cosméticos Garotas Ousadas	7039	20817	$101.362
21/09/08	Princesa Vaidosa	7478	20012	$107.683
25/09/08	Atacadistas Gerais da América	2646	20012	$38.102
26/09/08	Cosméticos Garotas Ousadas	6361	20817	$91.598
04/10/08	Princesa Vaidosa	9481	20012	$136.526
07/10/08	Atacadistas Gerais da América	8598	20012	$123.811
09/10/08	Cosméticos Garotas Ousadas	6333	20817	$91.195
12/10/08	Atacadistas Gerais da América	4813	20012	$69.307
15/10/08	Princesa Vaidosa	1550	20012	$22.320
20/10/08	Cosméticos Garotas Ousadas	3230	20817	$46.512
25/10/08	Cosméticos Garotas Ousadas	2064	20817	$29.722
27/10/08	Atacadistas Gerais da América	8298	20012	$119.491
28/10/08	Princesa Vaidosa	8300	20012	$119.520
03/11/08	Atacadistas Gerais da América	6791	20012	$97.790
04/11/08	Princesa Vaidosa	3775	20012	$54.360
10/11/08	Cosméticos Garotas Ousadas	8320	20817	$119.808
10/11/08	Cosméticos Garotas Ousadas	6160	20817	$88.704
10/11/08	Atacadistas Gerais da América	1894	20012	$27.274
15/11/08	Princesa Vaidosa	1697	20012	$24.437
24/11/08	Princesa Vaidosa	4825	20012	$69.480
28/11/08	Cosméticos Garotas Ousadas	6188	20817	$89.107
28/11/08	Atacadistas Gerais da América	4157	20012	$59.861
03/12/08	Cosméticos Garotas Ousadas	6841	20817	$98.510
04/12/08	Princesa Vaidosa	7483	20012	$107.755
06/12/08	Atacadistas Gerais da América	1462	20012	$21.053
11/12/08	Atacadistas Gerais da América	8680	20012	$124.992
14/12/08	Cosméticos Garotas Ousadas	3221	20817	$46.382
14/12/08	Princesa Vaidosa	6257	20012	$90.101
24/12/08	Atacadistas Gerais da América	4504	20012	$64.858
25/12/08	Princesa Vaidosa	6157	20012	$88.661
28/12/08	Cosméticos Garotas Ousadas	5943	20817	$85.579
07/01/09	Cosméticos Garotas Ousadas	4415	20817	$63.576
10/01/09	Princesa Vaidosa	2726	20012	$39.254
10/01/09	Atacadistas Gerais da América	4937	20012	$71.093
15/01/09	Cosméticos Garotas Ousadas	9602	20817	$138.269
18/01/09	Atacadistas Gerais da América	7025	20012	$101.160
20/01/09	Princesa Vaidosa	4726	20012	$68.054

Quem são essas pessoas?

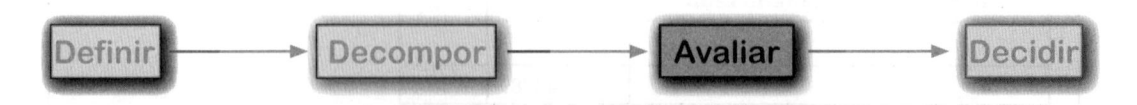

Definir → Decompor → **Avaliar** → Decidir

Hora de se aprofundar nos dados

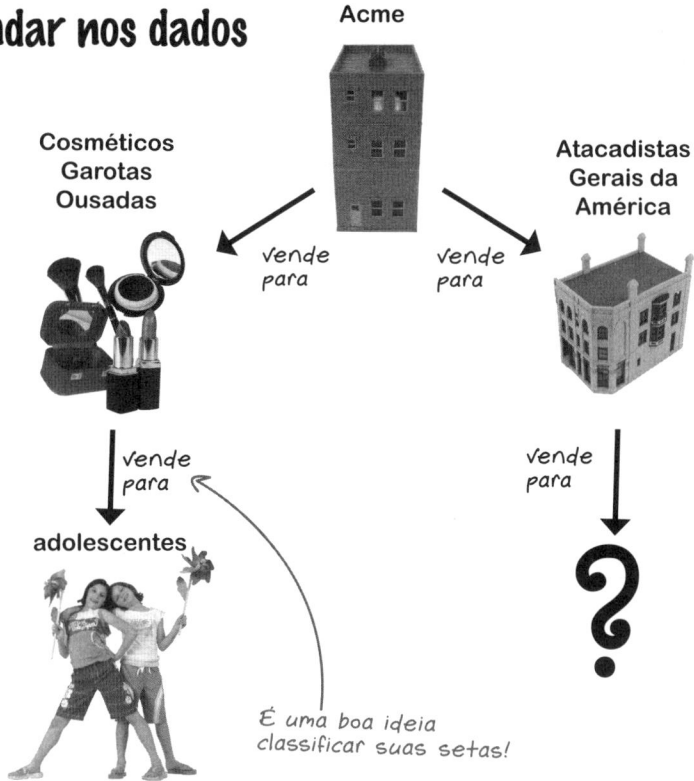

Acme

Cosméticos
Garotas
Ousadas

Atacadistas
Gerais da
América

Vende para

Vende para

Vende para

Vende para

adolescentes

?

É uma boa ideia classificar suas setas!

Você olhou para a quantidade massiva de dados com uma tarefa bem definida: descobrir quem está comprando o produto, além das adolescentes.

Você encontrou uma empresa chamada Atacadistas Gerais da América. Quem são eles? E quem compra deles?

À pedido da Acme, a empresa Atacadistas Gerais da América enviou esta lista dos clientes de HidrateMais. Essa informação te ajuda a descobrir quem está comprando?

Exercício

Anote o que esses dados te dizem sobre quem está comprando HidrateMais.

Lista do distribuidor AGA dos últimos seis meses, término em 02/2009

Somente as vendas de HidrateMais

Vendedor	Unidades	%
Manutenção de Barba Masculina Ltda	9785	23%
ClienteDificil.com	20100	46%
Produtos para Barba "Stu"	8093	19%
Cosméticos para Homens Ltda.	5311	12%
Total	43289	100%

Solução do Exercício

A pedido da Acme, a empresa Atacadistas Gerais da América enviou esta lista dos clientes de HidrateMais. Essa informação te ajuda a descobrir quem está comprando?

Lista do distribuidor AGA dos últimos seis meses, término em 02/2009

Somente as vendas de HidrateMais

Vendedor	Unidades	%
Manutenção de Barba Masculina Ltda	9785	23%
ClienteDificil.com	20100	46%
Produtos para Barba "Stu"	8093	19%
Cosméticos para Homens Ltda	5311	12%
Total	43289	100%

Parece que os homens estão comprando HidrateMais! Pela análise da lista de compradores da Acme, era impossível dizer que havia homens comprando o produto. Mas os Atacadistas Gerais da América estão revendendo o HidrateMais para vendedores de produtos para barbear!

Atacadistas americanos confirmam sua impressão

> É... parece que os velhotes também gostam do produto, embora estejam envergonhados de usar um produto para adolescentes. Mas ele é ótimo para hidratar a pele após o barbear!

Isso pode ser uma descoberta e tanto.

Parece que existe um grupo inteiro de pessoas comprando HidrateMais e a Acme nem sabia da existência delas.

Com um pouco de sorte, esse grupo de pessoas pode ser a sua chance de fazer com que as vendas da Acme cresçam.

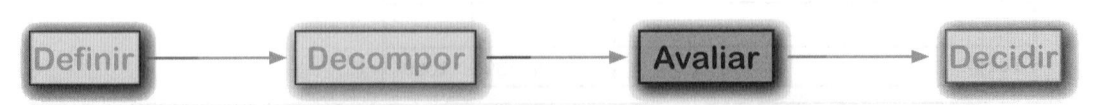

Definir → Decompor → **Avaliar** → Decidir

> Estou intrigado. Essa informação pode provocar uma enorme mudança em como lidamos com os negócios. Você poderia me mostrar como chegou a essa conclusão? E o que devemos fazer com essa nova informação?

Você conseguiu chegar à etapa final dessa análise.

É hora de escrever o relatório. Lembre-se: mostre para seu cliente, com todos os detalhes, como você chegou a essa conclusão. Como você chegou até aqui?

E, finalmente, o que você sugere que ele faça para melhorar os negócios baseado nas suas conclusões? Como essas informações podem ajudá-lo a **aumentar as vendas?**

Aponte seu lápis

Como o modelo mental mudou?

Que evidência o levou a essas conclusões?

Você ainda tem alguma incerteza?

....

....

....

....

....

....

Aponte seu lápis
Solução

Como o modelo mental mudou?

Que evidência o levou a essas conclusões?

Você ainda tem alguma incerteza?

Eu comecei tentando descobrir uma maneira de aumentar as vendas através das adolescentes, porque acreditávamos que essas garotas eram as únicas clientes do HidrateMais. Quando descobrimos que esse mercado estava saturado, eu mergulhei nos dados para descobrir outras fontes para aumentar as vendas. No decorrer desse processo, eu mudei o modelo mental. E descobrimos que há mais pessoas, além das que prevemos, que adoram nossos produtos — principalmente homens mais velhos. Visto que esse grupo de clientes são silenciosos com relação ao uso do produto, eu recomendo aumentar nossa propaganda para esse segmento drasticamente, vendendo o mesmo produto com um rótulo mais amigável. Isso certamente aumentará as vendas!

Não existem. Perguntas Idiotas

P: Se eu precisar obter dados mais detalhados para responder as minhas indagações, como eu saberei quando parar? Eu preciso chegar ao ponto de entrevistar os clientes?

R: O quanto você deve avançar no sentido de achar fontes de dados mais detalhadas é uma questão que você mesmo tem de decidir. Neste caso, você procurou até encontrar um outro segmento de mercado, e isso foi suficiente para permitir a elaboração de uma nova estratégia de vendas. Nós vamos falar mais sobre quando parar de colher dados nos capítulos mais adiante.

P: Parece que o uso daquele modelo mental errado no início foi devastador para a primeira análise que fiz.

R: Sim, aquelas suposições incorretas no início prejudicaram sua análise o levaram à conclusão errada. É por isso que é muito importante ter certeza de que seus modelos são baseados nas suposições corretas desde o início, e estar sempre pronto para voltar e redefini-las assim que encontrar dados que perturbem essas suposições.

P: A análise alguma vez acaba? Estou procurando alguma finalidade com isso.

R: Com certeza você consegue responder as grandes questões com a análise de dados, mas nunca sabe-se tudo. E mesmo que você soubesse tudo hoje, amanhã seria totalmente diferente. Sua recomedação para vender para os homens mais velhos pode estar certa hoje, mas a Acme sempre vai precisar que as análises acompanhem as vendas.

P: Parece deprimente.

R: Muito pelo contrário! Os analistas são como detetives, e sempre existem mistérios a serem resolvidos. É isso que torna a análise de dados tão divertida! Pense em voltar atrás, redefinir seus modelos e olhar para o mundo através dos seus novos modelos, como se fossem partes fundamentais do seu trabalho como analista de dados, e não uma exceção à regra.

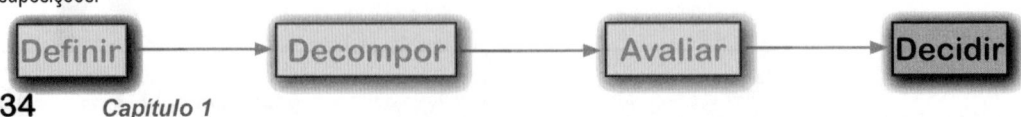

Aqui está o que você fez

Dê uma última olhada pelos passos que você passou ao tentar chegar à sua conclusão sobre como aumentar as vendas do HidrateMais da Acme.

Você sugeriu que aumentar os anúncios para as adolescentes poderia fazer as vendas atingirem as metas

Você comparou os elementos do seu resumo.

Você conseguiu os dados e esclarecimento do CEO.

Você resumiu o que sabia em um formato de dados úteis.

Definir → **Decompor** → **Avaliar** → **Decidir**

Depois, o relatório do mercado das adolescentes desafiou seu modelo mental.

Definir → **Decompor** → **Avaliar** → **Decidir**

Você analisou suas áreas de incertezas.

Você conseguiu mais dados sobre os clientes do HidrateMais.

Você descobriu que homens também compram o HidrateMais.

Você recomendou aumentar o mercado dos homens mais velhos.

> Bem, estou convencido. Vamos correr atrás dos homens mais velhos!

Sua análise fez seu cliente tomar uma decisão brilhante

Após ele receber seu relatório, o CEO mobilizou rapidamente a equipe de marketing e criou a marca de hidratantes Pele Lisa, que é simplesmente o HidrateMais com um nome novo.

A Acme resolveu imediatamente e agressivamente divulgar SmoothLeather para homens mais velhos. Veja o que aconteceu:

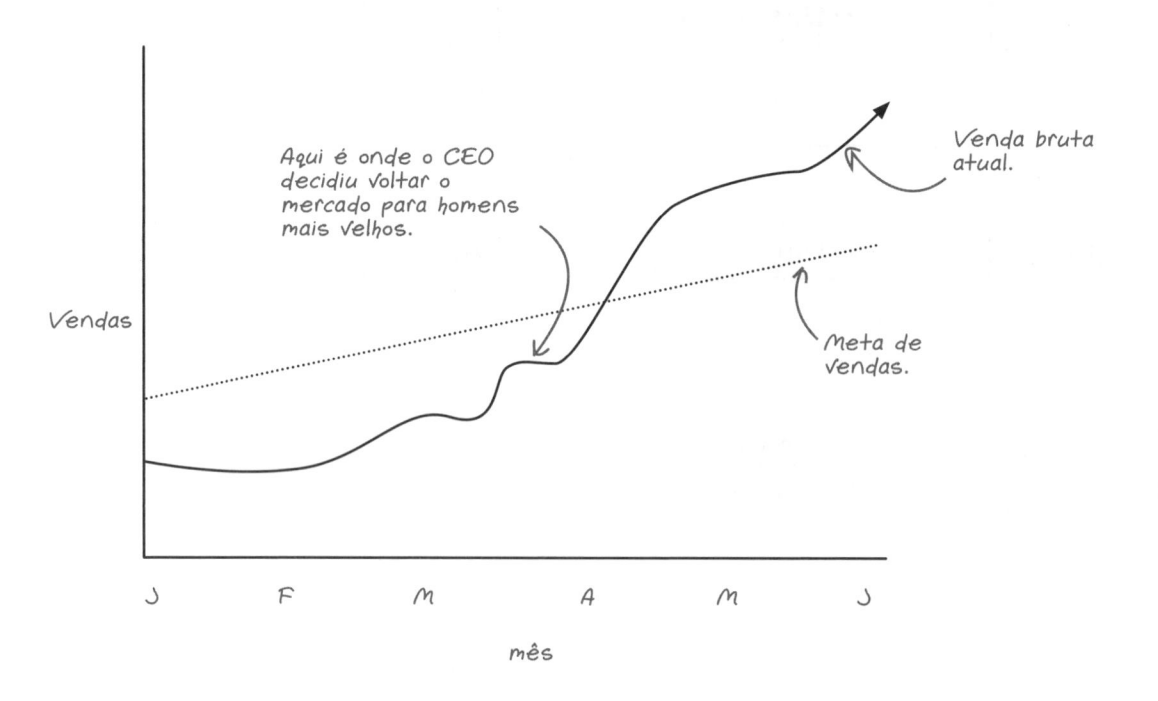

As vendas decolaram! Em dois meses, os números de vendas excederam a meta que você viu no início do capítulo.

Parece que sua análise valeu a pena!

2 experiencias

Teste suas teorias

> As pessoas sempre dizem, "Ben, você nunca vai aprender nada se passar o dia todo soltando pipa", mas eu tenho a impressão de que ainda vou provar que todos estão errados.

Você consegue mostrar em que acredita?

Em um teste **empírico** de verdade? Não há nada como uma boa experiência para resolver seus problemas e te mostrar como o mundo realmente funciona. Ao invés de ter de confiar exclusivamente nos seus **dados observacionais**, uma experiência bem executada pode te ajudar a realizar conexões causais. Dados empíricos fortes tornarão sua capacidade de julgamentos analíticos ainda mais poderosas.

É hora do café!

Os tempos estão difíceis e até o **Café Starbuzz** sentiu a ferroada! O Starbuzz sempre foi o melhor lugar para ir e tomar um café de qualidade, mas nos últimos meses, as vendas caíram comparadas às projeções.

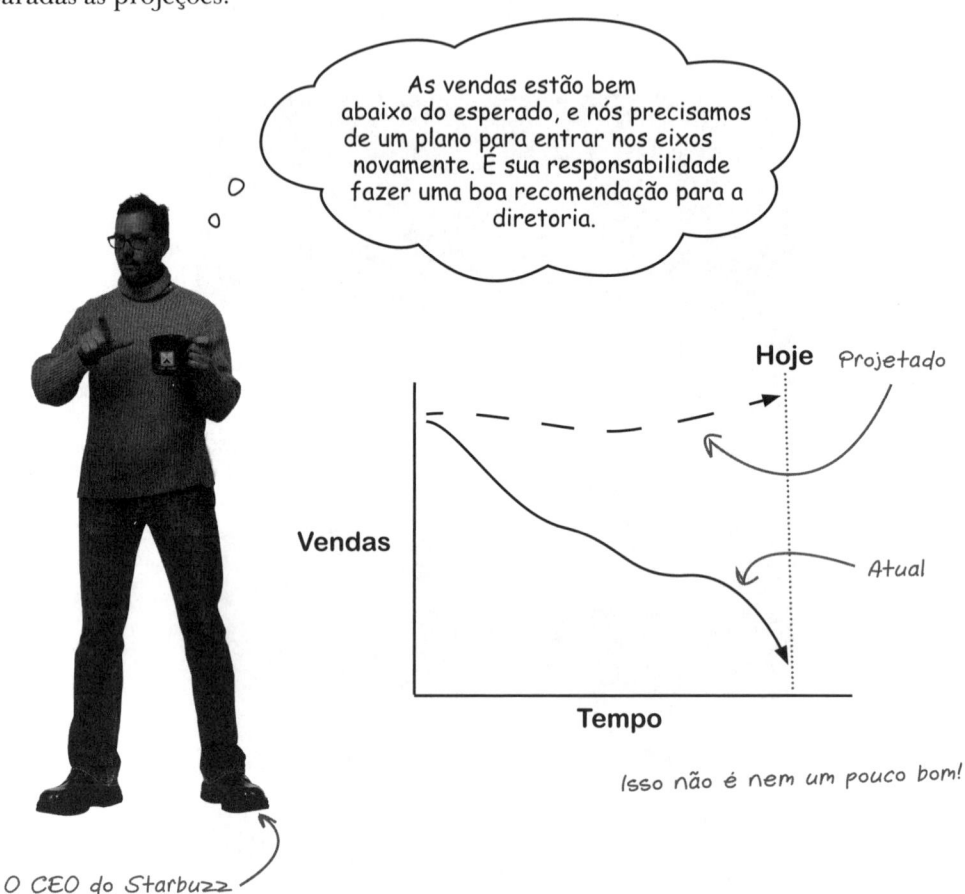

As vendas estão bem abaixo do esperado, e nós precisamos de um plano para entrar nos eixos novamente. É sua responsabilidade fazer uma boa recomendação para a diretoria.

O CEO do Starbuzz

Isso não é nem um pouco bom!

O CEO do Starbuzz pediu a sua ajuda para descobrir como fazer as vendas subirem novamente.

A reunião de diretoria do Starbuzz é daqui a 3 meses

Não há muito tempo para elaborar um plano de virada, mas isso precisa ser feito.

Nós não sabemos exatamente por que as vendas caíram, mas temos certeza que a economia tem a ver com essa queda. Independente de qual seja a razão, você precisa descobrir uma maneira de **fazer as vendas subirem novamente**.

O que você faria para começo de conversa?

Uau!

De: CEO do Starbuzz
Para: Use a Cabeça
Assunto: Enc: Próxima reunião da diretoria

Você viu isso?

> **De: Presidente do conselho do Starbuzz**
> **Para: CEO**
> **Assunto: Próxima reunião da diretoria**
>
> **A diretoria está esperando um plano de virada completo na próxima reunião. Nós estamos muito desapontados com o declínio nas vendas.**
>
> **Se o seu plano para alavancar as vendas for insuficiente, nós seremos forçados a colocar o nosso plano em ação, que, a princípio, envolve a substituição de todos os funcionários do alto escalão.**
>
> **Obrigado.**

 ## Aponte seu lápis

Dê uma olhada nas seguintes opções. Quais dessas opções você acha que seriam melhores para **começar**? Por quê?

Entreviste o CEO para descobrir como é o funcionamento do Starbuzz como uma empresa.

....

....

Faça uma pesquisa com os clientes para descobrir o que eles estão pensando.

....

....

Descubra como chegaram aos números da projeção de vendas.

....

....

Entreviste o presidente do conselho.

....

....

Sirva-se de um café grande e cremoso do Starbuzz.

....

....

Escreva nos espaços o que você acha sobre cada uma dessas opções.

Aponte seu lápis
Solução

Dê uma olhada nas seguintes opções. Quais dessas opções você acha que seriam melhores para **começar**? Por quê?

Entreviste o CEO para descobrir como é o funcionamento do Starbuzz como uma empresa.

Sem dúvidas, esse é um bom lugar pra começar. Ele tem todos os tipos de informações sobre os negócios.

Faça uma pesquisa com os clientes para descobrir o que eles estão pensando.

Isso também seria uma boa ideia. Você precisa entender a cabeça deles para fazer com que consumam mais café.

Entreviste o presidente do conselho.

Aqui você corre riscos. O seu cliente é o CEO, e passar por cima dele é arriscado.

Sirva-se de um café grande e cremoso do Starbuzz.

O Starbuzz é simplesmente maravilhoso! Por que não tomar uma xícara de café?

Descubra como chegaram aos números da projeção de vendas.

Seria muito interessante descobrir isso, mas, provavelmente, não é a primeira coisa que você deve analisar.

> A ideia de analisar as nossas pesquisas me agrada muito. Dá uma olhada e me diz o que você consegue ver.

O marketing realiza essas pesquisas todos os meses.

Eles escolhem uma amostra *aleatória* e representativa dos consumidores de café e fazem várias perguntas pertinentes sobre o que acham do café e da experiência de vir até o Starbuzz para comprar café.

O que as pessoas **dizem** nas pesquisas nem sempre se encaixa na maneira como elas se **comportam**, mas é sempre bom perguntar às pessoas como se sentem.

"Aleatória"... lembre-se dessa palavra!

experiências

Pesquisa do Starbuzz

Aqui está a pesquisa realizada pelos administradores do departamento de marketing, todos os meses, com uma grande amostra de clientes do Starbuzz.

Se você for cliente Starbuzz, existe uma boa chance de alguém entregar um desses para você preencher.

Pesquisa de Satisfação Starbuzz

Obrigado por participar da nossa pesquisa! Após terminar, nosso gerente terá o maior prazer em lhe oferecer um cartão de presente de $10 para ser usado em qualquer uma das lojas Starbuzz. Obrigado por vir ao Starbuzz!

Data _____Janeiro de 2009_____

Loja Starbuzz nº _04524_

Circule o número correspondente a como você se sente sobre cada uma das afirmações. 1 significa que você discorda totalmente e 5 que você concorda totalmente.

"As lojas do Starbuzz possuem localização muito convenientes para mim."

1   2   3   4   (5)

"Meu café sempre é servido na temperatura perfeita."

1   2   3   (4)   5

"Os funcionários do Starbuzz são sempre gentis e eu sou atendido rapidamente."

1   2   3   4   (5)

"Eu acho que o café do Starbuzz tem um valor ótimo."

1   (2)   3   4   5

"O Starbuzz é meu café favorito."

1   2   3   4   (5)

A pontuação mais alta significa que você concorda totalmente. Esse cliente realmente prefere o St

Como você resumiria os dados dessa pesquisa?

Sempre use o método de comparação

Um dos princípios mais fundamentais da análise e estatística é o **método de comparação**, que diz que os dados só são interessantes se comparados a outros dados.

Neste caso, o departamento de marketing acha a média de resposta para cada pergunta e compara com as médias mês a mês.

As estatísticas são esclarecedoras somente em comparação com outras estatísticas.

As médias mensais *só* são úteis quando você as compara com as médias de outros meses.

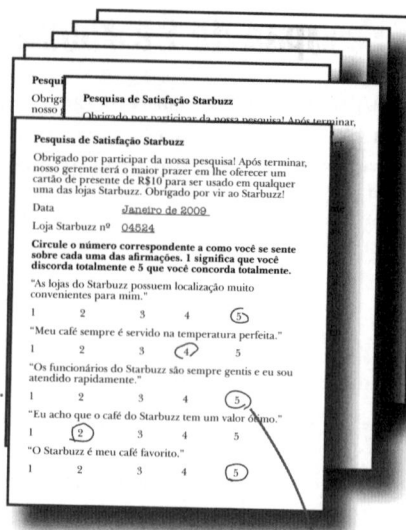

Aqui está um resumo das pesquisas do marketing dos últimos 6 meses, terminando em janeiro de 2009. Os números representam a pontuação média dada a cada afirmação pelos participantes das pesquisas nas lojas Starbuzz.

	Ago/08	Set/08	Out/08	Nov/08	Dez/08	Jan/09
Localização conveniente	4,7	4,6	4,7	4,2	4,8	4,2
Temperatura do café	4,9	4,9	4,7	4,9	4,7	4,9
Funcionários gentis	3,6	4,1	4,2	3,9	3,5	4,6
Valor do café	4,3	3,9	3,7	3,5	3,0	2,1
Café favorito	3,9	4,2	3,7	4,3	4,3	3,9
Lojas participantes	100	101	99	99	101	100

As respostas para as perguntas estão apresentadas em grupos e pela média nesta tabela.

Esse número é útil somente quando você compará-lo a outros números.

Veja bem!

Sempre faça as comparações de maneira explícita.

*Se a estatística parecer interessante ou útil, você precisa explicar **por que** em termos de como essa estatística se compara às outras. Se você não for explícito com relação a isso, você está presumindo que seu cliente fará a comparação por conta própria, e isso seria uma **análise muito ruim**.*

Comparação é a chave dos dados observacionais

Nos experimentos, por outro lado, você é quem decide em qual grupo as pessoas pertencem.

Quanto mais comparativa for a análise, melhor. E isso é verdade, principalmente para os **estudos observacionais**, assim como a análise dos dados do marketing do Starbuzz.

Nos dados observacionais, você simplesmente observa as pessoas e deixa que elas decidam em qual grupo pertencem, e a realização de um inventário de dados observacionais normalmente é o **primeiro passo** para obter dados melhores através dos experimentos.

Os grupos de pessoas podem ser "os que gastam muito", "os que gostam de chá" etc.

Cantinho dos Estudiosos

Estudo observacional Estudo onde as pessoas que estão sendo descritas decidem, por conta própria, a qual grupo pertencem.

Exercício

Dê uma olhada nos dados da página anterior e compare as médias no decorrer dos meses.

Você consegue ver algum padrão?

....

....

....

....

Existe alguma coisa que possa explicar o porquê das vendas terem caído?

....

....

....

....

Solução do Exercício

Dê uma olhada nos dados da página anterior e compare as médias no decorrer dos meses.

Você consegue ver algum padrão?

Todas as variáveis, com exceção do "Valor do café" variam em uma margem pequena. Por exemplo, "temperatura do café" tem pontuação máxima de 4.9 e mínima de 4.7, que não é nenhuma variação grande. Por outro lado, "Valor do café" apresenta um declínio significante. A pontuação de dezembro é metade da pontuação de agosto, o que pode ser um grande problema.

Existe alguma coisa que possa explicar o porquê das vendas terem caído?

Talvez fizesse sentido dizer que se, pela média, as pessoas acham que o valor do café não vale a pena, elas tendem a gastar menos dinheiro no Starbuzz. E, devido à queda na economia, é aceitável que as pessoas tenham menos dinheiro e passem a achar que o Starbuzz seja um local caro.

A percepção de valores pode estar causando uma diminuição da receita?

De acordo com os dados, tudo está indo muito bem com os clientes Starbuzz, exceto em uma variável: o valor percebido pelo café.

Parece que as pessoas estão comprando menos porque acreditam que o Starbuzz não vale o preço que cobra. Talvez a economia tenha tornado as pessoas um pouco mais carentes de dinheiro, então, estão mais sensíveis aos preços.

Vamos chamar essa teoria de "problema de valor".

Café Starbuzz
Sumário da pesquisa de marketing para seis meses acabando em janeiro de 2009. As figuras apresentam a pontuação média dada a cada afirmação respondida por entrevistados das lojas participantes.

	Ago/08	Set/08	Out/08	Nov/08	Dez/08	Jan/09
Localização conveniente	4,7	4,6	4,7	4,2	4,8	4,2
Temperatura do café	4,9	4,9	4,7	4,9	4,7	4,9
Funcionários gentis	3,6	4,1	4,2	3,9	3,5	4,6
Valor do café	**4,3**	**3,9**	**3,7**	**3,5**	**3,0**	**2,1**
Café favorito	3,9	4,2	3,7	4,3	4,3	3,9
Lojas participantes	100	101	99	99	101	100

Essa variável mostra um declínio bem sólido nos últimos seis meses.

PODER DO CÉREBRO

Você acha que o declínio no valor percebido é a razão pelo declínio nas vendas?

Não existem Perguntas Idiotas

P: **Como eu sei que o declínio no valor percebido pelo cliente realmente causou uma queda nas vendas?**

R: Não sabe. Mas, neste momento, os dados de valor percebido são os únicos dados que você tem que estão de acordo com o declínio nas vendas. Parece que as vendas e o valor percebido estão caindo juntos, mas não dá para saber que o declínio no valor causou o declínio nas vendas. Agora, isso é somente uma teoria.

P: **Poderia haver outros fatores em jogo? Talvez o problema do valor não seja tão simples quanto parece.**

R: Quase sempre há outros fatores em jogo. Com estudos observacionais, você deve presumir que outros fatores estejam

confundindo seu resultado, porque você não consegue controlá-los igual pode fazer com os experimentos. Leia mais sobre essas palavras nas próximas páginas.

P: **Poderia ser o contrário? Talvez a queda nas vendas tenha feito com que as pessoas achassem que o café tem um valor menor.**

R: Essa é uma ótima pergunta, e certamente poderia ser o contrário. Uma boa regra para lidar com análise é: quando você começa a suspeitar que as causas estão indo em uma direção (assim como a queda do valor percebido causando a queda das vendas), vire ao contrário e veja o que aparece (assim como a queda das vendas causando queda do valor percebido).

P: **Então, como eu faço para descobrir o que causa o quê?**

R: No decorrer deste livro, nós vamos falar muito sobre como tirar conclusões sobre as causas, mas, por enquanto, você precisa saber que estudos observacionais não são tão poderosos quando se trata de tirar conclusões causais. Geralmente, você precisa de outras ferramentas para chegar a esse tipo de conclusão.

P: **Parece que estudos observacionais são uma droga.**

R: De modo algum! Existe uma infinidade de dados observacionais mundo afora, e seria loucura ignorar tudo isso por causa das desvantagens dos estudos observacionais. No entanto, o que realmente importa é que você entenda as limitações dos estudos observacionais, para que não tire as conclusões erradas.

A gerente das lojas Starbuzz no SoHo.

> O seu famoso "problema de valor" não é problema nas minhas lojas! Nosso Starbuzz é extremamente popular e ninguém acha que o Starbuzz seja de pouco valor. Deve haver algum engano.

A gerente das lojas Starbuzz no SoHo não concorda

SoHo é uma região rica e abriga várias das lojas mais lucrativas do Starbuzz, e a gerente dessas lojas não acredita que haja algum problema com a percepção de valores. Por que você acha que ela discorda?

Os clientes dela estão mentindo? Alguém gravou os dados incorretamente? Ou existe alguma coisa problemática sobre os estudos observacionais em si?

Pensamento típico de cliente

Jim: Esqueça o Starbuzz do SoHo. Aquele pessoal não sabe ler os números, e os números não mentem.

Frank: Eu não diria isso tão rápido assim. Às vezes, o instinto das pessoas em campo fala mais do que as estatísticas.

Joe: Você tem toda razão. Na verdade, eu estou tentado a jogar fora todo esse conjunto de dados. Alguma coisa parece suspeita.

Jim: Que razão específica você tem para acreditar que esses dados estão incorretos?

Joe: Não sei.

Frank: Olha, precisamos voltar para nossa interpretação do cliente típico ou regular.

Joe: Certo. Aqui está. Eu fiz um desenho.

Frank: Existe alguma razão pela qual essa cadeia de eventos não se aplica às pessoas do SoHo?

Jim: Talvez o pessoal que mora no SoHo não está sofrendo com a economia. As pessoas que moram lá são extremamente ricas. E cheios de si.

Joe: Opa, minha namorada mora no SoHo.

Frank: Não sei como você fez para convencer alguém tão elegante a namorar você. Jim, você pode estar chegando em algum lugar. Se você está se dando bem financeiramente, você teria uma menor probabilidade de começar a achar que o Starbuzz não oferece valor.

Todo mundo é afetado por isso.

Queda na economia

Eu tenho menos dinheiro

Starbuzz não oferece valor

As vendas do Starbuzz caem

Parece ser uma boa ideia fazer desenhos para ilustrar a maneira como as coisas se relacionam.

Isso está acontecendo por causa das ações das pessoas.

Parece que os clientes do Starbuzz do SoHo são diferentes dos outros clientes Starbuzz...

Estudos observacionais são cheios de confusão

Uma **variável de confusão** é a diferença entre as pessoas do seu estudo, ao invés do fator que você está tentando comparar, que acaba deixando os seus resultados menos sensíveis.

Neste caso, você está comparando os clientes Starbuzz entre si em diferentes períodos de **tempo**. Obviamente, os clientes Starbuzz são todos diferentes — eles são pessoas diferentes.

Mas se eles são diferentes entre si em relação a uma das variáveis que você está tentando entender, então, essa diferença é uma variável de confusão. E, neste caso, a variável é a **localização**.

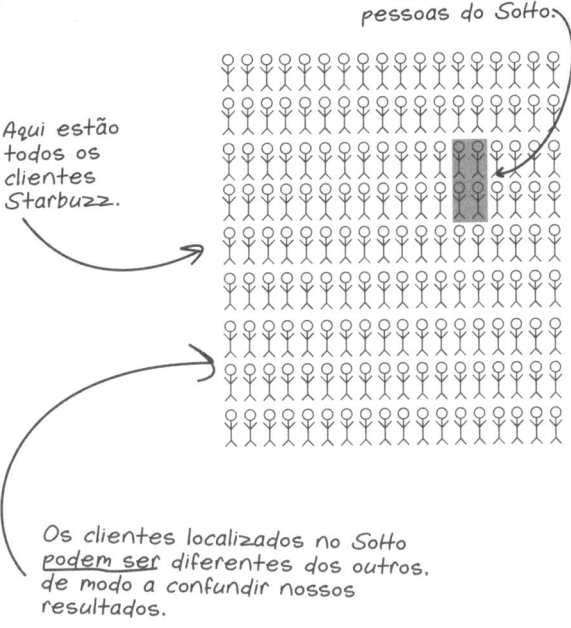

Essas são as pessoas do SoHo.

Aqui estão todos os clientes Starbuzz.

Os clientes localizados no SoHo *podem ser* diferentes dos outros, de modo a confundir nossos resultados.

Aponte seu lápis

Redesenhe o diagrama causal da página anterior para diferenciar as lojas do SoHo de todas as outras lojas, por exemplo, **corrigindo a variável de confusão "localização".**
Presuma que a gerente do SoHo esteja certa e que os clientes do SoHo não percebem um problema de valor. Como esse fenômeno pode afetar as vendas?

Como a localização pode estar confundindo seus resultados

Aqui está um diagrama redefinido para ilustrar como as coisas podem estar acontecendo. É sempre uma boa ideia **tornar as suas teorias visuais** usando diagramas como este, que ajudam tanto você quanto seu cliente a lembrar das suas ideias.

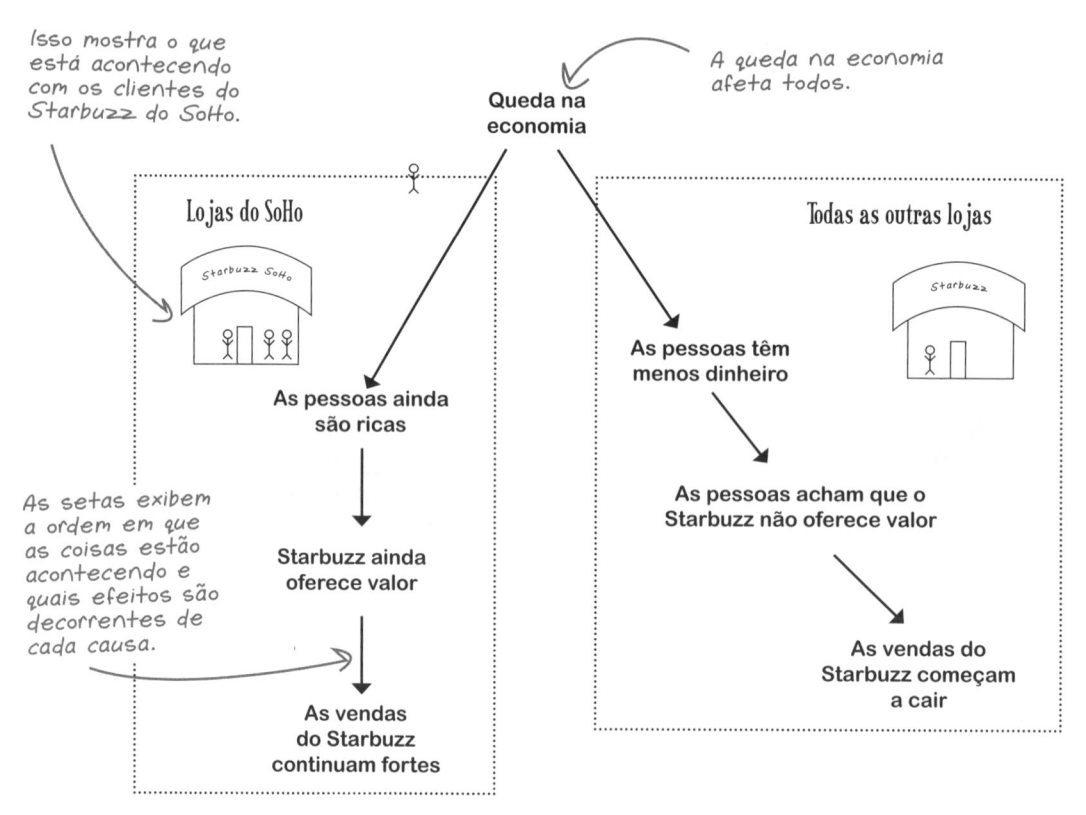

Isso mostra o que está acontecendo com os clientes do Starbuzz do SoHo.

A queda na economia afeta todos.

Queda na economia

Lojas do SoHo

Starbuzz SoHo

As pessoas ainda são ricas

As setas exibem a ordem em que as coisas estão acontecendo e quais efeitos são decorrentes de cada causa.

Starbuzz ainda oferece valor

As vendas do Starbuzz continuam fortes

Todas as outras lojas

Starbuzz

As pessoas têm menos dinheiro

As pessoas acham que o Starbuzz não oferece valor

As vendas do Starbuzz começam a cair

EXERCITANDO O CÉREBRO

O que você faria com os dados para mostrar se a percepção de valor do Starbuzz no SoHo ainda está forte? De maneira geral, o que você faria com os dados do estudo observacional para manter suas variáveis de confusão sob controle?

Não existem Perguntas Idiotas

P: Neste caso, não é a riqueza dos clientes, e não a localização, que confunde os resultados?

R: Claro, e provavelmente estão relacionados. Se você tivesse dados sobre quanto dinheiro cada cliente tem, ou quanto cada cliente sente que pode gastar, você poderia realizar a análise novamente para ver que tipo de resultado os grupos mais ricos fornecem. Mas, a localização ainda faz sentido porque nossa teoria diz que pessoas mais ricas tendem a consumir no SoHo.

P: Poderia haver outras variáveis causando confusões nesses dados além da localização?

R: Certamente. Variáveis de confusão são sempre um problema quando se trata de estudos observacionais. Seu trabalho como analista é pensar em como essas variáveis podem estar afetando seus resultados. Se você achar que o efeito dessas variáveis é mínimo, ótimo! Mas, se houver razão para acreditar que elas possam estar causando problemas, você precisa ajustar sua conclusão de acordo.

P: E se as variáveis de confusão estiverem escondidas?

R: Esse é exatamente o problema. As variáveis de confusão normalmente não pulam na sua frente. Você tem de cavar o quanto puder à medida que vai fazendo sua análise. Neste caso, nós tivemos sorte porque a variável de confusão "localização" estava representada nos dados, então, nós podemos manipular os dados para lidar com ela. Normalmente, a variável de confusão não estará tão clara assim, o que seriamente questiona a habilidade do estudo inteiro fornecer conclusões úteis.

P: Quanto eu devo cavar até descobrir quais são as variáveis de confusão?

R: Isso, na verdade, é mais arte do que ciências. Você deve se fazer perguntas de bom senso sobre o que está estudando para poder imaginar quais variáveis podem estar confundindo seus resultados. Assim como tudo em análise de dados e estatística, não importa se as suas técnicas quantitativas são elaboradas, o mais importante é que suas conclusões façam sentido. Se as suas conclusões fizerem sentido, e você já pesquisou cuidadosamente para verificar as variáveis de confusão, então, você já fez tudo que pode para o seu estudo observacional. Outros tipos de estudo, conforme veremos, permitem que você tire algumas conclusões mais ambiciosas.

P: É possível que localização não seja uma variável de confusão nesses mesmos dados se eu estivesse procurando alguma outra coisa que não a percepção de valor?

R: Com certeza. Lembre-se: a localização como variável de confusão faz sentido neste contexto, mas pode não fazer sentido em outro contexto. Nós não temos razão para acreditar, por exemplo, que o sentimento das pessoas com relação a temperatura do café varia de lugar para lugar.

P: Eu ainda acho que os estudos observacionais têm grandes falhas.

R: Existem grandes limitações com relação aos estudos observacionais. Esse determinado estudo foi útil para você compreender melhor os clientes Starbuzz, e quando você controlar a localização nos dados, o estudo será ainda mais poderoso.

Administre as confusões separando os dados em pequenos blocos

Para manter suas variáveis de confusão **sob controle**, pode ser uma boa ideia dividir seus grupos em blocos menores.

Esses blocos menores são mais **homogêneos**. Em outras palavras, eles não têm a variação interna que pode desviar seus resultados e passar a ideia errada.

Aqui está o resumo original dos dados.

Aqui estão os dados da pesquisa do Starbuzz novamente, dessa vez com tabelas para representar as outras regiões.

Café Starbuzz: Todas as lojas
Resumo das pesquisas de marketing dos últimos seis meses, terminando em Janeiro de 2009. Os números representam a pontuação média dada a cada afirmação pelos participantes da pesquisa nas lojas Starbuzz.

	Ago/08	Set/08	Out/08	Nov/08	Dez/08	Jan/09
Localização conveniente	4,7	4,6	4,7	4,2	4,8	4,2
Temperatura do café	4,9	4,9	4,7	4,9	4,7	4,9
Funcionários gentis	3,6	4,1	4,2	3,9	3,5	4,6
Valor do café	4,3	3,9	3,7	3,5	3,0	2,1
Café favorito	3,9	4,2	3,7	4,3	4,3	3,9

Lojas do Mid-Atlantic somente

	Ago/08	Set/08	Out/08	Nov/08	Dez/08	Jan/09
Localização conveniente	4,9	4,5	4,5	4,1	4,9	4,0
Temperatura do café	4,9	5,0	4,5	4,9	4,5	4,8
Funcionários gentis	3,5	3,9	4,0	4,0	3,3	4,5
Valor do café	4,0	3,5	2,9	2,6	2,2	0,8
Café favorito	4,0	4,0	3,8	4,5	4,2	4,1

Lojas de Seattle somente

	Ago/08	Set/08	Out/08	Nov/08	Dez/08	Jan/09
Localização conveniente	4,8	4,5	4,8	4,4	5,0	4,1
Temperatura do café	4,7	4,7	4,8	5,1	4,5	4,9
Funcionários gentis	3,4	3,9	4,4	4,0	3,5	4,8
Valor do café	4,3	3,8	3,2	2,6	2,1	0,6
Café favorito	3,9	4,0	3,8	4,4	4,3	3,8

Lojas do SoHo somente

	Ago/08	Set/08	Out/08	Nov/08	Dez/08	Jan/09
Localização conveniente	4,8	4,8	4,8	4,4	4,8	4,0
Temperatura do café	4,8	5,0	4,6	4,9	4,8	5,0
Funcionários gentis	3,7	4,1	4,4	3,7	3,3	4,8
Valor do café	4,9	4,8	4,8	4,9	4,9	4,8
Café favorito	3,8	4,2	3,8	4,2	4,1	4,0

Esses grupos são internamente homogêneos.

Exercício

Dê uma olhada nos dados da página anterior, que foi divido em grupos.

Quanta diferença existe entre a pontuação média do subgrupo "lojas do Mid Atlantic" e a pontuação média de todas as outras lojas?

....

....

....

....

Como é a comparação do valor percebido pelo café entre todos os grupos?

....

....

....

....

A gerente do SoHo estava certa ao afirmar que os clientes de lá estavam felizes com o valor do café do Starbuzz?

....

....

....

....

Solução do Exercício

Dê uma olhada nos dados da página anterior, que foi divido em grupos.

Quanta diferença existe entre a pontuação média do subgrupo "lojas do Mid Atlantic" e a pontuação média de todas as outras lojas?

Todas as pontuações variam dentro de uma faixa limitada, exceto pelo valor de percepção. O valor de percepção despenca na região do Mid-Atlantic quando comparado com a média de todas as outras regiões!

Como é a comparação do valor percebido pelo café entre todos os grupos?

Seattle apresenta uma queda brusca, assim como a região do Mid-Atlantic. Por outro lado, SoHo aparenta estar indo muito bem. A pontuação da percepção de valor do SoHo é maior de que todas as outras regiões. Parece que os clientes dessa região estão muito satisfeitos com o valor do Starbuzz.

A gerente do SoHo estava certa ao afirmar que os clientes de lá estavam felizes com o valor do café do Starbuzz?

Os dados certamente confirmam a suposição da gerente do SoHo com relação ao que os clientes dela acham do valor do Starbuzz. Foi muito bom ter ouvido o feedback dela e analisar os dados de modo diferente.

É pior do que pensávamos!

Os atiradores apareceram para lidar com os problemas que você identificou.

CFO: A situação é muito pior do que previmos. A percepção de valor em todas as regiões, com exceção do SoHo, despencaram drasticamente.

Marketing: É verdade. A primeira tabela, que mostrou todas as regiões juntas, fez com que a percepção de valor parecesse *melhor* do que realmente é. O SoHo distorceu as médias para cima.

CFO: Quando você separa o SoHo, onde todo mundo é rico, você consegue ver que os clientes de lá estão satisfeitos com os preços, mas todos os outros clientes estão caindo fora, se já não caíram.

Marketing: Então precisamos pensar no que fazer.

CFO: Eu vou dizer o que fazer: abaixe os preços.

Marketing: O quê?!?

Vice-presidente de marketing

CFO: Isso mesmo, você ouviu. Abaixe os preços. Então, as pessoas vão achar que o valor é melhor.

Diretora financeira (CFO)

Marketing: Eu não sei de qual planeta você veio, mas nós temos que nos preocupar com a marca.

CFO: Eu venho do Planeta Negócios, e nós chamamos isso de lei da oferta e da procura. Pode ser que você queira voltar pra escola e aprender o significado dessas palavras. Abaixe os preços e a procura sobe.

Marketing: Pode ser que as vendas subam a curto prazo, mas nós vamos sacrificar nossa margem de lucro para sempre se cortarmos os custos. Nós precisamos achar uma maneira de *convencer* as pessoas que o Starbuzz é um ótimo valor para o dinheiro delas e manter os preços.

CFO: Isso é loucura. Eu estou falando de economia. Dinheiro. As pessoas respondem aos incentivos. Suas ideiazinhas não vão nos ajudar a sair *desse* atoleiro.

Existe alguma coisa nos dados que você tem que diz qual estratégia aumentará as vendas?

Você precisa de uma experiência para dizer qual estratégia funciona melhor

Dê uma olhada novamente naquela última pergunta da página anterior:

Existe alguma coisa nos dados que você tem que diz qual estratégia aumentará as vendas?

Os dados observacionais, sozinhos, não conseguem fazer previsão do que vai acontecer no futuro.

Você não tem dados observacionais que dizem o que **vai** acontecer se você tentar o que o vice-presidente de marketing sugeriu, ou o que a CFO sugeriu.

Se você quiser tirar conclusões sobre as coisas que se sobrepõe aos seus dados, mas que não estão totalmente descritas nos dados, você precisa de **teoria** para fazer essa conexão.

Essas teorias podem ser verdadeiras ou totalmente falsas, mas os seus dados não dizem.

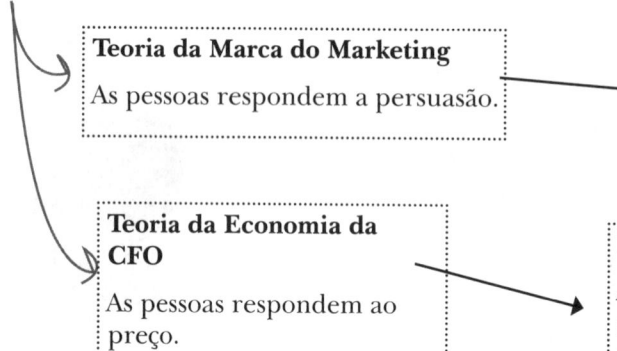

Teoria da Marca do Marketing

As pessoas respondem a persuasão.

Teoria da Economia da CFO

As pessoas respondem ao preço.

Estratégia do Marketing

Apele para o julgamento das pessoas. O Starbuzz realmente apresenta um bom valor, se você pensar nisso da maneira correta. Convencer as pessoas a mudar suas convicções vai fazer com que as vendas subam.

Estratégia da CFO

Abaixar os preços dos cafés. Isso vai fazer com que as pessoas percebam mais valor no café do Starbuzz, o que fará com que as vendas voltem a subir.

Você não tem dados que suportem qualquer uma dessas teorias, independente de quanto os outros acreditem nelas e nas estratégias que as seguem.

Para conseguir maior clareza sobre qual estratégia seria melhor, você vai precisar realizar um **experimento**.

Você precisa fazer uma experiência com essas estratégias para saber qual realmente aumenta as vendas.

O CEO do Starbuzz está com muita pressa

E ele vai puxar o gatilho quer você esteja pronto ou não!

Vamos ver como ele se sai...

O Starbuzz abaixa os preços

Seguindo as dicas da CFO, o CEO mandou abaixar os preços de todas as bebidas no mês de fevereiro. Todos os preços em todas as lojas do Starbuzz foram reduzidos em $0,25.

$4.00

$3.75

Essa alteração vai aumentar as vendas?

Como você fica sabendo?

Um mês depois...

Ótimo! Nossa diretoria estava preocupada com a redução de preços, mas veja como foi bom. Agora, preciso saber qual foi o faturamento **extra** decorrente dessa mudança.

Rendimento médio das lojas por dia

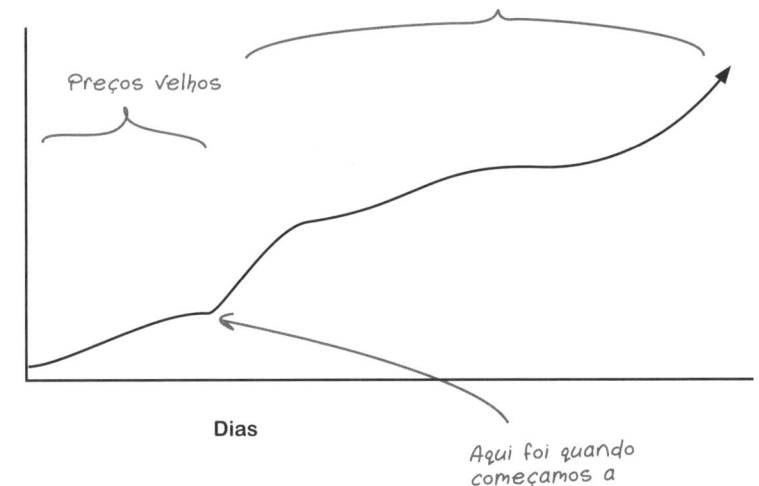

Novos preços

Preços velhos

Vendas diárias

Dias

Aqui foi quando começamos a promoção

Exercício

*Seria muito bom saber qual foi o faturamento **extra** referente ao mês de fevereiro, que eles não teriam ganhado se os preços não tivessem diminuído. Você acha que o departamento de vendas tem os dados para ajudar a descobrir isso? Por que sim ou por que não?*

....

....

Exercício

O departamento de vendas tem os dados que poderiam te ajudar a descobrir o faturamento extra que você obteve do café mais barato de $3,75?

Eles não devem ter os dados. Eles só têm os dados do café de $3.75 e eles não podem comparar esses dados com dados hipotéticos sobre que tipo de receita o café a $4.00 teria produzido.

Grupos controle fornecem uma linha de referência

Você **não tem ideia** de qual foi seu faturamento extra. As vendas poderiam subir aos céus comparadas a como seriam se o CEO não tivesse abaixado os preços. Ou elas poderiam ter despencado. Você não tem como saber.

Você não sabe porque quando o CEO cortou os preços, ele falhou em seguir o **método de comparação**. As boas experiências sempre têm um grupo controle que permite ao analista comparar o que você quer testar com a situação atual.

O Cantinho dos Estudiosos

Grupo Controle Grupo de indivíduos que representam a situação atual, que não recebem nenhum tipo de tratamento.

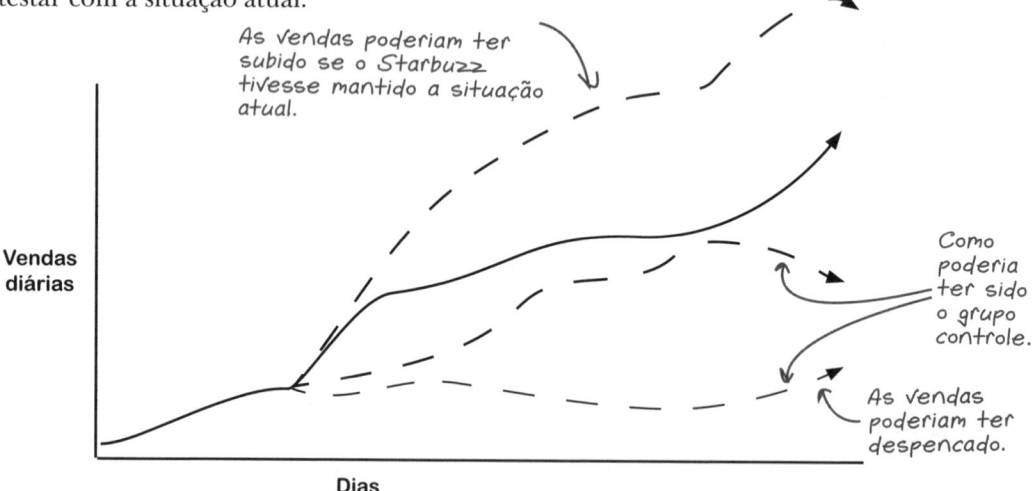

As vendas poderiam ter subido se o Starbuzz tivesse mantido a situação atual.

Vendas diárias

Dias

Como poderia ter sido o grupo controle.

As vendas poderiam ter despencado.

Sem grupo controle significa que não há comparação. Sem comparação significa que você não tem ideia do que aconteceu.

Não existem Perguntas Idiotas

P: **Não podemos comparar as vendas de janeiro com as vendas de fevereiro?**

R: Claro, e se o que interessa for saber se as vendas de fevereiro foram maiores que as de janeiro, você terá sua resposta. Mas sem um grupo controle, os dados não dizem se o fato de reduzir os preços teve alguma coisa a ver com esse aumento.

P: **E se compararmos as vendas de fevereiro com as vendas de fevereiro do ano anterior?**

R: Tanto nessa pergunta quanto na anterior, você está falando de usar controles históricos, onde você obtém os dados passados e trata-os como se fossem o controle, em oposição aos controles contemporâneos, nos quais seu grupo controle é testado na mesma época que seu grupo experimental. Os controles históricos normalmente tendem a favorecer o sucesso do que quer que você está tentando testar, porque é muito difícil selecionar um controle que seja realmente parecido com o grupo sendo testado. De modo geral, você deve suspeitar de controles históricos.

P: **Sempre precisamos de um controle? Existe algum caso que você pode se virar sem um controle?**

R: Muitos eventos no mundo não podem ser controlados. Vamos supor que você está votando em uma eleição: você não pode eleger dois candidatos simultaneamente, ver qual deles se sai melhor em relação ao outro e, então, voltar e eleger o que for mais bem sucedido. Não é assim que as eleições funcionam, e isto não quer dizer que você não pode analisar as implicações de uma opção ao invés da outra. Mas se você pudesse realizar um experimento desses, você poderia ter muito mais confiança na sua escolha!

P: **E os testes médicos? Vamos supor que você queira experimentar um medicamento novo e tem certeza que ele funciona. Você simplesmente não estaria deixando as pessoas doentes, ou até morrerem, se você as colocasse em um grupo controle que não recebe tratamento algum?**

R: Essa é uma ótima pergunta e com uma preocupação ética válida. Os estudos médicos que não utilizam controle (ou utilizam controles históricos) favorecem tratamentos que, mais tarde, foram vistos como não apresentando efeitos ou até mesmo prejudiciais, após a realização de estudos com controles contemporâneos. Independente do que você pense sobre determinado tratamento médico, você não consegue ter certeza que ele é melhor do que nada até realizar o experimento com controles. No pior dos casos, você poderia acabar promovendo um tratamento que prejudica as pessoas.

P: **Assim como a prática de fazer as pessoas sangrarem quando estavam doentes?**

R: Exatamente. Na verdade, alguns dos primeiros experimentos controlados da história compararam sangramento médico com simplesmente deixar as pessoas do jeito que estão. O sangramento era uma prática totalmente repugnante que durou centenas de anos. Hoje, nós sabemos que essa era a coisa errada a ser feita por causa dos experimentos controlados.

P: **Os estudos observacionais têm controles?**

R: Com certeza. Lembre-se da definição de estudos observacionais: são estudos nos quais os próprios indivíduos decidem a qual grupo pertencem, ao invés de você decidir por eles. Por exemplo, se você quiser realizar um estudo sobre o fumo, você não poderia dizer a algumas pessoas para serem fumantes e outras para não serem fumantes. As pessoas decidem sozinhas se querem ser fumantes ou não, e neste caso, as pessoas que optarem por ser não fumantes seriam o grupo controle do seu estudo observacional.

P: **Eu já estive em todos os tipos de situação nas quais as vendas subiram em um mês porque nós supostamente fizemos alguma coisa no mês anterior. E todo mundo se sente bem, porque nós supostamente nos demos bem. Mas você está dizendo que não temos a menor ideia se nos saímos bem ou não?**

R: Talvez sim. Decididamente existe um lugar para nossos instintos nos negócios, e, muitas vezes, você não pode realizar experimentos controlados e tem que confiar nos julgamentos baseados nos dados observacionais. Mas se você puder fazer a experiência, faça. Não há nada como dados quantitativos para complementar seu julgamento e instinto quando você toma decisões. Neste caso, você ainda não tem os dados duros, mas você tem um CEO esperando uma resposta.

O CEO ainda quer saber qual foi o faturamento extra decorrente da nova estratégia... Como você vai responder à solicitação dele?

Jim: O CEO pediu que descobríssemos quanto dinheiro ganhamos em fevereiro que não teríamos ganhado se não tivéssemos cortado os custos. Nós precisamos dar uma resposta para ele.

Frank: Bem, a resposta é um problema. Não temos a menor ideia de quanto faturamos a mais. Pode ter sido muito, mas também pode ser que tinhamos perdido dinheiro. Basicamente, nós caímos de cara no chão. Estamos perdidos.

Joe: De jeito nenhum. Certamente nós podemos comparar o faturamento com os controles históricos. Pode não ser estatisticamente perfeito, mas ele ficará feliz. E é isso que importa.

Frank: Um cliente feliz é tudo que importa? Parece que você quer sacrificar a guerra para ganhar o dia. Se as nossas respostas forem erradas, elas vão acabar voltando contra nós!

Joe: Que seja.

Frank: Nós vamos ter de ser diretos com ele, e não será bom!

Jim: Olha, na verdade, nós estamos em boa forma aqui. Tudo que temos que fazer é montar um grupo controle para o mês de março e fazer a experiência de novo.

Frank: Mas o CEO está se sentindo bem com o resultado de fevereiro, e isso se deve ao fato de ele ter uma ideia errada sobre o que aconteceu. Nós precisamos tirar essa ilusão dele!

Jim: Eu acho que a gente pode fazer com que ele pense claramente sem deixá-lo deprimido.

Não ser demitido 101

Parte do trabalho de um analista de dados é ter de dar as más notícias. Mas, há várias maneiras diferentes de dar a mesma informação.

Vamos direto ao ponto. Como você apresenta as más notícias sem ser demitido?

Os melhores analistas de dados sabem a maneira correta de dar informações potencialmente perturbantes.

> Esse acontecimento não fornece a informação que queremos, mas felizmente eu sei como consertar isso.

> Nós rachamos a cabeça. Foi um desastre total. Por favor, não me demita.

> Você tem razão! As vendas estão subindo. Já subimos 100%. Você é um gênio!

Opção 1: Não existe notícia ruim.

Opção 2: A notícia é ruim, então, vamos entrar em pânico.

Opção 3: A notícia é ruim, mas se a usarmos de maneira correta, ela é uma boa notícia.

Qual dessas três abordagens não fará com que você seja demitido...

Hoje?

Amanhã?

No seu próximo emprego?

Vamos experimentar de ~~novo~~ de verdade!

Nós vamos fazer a experiência de novo no mês de março. Desta vez, o marketing dividiu o universo das lojas Starbuzz em grupos controle e experimentais.

O grupo experimental é formado por lojas da região do Pacífico, e o grupo controle é formado pelas lojas das regiões do SoHo e Mid-Atlantic.

Essa foi por pouco!

De: CEO do Starbuzz
Para: Use a Cabeça
Assunto: Precisamos refazer o experimento

Eu entendi. Nós ainda temos dois meses antes da reunião da diretoria. Faça o que for preciso, e acerte desta vez.

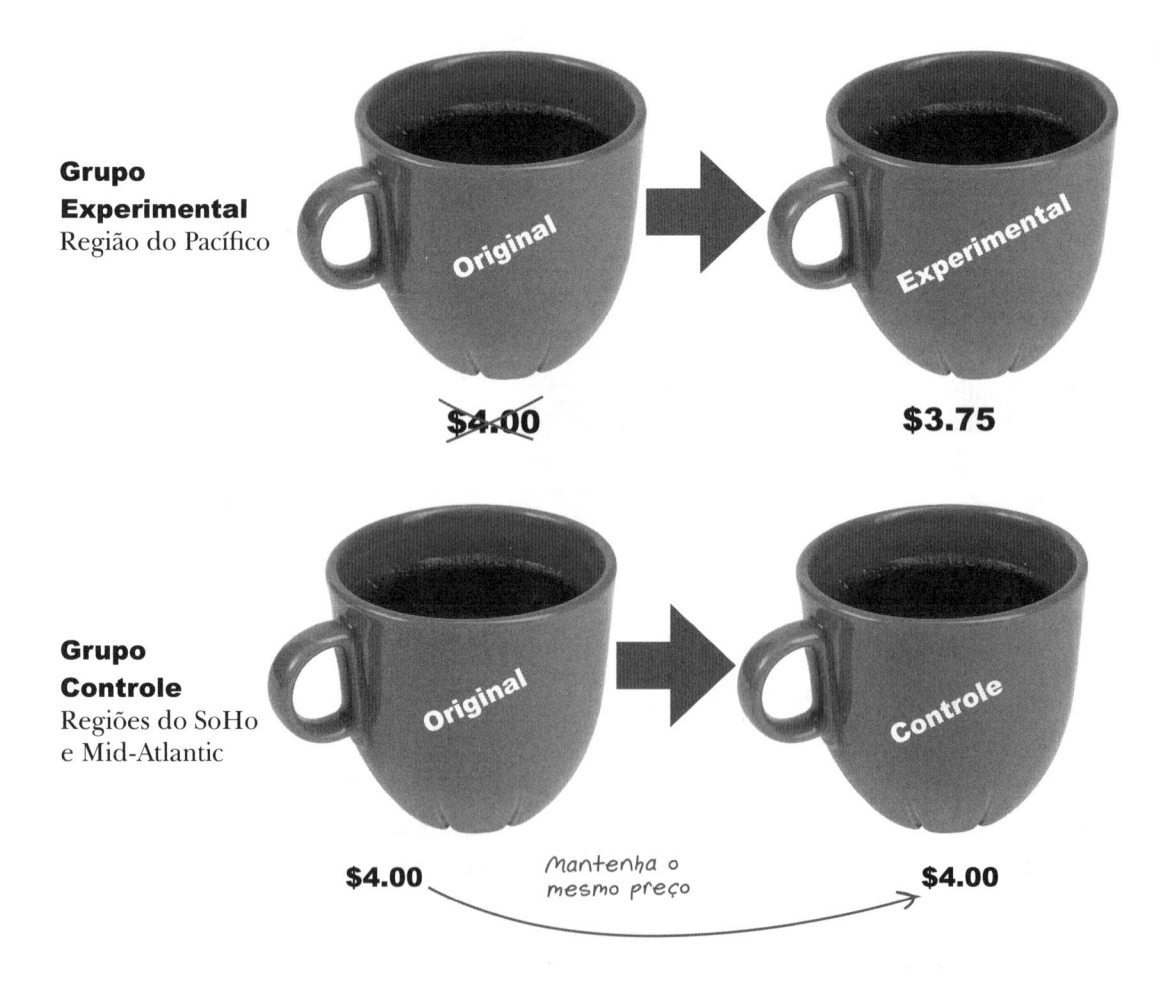

Grupo Experimental
Região do Pacífico

Original → Experimental

~~$4.00~~ $3.75

Grupo Controle
Regiões do SoHo e Mid-Atlantic

Original → Controle

$4.00   *Mantenha o mesmo preço* $4.00

Um mês depois...

As coisas não parecem tão ruins! Sua experiência pode ter dado a resposta que você queria sobre a eficácia da redução de preços.

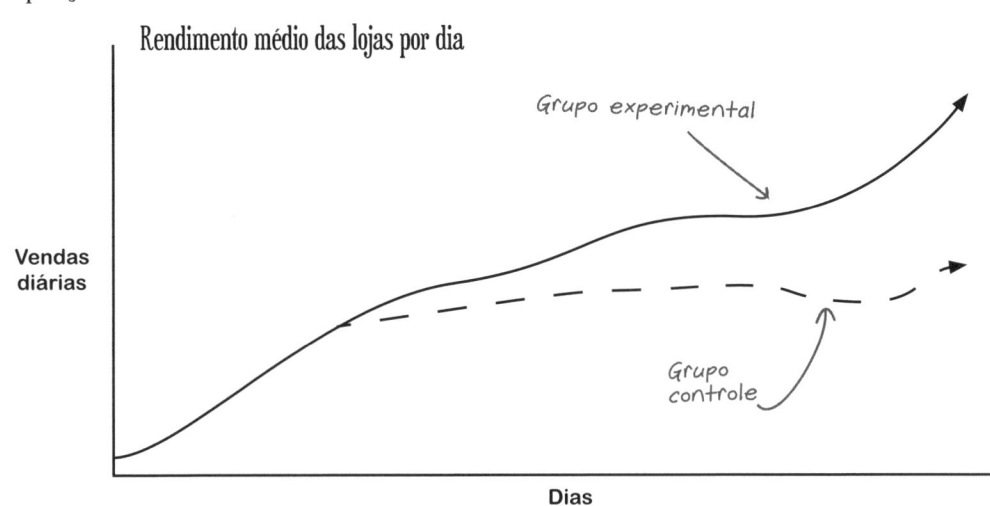

Rendimento médio das lojas por dia

Se pretendemos conversar com o CEO, é melhor nos certificarmos de que não haja nenhuma variável de confusão, assim como tínhamos anteriormente.

Existe alguma variável de confusão?

Lembre-se: uma variável de confusão é a diferença entre os grupos do seu estudo, ao invés de entre os fatores que você está tentando comparar.

Aponte seu lápis

Dê uma olhada no design na página anterior e nos resultados acima. Alguma dessas variáveis poderia estar confundindo seus resultados?

Cultura

Localização

....

....

Temperatura do café

Clima

....

....

Aponte seu lápis
Solução É possível que essas variáveis estejam confundindo seus resultados?

Cultura
A cultura deve ser a mesma por toda a parte.

Localização
A localização, com certeza, pode ser uma variável de confusão.

Temperatura do café
Isso também deve ser igual por toda a parte.

Clima
Pode ser! O clima faz parte da localização.

Confusões também atrapalham as experiências

Não é porque você saiu do mundo dos estudos observacionais para fazer uma experiência que você está livre das variáveis de confusão.

Para que sua comparação seja válida, seus *grupos precisam ser iguais*. Se não, você vai acabar comparando maçãs com laranjas!

Você está comparando esses dois, mas eles são diferentes em várias maneiras além do tratamento.

Grupo controle
Lojas do SoHo e Mid-Atlantic

Grupo experimental
Lojas do Pacífico

Todos os clientes Starbuzz

Divida as lojas em grupos de acordo com as regiões

As variáveis de confusão de perto

Seus resultados mostram que o grupo experimental teve uma receita maior. Pode ser porque as pessoas gastam mais quando o café custa menos. Mas **visto que os grupos não são comparáveis**, poderia ser por inúmeras outras razões. O clima pode estar fazendo com que as pessoas na costa leste fiquem dentro de casa. A economia pode estar decolando na região do Pacífico. O que aconteceu? Você nunca vai saber, devido às **variáveis de confusão**.

Evite as confusões através de uma seleção cuidadosa dos grupos

Assim como aconteceu com os estudos observacionais, evitar as variáveis de confusão tem tudo a ver com a correta divisão das lojas em grupos. Mas como fazer isso?

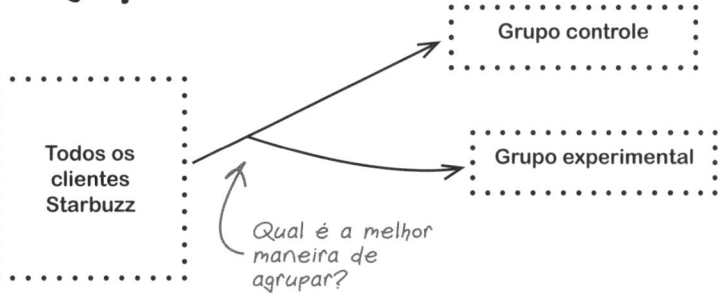

Todos os clientes Starbuzz

Grupo controle

Grupo experimental

Qual é a melhor maneira de agrupar?

Aponte seu lápis

Aqui estão quatro métodos utilizados para selecionar grupos. Como você acha que cada um deles se sai como método para evitar as variáveis de confusão? Qual você acha que funciona melhor?

Cobre diferente de um cliente ou outro, à medida que pagam seus pedidos. Dessa maneira, metade dos seus clientes são experimentais e metade são controles, e a localização não é uma variável de confusão.

....

....

....

Utilize controles históricos, fazendo com que todas as lojas sejam o grupo controle esse mês e todas as lojas sejam o grupo experimental no próximo mês.

....

....

....

Escolha aleatoriamente algumas lojas para serem controle ou experimental.

....

....

....

Divida as grandes regiões geográficas em regiões pequenas e escolha aleatoriamente as regiões que farão parte dos grupos controle e experimental.

....

....

....

Aponte seu lápis
Solução

Qual método para a seleção de grupos você acha que é melhor?

Cobre diferente de um cliente ou outro, à medida que pagam seus pedidos. Desta maneira, metade dos seus clientes são experimentais e metade são controles, e a localização não é uma variável de confusão.

Os clientes ficariam loucos. Quem vai querer pagar mais do que a pessoa à sua frente? A irritação dos clientes com certeza confundiria nossos resultados.

Utilize controles históricos, fazendo com que todas as lojas sejam o grupo controle esse mês e todas as lojas sejam o grupo experimental no próximo mês.

Nós já vimos porque os controles históricos são um problema. Quem sabe o que poderia acontecer nos diferentes meses para confundir os resultados?

Escolha aleatoriamente algumas lojas para serem controle ou experimental.

Essa opção parece mais atraente, mas ainda não é adequada. As pessoas simplesmente iriam às lojas Starbuzz mais baratas ao invés de ir nas lojas controle. A localização ainda seria uma variável de confusão.

Divida as grandes regiões geográficas em regiões pequenas e escolha aleatoriamente as regiões que farão parte dos grupos controle e experimental.

Se as suas regiões forem grandes o suficiente, de modo que as pessoas não viajariam para comprar café mais barato, mas pequenas o suficiente para serem semelhantes, você poderia evitar a variável de confusão localização. Essa é sua melhor aposta.

Parece que há algo nesse método de escolha aleatória.
Vamos dar uma olhada mais de perto...

Seleção aleatória escolhe grupos semelhantes

Escolher aleatoriamente os membros do seu grupo de indivíduos parece uma maneira excelente de evitar as variáveis de confusão.

O que normalmente acaba acontecendo quando você seleciona indivíduos para um determinado grupo aleatoriamente é: os fatores que poderiam se tornar variáveis de confusão acabam tendo **representação igual** entre os grupos controle e experimental.

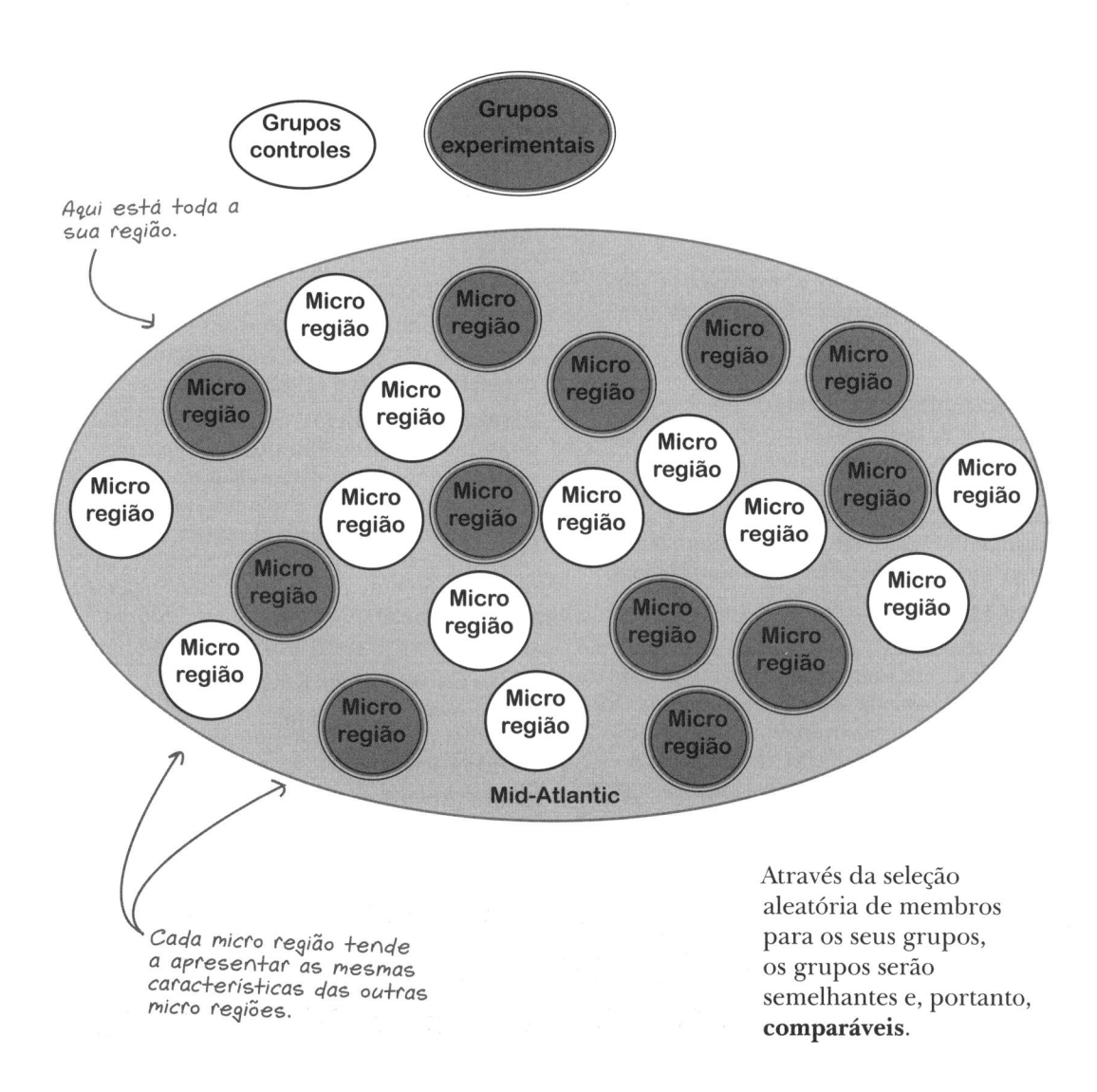

Grupos controles

Grupos experimentais

Aqui está toda a sua região.

Micro região

Mid-Atlantic

Cada micro região tende a apresentar as mesmas características das outras micro regiões.

Através da seleção aleatória de membros para os seus grupos, os grupos serão semelhantes e, portanto, **comparáveis**.

ALEATORIEDADE EXPOSTA

Entrevista da semana:
Nossa, foi tão aleatório!

Use a Cabeça: Obrigado por participar, Aleatoriedade. Evidentemente, você é um grande assunto dentro da análise de dados e é um prazer receber você aqui.

Aleatoriedade: Bem, minha programação de um segundo para o próximo está meio aberta. Eu não tenho nenhum plano propriamente dito. O fato de eu estar aqui agora é, mais ou menos, como o rolar de um dado.

Use a Cabeça: Interessante. Então, você não tem um plano ou razão pela qual você faz as coisas?

Aleatoriedade: É isso aí. Eu danço querendo ou não.

Use a Cabeça: Então, por que você é tão útil em modelos experimentais? A análise de dados não tem tudo a ver com ordem e método?

Aleatoriedade: Quando um analista usa meu poder para selecionar em qual grupo experimental ou controle as pessoas ou lojas (ou qualquer outra coisa) entram, minha magia negra faz com que os grupos resultantes sejam iguais. Eu consigo até lidar com variáveis de confusão, sem problemas.

Use a Cabeça: E como isso funciona?

Aleatoriedade: Vamos supor que metade da sua população esteja sujeita à uma variável de confusão chamada Fator X. Assustador, não? O Fator X poderia atrapalhar totalmente seus resultados. Você não sabe o que é, e você não tem dados sobre ele. Mas ele está lá, esperando para atacar.

Use a Cabeça: Mas isso é sempre um risco em estudos observacionais.

Aleatoriedade: Claro, mas vamos supor que na sua **experiência** você me use para dividir sua população em grupos controle e experimental. O que acontece é que seus dois grupos vão acabar contendo o mesmo grau de Fator X. Se metade da sua população total tem Fator X, então metade de cada um dos seus grupos terá o Fator X. Esse é o poder da aleatoriedade.

Use a Cabeça: Então, o Fator X ainda pode afetar seus resultados, mas ele vai afetar ambos os grupos na mesma intensidade, o que quer dizer que você consegue obter uma comparação válida em termos do que você está testando, certo?

Aleatoriedade: Exatamente. O **controle aleatório** é padrão de ouro dos experimentos. Você pode fazer análises sem ele, mas se você o tiver a sua disposição, você fará um trabalho muito melhor. Os experimentos controlados aleatoriamente levam você o mais próximo possível do Santo Graal da análise de dados: a demonstração das relações causais.

Use a Cabeça: Você quer dizer que os experimentos controlados aleatoriamente conseguem *provar* a relação causal?

Aleatoriedade: Bem, "prova" é uma palavra muito, muito forte. Mas pense no que os experimentos controlados aleatoriamente trazem para você. Você está testando dois grupos que são idênticos em todas as maneiras, exceto na variável que você está testando. Se houver qualquer diferença no resultado entre os grupos, como pode ser qualquer outra coisa que não a variável?

Use a Cabeça: Então, como faço a aleatoriedade? Vamos supor que tenho uma planilha de cálculo que quero dividir ao meio, selecionando os membros da lista aleatoriamente. Como faço isso?

Aleatoriedade: Fácil. No seu programa de planilhas, crie uma coluna chamada "Aleatória" e digite esta fórmula na primeira célula: =ALEATÓRIO (). Copie e cole a fórmula para cada membro da sua lista. Depois, classifique sua lista pela sua coluna "Aleatória". Pronto! Agora, você já consegue dividir sua lista em grupo controle e quantos grupos experimentais você quiser!

Aponte seu lápis

É hora de montar seu experimento. Agora que você já entende os estudos observacionais e experimentais, grupos controle e experimental, variáveis de confusão e aleatorização, você deve conseguir montar o experimento para dizer o que quer saber.

O que você está tentando demonstrar? Por quê?

....

....

....

....

Quais serão seus grupos controle e experimental?

....

....

....

....

Como você vai evitar as variáveis de confusão?

....

....

....

....

Oi! Você deveria adicionar um grupo experimental para convencer as pessoas de que o Starbuzz tem um bom valor. Dessa maneira, saberemos quem está certo — eu ou a CFO!

Como serão seus resultados?

....

....

....

....

Aponte seu lápis
Solução

Você acabou de montar seu primeiro experimento controlado aleatoriamente. Será que ele vai funcionar como você espera?

O que você está tentando demonstrar? Por quê?

O propósito do experimento é descobrir o que vai funcionar melhor para aumentar as vendas: manter a situação atual, reduzir os preços ou tentar convencer os clientes de que o Starbuzz tem um ótimo valor para o café. Vamos realizar o experimento no decorrer de um mês: março.

Quais serão seus grupos controle e experimental?

O grupo controle será um grupo com lojas que estão funcionando como sempre funcionaram — sem promoções ou qualquer outra coisa. Um grupo experimental terá lojas com redução de preços para o mês de março. O outro grupo experimental terá lojas nas quais os funcionários vão tentar convencer os clientes que o Starbuzz tem um bom valor.

Como você vai evitar as variáveis de confusão?

Através de uma cuidadosa seleção dos grupos. Nós vamos dividir cada uma das principais regiões do Starbuzz em micro regiões, e vamos selecionar os membros aleatoriamente dentro dessas micro regiões, tanto para o grupo controle quanto para o experimental. Dessa maneira, nossos três grupos serão praticamente iguais.

Como serão seus resultados?

É impossível saber até realizarmos o experimento. Mas o que pode acontecer é que um ou os dois grupos experimentais apresentem aumento nas vendas com relação ao grupo controle.

Sua experiência está pronta

Antes de realizarmos o experimento, dê uma última olhada no processo que vamos passar para mostrar de uma vez por todas qual estratégia é a melhor.

Dividir a lista em micro regiões

↓

Dividir as micro regiões aleatoriamente em grupos controle e experimental

Controle: manter a situação atual por um mês

Grupo experimental n° 1: reduzir os preços por um mês

Grupo experimental n° 2: convencer os clientes de que o Starbuzz tem um bom valor por um mês

Coletar os resultados

Vamos colocá-lo em prática!

↓

Analisar os resultados através de comparação entre os grupos

Os resultados estão prontos

O Starbuzz montou seu experimento e o deixou correndo por um mês. Os índices de receita diária para o grupo de persuasão subiram imediatamente quando comparados os outros dois grupos, e a receita do grupo de preços menores ficou igual ao do controle.

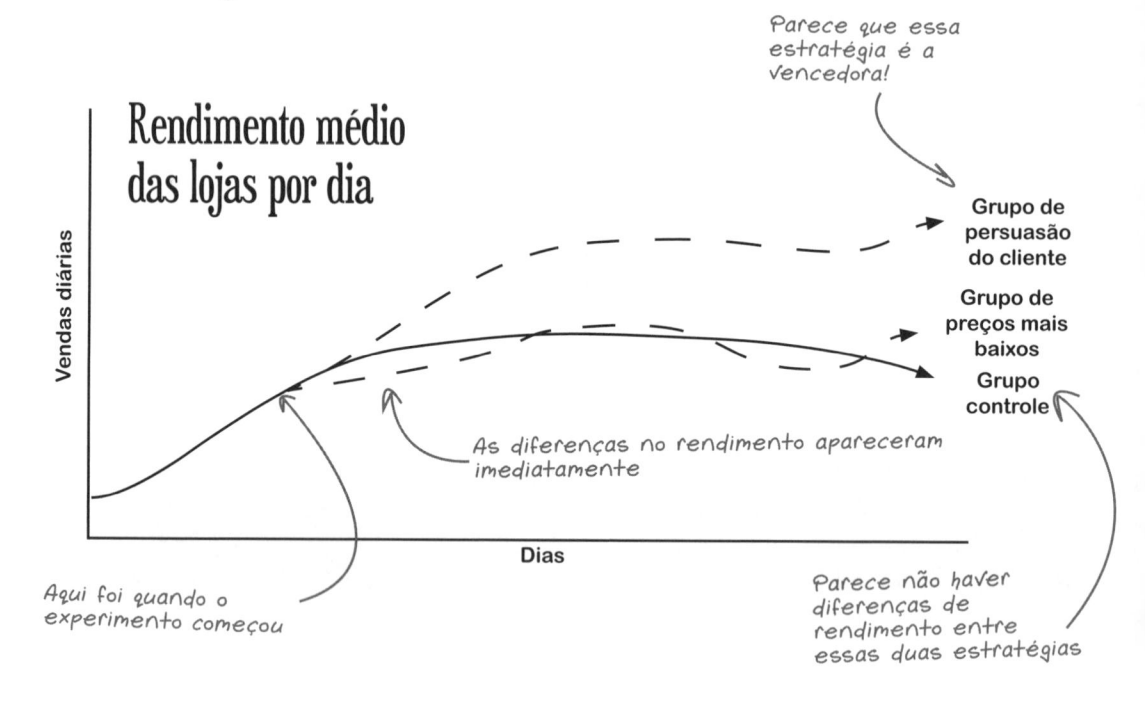

Parece que essa estratégia é a vencedora!

Grupo de persuasão do cliente

Grupo de preços mais baixos

Grupo controle

As diferenças no rendimento apareceram imediatamente

Aqui foi quando o experimento começou

Parece não haver diferenças de rendimento entre essas duas estratégias

Esse gráfico é super útil porque faz uma **comparação** excelente. Você selecionou grupos idênticos e ofereceu tratamentos distintos, então, agora você pode realmente atribuir as diferenças de receita dessas lojas para os fatores que você está testando.

Esses resultados são ótimos!

A persuasão com relação ao valor parece causar um aumento significante nas vendas, maior do que a redução de preços ou o não fazer nada. Parece que você já conseguiu sua resposta.

O Starbuzz tem uma estratégia de vendas testada empiricamente

Quando você iniciou sua aventura nos experimentos, o Starbuzz estava na maior bagunça. Você avaliou cuidadosamente os dados da pesquisa observacional e aprendeu mais sobre os negócios através de vários funcionários brilhantes do Starbuzz, o que o levou a criar um **experimento controlado aleatoriamente.**

Esse experimento fez uma **comparação** poderosa, o que mostrou que convencer as pessoas sobre o valor do café do Starbuzz é uma maneira muito mais eficiente de aumentar as vendas do que a redução de preços ou o ato de não fazer nada.

Estou muito contente com essa constatação! Eu vou mandar implementar essa estratégia em todas as nossas lojas. Exceto nas lojas do SoHo. Se os clientes do SoHo estão felizes gastando mais, vamos deixar assim!

3 otimização

Obtenha o máximo

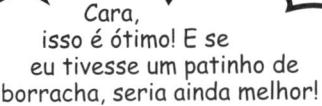

> Cara, isso é ótimo! E se eu tivesse um patinho de borracha, seria ainda melhor!

Nós sempre queremos mais.

E estamos sempre tentando descobrir como conseguir isso. *Se* as coisas que nós queremos mais — lucro, dinheiro, eficiência, velocidade — podem ser representadas numericamente, então, há chances de termos uma ferramenta para análise dos dados que nos ajude a ajustar nossas variáveis de decisão, as quais nos ajudarão a encontrar a **solução** ou o *ponto máximo* onde conseguimos obter o máximo daquilo que queremos. Neste capítulo, você vai usar uma dessas ferramentas e o poderoso pacote **Solver** de planilhas que o implementa.

Agora você está com os brinquedos de banho

Você foi contrato pela Banho com Amigos Ilimitada, um dos maiores fabricantes nacionais de patos e peixes de borracha para serem usados como entretenimento na hora do banho. Acredite ou não, os brinquedos de banho são um negócio sério e lucrativo.

Eles querem ganhar mais dinheiro, e ouviram dizer que a última moda é a administração dos negócios através da análise de dados, então, ligaram para você!

O peixe de borracha é uma opção não muito comum, mas tem vendido muito.

Alguns o chamam de clássico, outros dizem que é óbvio demais, mas uma coisa é certa: os patinhos de borracha vieram para ficar.

Eu vou dar prioridade à sua empresa quando for escolher meus brinquedos esse ano.

Os patinhos me fazem rir.

Você tem clientes exigentes e perspicazes.

Aponte seu lápis

Aqui está um e-mail do seu cliente da Banho com Amigos Ilimitada, explicando porque contrataram você.

> **De: Banho com Amigos Ilimitada**
> **Para: Use a Cabeça**
> **Assunto: Solicitação de análise do mix de produtos**
>
> **Prezado Analista,**
>
> **Estamos empolgados com a sua presença! Nós queremos ter o máximo possível de lucro, e, para fazer com que nossos lucros subam, nós precisamos ter certeza que estamos produzindo a quantidade certa de patos e peixes. Nós precisamos que você nos ajude a descobrir qual é o nosso mix de produtos ideal: quantos de cada devemos produzir?**
>
> **Estamos ansiosos para ver seu trabalho. Tivemos ótimas referências.**
>
> **Atenciosamente,**
>
> **BAI**

Aqui está o que suas clientes dizem sobre o que precisam

Quais *dados* você precisa para resolver esse problema?

....

....

....

....

....

....

Aponte seu lápis
Solução

De: Banho com Amigos Ilimitada
Para: Use a Cabeça
Assunto: Solicitação de análise do mix de produtos

Prezado Analista,

Estamos empolgados com a sua presença! Nós queremos ter o máximo possível de lucro, e, para fazer com que nossos lucros subam, nós precisamos ter certeza que estamos produzindo a quantidade certa de patos e peixes. Nós precisamos que você nos ajude a descobrir qual é o nosso mix de produtos ideal: quanto de cada devemos produzir?

Estamos ansiosos para ver seu trabalho. Tivemos ótimas referências.

Atenciosamente,

BAI

Quais **dados** você precisa para resolver esse problema?

Primeiramente, seria ótimo ter os dados para verificar a lucratividade dos peixes e patos. Um deles é mais lucrativo que o outro? Mas, além disso, seria bom saber quais outros fatores limitam a questão. Quanta borracha é necessária para fazer esses produtos? E quanto tempo leva para produzir esses produtos?

Sua Necessidade de Dados de Perto

Dê uma olhada de perto no que você precisa saber. Você pode dividir sua necessidade de dados em duas categorias: **coisas que você não pode controlar** e coisas que você pode.

Essas são as coisas que você não pode controlar.

- *Qual a lucratividade dos peixes*
- *Quanta borracha eles têm para fazer os peixes*
- *Quanta borracha eles têm para fazer os patos*

- *Qual a lucratividade dos patos*
- *Quanto tempo leva para fazer os peixes*
- *Quanto tempo leva para fazer os patos*

E o item básico que o cliente quer que você descubra para maximizar os lucros. Essencialmente, você **pode controlar** as respostas para essas duas perguntas.

Essas são as coisas que você pode controlar.

- *Quantos peixes devem ser feitos*
- *Quantos patos devem ser feitos*

Você precisa dos dados quantitativos do que você pode e não pode controlar.

Restrições limitam as variáveis que você controla

Essas considerações são chamadas de **restrições**, porque elas vão definir os parâmetros do seu problema. O que você está buscando é *lucro*, e encontrar o mix de produtos correto é a maneira de determinar o nível certo de lucratividade para o próximo mês.

Mas as suas opções para o mix de produtos estarão *limitadas* pelas suas restrições.

Essas são suas restrições reais para o problema.

As variáveis de decisão são as coisas que você pode controlar

As restrições não dizem como maximizar o lucro; elas só dizem o que você *não pode* fazer para maximizar o lucro.

Por outro lado, as variáveis de decisão são as coisas que você *pode* controlar. Você pode escolher quantos peixes e patos serão produzidos, e contanto que você obedeça as suas restrições, seu trabalho é escolher a combinação que gera o maior lucro.

De: Banho com Amigos Ilimitada
Para: Use a Cabeça
Assunto: Informação potencialmente útil

Prezado Analista,

Ótimas perguntas. Com relação ao nosso estoque de borracha, nós temos borracha suficiente para produzir 500 patos ou 400 peixes. Se nós fizermos 400 peixes, não teremos borracha para fazer patos, e vice-versa.
Nós temos tempo para fazer 400 patos ou 300 peixes. Isso tem a ver com o tempo que leva para a borracha assentar. Independente de qual seja o mix de produtos, nós não conseguimos produzir mais de 400 patos e 300 peixes se quisermos ver os produtos na prateleira no próximo mês.

E, por fim, cada pato representa um lucro de $5, e cada peixe, um lucro de $4. Essas informações ajudam?

Atenciosamente,

BAI

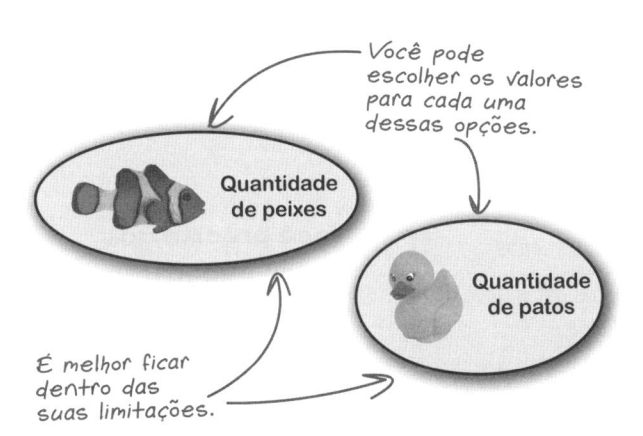

Você pode escolher os valores para cada uma dessas opções.

Quantidade de peixes

Quantidade de patos

É melhor ficar dentro das suas limitações.

PODER DO CÉREBRO

Então, o que você acha que você *faz* com as restrições e as variáveis de decisão para descobrir como maximizar os lucros?

Você tem um problema de otimização

Quando você quer obter o máximo (ou o mínimo)
possível de alguma coisa, e a maneira pela qual
você consegue isso é alterando os valores de outras
quantidades, você tem um **problema de otimização**.

Aqui, você quer maximizar o *lucro* mudando as suas
variáveis de decisão: o número de patos e peixes que
você produz.

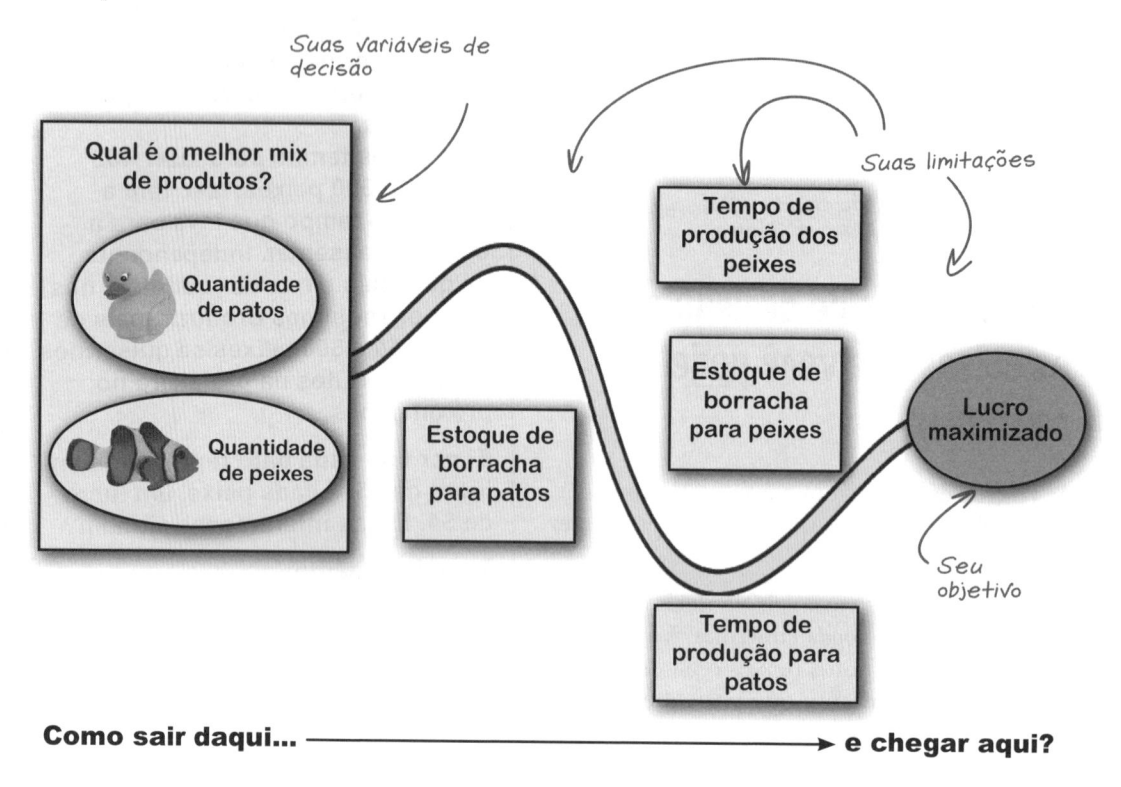

Como sair daqui... ———————————→ **e chegar aqui?**

Mas, para maximizar o lucro, você tem
que trabalhar dentro das suas restrições:
o tempo de produção e o estoque de
borracha para ambos os brinquedos.

Para resolver um problema de otimização,
você precisa combinar suas variáveis
de decisão, restrições e o que você quer
maximizar em uma **função objetiva**.

Encontre seu objetivo com a função objetiva

O **objetivo** é a coisa que você quer maximizar, e você usa a **função objetiva** para encontrar o resultado ótimo.

A sua função objetiva é mais ou menos assim, se você a escrever de forma algébrica:

Cada "c" se refere a uma restrição

Cada "x" se refere a uma variável de decisão

"P" é o seu objetivo: aquilo que você quer maximizar

$$c_1x_1 + c_2x_2 = P$$

Alguns problemas de otimização possuem funções objetivas mais complexas.

Não tenha medo! Tudo que essa equação diz é que você deve obter o maior P (lucro) possível se multiplicar cada variável de decisão por uma restrição.

Suas restrições e variáveis de decisão nessa equação são combinadas para formar o lucro dos peixes e patos, e a soma deles forma o seu objetivo: o lucro total.

Aqui está c_1x_1

lucro dos patos

+

Aqui está c_2x_2

lucro dos peixes

= Lucro Total

Você quer que seu objetivo seja o mais alto possível

Todos os problemas de otimização têm restrições e uma função objetiva.

EXERCITANDO O CÉREBRO

Quais valores específicos você acha que deve usar para as restrições c_1 e c_2?

Sua função objetiva

As restrições que você precisa colocar na sua função objetiva são o **lucro para cada brinquedo**. Aqui temos uma outra maneira de ver aquela função algébrica:

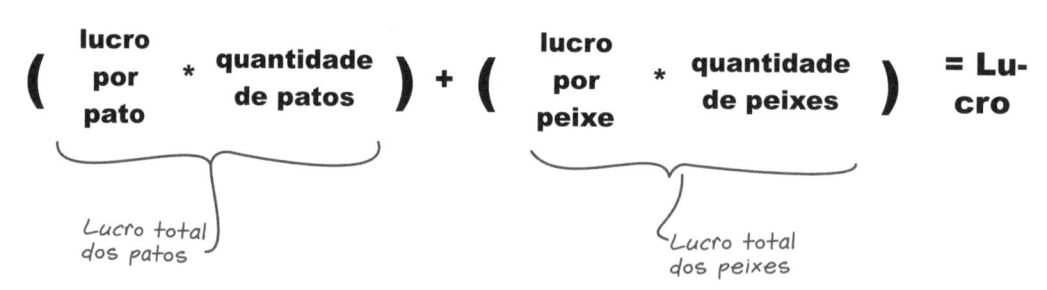

O lucro que você obtém da venda de peixes e patos é igual ao lucro por pato multiplicado pelo número de patos mais o lucro por peixe multiplicado pelo número de peixe.

Essa é a sua cliente da Banho com Amigos Ilimitada.

$$(\text{lucro por pato} * \text{quantidade de patos}) + (\text{lucro por peixe} * \text{quantidade de peixes}) = \text{Lucro}$$

Lucro total dos patos

Lucro total dos peixes

Agora você pode começar a testar novos mix de produtos. Você pode completar essa equação com os valores que você sabe que representam o lucro por item junto com alguns números hipotéticos.

Esse seria o seu lucro se você decidisse produzir 100 patos e 50 peixes.

$$(\text{lucro de \$5} * 100 \text{ patos}) + (\text{lucro de \$4} * 50 \text{ peixes}) = \$700$$

Essa função objetiva projeta um lucro de $700 para o próximo mês. Nós vamos usar a função objetiva para testar vários outros mix de produtos.

Oi! E todas aquelas outras restrições? Como borracha e tempo?

Mostre o mix de produtos com suas outras restrições

Borracha e tempo são limitações à quantidade de peixes que você pode produzir, e a melhor maneira de começar a pensar sobre essas restrições é prevendo **mix de produtos** diferentes e hipotéticos. Vamos começar com a limitação tempo.

Aqui está o que eles dizem sobre a limitação de tempo

Um "mix de produto nº 1", hipotético, pode ser onde você produz 100 patos e 200 peixes. Você pode organizar sua restrição de tempo para esse mix de produto (e outros dois) nesses gráficos de barras.

patos, e vice-versa.

Nós temos tempo para fazer 400 patos ou 300 peixes. Isso tem a ver com o tempo que leva para a borracha assentar. Independente de qual seja o mix de produtos, nós não conseguimos produzir mais de 400 patos e 300 peixes se

E, por fim, cada pato representa um lucro de $5, e cada peixe, um

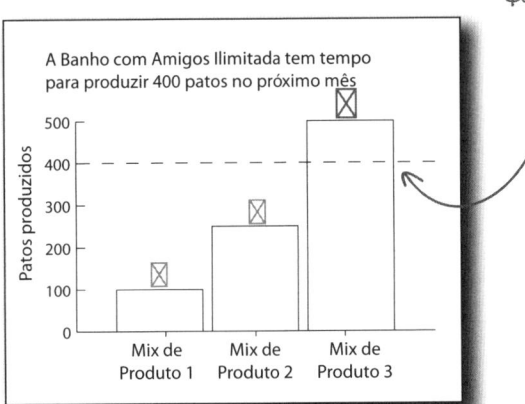

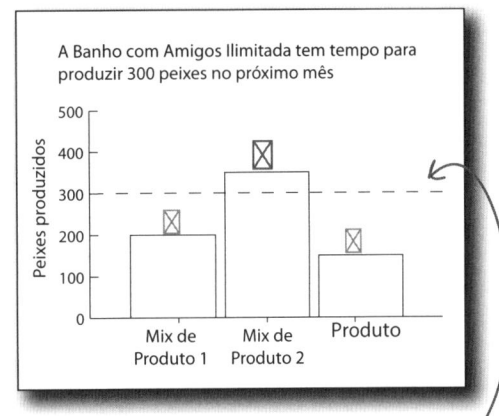

Essa linha mostra o número máximo de patos que você pode produzir.

O mix de produtos nº 1 não viola nenhuma restrição, mas os outros dois, sim: o mix de produto nº 2 tem muitos peixes e o mix de produtos nº 3 tem muitos patos.

Analisar as restrições dessa maneira já é um progresso, mas ainda precisamos de uma visualização melhor. Ainda temos mais restrições para analisar, e seria muito mais claro se pudéssemos visualizar ambas em um mesmo gráfico.

EXERCITANDO O CÉREBRO

Como você faria para visualizar as restrições dos mix de produtos hipotéticos de patos e peixes em um único gráfico?

Organize as várias de restrições no mesmo gráfico

Nós podemos colocar ambas as restrições de tempo em um único gráfico, representando cada mix de produtos com um ponto ao invés de uma barra. O gráfico resultante possibilita **a visualização de ambas as restrições tempo juntas**.

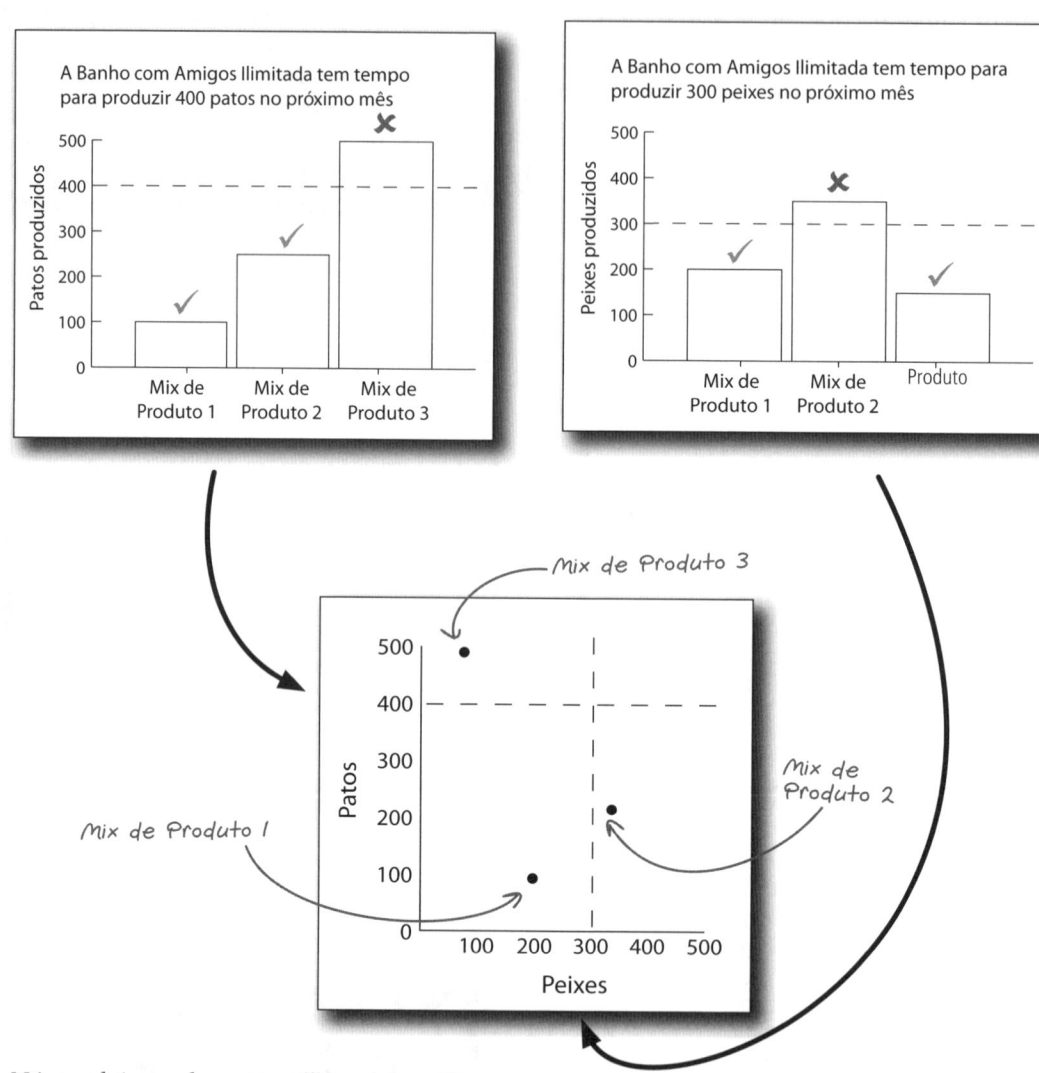

Nós também poderemos utilizar esse gráfico para visualizar as restrições de borracha. Na verdade, você pode colocar **qualquer quantidade de restrições** nesse gráfico e ter uma ideia de quais mix de produtos são possíveis.

Suas boas opções estão todas na região viável

Organizar os patos no eixo y e os peixes no eixo x torna possível a visualização dos possíveis mix de produtos. Na verdade, o espaço onde os mix de produtos estão dentro das linhas de restrição é chamado de .

Quando você adiciona restrições ao seu gráfico, a muda, e você usa essa para descobrir qual é o ponto *ótimo*.

Essa é a região viável

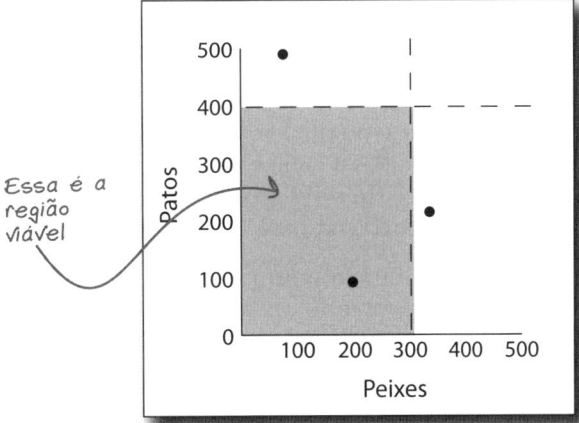

Aponte seu lápis

Vamos adicionar nossa outra restrição, que determina a quantidade de peixes e patos que pode ser produzida, considerando a quantidade de borracha que a empresa tem. A Banho com Amigos Ilimitada disse:

Os peixes precisam de um pouco mais de borracha do que os patos.

Ótimas perguntas. Com relação ao nosso estoque de borracha, nós temos borracha suficiente para produzir 500 patos ou 400 peixes. Se nós fizermos 400 pei-

Você tem um estoque fixo de borracha, então, o número de patos que você produz limita o número de peixes a ser produzido.

1 Desenhe um ponto representando um mix de produto no qual você produz 400 peixes. Como eles disseram, se você fizer 400 peixes, você não terá borracha para fazer patos.

2 Desenhe um ponto representando um mix de produto no qual você produz 500 patos. Se você fizer 500 patos, você não poderá fazer nenhum peixe.

3 Desenhe uma linha que passe pelos dois pontos

Aponte seu lápis
Solução

Como é a aparência da nova restrição no seu gráfico?

1 Desenhe um ponto representando um mix de produto no qual você produz 400 peixes. Como eles disseram, se você fizer 400 peixes, você não terá borracha para fazer patos.

2 Desenhe um ponto representando um mix de produto no qual você produz 500 patos. Se você fizer 500 patos, você não poderá fazer nenhum peixe.

3 Desenhe uma linha que passe pelos dois pontos

> Ótimas perguntas. Com relação ao nosso estoque de borracha, nós temos borracha suficiente para produzir 500 patos ou 400 peixes. Se nós fizermos 400 peixes, não teremos borracha para

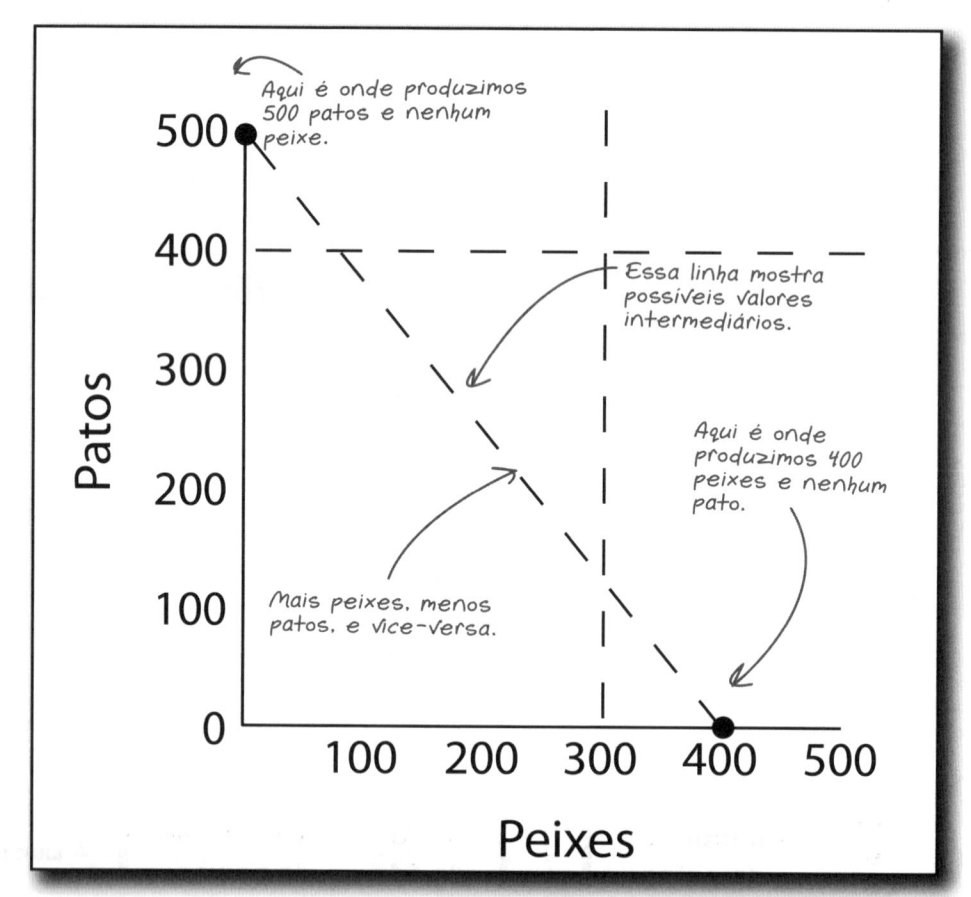

Sua nova restrição mudou a região viável

Quando você adicionou a restrição borracha, você **mudou o formato** da .

Antes de adicionar a restrição, pode ser que você conseguisse produzir, digamos, 400 patos e 300 peixes. Mas agora, a sua escassez de borracha eliminou a possibilidade desse mix de produto.

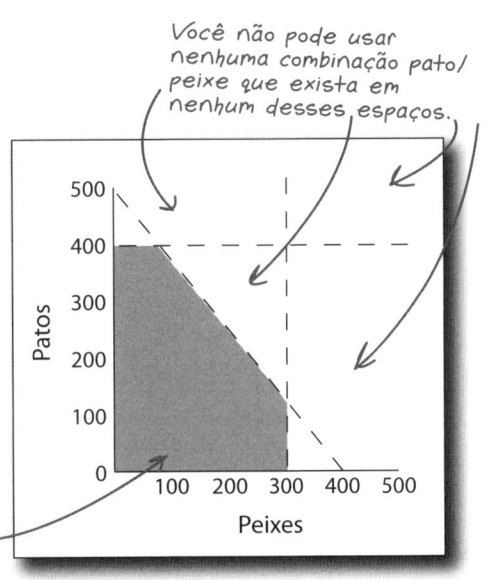

Você não pode usar nenhuma combinação pato/peixe que exista em nenhum desses espaços.

Seus mix de produtos em potencial precisam estar contidos aqui nessa área.

Aponte seu lápis

Aqui estão alguns possíveis mix de produtos. Eles estão dentro da ?
Desenhe um ponto para cada mix de produto no gráfico.
Quanto será o lucro gerado por cada um dos diferentes mix de produtos?
Use a equação abaixo para determinar o lucro de cada um.

Desenhe aonde vai cada mix de produto no gráfico.

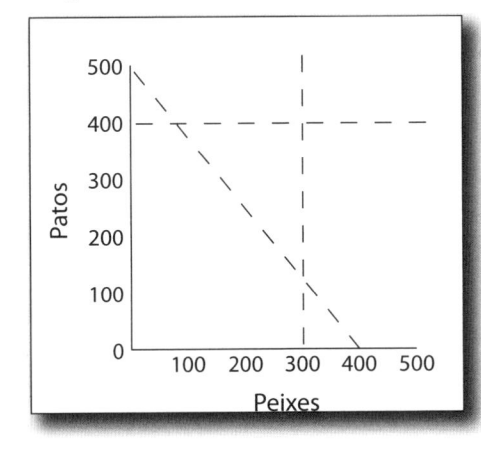

300 patos e 250 peixes

Lucro: ....

100 patos e 200 peixes

Lucro: ....

50 patos e 300 peixes

Lucro: ....

Use sua função objetiva para determinar o lucro.

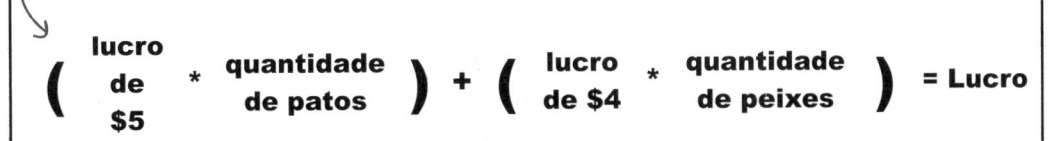

$$\left(\begin{array}{c} \text{lucro} \\ \text{de} \\ \$5 \end{array} * \begin{array}{c} \text{quantidade} \\ \text{de patos} \end{array} \right) + \left(\begin{array}{c} \text{lucro} \\ \text{de } \$4 \end{array} * \begin{array}{c} \text{quantidade} \\ \text{de peixes} \end{array} \right) = \text{Lucro}$$

Aponte seu lápis
Solução

Você acabou de desenhar o gráfico e calcular o lucro para três mix de produtos diferentes de patos e peixes. O que você descobriu?

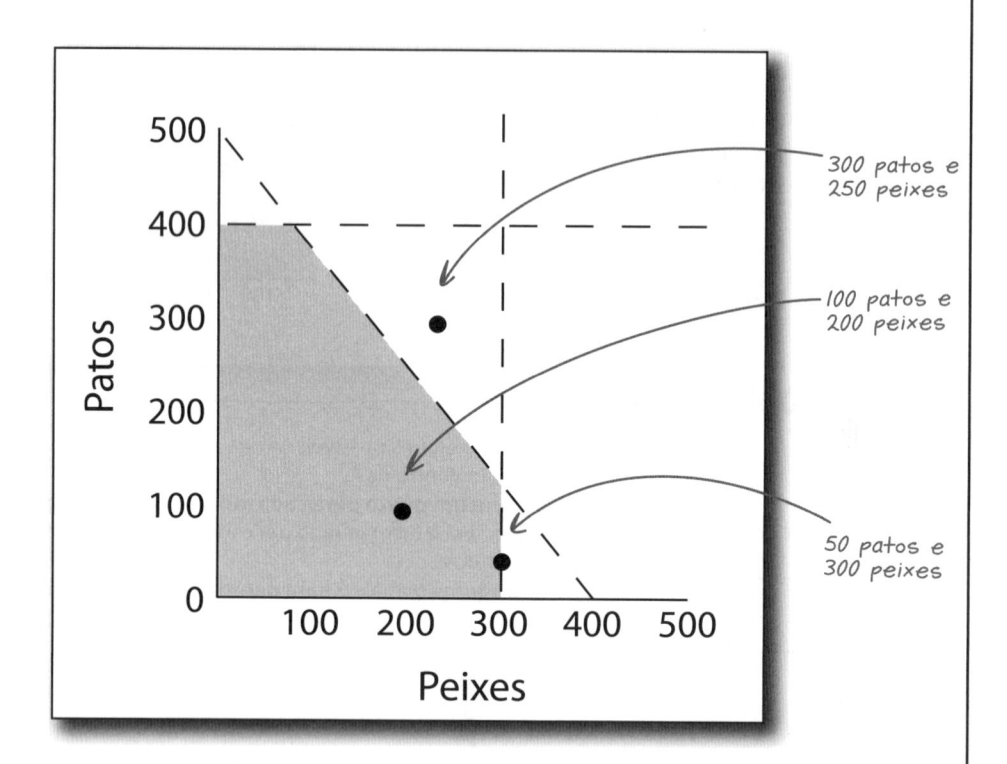

300 patos e
250 peixes

100 patos e
200 peixes

50 patos e
300 peixes

300 patos e 250 peixes

Lucro: (lucro de $5 * 300 patos)+(lucro de $4 * 250 peixes) = $2500
Pena que esse mix de produtos não esteja na

100 patos e 200 peixes

Lucro: (lucro de $5 * 100 patos)+(lucro de $4 * 200 peixes) = $1300
Esse mix de produtos com certeza funciona.

50 patos e 300 peixes

Lucro: (lucro de $5 * 50 patos)+(lucro de $4 * 300 peixes) = $1450
Esse mix de produtos funciona e gera um lucro ainda maior.

Agora, tudo que você tem de fazer é testar todos os mix de produtos possíveis e ver qual deles gera um lucro maior, certo?

Mesmo no pequeno espaço da existe toneladas de possíveis mix de produtos. Você não vai fazer com que eu teste cada um deles, de jeito nenhum!

Você não tem de testar todos eles.

Porque tanto o Microsoft Excel e o OpenOffice tem uma funçãozinha super útil que resolve rapidamente problemas de otimização. Vire a página para descobrir como...

Sua planilha realiza otimização

Tanto o Microsoft Excel quanto o OpenOfiice possuem um utilitário muito útil chamado **Solver**, que pode realizar problemas de otimização rapidamente.

Se você inserir as restrições e escrever a função objetiva, o Solver faz as contas para você. Dê uma olhada nessa planilha que descreve todas as informações que você recebeu da Banho com Amigos Ilimitada.

Baixe isso!

Acesse o site www.altabooks.com.br e na caixa *"localizar"* procure pelo livro. Acesse a página de cadastro e localize o hiperlink *download*.

Essas células exibem um mix de produto no qual você produz 100 patos e 100 peixes.

Essa caixa mostra seu estoque de borracha.

Essa caixa mostra seu lucro.

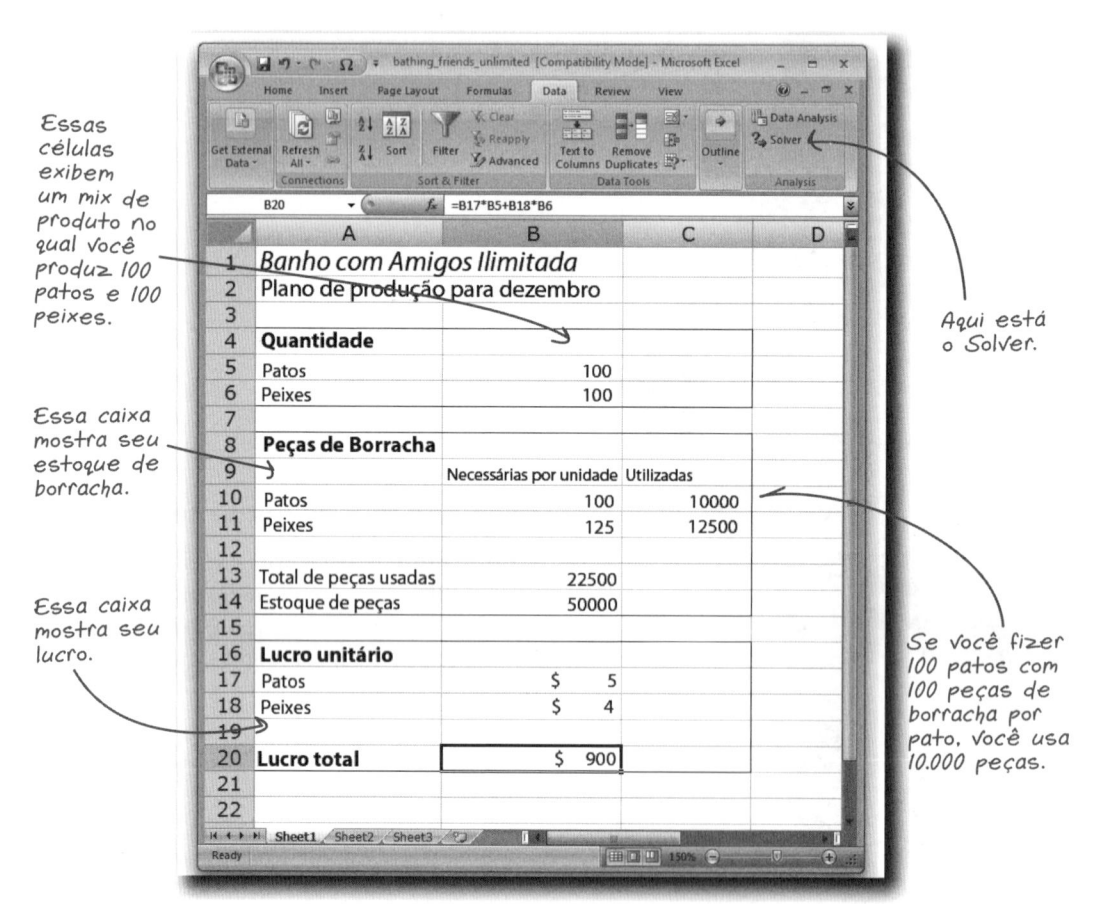

Aqui está o Solver.

Se você fizer 100 patos com 100 peças de borracha por pato, você usa 10.000 peças.

Existem algumas fórmulas simples nessa planilha. Primeiro, aqui estão alguns número para quantificar a borracha que você precisa. Os brinquedos de banho são feitos de peças de borracha, e as células B10:B11 têm fórmulas para calcular quantas peças você precisa.

Depois, a célula B20 tem uma fórmula que multiplica a quantidade de peixes e patos pelo lucro de cada um, para obter o lucro total.

Dê uma olhada no Apêndice iii se você usa o OpenOffice ou se o Solver não estiver no seu menu do Excel.

Tente clicar no botão Solver na guia Dados. O que acontece?

Aponte seu lápis

Vamos dar uma olhada na caixa de diálogo do Solver e entender com ele funciona com os conceitos que você aprendeu.

Desenhe uma seta de cada elemento para onde eles vão na caixa de diálogo do Solver.

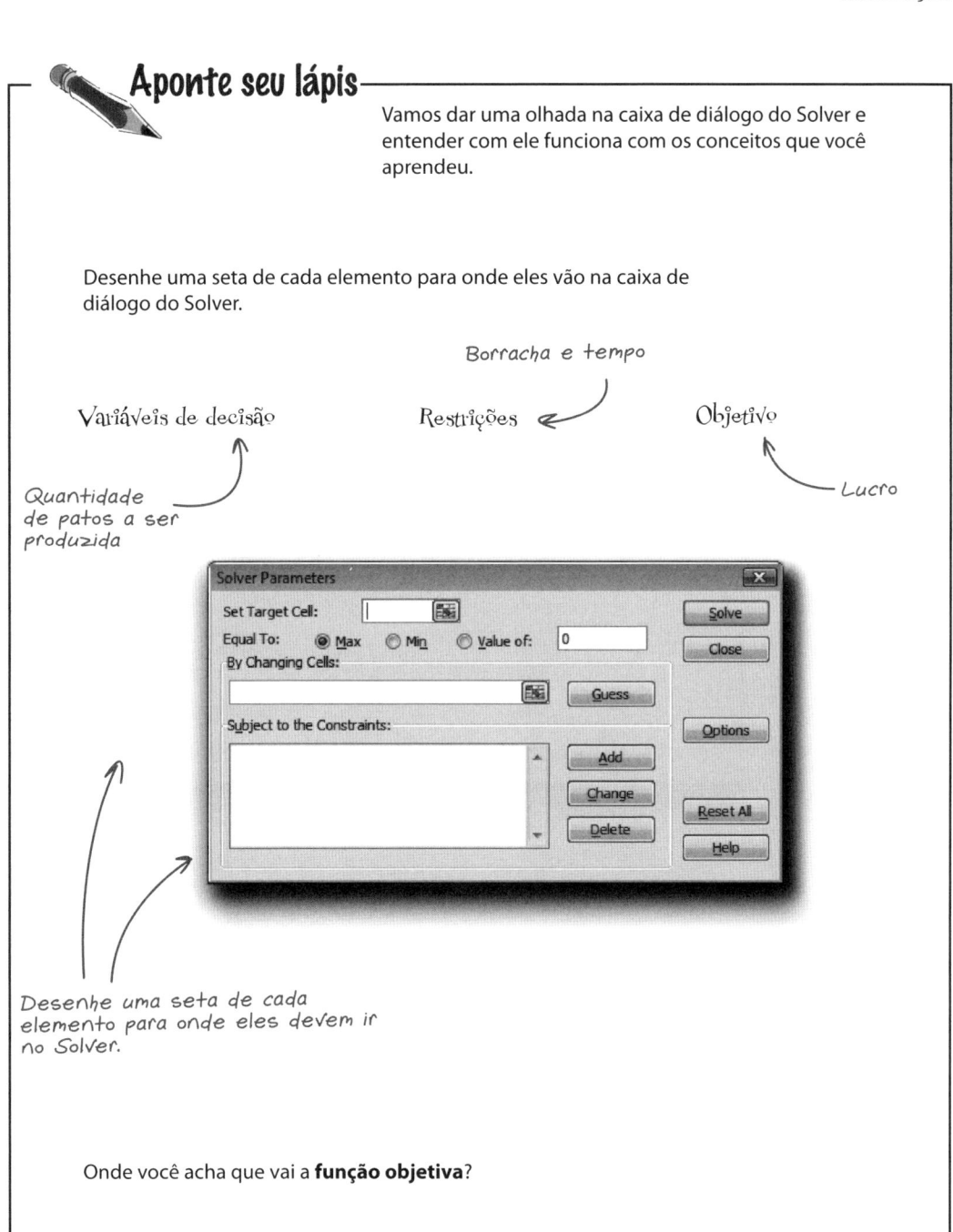

Borracha e tempo

Variáveis de decisão   Restrições   Objetivo

Quantidade de patos a ser produzida

Lucro

Desenhe uma seta de cada elemento para onde eles devem ir no Solver.

Onde você acha que vai a **função objetiva**?

....

....

Aponte seu lápis
Solução

Como os espaços na caixa de diálogo do Solver se correspondem aos conceitos de otimização que você aprendeu?

Desenhe uma seta de cada elemento para onde eles vão na caixa de diálogo do Solver.

Variáveis de decisão   Restrições   Objetivo

O Excel chama seu objetivo de Target Cell.

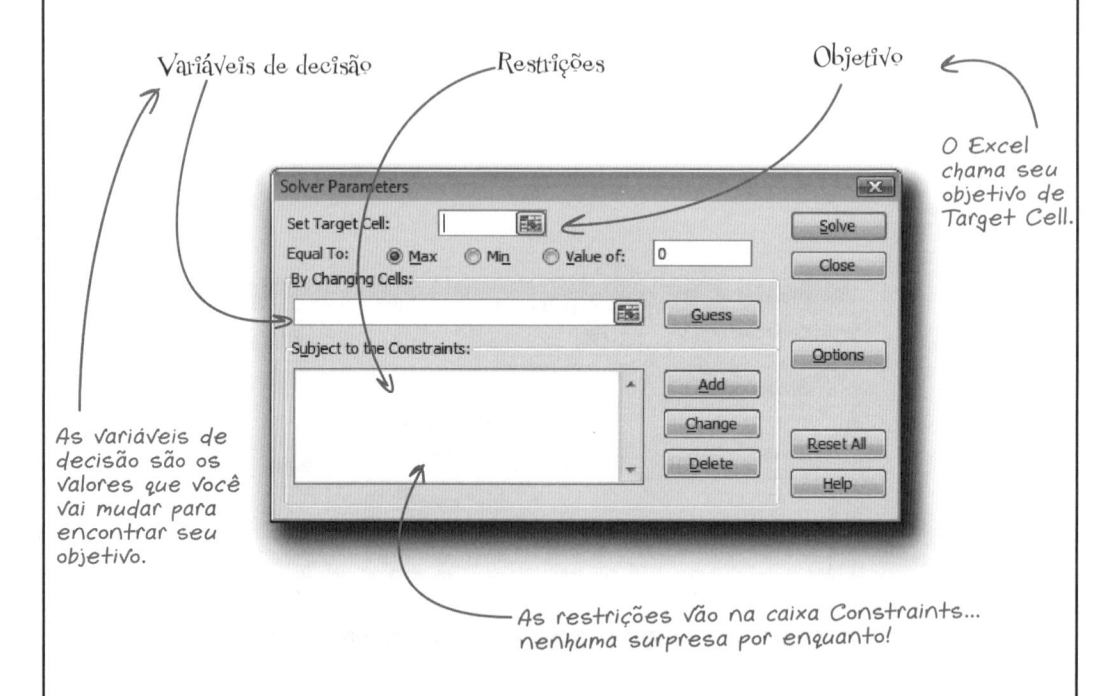

As variáveis de decisão são os valores que você vai mudar para encontrar seu objetivo.

As restrições vão na caixa Constraints... nenhuma surpresa por enquanto!

Onde você acha que vai a **função objetiva**?

A função objetiva vai em uma célula na planilha e retorna o objetivo como resultado. O objetivo calculado por essa função objetiva é o lucro total.

A função objetiva está nesta célula.

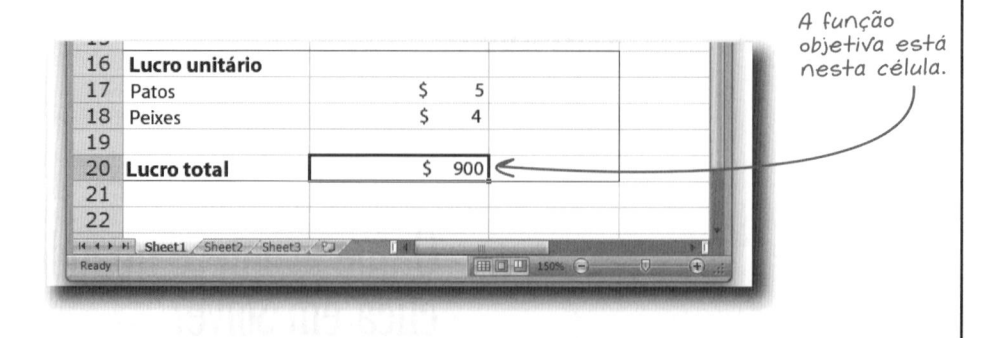

TEST DRIVE

Agora que você conseguiu definir seu modelo de otimização, é hora de colocar os elementos deste modelo no Excel e deixar o Solver trabalhar com os números para você.

1 Configure sua *Target Cell* para indicar sua função objetiva.

2 Encontre suas variáveis de decisão e adicione-as ao especo em branco *Changing Cells*.

3 Adicione as suas restrições.

4 Clique em *Solve*.

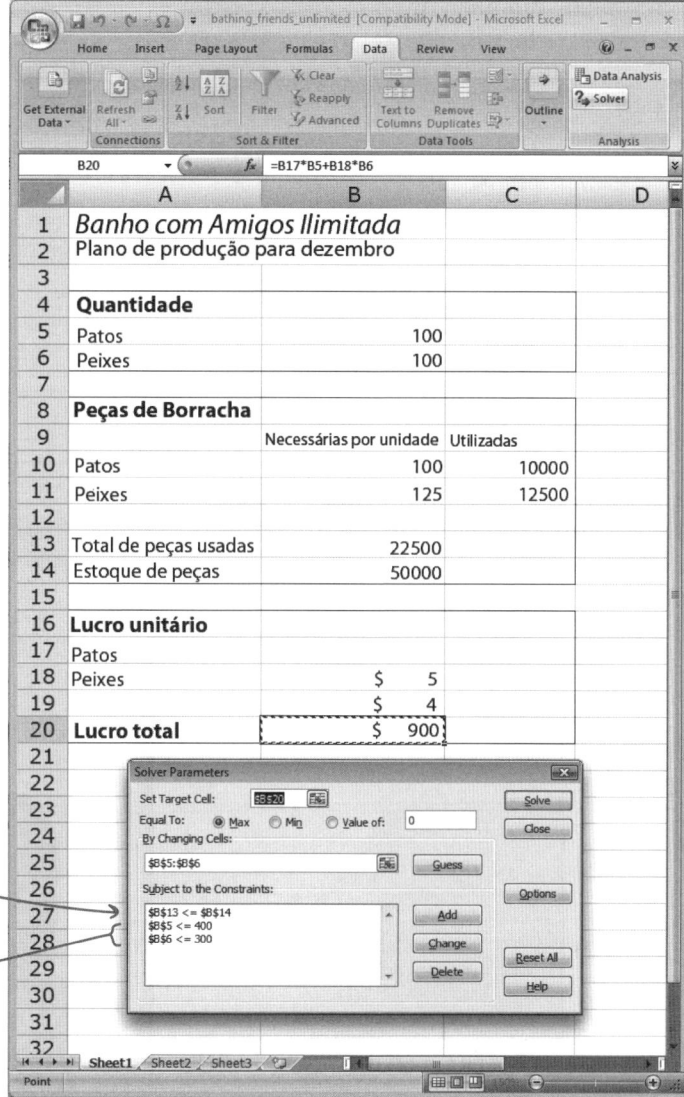

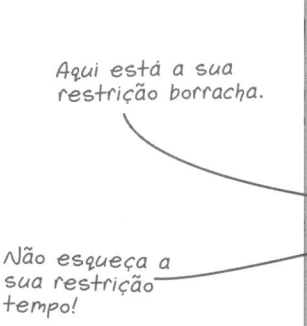

Aqui está a sua restrição borracha.

Não esqueça a sua restrição tempo!

O que acontece quando você clica em Solve?

O Solver triturou seu problema de otimização em um piscar de olhos

Bom trabalho. O Solver levou cerca de um milésimo de segundo para achar a solução para o seu problema de otimização. Se a Banho com Amigos Ilimitada quer maximizar os lucros, ela só precisa produzir 400 patos e 80 peixes.

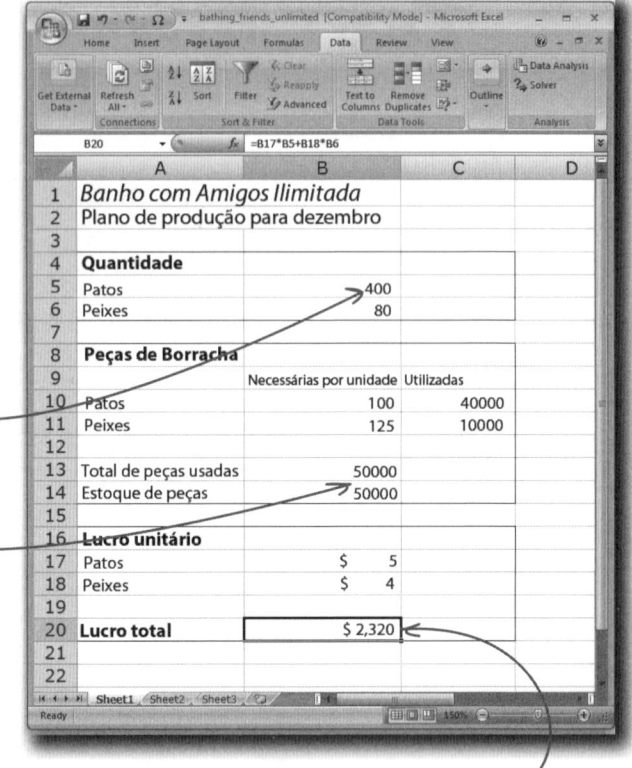

O Solver testou várias quantidades e encontrou a que maximiza o lucro.

E parece que você vai usar toda a sua borracha.

E, além de tudo, se você comparar os resultados do Solver com o gráfico que você criou, você poderá ver que o ponto preciso que o Solver considera como sendo a melhor opção está no limite externo da sua .

Esse é o lucro que você pode esperar.

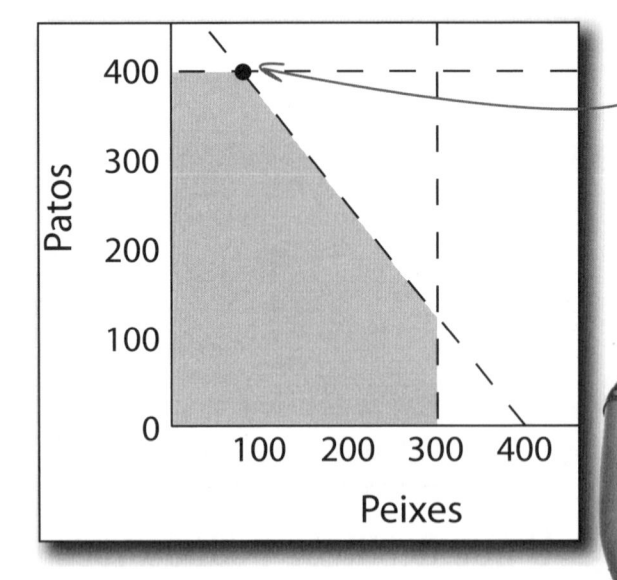

Aqui está a sua solução.

Parece um ótimo trabalho. Como foi mesmo que você chegou nessa solução?

É melhor explicar ao cliente o que você andou fazendo...

Aponte seu lápis

Como você explicaria para o cliente o que você fez?
Descreva essas visualizações. O que elas significam e o que
elas concluem?

Aponte seu lápis
Solução

Como você interpretou suas constatações para o cliente?

A parte sombreada desse gráfico mostra todos os mix de produtos possíveis, considerando as restrições, que são representadas pelas linhas tracejadas. Mas esse gráfico sozinho não aponta a solução.

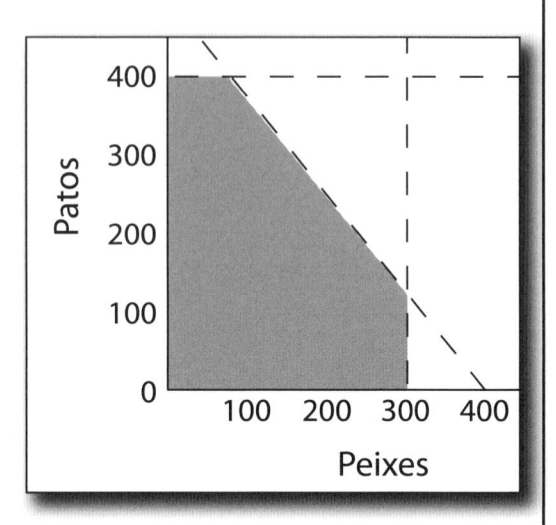

Essa planilha mostra o mix de produtos computados pelo Excel para serem ótimos. De todos os mix de produtos possíveis, a produção de 400 patos e 80 peixes é o que gera o maior lucro, permanecendo dentro das restrições.

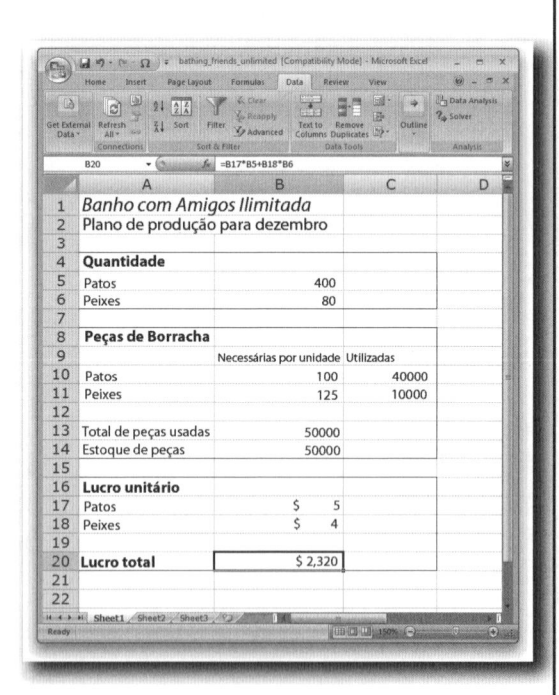

Os lucros despencaram

Você acabou de receber este e-mail da Banho com Amigos Ilimitada sobre o resultado da sua análise...

Sobraram muitos patos!

De: Banho com Amigos Ilimitada
Para: Use a Cabeça
Assunto: Resultado da sua "análise"

Prezado Analista,

Honestamente, estamos chocados. Nós vendemos todos os 80 peixes que produzimos, mas vendemos somente 20 patos. Isso significa que nosso lucro bruto é de apenas $420, que você deve se lembrar que está bem abaixo da estimativa que nos deu: $2.320. Obviamente que nós queríamos algo melhor do que isso.
Nós nunca tivemos esse tipo de experiência com as vendas dos patos, então, por enquanto, não estamos culpando você pelo ocorrido, pelo menos até que possamos fazer nossa avaliação interna do que aconteceu. Talvez você queira fazer sua própria análise também.

Atenciosamente,

BAI

Essa notícia é **realmente ruim**. Os peixes foram totalmente vendidos, mas ninguém está comprando os patos. Parece que você cometeu algum erro.

Eu quero ver sua explicação.

Como o seu modelo explica essa situação?

Seu modelo descreve somente aquilo que você acrescenta à ele

Seu modelo te diz como maximizar os lucros somente **sob as restrições que você especificou**.

Seus modelos são próximos da realidade mas nunca são perfeitos, e, às vezes, essa imperfeição pode causar problemas.

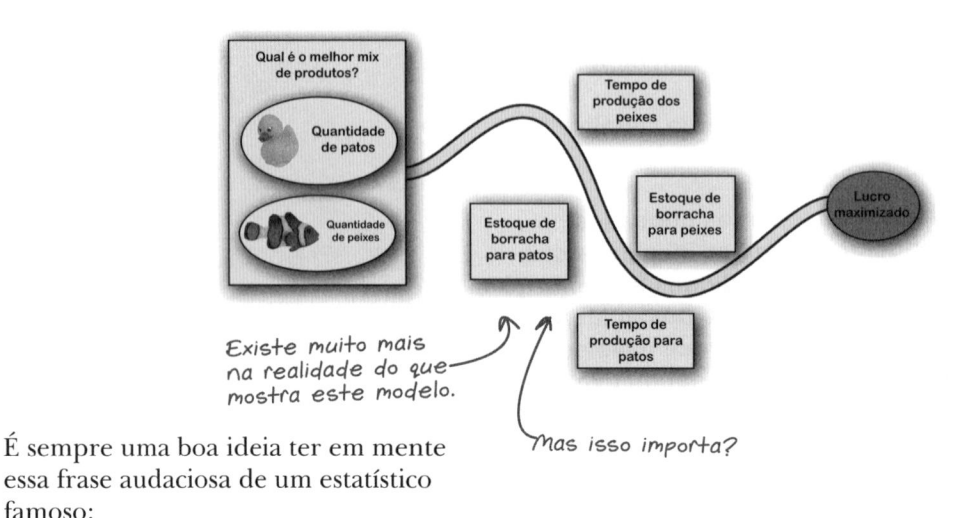

Existe muito mais na realidade do que mostra este modelo.

Mas isso importa?

É sempre uma boa ideia ter em mente essa frase audaciosa de um estatístico famoso:

"Todos os modelos são errados, mas alguns são úteis."

- George Box

Suas ferramentas analíticas inevitavelmente simplificam a realidade, mas, se as suas **suposições** forem precisas e seus dados forem bons, as ferramentas podem se tornar super confiáveis.

Seu objetivo deveria ser criar os *modelos mais úteis* que puder, tornando as imperfeições dos modelos sem importância quando comparadas aos seus objetivos analíticos.

Então, como vou saber se meu modelo tem as suposições corretas?

Calibre suas suposições de acordo com seus objetivos analíticos

Você não pode especificar todas as suas suposições, mas se você deixar passar uma importante, pode arruinar a sua análise.

Você sempre vai se perguntar até onde precisa ir para especificar as suposições. E isso depende da importância da sua análise.

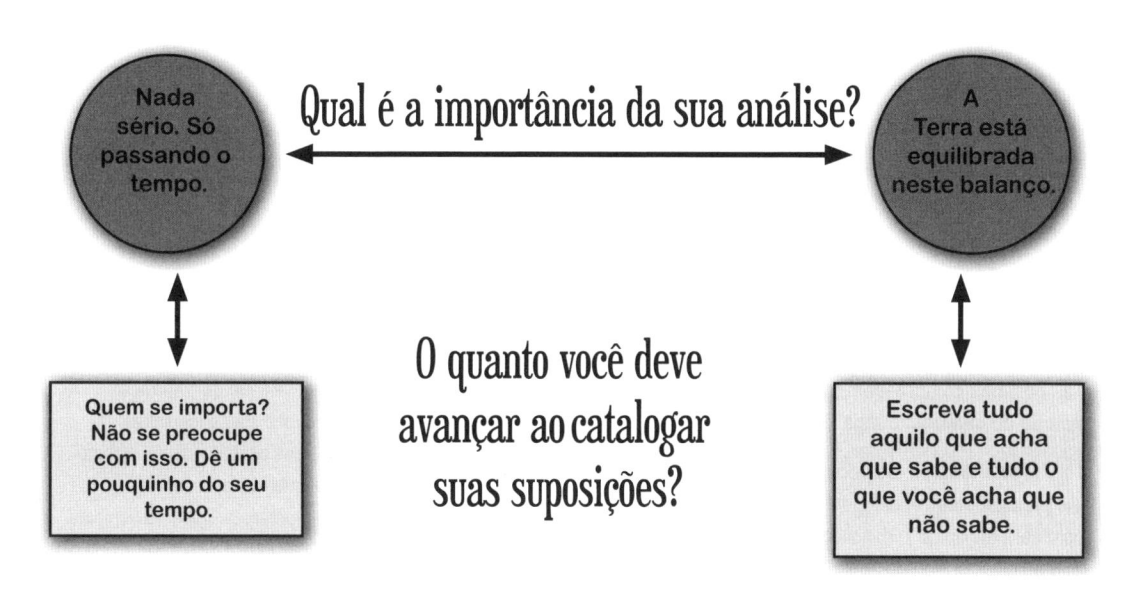

Nada sério. Só passando o tempo.

Qual é a importância da sua análise?

A Terra está equilibrada neste balanço.

Quem se importa? Não se preocupe com isso. Dê um pouquinho do seu tempo.

O quanto você deve avançar ao catalogar suas suposições?

Escreva tudo aquilo que acha que sabe e tudo o que você acha que não sabe.

Aponte seu lápis

Qual suposição você precisa incluir para fazer com que seu modelo de otimização volte a funcionar?

....

....

....

....

Aponte seu lápis
Solução
Há alguma suposição que ajudaria a redefinir seu modelo?

Não há nada no modelo atual que diz o que as pessoas realmente
compram. O modelo apresenta o tempo, borracha e lucro, mas, para que
o modelo funcione, as pessoas teriam de comprar tudo que produzimos.
Porém, como vimos, não é isso que está acontecendo, então, precisamos
de uma suposição sobre o que as pessoas acabam comprando.

Não existem Perguntas Idiotas

P: E se as suposições ruins fossem verdadeiras, e as pessoas comprassem tudo que produzimos? O método de otimização teria funcionado?

R: Provavelmente. Se você puder presumir que tudo que produzir será vendido, então, a maximização do seu lucro será encontrar o delicado balanço do seu mix de produtos.

P: Mas, e se eu configurar a função objetiva para descobrir como maximizar a quantidade de patos e peixes que produzimos no total? Parece que, se tudo fosse vendido, nós íamos querer descobrir como lucrar mais.

R: A ideia é boa, mas lembre-se das suas restrições. Seu contato na Banho com Amigos Ilimitada disse que você estava limitado na quantidade de peixes e patos que poderia produzir, tanto com relação ao tempo quanto com relação ao estoque de borracha. Essas são suas restrições.

P: A otimização parece meio limitada. É uma ferramenta que você só usa quando você tem um único número que você quer maximizar e algumas equações úteis que pode usar para achar o valor correto.

R: Mas você pode pensar em otimização mais amplamente do que isso. A mentalidade da otimização tem a ver com entender o que você quer e identificar cuidadosamente as restrições que acabam afetando como você poderá obter isso. Frequentemente, essas restrições são as coisas que você pode representar quantitativamente, e, neste caso, uma ferramenta algébrica de software, como o Solver, funciona muito bem.

P: Então, o Solver vai realizar as minhas otimizações se os meus problemas puderem ser representados quantitativamente.

R: Muitos problemas quantitativos podem ser resolvidos pelo Solver, mas o Solver é uma ferramenta que se especializa em problemas envolvendo programação linear. Existem outros tipos de problemas de otimização e uma grande variedade de algoritmos para resolvê-los. Se você quer aprender mais, pesquise na Internet por pesquisa de operações.

P: Eu devo usar a otimização para lidar com esse modelo novo? Nós vamos vender o que as pessoas querem?

R: Sim, se conseguirmos descobrir como incorporar as preferências das pessoas no nosso modelo de otimização.

Exercício

Aqui estão alguns dados históricos das vendas de patos e peixes de borracha. Com essa informação, talvez você consiga descobrir por que ninguém se interessou em comprar todos os seus patos.

✳ ➤ *Baixe isso!* ✳

Acesse o site www.altabooks.com.br e na caixa "*localizar*" procure pelo livro. Acesse a página de cadastro e localize o hiperlink *download*.

Existe um padrão nas vendas no decorrer do tempo que fornece alguma pista sobre o porquê das vendas dos patos não ter sido boa?

....

....

....

....

Esses dados de vendas são de toda a indústria de brinquedos de borracha, não somente da BAI. Então, eles são um bom indicador do que as pessoas preferem comprar e quando elas preferem comprar.

Você consegue ver algum padrão mês a mês?

aqui é o mês mais recente, quando tudo deu errado.

	A	B	C	D	E
1	**Mês**	**Ano**	**Peixes**	**Patos**	**Total**
2	J	2006	71	25	96
3	F	2006	76	29	105
4	M	2006	73	29	102
5	A	2006	81	29	110
6	M	2006	83	32	115
7	J	2006	25	81	106
8	J	2006	35	89	124
9	A	2006	32	91	123
10	S	2006	25	87	112
11	O	2006	21	96	117
12	N	2006	113	51	164
13	D	2006	125	49	174
14	J	2007	90	34	124
15	F	2007	91	30	121
16	M	2007	90	30	120
17	A	2007	35	97	132
18	M	2007	34	96	130
19	J	2007	34	97	131
20	J	2007	43	105	148
21	A	2007	38	105	143
22	S	2007	119	43	162
23	O	2007	134	45	179
24	N	2007	139	58	197
25	D	2007	148	60	208
26	J	2008	103	37	140
27	F	2008	37	106	143
28	M	2008	34	103	137
29	A	2008	45	114	159
30	M	2008	40	117	157
31	J	2008	37	113	150
32	J	2008	129	48	177
33	A	2008	127	45	172
34	S	2008	137	45	182
35	O	2008	160	56	216
36	N	2008	125	175	300
37	D	2008	137	201	338

Solução do Exercício

O que você vê quando olha esses novos dados?

Existe um padrão nas vendas no decorrer do tempo que fornece alguma pista sobre o porquê das vendas dos patos não ter sido boa?

As vendas de patos e as vendas de peixes parecem caminhar em direção oposta. Quando uma sobe, a outra desce. No mês passado, todo mundo quis peixe.

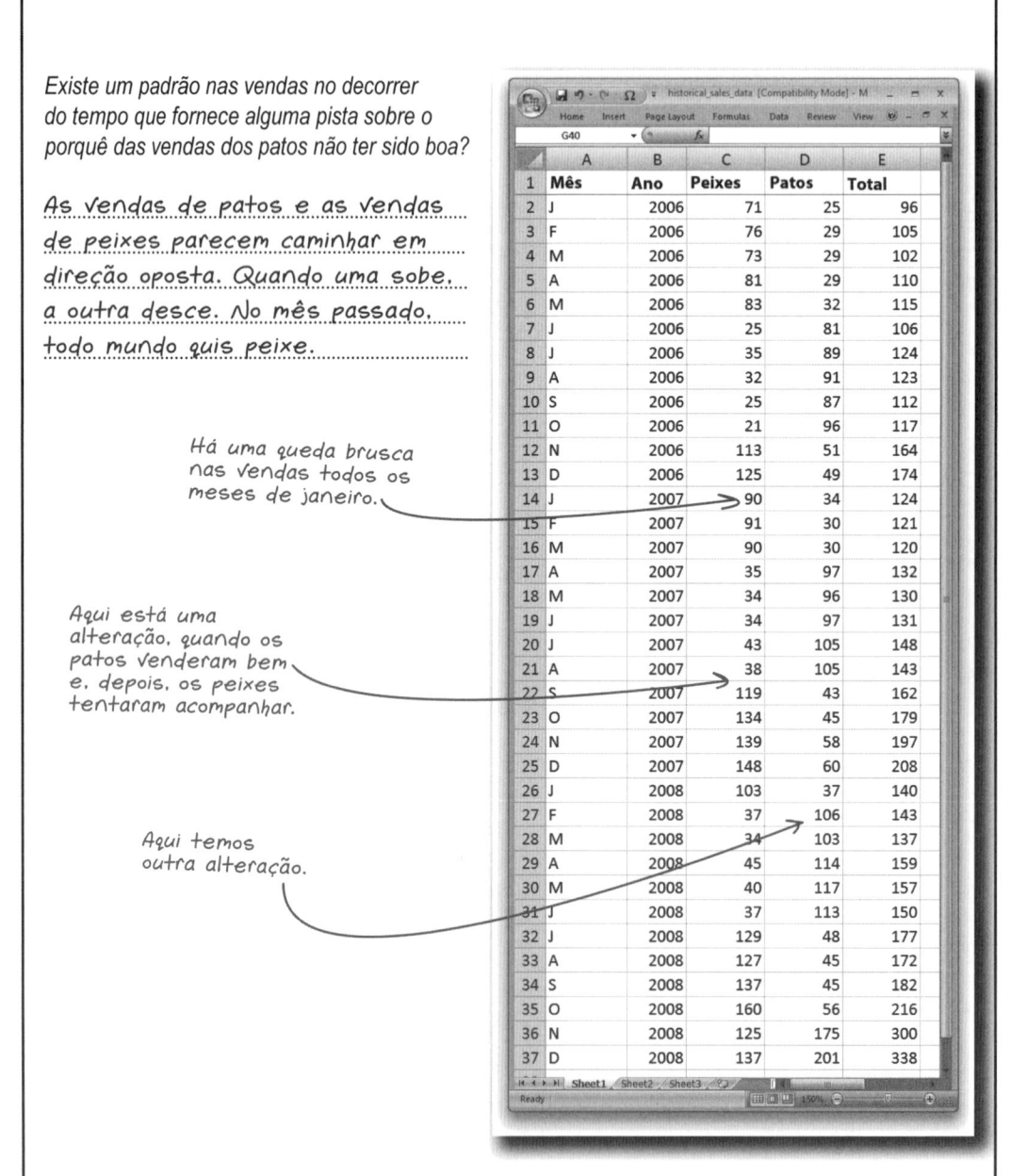

Há uma queda brusca nas vendas todos os meses de janeiro.

Aqui está uma alteração, quando os patos venderam bem e, depois, os peixes tentaram acompanhar.

Aqui temos outra alteração.

	A	B	C	D	E
1	**Mês**	**Ano**	**Peixes**	**Patos**	**Total**
2	J	2006	71	25	96
3	F	2006	76	29	105
4	M	2006	73	29	102
5	A	2006	81	29	110
6	M	2006	83	32	115
7	J	2006	25	81	106
8	J	2006	35	89	124
9	A	2006	32	91	123
10	S	2006	25	87	112
11	O	2006	21	96	117
12	N	2006	113	51	164
13	D	2006	125	49	174
14	J	2007	90	34	124
15	F	2007	91	30	121
16	M	2007	90	30	120
17	A	2007	35	97	132
18	M	2007	34	96	130
19	J	2007	34	97	131
20	J	2007	43	105	148
21	A	2007	38	105	143
22	S	2007	119	43	162
23	O	2007	134	45	179
24	N	2007	139	58	197
25	D	2007	148	60	208
26	J	2008	103	37	140
27	F	2008	37	106	143
28	M	2008	34	103	137
29	A	2008	45	114	159
30	M	2008	40	117	157
31	J	2008	37	113	150
32	J	2008	129	48	177
33	A	2008	127	45	172
34	S	2008	137	45	182
35	O	2008	160	56	216
36	N	2008	125	175	300
37	D	2008	137	201	338

Cuidado com as variáveis ligadas negativamente

Nós não sabemos por que as vendas de patos e peixes parecem caminhar em direção oposta, mas, certamente, parece que elas são **ligadas negativamente**. Quanto mais de um, menos de outro.

Juntos, eles apresentam uma tendência de crescimento, com temporada de férias e picos de vendas, mas um sempre está na frente do outro.

Às vezes, os peixes estão em baixa e os patos em alta.

Às vezes, os patos estão em baixa e os peixes em alta.

Mas, em nenhum lugar nos dados, ambos estão em alta.

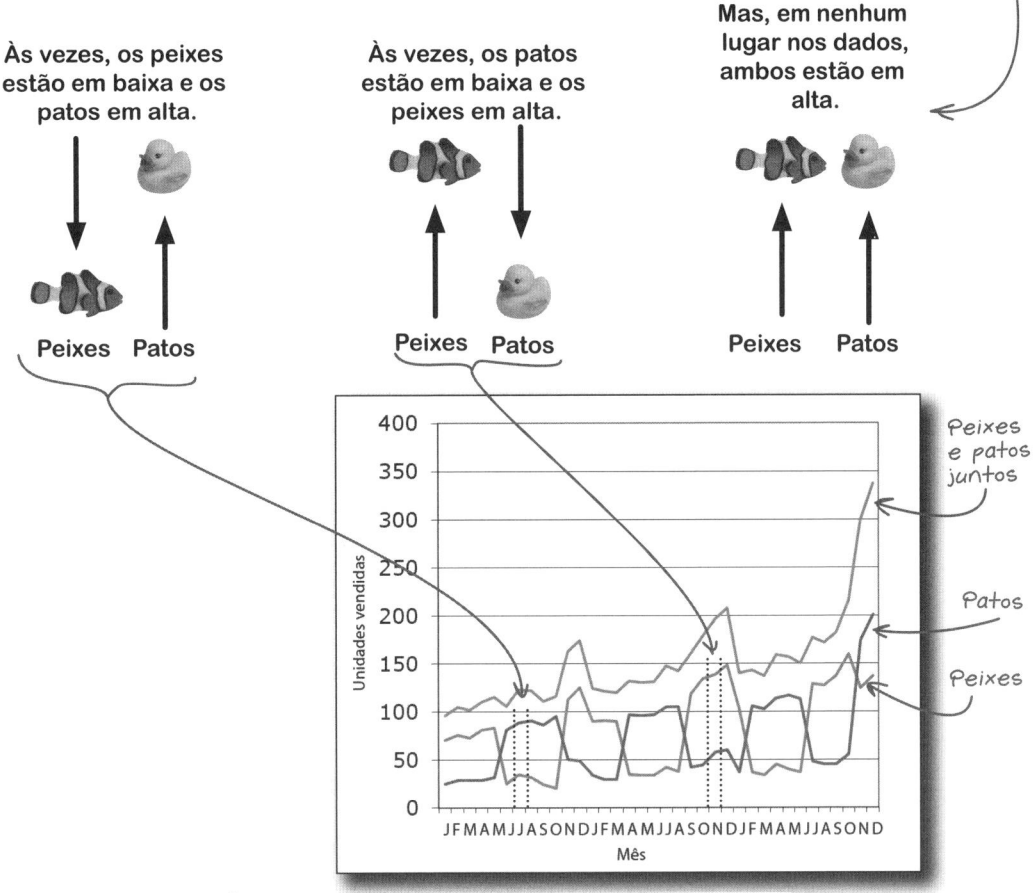

Não presuma que duas variáveis são independentes uma da outra. Sempre que criar um modelo, certifique-se de especificar as suposições sobre como as variáveis se relacionam.

PODER DO CÉREBRO

Que tipo de restrição você adicionaria ao seu modelo de otimização para ser responsável pelas vendas de peixes e patos estarem ligadas negativamente?

Exercício Extenso

*Você precisa de uma nova restrição que **estime a demanda** de peixes e patos para o mês no qual pretende vendê-los.*

1 Olhando os dados históricos de vendas, faça uma estimativa de qual você acha que será a maior quantidade de peixes e patos vendidos no próximo mês. **Presuma** também que o mês seguinte vai seguir a tendência do mês que o precede.

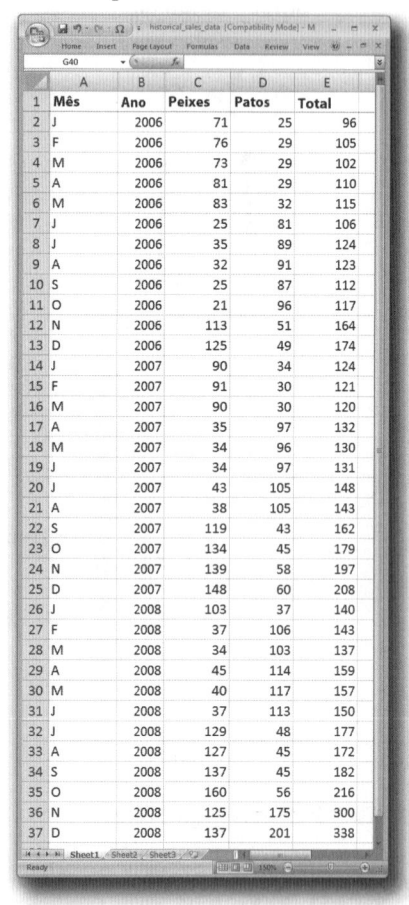

	Mês	Ano	Peixes	Patos	Total
1					
2	J	2006	71	25	96
3	F	2006	76	29	105
4	M	2006	73	29	102
5	A	2006	81	29	110
6	M	2006	83	32	115
7	J	2006	25	81	106
8	J	2006	35	89	124
9	A	2006	32	91	123
10	S	2006	25	87	112
11	O	2006	21	96	117
12	N	2006	113	51	164
13	D	2006	125	49	174
14	J	2007	90	34	124
15	F	2007	91	30	121
16	M	2007	90	30	120
17	A	2007	35	97	132
18	M	2007	34	96	130
19	J	2007	34	97	131
20	J	2007	43	105	148
21	A	2007	38	105	143
22	S	2007	119	43	162
23	O	2007	134	45	179
24	N	2007	139	58	197
25	D	2007	148	60	208
26	J	2008	103	37	140
27	F	2008	37	106	143
28	M	2008	34	103	137
29	A	2008	45	114	159
30	M	2008	40	117	157
31	J	2008	37	113	150
32	J	2008	129	48	177
33	A	2008	127	45	172
34	S	2008	137	45	182
35	O	2008	160	56	216
36	N	2008	125	175	300
37	D	2008	137	201	338

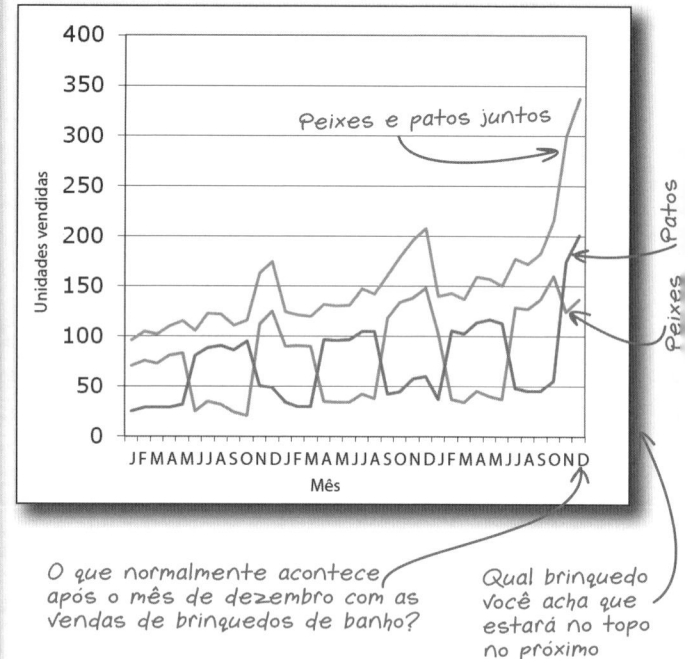

Peixes e patos juntos

O que normalmente acontece após o mês de dezembro com as vendas de brinquedos de banho?

Qual brinquedo você acha que estará no topo no próximo mês?

2 Execute o Solver novamente, adicionando suas estimativas como se fossem novas restrições. Para ambos, peixes e patos, qual você acha que é o **número máximo** de unidades que você pode vender?

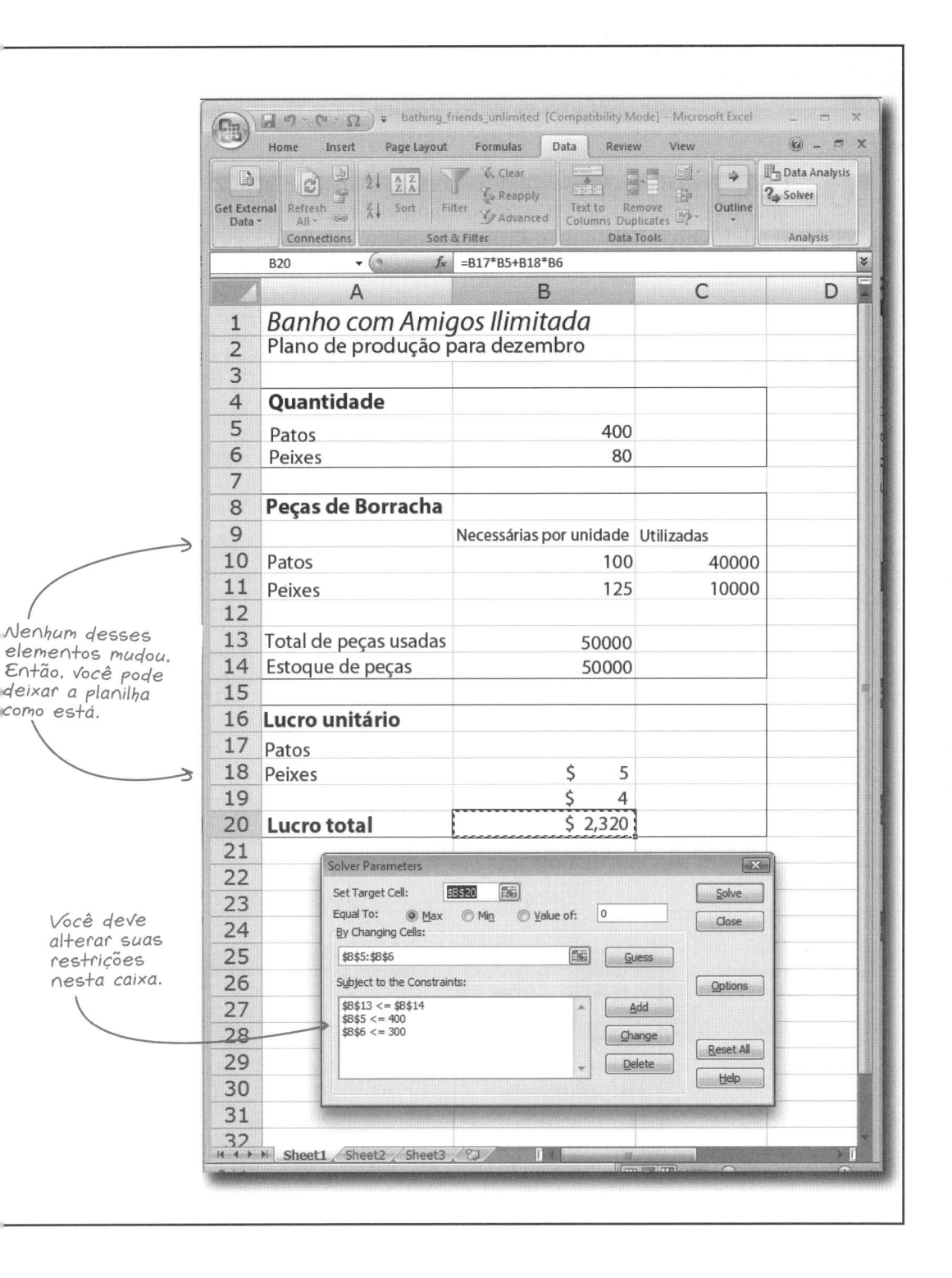

Exercício Extenso

Solução

Você executou seu modelo de otimização de novo para incorporar as suas estimativas sobre as vendas de peixes e patos. O que você aprendeu?

1 Olhando os dados históricos de vendas, faça uma estimativa de qual você acha que será a maior quantidade de peixes e patos vendidos no próximo mês. **Presuma** também que o mês seguinte vai seguir a tendência do mês que o precede.

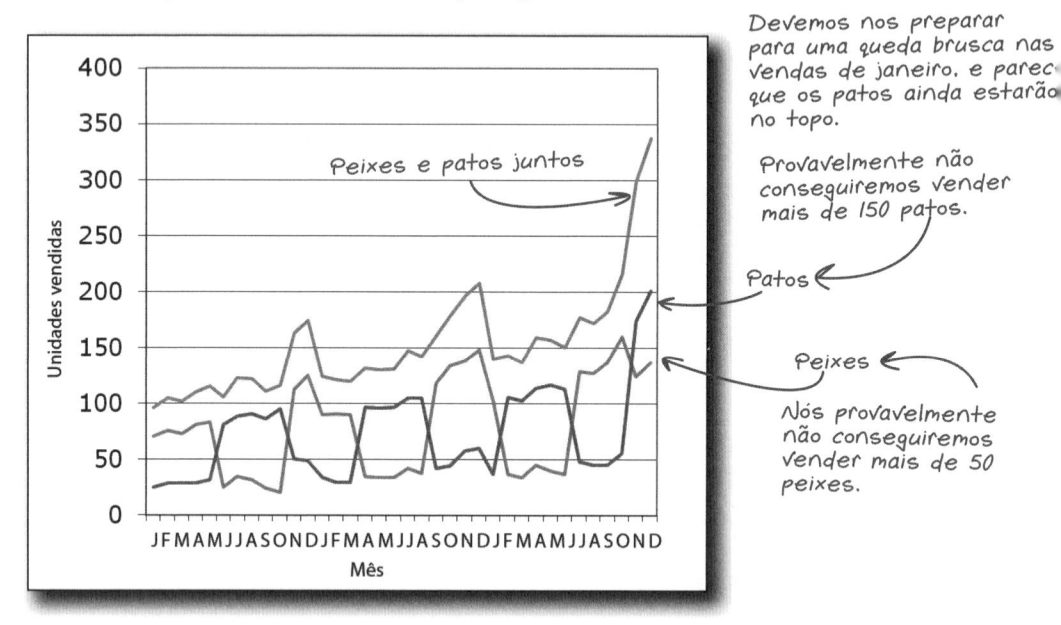

Devemos nos preparar para uma queda brusca nas vendas de janeiro, e parece que os patos ainda estarão no topo.

Provavelmente não conseguiremos vender mais de 150 patos.

Patos

Peixes

Nós provavelmente não conseguiremos vender mais de 50 peixes.

2 Execute o Solver novamente, adicionando suas estimativas como se fossem novas restrições. Para ambos, peixes e patos, qual você acha que é o **número máximo** de unidades que você pode vender?

Aqui estão suas novas restrições.

Patos

Peixes

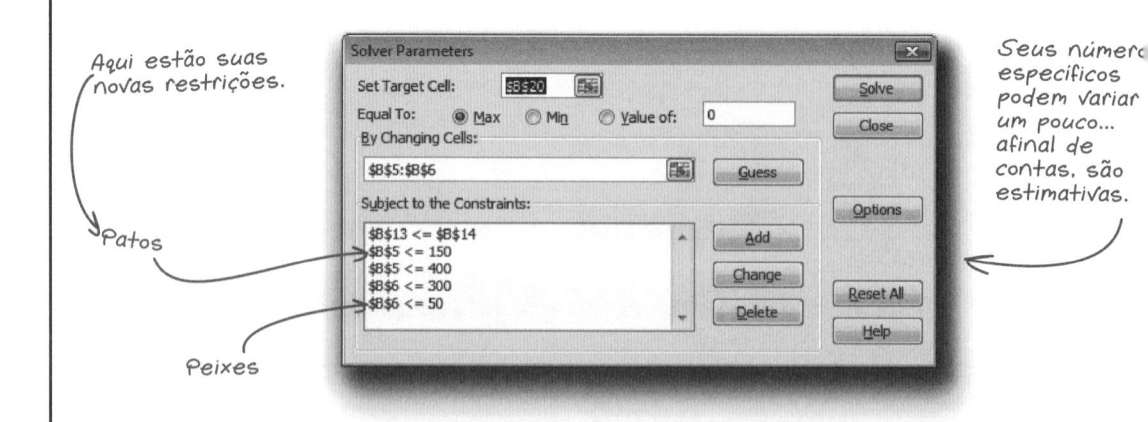

Seus número especificos podem variar um pouco... afinal de contas, são estimativas.

E aqui temos o resultado do Solver:

Aqui está seu mix de produtos para o próximo mês.

Parece que você nem vai chegar perto de usar toda a sua borracha.

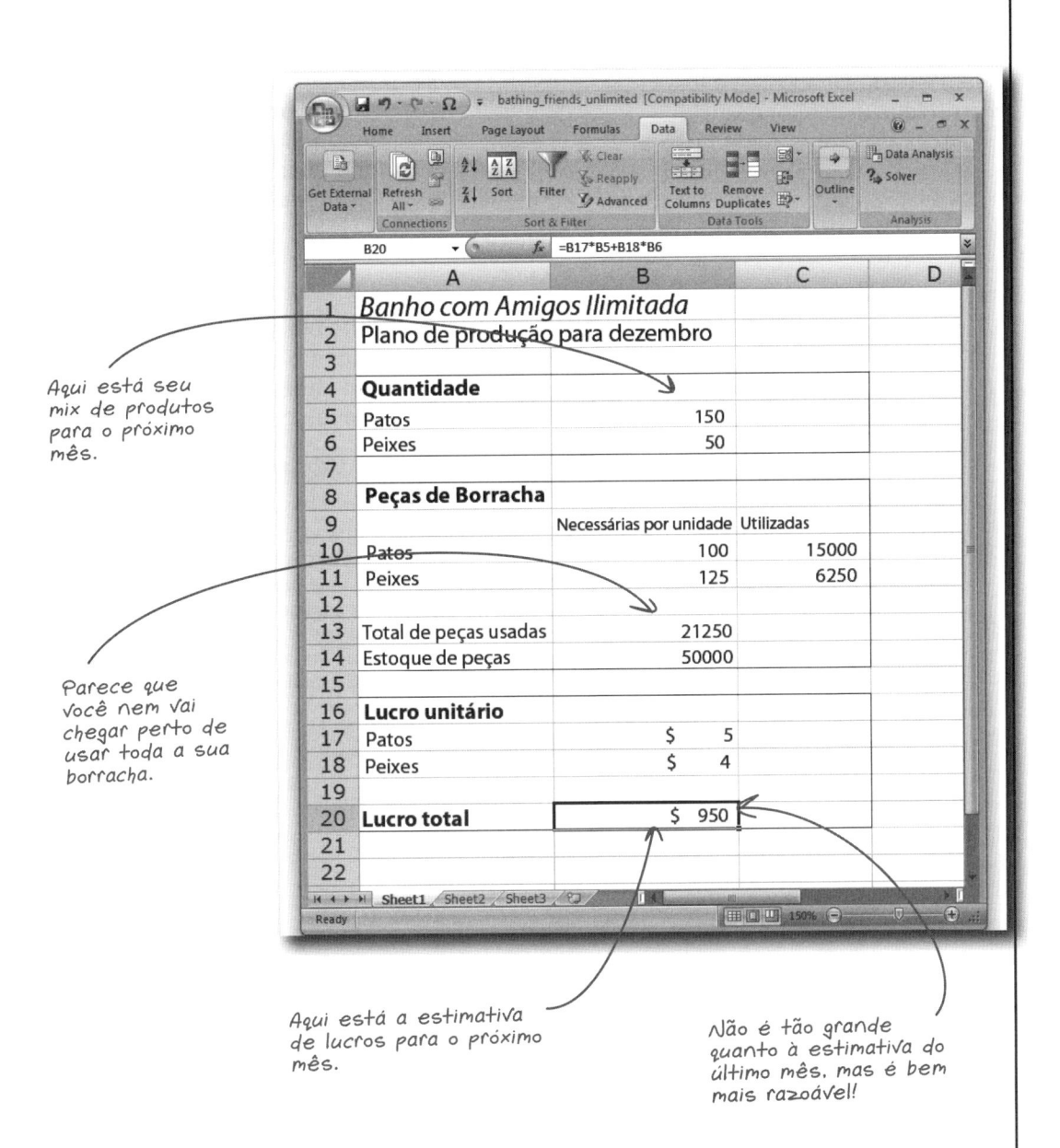

Aqui está a estimativa de lucros para o próximo mês.

Não é tão grande quanto à estimativa do último mês, mas é bem mais razoável!

Seu novo plano está indo muito bem

O novo plano está funcionando perfeitamente. Quase todos os patos e peixes que saem da linha de produção são vendidos imediatamente, então, eles não têm inventário em excesso e têm toda razão para acreditar que o modelo de maximização do lucro os colocou onde precisavam estar.

Excelente

> **De: Banho com Amigos Ilimitada**
> **Para: Use a Cabeça**
> **Assunto: Obrigado!!!**
>
> **Prezado Analista,**
>
> **Você nos propiciou *exatamente* o que queríamos, e somos muito gratos. Você não só otimizou nosso lucro, como também tornou nossas operações mais inteligentes e direcionadas aos dados. Com certeza, vamos usar seu modelo por um bom tempo. Obrigado!**
>
> **Atenciosamente,**
>
> **BAI**
>
> **P.S.: Por favor, aceite esse pequeno presente como um gesto de gratidão, o nosso eterno pato de borracha em edição especial Use a Cabeça.**

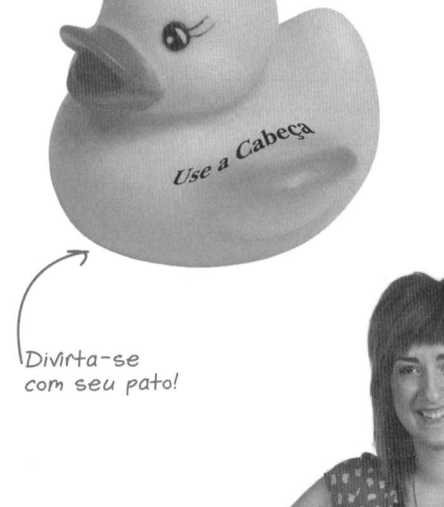

Divirta-se com seu pato!

> Bom trabalho!
> Só uma pergunta: o modelo funciona porque você conseguiu a relação certa entre a demanda de patos e a demanda de peixes. Mas e se essa relação mudar? E se as pessoas começarem a comprá-los juntos, ou simplesmente não comprar?

Suas suposições são baseadas em uma realidade em constante mudança

Todos os seus dados são observacionais, e você não sabe o que vai acontecer no futuro.

Seu modelo está funcionando agora, mas ele pode falhar de repente. Você precisa estar pronto para poder readequar sua análise, caso seja necessário. Essa estutura, iterativa de trabalho é o que os analistas fazem.

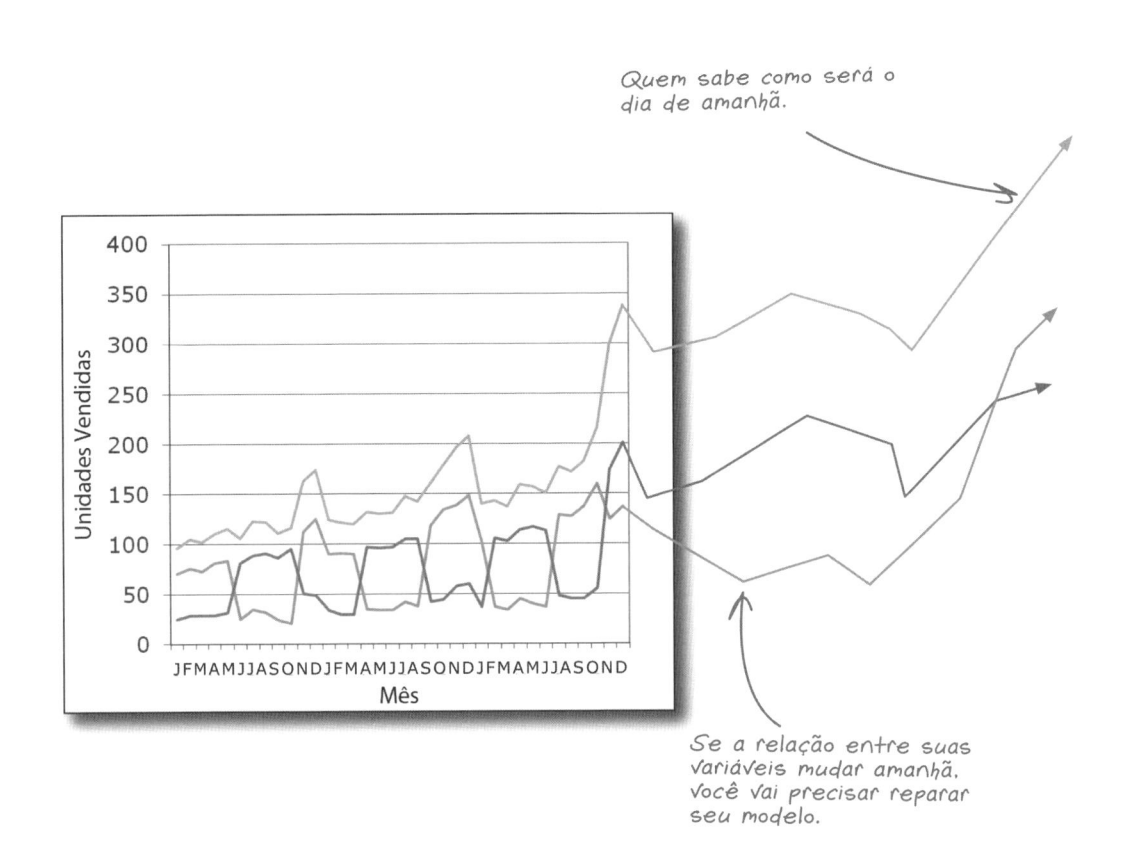

Quem sabe como será o dia de amanhã.

Se a relação entre suas variáveis mudar amanhã, você vai precisar reparar seu modelo.

Esteja pronto para alterar seu modelo!

4 Visualização dos dados

As figuras o tornam mais esperto

> Fique parado... nós queremos juntar todas as variáveis em um único disparo.

Você precisa mais do que uma simples tabela de números.

Seus dados são hiper complexos, com mais variáveis do que você pode contar. Passar horas meditando sobre uma montanha de planilhas não só é chato, como também pode ser um desperdício de tempo. Uma visualização clara e super variada pode, em um pequeno espaço, mostrar a floresta cheia de árvores que você perderia se estivesse olhando somente para as planilhas o tempo todo.

O Novo Exército precisa otimizar seu site

O Novo Exército é um varejista online de roupas que acabou de fazer experiências para testar layouts na internet. Durante um mês, todos que acessaram o site foram apresentados com uma dessas três **home pages**.

Home Page nº 2

Na última moda!

Compre essas camisas agora!

Essa é a Home Page nº 1

Esse é o controle, a folha de estilo que eles usaram até agora.

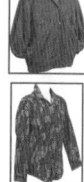

Home Page nº 3

Eles fizeram com que os projetistas elaborassem uma série de testes que prometiam responder muitas das suas perguntas sobre o design do site.

O que eles querem fazer é encontrar a melhor folha de estilo, aquela que maximize as vendas e faz com que as pessoas voltem ao site.

Os resultados estão prontos, mas o infodesigner está fora

Agora que eles têm um armazém de dados fantásticos obtidos através de experimentos aleatórios e controladas, eles precisam encontrar uma maneira de visualizar todos esses dados juntos.

Para isso, contrataram um famoso infodesigner e pediram que ele providenciasse algo que os ajudasse a entender as implicações da pesquisa. Infelizmente, nem tudo funcionou de acordo com o planejado.

> Nós obtivemos muito lixo do infodesigner que contratamos. Ele não nos ajudou a entender nossos dados, então, mandamos ele embora. Você consegue criar visualizações de dados para nos ajudar a construir um site melhor?

> O que nós queremos ver é qual folha de estilo, ou folhas de estilo, maximiza a receita, a quantidade de tempo que os visitantes passam em nosso site e o número de retornos ao site.

O guru da internet do Novo Exército

Você vai precisar redesenhar as visualizações para essa análise. Pode ser um trabalho bem árduo porque os projetistas experimentais do Novo Exército são muito precisos e geraram uma **enorme quantidade de dados sólidos**.

Mas, antes de começarmos, vamos dar uma olhada nos projetos rejeitados. Provavelmente vamos aprender alguma coisa com o tipo de visualização que *não* funciona.

Vamos dar uma olhada nos projetos rejeitados...

O último infodesigner enviou esses três infográficos

O infodesigner enviou esses três projetos para o Novo Exército. Dê uma olhada nesses projetos. Quais são suas impressões? Você consegue ver por que o cliente pode não ter gostado?

Cliques nas palavras-chaves... o que isso quer dizer?

O tamanho do texto deve ter algo a ver com o número de cliques.

Os cliques nas palavras-chaves favoritas do Novo Exército

blue tanktop sandals belt shoes coat Pants bikini white women red dress black glasses jacket tshirt underwear shorts boots hat

Você pode fazer tag clouds como essas gratuitamente em http://www.wordle.net (conteúdo em inglês)

Parece que esse gráfico mede quantas visitas a página teve.

40

Total de cliques na página por folha de estilo

0

Home Page #1   Home Page #2   Home Page #3

Parece que são todos mais ou menos iguais.

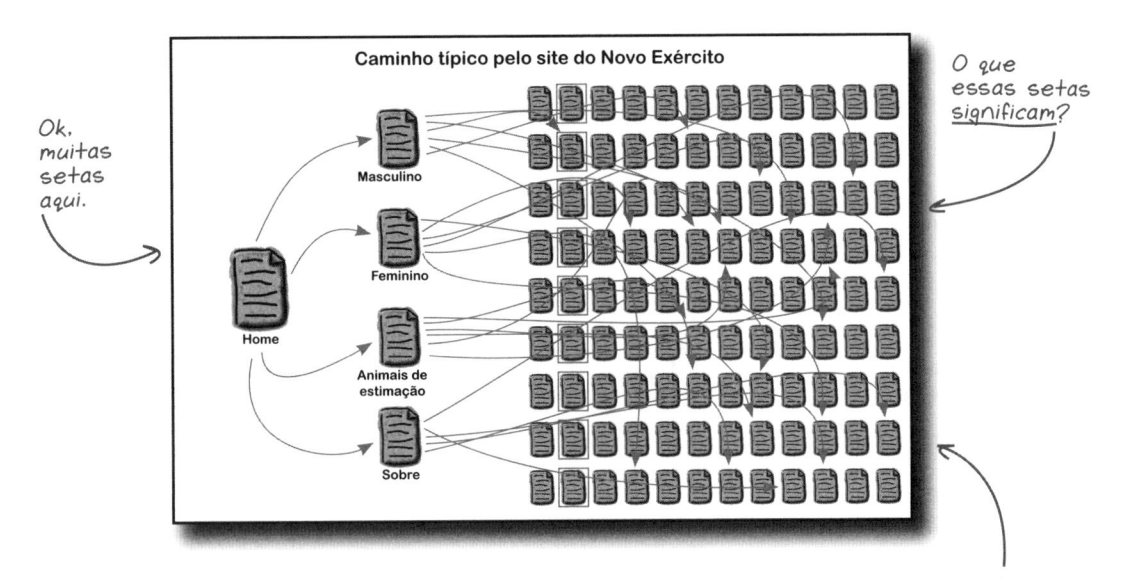

Ok, muitas setas aqui.

Caminho típico pelo site do Novo Exército

O que essas setas significam?

Essa visualização é impressionante, mas o que está por trás dela?

Quais os dados por trás dessa visualização?

"Quais são os dados por trás dessa visualização?" é a **primeiríssima pergunta** que devemos fazer quando temos uma visualização nova. Você se preocupa com a qualidade dos dados e sua interpretação, e você odiaria se um design muito chique ficasse no caminho das suas ideias sobre a análise.

O que você obteve ali?

data data data data data data data

Visualização chique

O que realmente importa são os dados.

PODER DO CÉREBRO

Que tipo de dado você acha que está por trás dessas visualizações?

Mostre os dados!

Você não consegue dizer, somente olhando essas visualizações, quais são os dados por trás delas. Se você fosse o cliente, como poderia esperar ser capaz de ter um discernimento com essas visualizações, se elas nem dizem claramente quais dados estão descrevendo?

Mostre os dados. Seu primeiro trabalho na criação de boas visualizações de dados é facilitar o pensamento crítico e a boa tomada de decisões por parte de seus clientes, e um bom analista de dados começa e termina *pensando com os dados*.

Esses gráficos podem representar muitos dados diferentes.

É impossível saber o que está por trás dessas visualizações, a menos que o infodesigner explique.

E esses gráficos não são soluções para os problemas do Novo Exército.

Aqui estão algumas das planilhas de dados do Novo Exército.

Contudo, os dados atuais do Novo Exército são realmente ricos e trazem todo tipo de material necessário para construir as suas visualizações.

É isso que realmente importa.

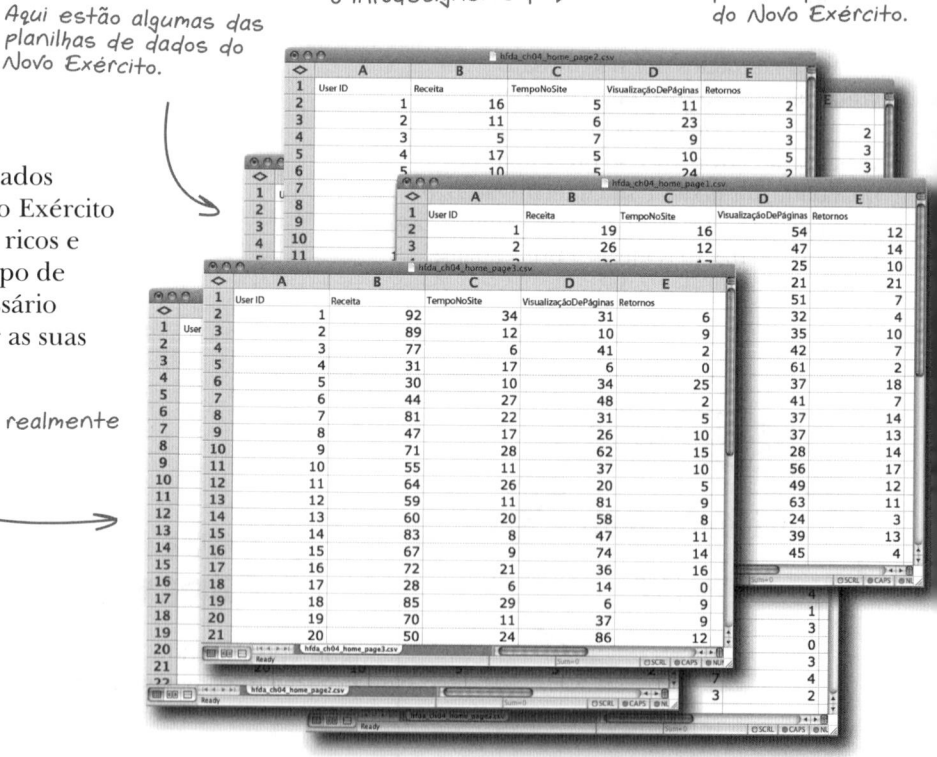

E aqui seguem alguns conselhos não solicitados do último infodesigner

Você não pediu, mas parece que você está recebendo os conselhos de qualquer maneira: o infodesigner quer contribuir com sua opinião sobre o projeto. Talvez sua perspectiva ajude, em alguma coisa...

Ah, é "legal" da parte dele dizer isso.

Pela aparência das tabelas na página anterior, parece que o Dan tem razão.

Muitos dados para conseguir visualizar tudo, hein?

Para: Use a Cabeça
De: Projeto de Dados Estonteantes do Dan
Assunto: Projeto de otimização do design do site

Prezado Use a Cabeça,

Quero desejar-lhe muito boa sorte no projeto do Novo Exército. Eu nem queria fazer isso mesmo, então, é bom que alguma outra pessoa tenha a chance de tentar.

Um aviso: eles têm muitos dados. Exageradamente muitos. Quando começar a mergulhar nesses dados, você vai entender o que estou dizendo. Eu quero dizer, me dê um layout com tabelas que eu o transformo em um gráfico lindo. Mas... esses caras? Eles têm mais dados do que eles conseguem saber o que fazer com eles.

E eles esperam que você torne tudo isso visual para eles. Eu acabei de fazer alguns gráficos legais, e vi que nem todo mundo gostou, mas vou lhe dizer que eles traçaram uma tarefa insuperável. Eles querem ver tudo, mas há muitos dados!

Dan

Aponte seu lápis

Parece que o Dan acha que o excesso de dados é um problema real para alguém que está tentando elaborar uma boa visualização dos dados. Você acha que o que ele está dizendo é plausível? Por que sim ou por que não?

....

....

....

....

Aponte seu lápis
Solução

O Dan está sendo razoável quando diz que é extremamente difícil elaborar uma boa visualização quando existem dados demais?

Isso não é plausível. O x da questão na análise de dados é resumir os dados, por exemplo, fazer a média de um número, isso funciona independente se você tem somente alguns dados ou milhões deles.

E se você tiver um monte de grupos de dados diferentes para serem comparados, as visualizações facilitam esse tipo de análise, assim como todas as outras ferramentas.

Excesso de dados nunca é problema seu

É fácil ficar assustado ao se deparar com uma enorme quantidade de dados.

Tantos... dados!!!

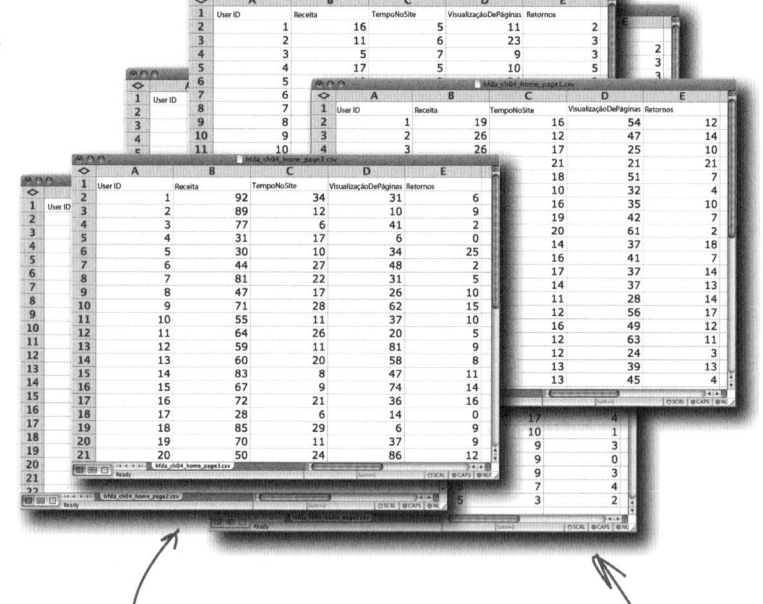

Mas é fácil aprender a lidar com o que parece ser um monte de dados.

Se você tem muitos dados e não tem certeza do que fazer com eles, apenas lembre-se de seus objetivos analíticos. Com isso em mente, focalize nos dados direcionados ao seu objetivo e ignore o resto.

Algumas dessas coisas serão muito úteis para você.

E algumas delas não serão úteis para você.

> Hããã. O problema não
> é o excesso de dados; o problema
> é descobrir como fazer todos os
> dados serem visualmente atraentes.

Sério? Você acha que é seu problema, como um **analista de dados**, criar uma linda aparência estética para seus clientes?

Deixar os dados bonitos também não é problema seu

Se a visualização de dados resolve o problema de um cliente, é sempre atraente, mesmo se for algo realmente complexo e visualmente estimulante, ou se for somente um plano de tabelas numéricas.

Fazer uma boa visualização de dados é como fazer qualquer tipo de análise de dados boa. Você só precisa saber onde começar.

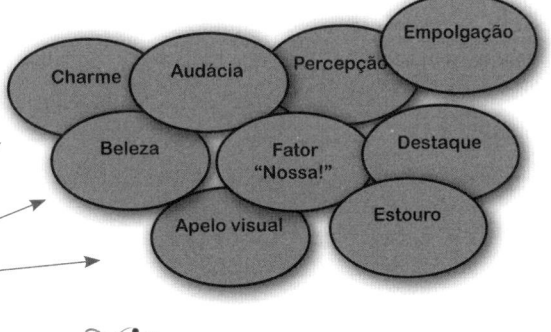

Charme · Audácia · Percepção · Empolgação · Beleza · Fator "Nossa!" · Destaque · Apelo visual · Estouro

O que você acha que o cliente está procurando?

PODER DO CÉREBRO

Então, *como* você usa uma enorme pilha de dados com muitas variáveis diferentes para avaliar seus objetivos? Aonde exatamente você começa?

A visualização de dados é fazer as comparações corretas

Para construir boas visualizações, primeiro identifique quais são as comparações fundamentais que atendem aos objetivos do seu cliente. Dê uma olhada nas planilhas mais importantes:

> O que nós queremos ver é qual folha de estilo, ou folhas de estilo, maximiza a receita, a quantidade de tempo que os visitantes passam em nosso site e o número de retornos ao site.

Essa é a Home Page nº 3

Pense nas comparações que atendem aos objetivos do seu cliente.

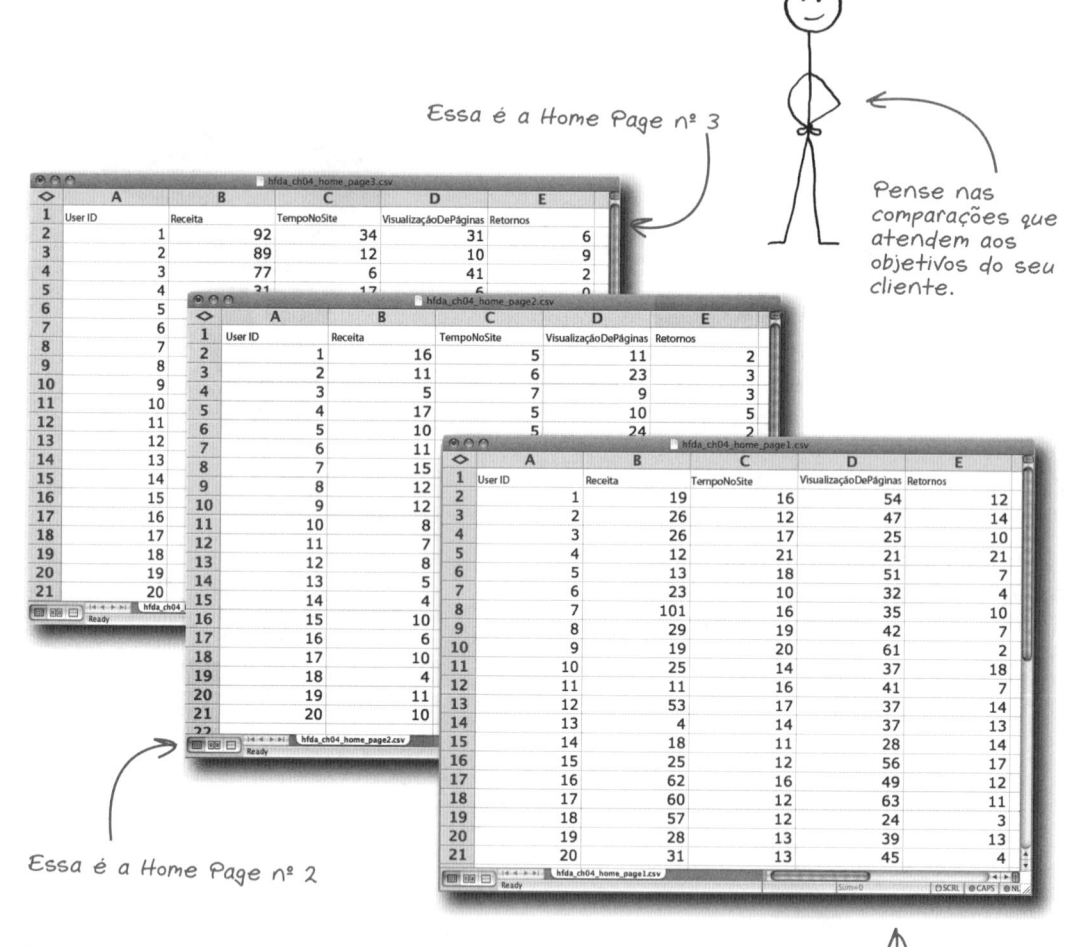

Essa é a Home Page nº 2

Essa é a Home Page nº 1

Enquanto que o Novo Exército tem mais dados do que essas três planilhas apresentam, elas possuem as comparações que irão de encontro ao que seu cliente realmente quer saber. Vamos testar uma comparação agora...

Aponte seu lápis

Dê uma olhada nas estatísticas que descrevem os resultados da Home Page nº 1. Desenhe pontos para representar cada um dos usuários nos eixos abaixo.

Use a fórmula de média da sua planilha (MÉDIA) para calcular a média da receita e do TempoNoSite da Home Page nº 1, e coloque esses números como linhas horizontais e verticais no gráfico.

Baîxe îsso!

Acesse o site www.altabooks.com.br e na caixa "*localizar*" procure pelo livro. Acesse a página de cadastro e localize o hiperlink *download*.

Esse valor representa os objetivos do Novo Exército para o número médio de minutos que cada usuário passa no site.

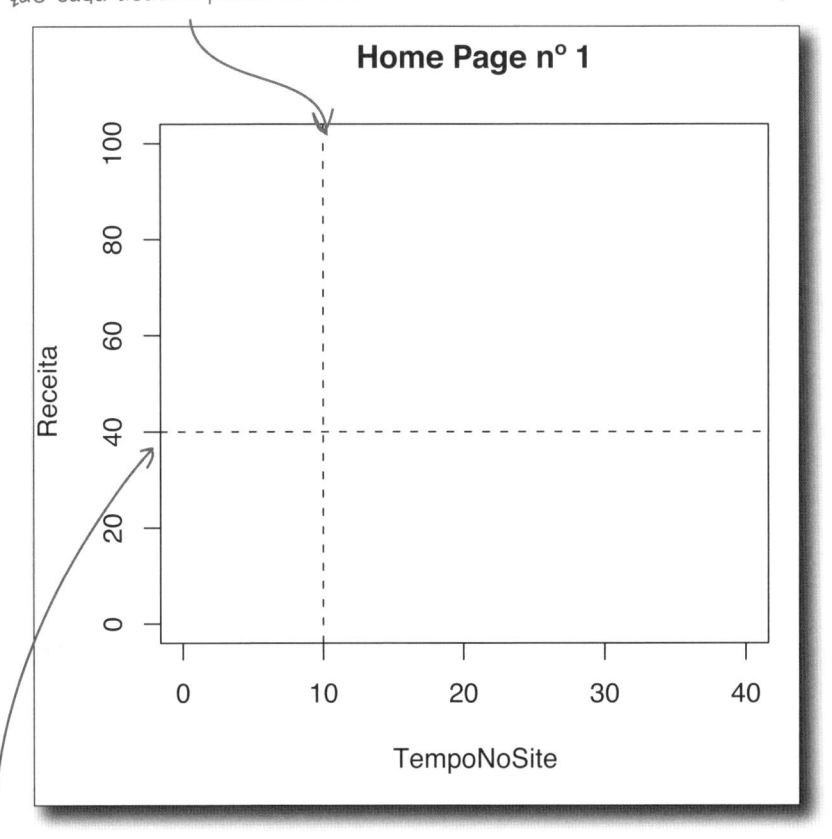

Esse valor representa o objetivo do Novo Exército para a quantia média de dinheiro que cada usuário gasta.

Como os resultados que você vê se comparam aos objetivos de receita e tempo no site?

....

....

....

Aponte seu lápis
Solução
Como você visualizou as variáveis Receita e TempoNoSite da Home Page nº 1?

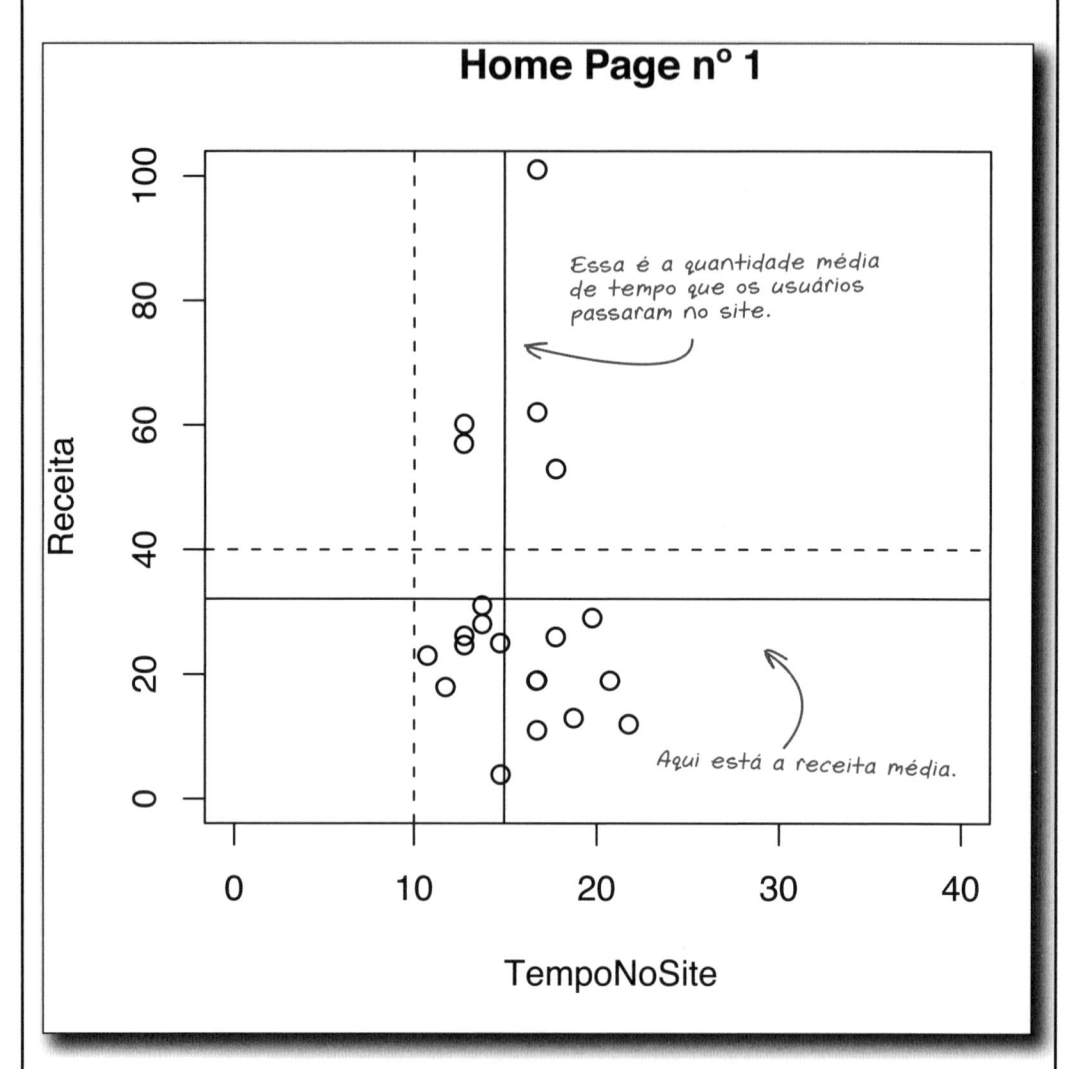

Home Page nº 1

Essa é a quantidade média de tempo que os usuários passaram no site.

Aqui está a receita média.

Receita

TempoNoSite

Como os resultados que você vê se comparam aos objetivos de receita e tempo no site?

Em média, o tempo que as pessoas passam navegando no site com a Home Page nº 1 é maior que o objetivo do Novo Exército para essa determinada estatística. Por outro lado, a receita média para cada usuário é menor que o objetivo.

Sua visualização já é mais útil do que as rejeitadas

Agora temos um gráfico bonito, e que, com certeza, será útil para seu cliente. Ele é um exemplo de boa visualização de dados por que...

Essa é outra característica das ótimas visualizações.

- Mostra os dados
- Faz uma comparação inteligente
- Exibe múltiplas variáveis

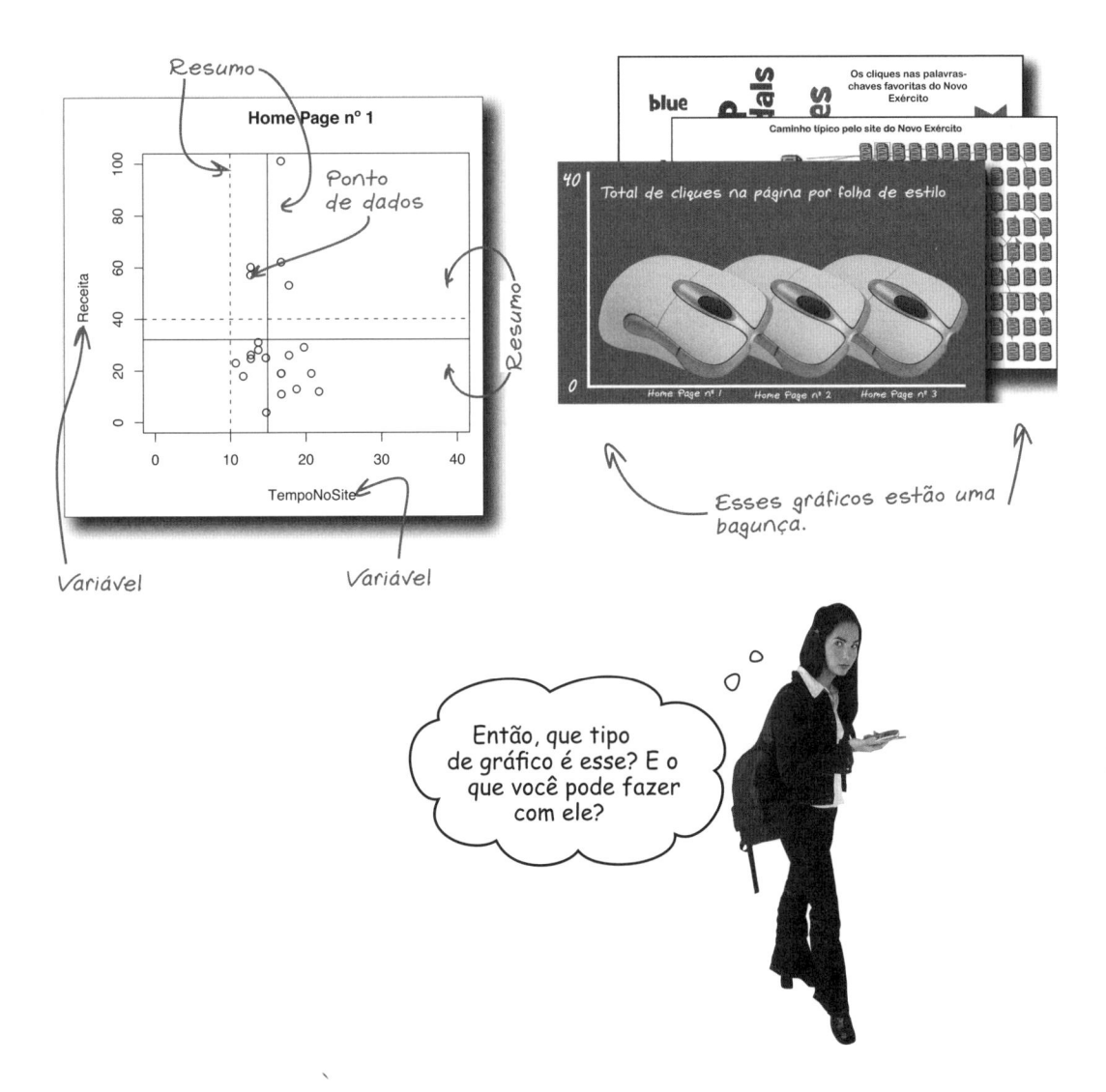

Resumo

Home Page n° 1

Ponto de dados

Resumo

Resumo

Receita

TempoNoSite

Variável

Variável

Os cliques nas palavras-chaves favoritas do Novo Exército

blue

Caminho típico pelo site do Novo Exército

Total de cliques na página por folha de estilo

Home Page n° 1   Home Page n° 2   Home Page n° 3

Esses gráficos estão uma bagunça.

Então, que tipo de gráfico é esse? E o que você pode fazer com ele?

Use gráficos de dispersão para explorar as causas

Os gráficos de dispersão são uma ótima ferramenta para a **análise exploratória de dados**, que é o termo usado pelos estatísticos para descrever o ato de analisar um conjunto de dados em busca de hipóteses para serem testadas.

Os analistas gostam de usar os gráficos de dispersão quando estão procurando por **relações causais**, onde uma variável afeta a outra. Como regra geral, o eixo horizontal x do gráfico dispersão representa a **variável independente** (a variável que imaginamos ser a causa), e o eixo vertical y representa a **variável dependente** (a qual imaginamos ser o efeito).

Este é um gráfico de dispersão.

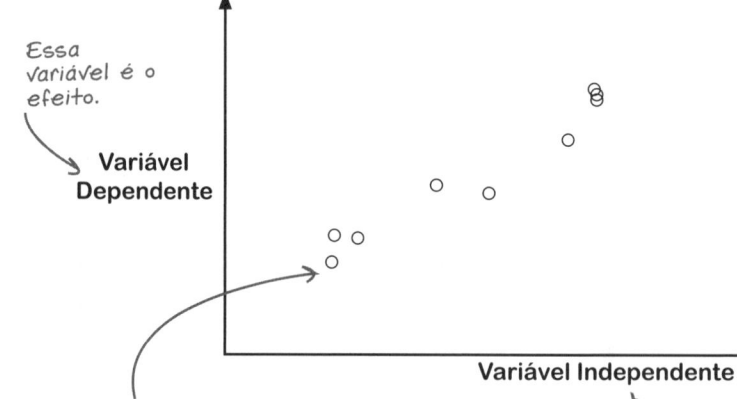

Essa variável é o efeito.

Variável Dependente

Cada um desses pontos representa uma observação, neste caso, um usuário do site.

Variável Independente

É sempre uma boa idéia usar pequenos círculos no seu gráfico de dispersão, porque eles são mais fáceis de serem vistos quando estão sobrepostos do que os pontos.

Essa é a causa.

Você não tem de *provar* que o valor da variável independente causa o valor da variável dependente, porque, afinal de contas, nós estamos explorando os dados. Mas a causa é exatamente o que você está procurando.

Legal! Mas existem muito mais dados do que apenas essas duas variáveis, e muito mais comparações a serem feitas. Nós podemos colocar mais variáveis, ao invés de apenas duas?

As melhores visualizações são extremamente multivariadas

A visualização é multivariada se ela compara três ou mais variáveis. E, considerando que boas comparações são fundamentais para a análise de dados, **quanto mais multivariadas** forem suas visualizações, maiores serão as suas chances de fazer as melhores comparações.

E, neste caso, você tem uma enorme quantidade de variáveis.

Você tem múltiplas variáveis.

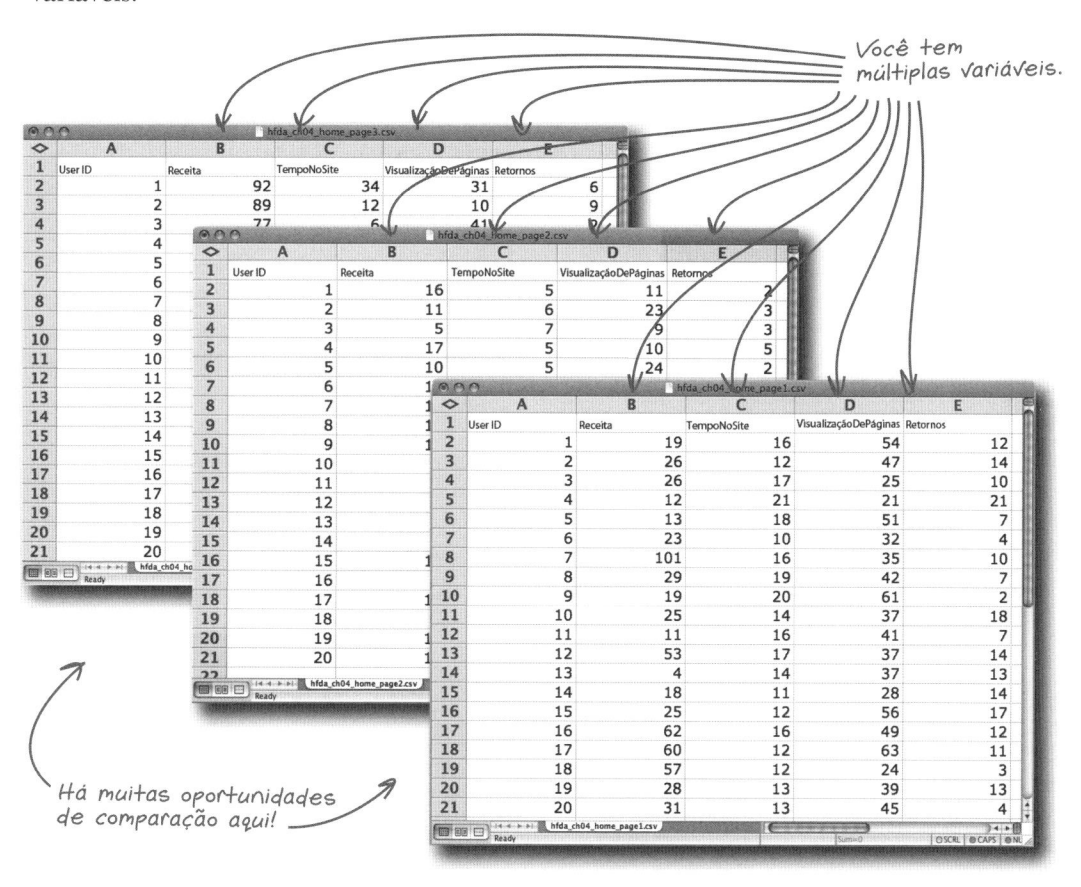

Há muitas oportunidades de comparação aqui!

PODER DO CÉREBRO

Como você faria para deixar a visualização em gráfico de dispersão que você acabou de criar *mais multivariada*?

Mostre mais variáveis analisando os gráficos juntos

Uma maneira de deixar sua visualização mais multivariada é exibir vários gráficos de dispersão semelhantes um ao lado do outro, e aqui apresentamos um exemplo desta visualização.

Todas as suas variáveis estão organizadas neste formato, o que lhe permite comparar uma grande variedade de informação em um único lugar. Já que o Novo Exército está extremamente interessado na comparação da receita, nós podemos nos concentrar nos gráficos que comparam TempoNoSite, VisualizaçãoDePáginas e Retornos.

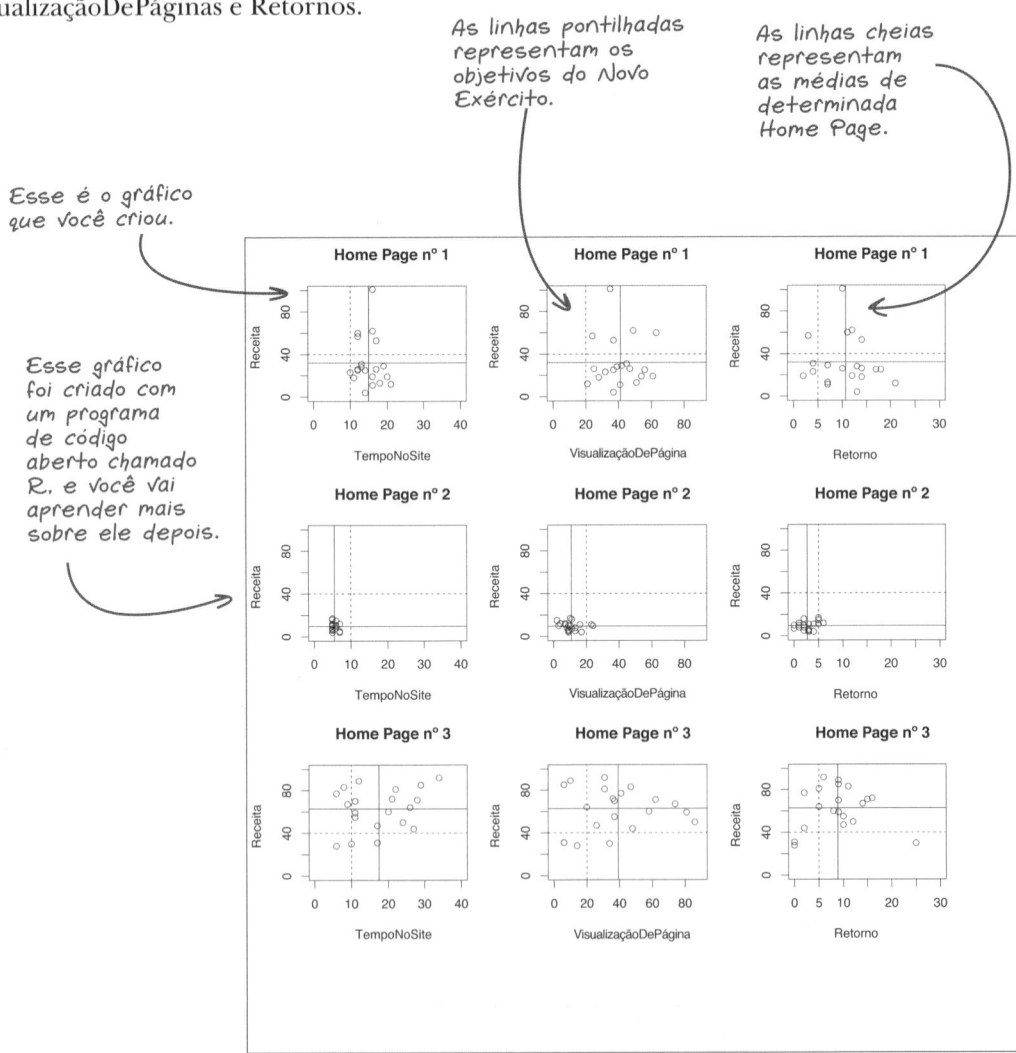

As linhas pontilhadas representam os objetivos do Novo Exército.

As linhas cheias representam as médias de determinada Home Page.

Esse é o gráfico que você criou.

Esse gráfico foi criado com um programa de código aberto chamado R, e você vai aprender mais sobre ele depois.

Aponte seu lápis

Você acabou de criar uma visualização super complexa. Analise-a e pense no que ela diz sobre as folhas de estilo que o Novo Exército decidiu testar.

Você acha que essa visualização desempenha um bom trabalho na exibição dos dados? Por que ou por que não?

....

....

....

....

Apenas olhando nos pontos, você pode ver que a Home Page nº 2 tem um tipo de dispersão bem diferente das outras duas folhas de estilo. O que você acha que está acontecendo com a Home Page nº 2?

....

....

....

....

Qual das três folhas de estilo você acha que desempenha melhor o trabalho de maximizar as variáveis que o Novo Exército considera importante? Por quê?

....

....

....

....

Aponte seu lápis
Solução

A nova visualização ajuda a entender a comparação de desempenho das folhas de estilo?

Você acha que essa visualização desempenha um bom trabalho na exibição dos dados? Por que ou por que não?

Com certeza. Cada ponto em cada um dos nove painéis representa a experiência de um usuário, então, mesmo que os pontos de dados estejam resumidos em suas médias, você ainda consegue ver todos eles. A visualização de todos os pontos facilita a avaliação da dispersão, e as linhas das médias facilitam na hora de ver como é o desempenho de cada folha de estilo, comparadas umas às outras e com relação aos objetivos do Novo Exército.

Apenas olhando nos pontos, você pode ver que a Home Page nº 2 tem um tipo de dispersão bem diferente das outras duas folhas de estilo. O que você acha que está acontecendo com a Home Page nº 2?

Parece que a Home Page nº 2 tem um desempenho horrível. Se comparada com as outras duas folhas de estilo, a Home Page nº 2 não está trazendo uma boa receita, além de ter um desempenho fraco no Tempo No Site, Visualização de Páginas e Retornos dos visitantes. Simplesmente todas as estatísticas estão abaixo das metas do Novo Exército. A Home Page nº 2 é terrível e deve ser tirada do ar imediatamente.

Qual das três folhas de estilo você acha que desempenha melhor o trabalho de maximizar as variáveis que o Novo Exército considera importante? Por quê?

A Home Page nº 3 é a melhor. Enquanto a nº 1 tem um desempenho acima da média quando falamos de indicadores além da Receita, a Home Page nº 3 está bem à frente em relação à Receita. Quando se trata de Retornos, a nº 1 está à frente, e elas estão lado a lado em Visualização de Páginas, mas as pessoas passam mais tempo no site com a nº 3. O fato de a nº 1 trazer muitos Retornos é ótimo, mas não dá para discordar que a nº 3 apresenta uma receita maior.

Não existem
Perguntas Idiotas

P: **Qual ferramenta de software que devo usar para criar esse tipo de gráfico?**

R: Esses gráficos em particular são criados em um programa de análise de dados estatísticos chamado R, e você vai aprender um pouco sobre ele mais adiante neste livro. Mas existem várias ferramentas para a construção de gráficos que você pode usar em programas estatísticos, e você nem precisa parar por aí. Você pode usar programas de ilustração, como o Adobe Illustrator e desenhar as visualizações, se você já tiver as ideias visuais que as outras ferramentas de outros softwares não implementam.

P: **E o Excel e o OpenOffice? Eles também têm ferramentas para construção de gráficos.**

R: Sim, é verdade. Eles têm uma variedade limitada de ferramentas para a construção de gráficos, e você provavelmente consegue achar uma maneira de criar um gráfico como esse no seu programa de planilhas de cálculo, mas será uma tarefa um tanto desafiadora.

P: **Você não parece muito entusiasmado com a visualização de dados das planilhas.**

R: Muitos analistas de dados que usam as planilhas o tempo todo, para cálculos básicos e listagens, nunca sonhariam em usar as ferramentas para construção de gráficos dessas planilhas. Elas podem ser extremamente problemáticas: não só pelo fato de existir uma pequena variedade de gráficos que você pode criar nesses programas, mas também porque os programas forçam você a formatar as decisões que provavelmente você não tomaria. Não é que você não possa fazer bons gráficos de dados nesses programas, é que dá mais trabalho fazer isso do que aprender a usar um programa como o R.

P: **Então, se eu estiver buscando inspiração sobre tipos de gráficos, os menus das planilhas de cálculo não são o lugar para procurar?**

R: Não, não, não! Se você quer inspiração com relação ao design, você deve dar uma olhada nos livros de Edward Tufte, que é, de longe, a maior autoridade em visualização de dados. O trabalho dele é como um museu de excelentes visualizações de dados, que ele às vezes chama de "arte cognitiva".

P: **E as revistas, jornais e artigos na área?**

R: É uma boa ideia se tornar um pouco mais sensível no que diz respeito à qualidade da visualização de dados nas publicações. Algumas são melhores que outras no que diz respeito à visualizações esclarecedoras devido ao design, e quando você presta atenção nas publicações, no decorrer do tempo, você adquire o discernimento de ver qual delas desempenham melhor sua função. Uma boa maneira de começar seria contar as variáveis em um gráfico. Se houver três ou mais variáveis em um gráfico, a publicação tem maiores chances de fazer comparações inteligentes do que se houver apenas uma variável no gráfico.

P: **O que devo fazer com as visualizações de dados que são complexas e artísticas, mas não são úteis analiticamente falando?**

R: Há muita empolgação e criatividade nos dias de hoje para criar novas visualizações geradas por computador. Algumas facilitam o bom pensamento analítico, e algumas são interessantes apenas para olhar. Não há nada de errado com o que alguns chamam de **arte de dados**. Apenas não chame de análise de dados a menos que você possa usá-la diretamente para atingir um bom entendimento dos dados nela contidos.

P: **Então, algo pode ser visualmente interessante sem ser analiticamente esclarecedor. E vice-versa?**

R: Aí é com você! Mas se você tem algo em jogo em uma análise, e a sua visualização é esclarecedora, então, é difícil imaginar que o gráfico **não seria** visualmente interessante.

Vamos ver o que o cliente acha...

A visualização está ótima, mas o especialista em internet ainda não está satisfeito

Você acaba de receber um e-mail do seu cliente, o especialista em internet do Novo Exército, avaliando o que você criou para ele. Vamos ver o que ele tem a dizer...

Legal!

Essa é uma pergunta razoável.

Para: Use a Cabeça
De: Especialista em Internet do Novo Exército
Assunto: Minha explicação sobre os dados

Seu design está excelente e estamos realmente satisfeitos em ter optado por você ao invés daquele outro rapaz. Mas, me diga uma coisa: por que a Home Page nº 3 tem um desempenho muito melhor que as outras?

Tudo parece muito razoável, mas eu ainda quero saber *por que* nós obtivemos esses resultados. Eu tenho duas teorias. Primeiro, eu acho que a Home Page nº 3 tem um carregamento mais rápido, o que torna a navegação pelo site mais ágil. Em segundo lugar, eu acho que o esquema de cores mais calmo é muito relaxante e possibilita uma boa experiência de compras. O que você acha?

Parece que seu cliente tem ideias próprias sobre o porquê dos dados terem a aparência que têm.

Ele é curto e meigo. O que você pode fazer sobre essa solicitação?

Ele quer saber sobre causalidade.

Saber qual design funciona o leva até esse ponto. Para tornar o site o mais potente possível, ele precisa ter ideia do porque de as pessoas interagirem com home pages diferentes da maneira como o fazem.

E, considerando que ele é o cliente, nós decididamente precisamos verificar as teorias que ele levantou.

Bons designs visuais ajudam a pensar sobre as causas

O seu modelo preferido seu e do seu cliente normalmente se encaixam nos dados.

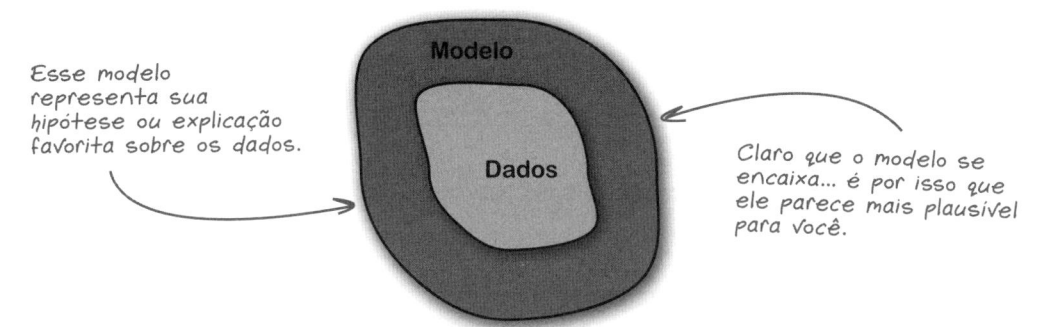

Esse modelo representa sua hipótese ou explicação favorita sobre os dados.

Claro que o modelo se encaixa... é por isso que ele parece mais plausível para você.

Mas sempre existem outras possibilidades, principalmente quando se está disposto a imaginar outras explicações. E outros modelos?

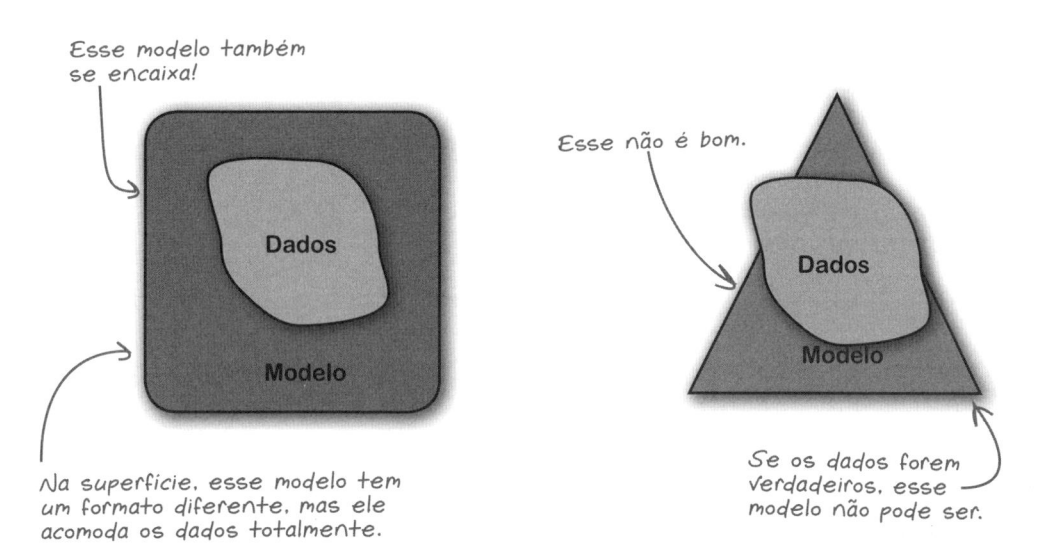

Esse modelo também se encaixa!

Na superfície, esse modelo tem um formato diferente, mas ele acomoda os dados totalmente.

Esse não é bom.

Se os dados forem verdadeiros, esse modelo não pode ser.

Você precisa se dirigir a modelos causais ou explicações alternativas conforme descreve a visualização dos seus dados. Fazer isso é um marco de integridade: mostra ao seu cliente que você não está apenas apresentando a versão da história que você mais gosta: você está pensando sobre possíveis pontos de falhas nas suas teorias.

Os designers experimentais têm seu peso

Os designers experimentais viram as teorias do especialista em internet e enviaram algumas de suas opiniões. Talvez, essa contribuição permita que você avalie as hipóteses do especialista em internet sobre o porquê de algumas home pages apresentarem um desempenho melhor que as outras.

Para: Use a Cabeça
De: Designers experimentais do Novo Exército
Assunto: As ideias do chefe

Ele acha que o carregamento da página conta? Pode ser. Nós ainda não olhamos os dados para ter certeza disso. Mas, nos nossos testes, a nº 2 foi a mais rápida, seguida da nº 3 e depois a nº 1. Então, claro, ele pode ter razão.

Com relação à opção de cores mais calma, nós meio que duvidamos disso. As opções de cores da Home Page nº 3 são as mais calmas, seguidas da nº 2 e, por fim, a nº 1. Existem pesquisas que mostram que as pessoas reagem de maneira diferente, mas nada que nos convenceu.

Aqui está o que os designers experimentais pensam com relação à primeira hipótese.

E aqui está a resposta para a segunda hipótese.

É melhor darmos uma olhada nos dados para ver se eles confirmam ou desmentem essas hipóteses.

Aponte seu lápis

Vamos dar uma olhada nos dados para ver se as hipóteses do chefe se encaixam. Os dados se encaixam em alguma das hipóteses?

Hipótese 1: O desempenho mais ágil da página explica o porquê de a Home Page nº 3 ter uma melhor atuação.

....

....

....

....

....

....

A hipótese do especialista em internet se encaixa nesses dados?

Hipótese 2: O esquema de cores calmo, mais relaxante, da Home Page nº 3 explica o porquê do desempenho melhor.

....

....

....

....

....

....

Aponte seu lápis
Solução

Como as hipóteses do especialista em internet se encaixam nos dados?

Hipótese 1: O desempenho mais ágil da página explica o porquê de a Home Page nº 3 ter uma melhor atuação.

Isso não pode ser verdade, visto que a nº 3 não é a mais rápida, de acordo com os designers experimentais. Pode ser que, de modo geral, as pessoas preferem páginas mais rápidas, mas a velocidade de carregamento da página não explica o sucesso da nº 3 no contexto deste experimento.

A hipótese do especialista em internet se encaixa nestes dados?

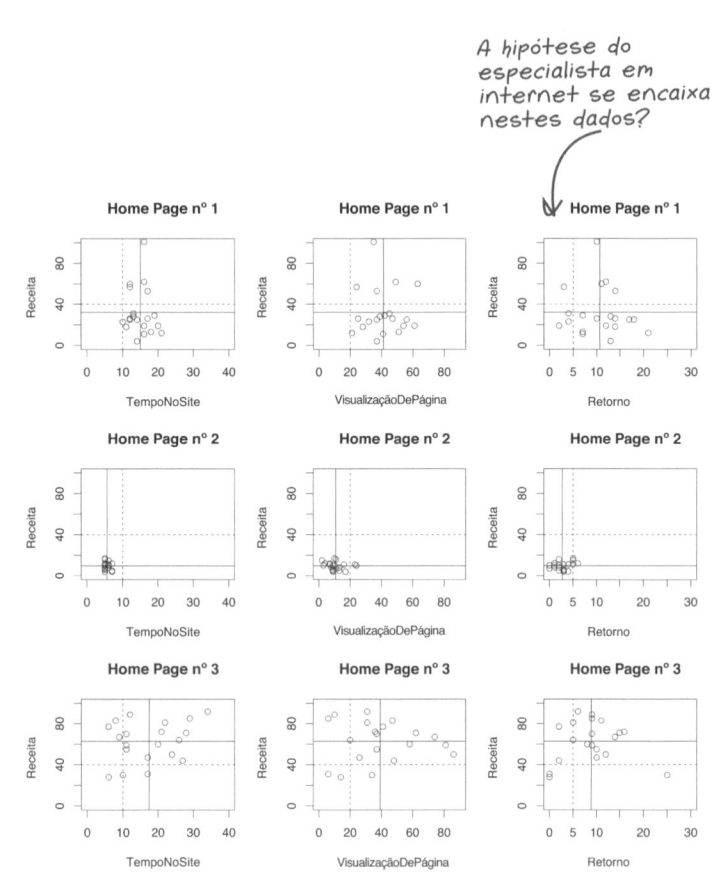

Hipótese 2: O esquema de cores calmo, mais relaxante, da Home Page nº 3 explica o porquê do desempenho melhor.

Essa hipótese encaixa nos dados. A Home Page nº 3 é a página com maior desempenho, e ela apresenta o esquema de cores mais calmo. Os dados não provam que o esquema de cores é a razão pelo melhor desempenho da nº 3, mas tudo se encaixa nesta hipótese.

Os designers experimentais têm algumas hipóteses próprias

Eles tiveram oportunidade de dar uma olhada nos seus gráficos de dispersão e enviaram algumas de suas opiniões próprias sobre o que está acontecendo. Essas pessoas são viciadas em dados e as hipóteses apresentadas por eles certamente se encaixam.

Isso é o que os designers experimentais querem fazer depois.

Talvez seja a fonte e o leiaute.

Talvez seja a hierarquia das páginas.

> **Para: Use a Cabeça**
> **De: Designers experimentais do Novo Exército**
> **Assunto: Não sabemos porque a Home Page nº 3 é a mais forte**
> Estamos contentes em saber que a nº 3 é a melhor, mas não temos certeza do por quê. Quem sabe o que as pessoas pensam? Mas está tudo bem: desde que estejamos apresentando melhorias nos negócios fundamentais, nós não precisamos entender as pessoas de maneira mais profunda. Mesmo assim, é sempre bom aprender o máximo que pudermos.
>
> As folhas de estilo são realmente diferentes umas das outras. Então, fica difícil falar em isolar características individuais que podem explicar a diferença de desempenho. No futuro, nós gostaríamos de pegar a Home Page nº 3 e testar várias permutações sutis. Dessa maneira, nós poderemos descobrir coisas do tipo como o formato do botão ou a opção de fonte afetam o comportamento do usuário.
>
> Mas nós presumimos que existem dois fatores. Primeiro, a Home Page nº 3 é fácil de ser lida. Nós usamos fontes e um leiaute que são de fácil visualização. Em segundo lugar, a hierarquia da página é mais plana. Você consegue encontrar quase tudo em três cliques, ao passo que na Home Page nº 1 leva mais ou menos sete cliques para encontrar o que deseja. As duas coisas podem estar afetando a nossa receita, mas precisamos realizar mais testes para poder afirmar com precisão.

Aponte seu lápis

Baseado no que você já aprendeu, o que você recomendaria que seu cliente fizesse, independente da estratégia de internet dele?

....

....

....

Aponte seu lápis
Solução

O que você falaria para seu cliente fazer com o site baseado nos dados que você visualizou e nas teorias explanatórias que você avaliou?

Fique com a Home Page nº 3 e faça testes para filtrar os elementos das experiências dos usuários, como a variável de navegação, estilo e conteúdo. Existem várias explicações possíveis para o desempenho da nº 3, e tudo deve ser investigado e visualizado, mas está claro que a nº 3 é a vencedora aqui.

O cliente está satisfeito com seu trabalho

Você criou uma visualização excelente e permitiu que o Novo Exército avaliasse rápida e simultaneamente todas as variáveis que eles testaram nos experimentos.

E você avaliou que a visualização é esclarecedora partindo de várias hipóteses, dando-lhes excelentes ideias sobre o que deve ser testado no futuro.

Muito legal. Eu concordo com as suas avaliações das hipóteses e a sua recomendação. Eu vou implementar a Home Page nº 3 no nosso site. Foi um trabalho muito bem feito.

Os pedidos estão chegando de todas as partes!

Devido ao novo site, o tráfego está maior do que nunca! Sua visualização dos resultados experimentais mostrou o que precisavam saber para organizar melhor o site.

O Novo Exército enviou-lhe essas camisas como forma de agradecimento.

Espero que sirvam!

E ainda melhor, o Novo Exército embarcou em um programa contínuo de experimentação para ajustar o novo design, utilizando a sua visualização para ver o que funciona. Bom trabalho!

O site otimizado do Novo Exército está realmente gerando lucros.

5 teste de hipóteses

Diga que não é verdade

> Aquele peixe que peguei pesava mais de 4 toneladas, e nós tivemos de soltá-lo porque ele afundaria o barco... o quê? Bem, eu gostaria que você provasse que estou errada.

O mundo pode ser difícil de ser explicado.

E pode ser incrivelmente difícil quando você tem de lidar com dados complexos e heterogêneos para prever eventos futuros. É por isso que a análise não conta somente com a explicação óbvia e nem presume que elas são verdadeiras: o raciocínio cuidadoso na análise de dados permite que você avalie meticulosamente uma variedade de opções para que você possa incorporar todas as informações que possui nos seus modelos. Você está prestes a aprender sobre **refutação**, uma maneira não intuitiva, mas poderosa de fazer somente isso.

Dê-me um skin...

Você está trabalhando para a ElectroSkinny, uma fábrica de skins para telefones. Sua tarefa é descobrir se a PodPhone vai lançar um telefone novo no próximo mês. PodPhone é um produto importantíssimo, e há muito em jogo.

> Com meu estilo de vida ativo, eu preciso de um ótimo skin para meu telefone, e é por isso que adoro a ElectroSkinny!

Um fanático pela ElectroSkinny

A PodPhone vai lançar um novo telefone em algum momento nos próximos meses, e a ElectroSkinny precisa começar a produzir skins um mês **antes** do lançamento do telefone, para poder vender com a primeira leva de telefones.

Se eles não tiverem skins prontos para serem lançados, os concorrentes vão sair na frente e vender muitos skins antes de a ElectroSkinny conseguir colocar seus produtos no mercado. Mas se eles produzirem os skins e o PodPhone *não for* lançado, eles terão **perdido dinheiro** em skins que ninguém sabe quando serão vendidos.

Quando vamos começar a fazer novos skins para telefone?

A decisão de quando começar a produzir uma nova linha de skin é muita responsabilidade.

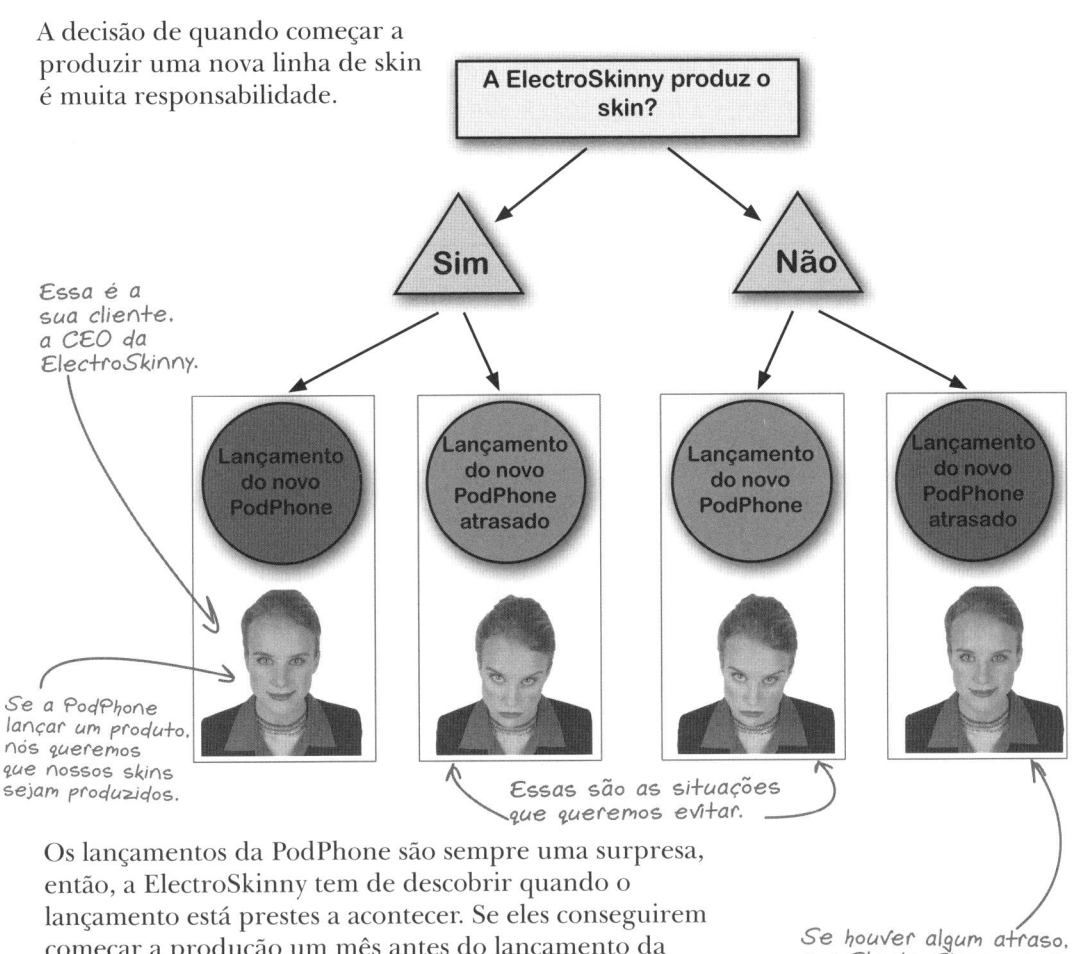

A ElectroSkinny produz o skin?

Sim

Não

Essa é a sua cliente. a CEO da ElectroSkinny.

Lançamento do novo PodPhone

Lançamento do novo PodPhone atrasado

Lançamento do novo PodPhone

Lançamento do novo PodPhone atrasado

Se a PodPhone lançar um produto, nós queremos que nossos skins sejam produzidos.

Essas são as situações que queremos evitar.

Se houver algum atraso, e a ElectroSkinny ainda não começou a produção, estamos bem.

Os lançamentos da PodPhone são sempre uma surpresa, então, a ElectroSkinny tem de descobrir quando o lançamento está prestes a acontecer. Se eles conseguirem começar a produção um mês antes do lançamento da PodPhone, eles estarão super bem. Você pode ajudá-los?

Aponte seu lápis
Solução
Que tipo de dado ou informação ajudaria você a começar a resolver esse problema analítico?

....

....

....

Aponte seu lápis
Solução

O que você precisa saber para começar?

A PodPhone quer que seus lançamentos sejam surpresa, então, provavelmente eles estão tomando medidas para evitar que as pessoas descubram quando esses lançamentos vão acontecer. Nós vamos precisar ter algum tipo de discernimento sobre o que eles pensam de seus lançamentos, e precisamos saber o tipo de informação que eles usam para tomar essa decisão.

A PodPhone não quer que você consiga prever o próximo passo deles

A PodPhone leva a surpresa a sério: eles realmente não querem que você saiba o que eles estão prestes a fazer. Então, não dá para simplesmente olhar os dados que estão disponíveis para o público e esperar uma resposta sobre quando eles vão lançar o novo PodPhone.

A PodPhone sabe que você tem acesso a todas essas informações, então eles não querem deixar transparecer nada além disso até a data de lançamento.

Aquilo que todo mundo sabe

- Blogs
- Patentes
- Especificações do telefone para os fabricantes de acessórios
- Notícias para os consumidores
- Documentos enviados ao governo
- Dados públicos econômicos
- Especificações para os fabricantes de acessórios
- Linhas de produtos dos concorrentes
- Comunicados à imprensa

Esses pontos de dados não vão ajudar muito...

... a menos que você tenha uma maneira bem esperta de lidar com eles.

Você precisa descobrir uma maneira de *comparar* os dados que você tem com as suas **hipóteses** sobre quando a PodPhone vai lançar o novo telefone. Mas primeiro, vamos dar uma olhada nas informações que temos sobre o PodPhone...

E isso é tudo que sabemos

Essa é toda a informação que a ElectroSkinny conseguiu juntar sobre o lançamento. Algumas dessas informações estão disponíveis para o público, algumas são secretas e algumas são apenas boatos.

A PodPhone investiu mais nesse novo telefone do que qualquer outra empresa já investiu.	Os recursos vão aumentar muito se comparados aos telefones da concorrência.	O CEO da PodPhone disse "Não existe possibilidade de lançar o novo telefone amanhã."
Um concorrente acabou de lançar um telefone excelente.	A economia e os gastos dos consumidores estão subindo, portanto, é uma boa hora para vender telefones.	Há um boato de que o CEO da PodPhone disse que não haveria novos lançamentos por um ano.

Internamente, nós não estamos esperando o lançamento, porque a linha de produção deles é muito forte. Eles vão querer exibir o sucesso com essa linha assim que possível. Eu acho que devemos começar daqui a alguns meses...

CEO da ElectroSkinny

PODER DO CÉREBRO

Você acha que a hipótese da CEO faz sentido em vista das evidências apresentadas acima?

A análise da ElectroSkinny se encaixa nos dados

A CEO tem uma descrição bem direta de como a PodPhone pensa. Aqui você pode ver o que ela disse de maneira esquemática:

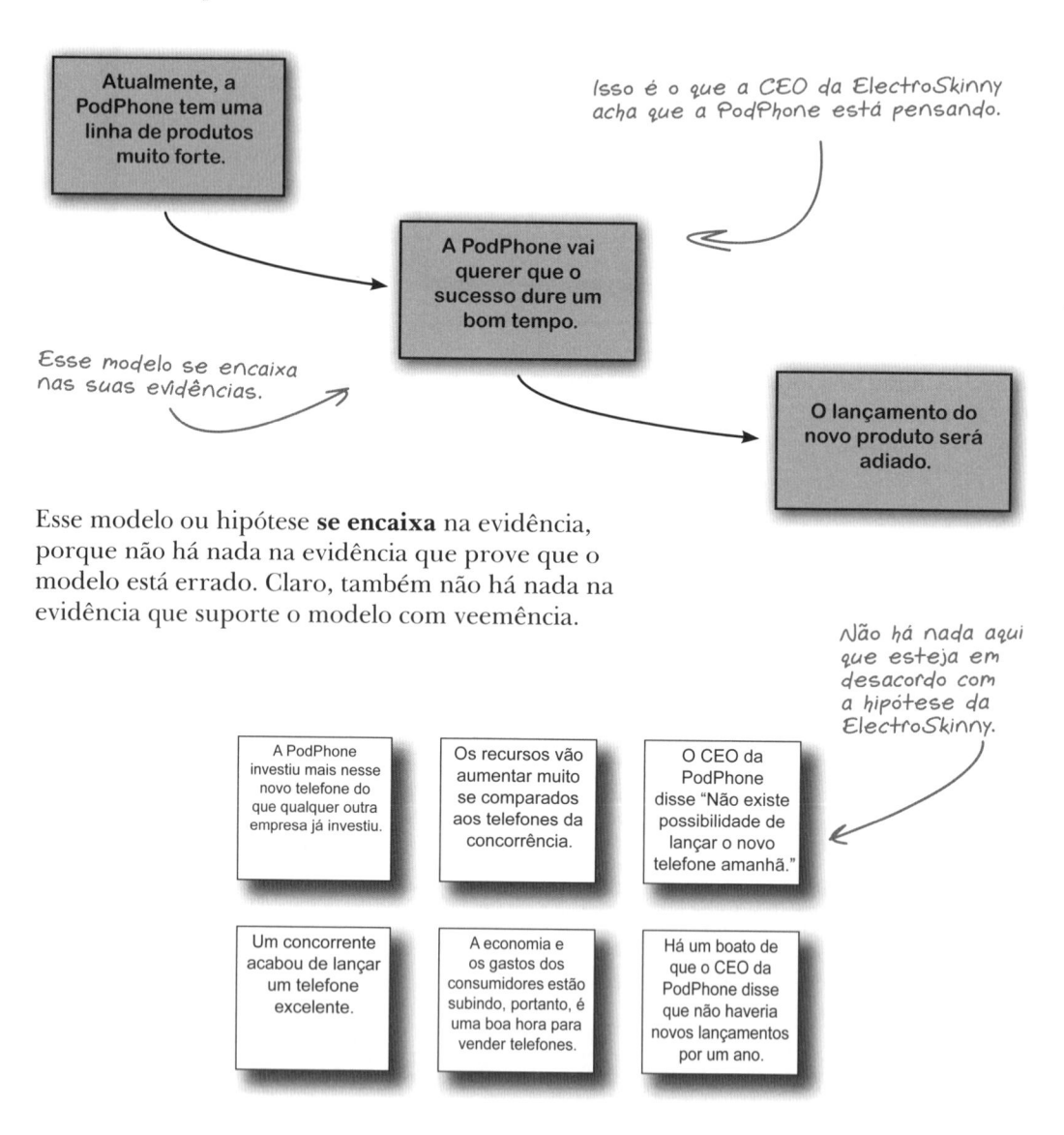

Esse modelo ou hipótese **se encaixa** na evidência, porque não há nada na evidência que prove que o modelo está errado. Claro, também não há nada na evidência que suporte o modelo com veemência.

A ElectroSkinny conseguiu esse memorando de estratégia confidencial

A ElectroSkinny acompanha a PodPhone *bem* de perto, e às vezes, coisas como essa simplesmente caem em suas mãos.

Esse memorando estratégico fala de vários fatores que a PodPhone leva em consideração quando está calculando as datas de lançamento. É um pouco mais sutil do que a linha de raciocínio que a CEO da ElectroSkinny imaginou que eles estivessem usando.

> **Memorando de estratégia de lançamento do PodPhone**
>
> Nós queremos calcular as datas dos nossos lançamentos de modo a maximizar as vendas e sair na frente dos nossos concorrentes. Para isso, nós temos de levar em conta uma infinidade de fatores.
>
> Primeiro, nós observamos a economia, porque um aumento no desempenho geral da economia faz com que os consumidores gastem mais, enquanto que o declínio econômico faz com que gastem menos. E é o gasto dos consumidores que estouram as vendas de telefones. Mas nós, e nossos concorrentes, estamos atrás do mesmo dinheiro. Cada telefone que vendemos é um telefone que eles deixam de vender, e vice-versa.
>
> Normalmente, nós não queremos lançar um telefone quando eles estão com algum telefone novo no mercado. Nós conseguimos uma fatia maior da venda dos concorrentes se lançarmos o produto quando eles estiverem com um portfólio meio desatualizado.

Esse memo pode ajudar a descobrir quando um novo PodPhone será lançado?

Aponte seu lápis

Pense cuidadosamente sobre como a PodPhone trabalha com as variáveis mencionadas no relatório. Os pares abaixo sobem e caem juntos ou eles simplesmente caminham em direções opostas? Escreva "+" ou "-" em cada círculo de acordo com sua resposta.

Coloque um sinal de "+" em cada círculo se as duas variáveis sobem e caem juntas.

Escreva "-" se as variáveis caminharem em sentidos opostos.

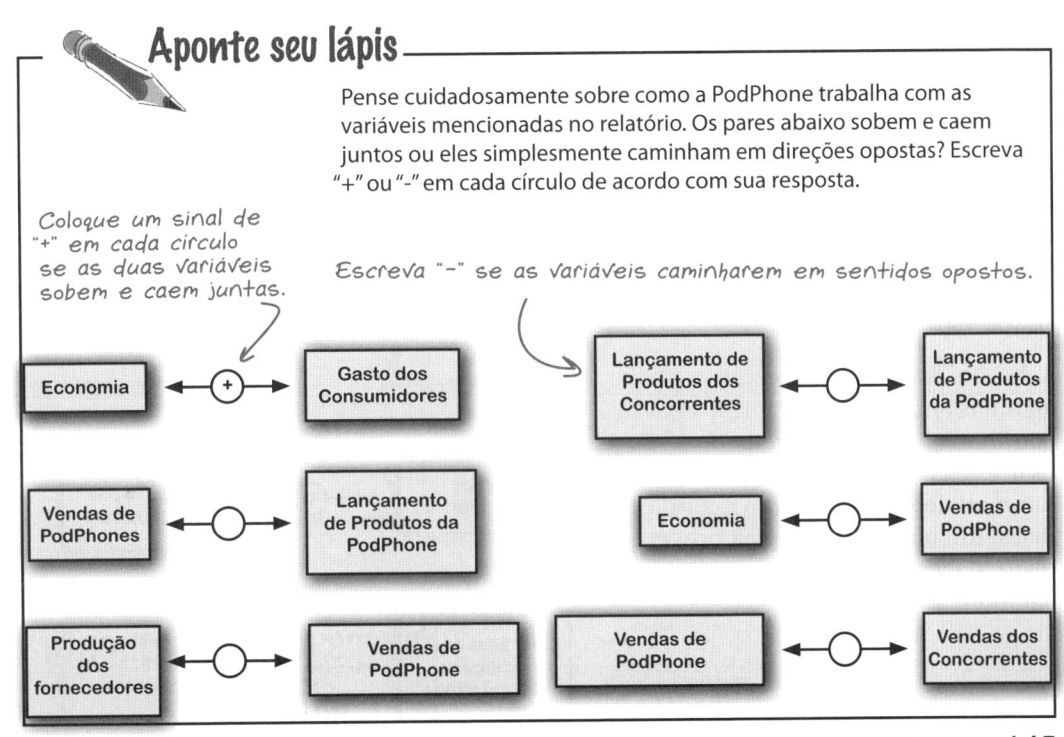

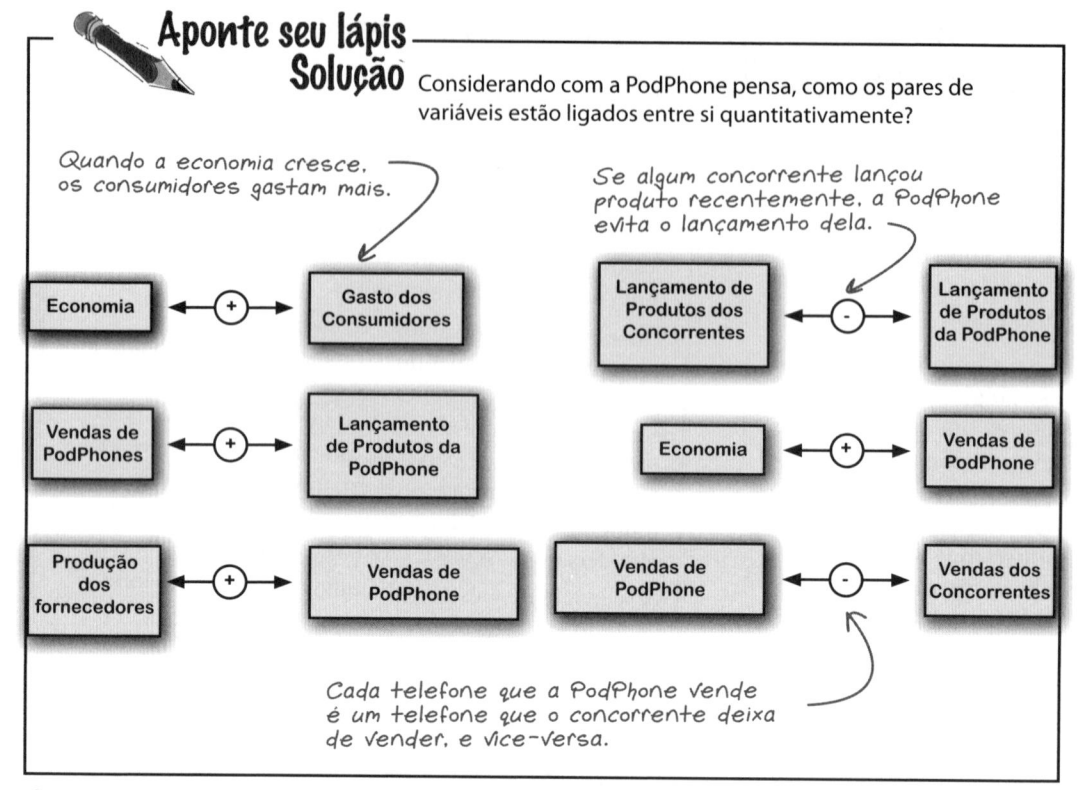

Aponte seu lápis
Solução Considerando com a PodPhone pensa, como os pares de variáveis estão ligados entre si quantitativamente?

Quando a economia cresce. os consumidores gastam mais.

Se algum concorrente lançou produto recentemente. a PodPhone evita o lançamento dela.

Economia —+— Gasto dos Consumidores

Lançamento de Produtos dos Concorrentes —-— Lançamento de Produtos da PodPhone

Vendas de PodPhones —+— Lançamento de Produtos da PodPhone

Economia —+— Vendas de PodPhone

Produção dos fornecedores —+— Vendas de PodPhone

Vendas de PodPhone —-— Vendas dos Concorrentes

Cada telefone que a PodPhone vende é um telefone que o concorrente deixa de vender. e vice-versa.

As variáveis podem estar ligadas de maneira positiva ou negativa

Quando estiver analisando as variáveis de dados, é sempre bom se perguntar se elas são **ligadas positivamente**, quando mais de uma significa mais da outra (e vice-versa), ou **ligadas negativamente**, quando mais de uma significa menos da outra.

À direita, você pode observar algumas outras relações que a PodPhone vê. Como você pode usar essas relações para desenvolver um **modelo maior** das convicções deles, um modelo que possa prever quando eles vão lançar um novo telefone?

Aqui temos algumas das outras relações que podem ser obtidas a partir do memo de estratégia da PodPhone.

Lançamento de Produtos da PodPhone —+— Atividade de Desenvolvimento Interno

Vendas dos Concorrentes —+— Lançamento de Produtos dos Concorrentes

Lançamento de Produtos dos Concorrentes —+— Lançamento de Produtos da PodPhone

Elas estão ligadas positivamente.

Aponte seu lápis

Vamos conectar essas ligações positivas e negativas entre as variáveis para formar um modelo integrado.

Utilizando as relações especificadas na página anterior, desenhe uma rede que incorpore todas as variáveis.

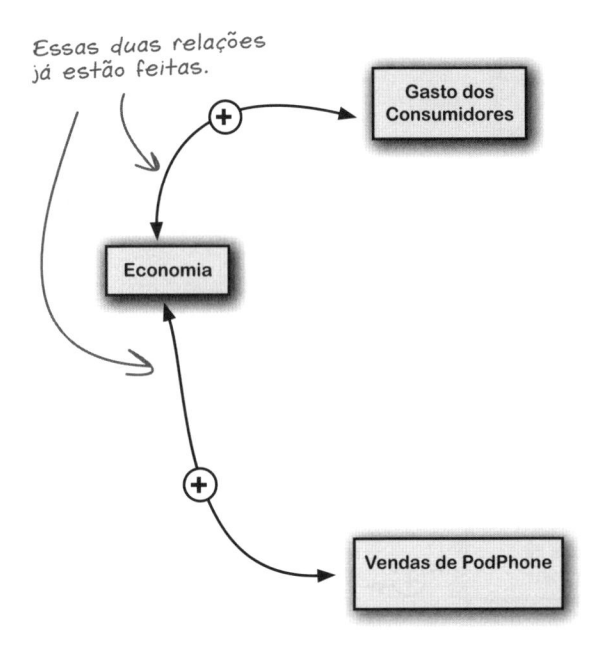

Essas duas relações já estão feitas.

Aponte seu lápis
Solução

Como é a visualização do seu modelo das variáveis da PodPhone após ter colocado todas elas em forma de rede?

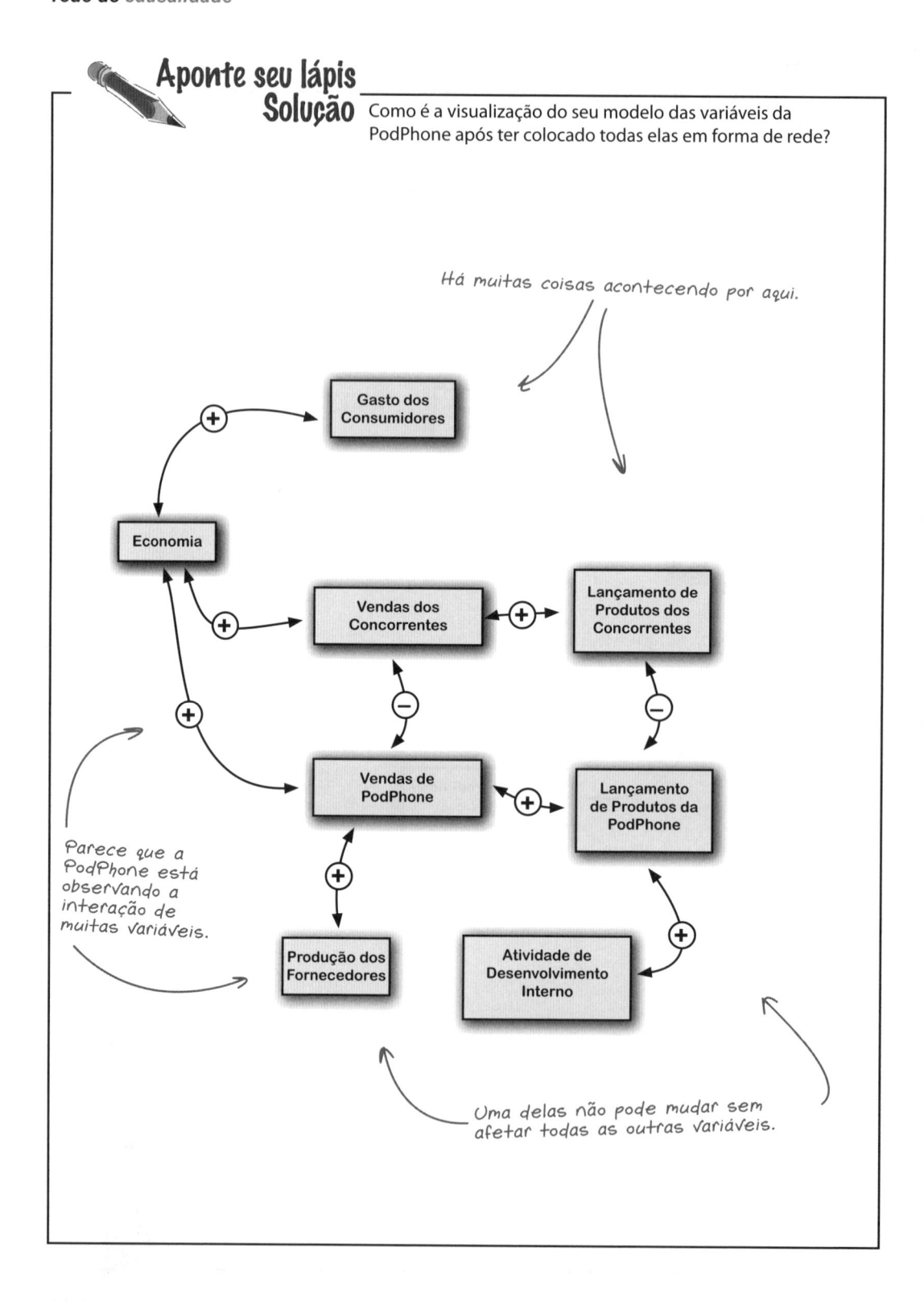

Há muitas coisas acontecendo por aqui.

Gasto dos Consumidores

Economia

Vendas dos Concorrentes

Lançamento de Produtos dos Concorrentes

Vendas de PodPhone

Lançamento de Produtos da PodPhone

Produção dos Fornecedores

Atividade de Desenvolvimento Interno

Parece que a PodPhone está observando a interação de muitas variáveis.

Uma delas não pode mudar sem afetar todas as outras variáveis.

As causas no mundo real são interligadas, e não lineares

A linearidade é intuitiva. Uma explicação linear das causas do porque a PodPhone talvez decida adiar o lançamento do produto é simples e direta.

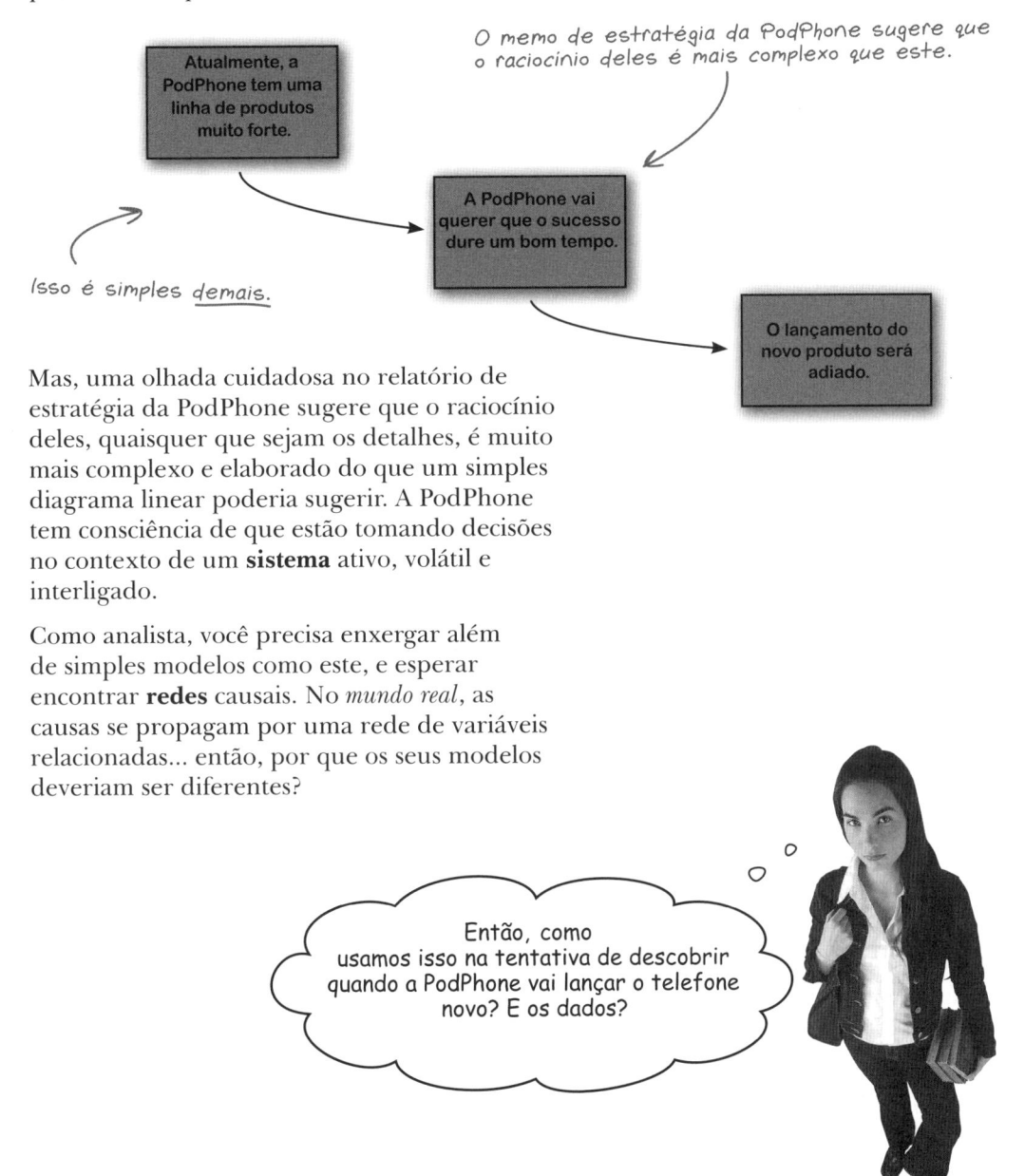

O memo de estratégia da PodPhone sugere que o raciocínio deles é mais complexo que este.

Atualmente, a PodPhone tem uma linha de produtos muito forte.

A PodPhone vai querer que o sucesso dure um bom tempo.

Isso é simples *demais*.

O lançamento do novo produto será adiado.

Mas, uma olhada cuidadosa no relatório de estratégia da PodPhone sugere que o raciocínio deles, quaisquer que sejam os detalhes, é muito mais complexo e elaborado do que um simples diagrama linear poderia sugerir. A PodPhone tem consciência de que estão tomando decisões no contexto de um **sistema** ativo, volátil e interligado.

Como analista, você precisa enxergar além de simples modelos como este, e esperar encontrar **redes** causais. No *mundo real*, as causas se propagam por uma rede de variáveis relacionadas... então, por que os seus modelos deveriam ser diferentes?

Então, como usamos isso na tentativa de descobrir quando a PodPhone vai lançar o telefone novo? E os dados?

Crie hipóteses com as opções da PodPhone

Mais cedo ou mais tarde, a PodPhone vai acabar lançando o novo telefone. A questão é: **quando**.

E as diferentes respostas para essa pergunta são as suas **hipóteses** para esta análise. Abaixo, temos algumas opções que especificam quando um lançamento pode ocorrer, e é justamente a escolha da hipótese correta que a ElectroSkinny espera de você.

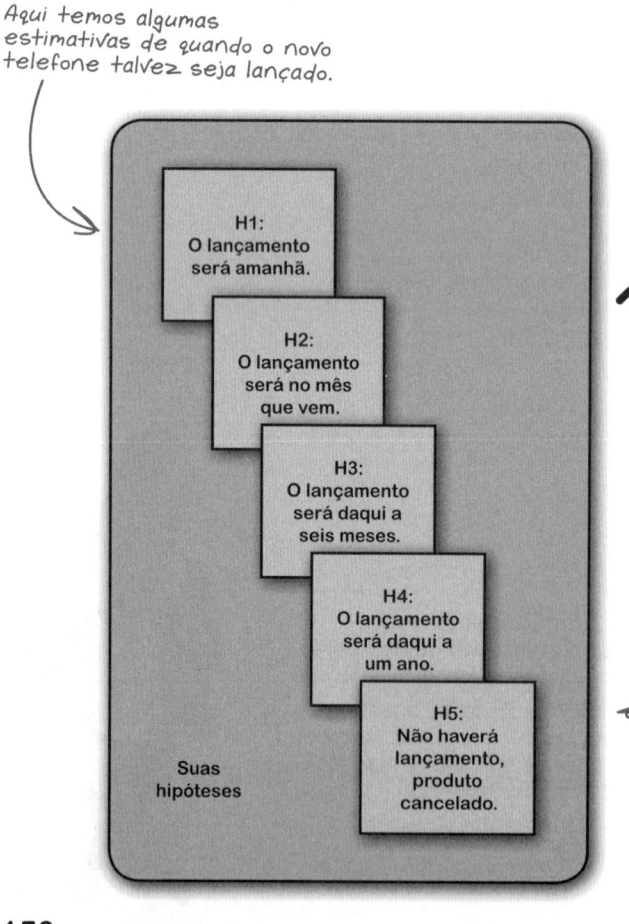

A PodPhone investiu mais nesse novo telefone do que qualquer outra empresa já investiu.

Os recursos vão aumentar muito se comparados aos telefones da concorrência.

O CEO da PodPhone disse "Não existe possibilidade de lançar o novo telefone amanhã."

Um concorrente acabou de lançar um telefone excelente.

A economia e os gastos dos consumidores estão subindo, portanto, é uma boa hora para vender telefones.

Há um boato de que o CEO da PodPhone disse que não haveria novos lançamentos por um ano.

Suas evidências

De alguma maneira, você terá de combinar suas hipóteses com as evidências e o modelo mental da PodPhone para obter sua resposta.

Aqui temos algumas estimativas de quando o novo telefone talvez seja lançado.

H1: O lançamento será amanhã.

H2: O lançamento será no mês que vem.

H3: O lançamento será daqui a seis meses.

H4: O lançamento será daqui a um ano.

H5: Não haverá lançamento, produto cancelado.

Suas hipóteses

A hipótese que considerarmos como sendo a mais forte é a que vai determinar o planejamento de produção da ElectroSkinny.

Você já tem o que precisa para executar um teste de hipóteses

Entre o seu entendimento do modelo mental da PodPhone e as suas evidências, você acumulou bastante conhecimento sobre o assunto que realmente importa para a ElectroSkinny: quando a PodPhone vai lançar o novo produto.

Agora, você só precisa de um **método** para juntar todo esse conhecimento e construir uma predição sólida.

Aqui está a variável que você deve se preocupar.

Gasto dos Consumidores

Economia

Vendas dos Concorrentes

Lançamento de Produtos dos Concorrentes

Vendas de PodPhone

Lançamento de Produtos da PodPhone

Produção dos Fornecedores

Atividade de Desenvolvimento Interno

Modelo mental da PodPhone

Sua predição principal

Isso é o que a ElectroSkinny quer!

Mas, como fazemos isso? Nós já vimos a complexidade desse problema... e com toda essa complexidade, como teremos a chance de escolher a hipótese correta?

A refutação é o coração do teste de hipóteses

Não tente escolher a hipótese correta; **simplesmente elimine as hipóteses que não se confirmam.** Esse ó o método de **refutação,** fundamental para o teste de hipóteses.

A escolha da primeira hipótese que parece ser a melhor é o que chamamos de satisfazimento e é assim:

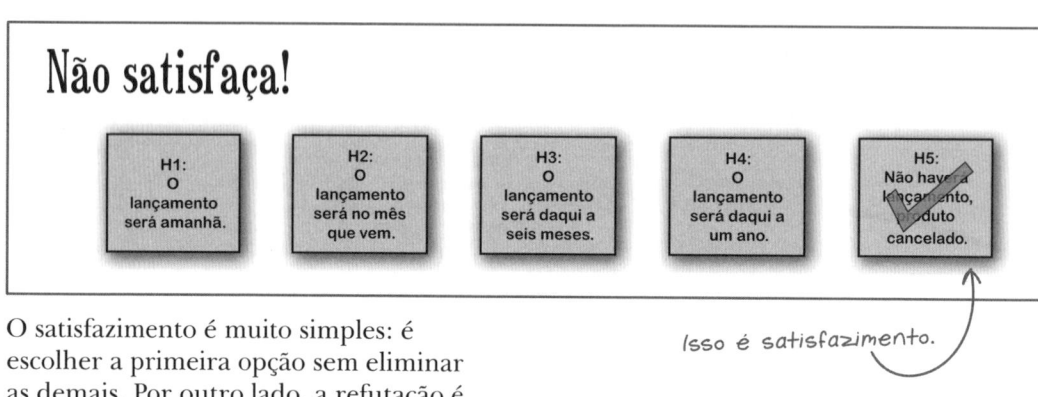

Não satisfaça!

| H1: O lançamento será amanhã. | H2: O lançamento será no mês que vem. | H3: O lançamento será daqui a seis meses. | H4: O lançamento será daqui a um ano. | H5: Não haverá lançamento, produto cancelado. |

Isso é satisfazimento.

O satisfazimento é muito simples: é escolher a primeira opção sem eliminar as demais. Por outro lado, a refutação é assim:

A refutação é mais confiável.

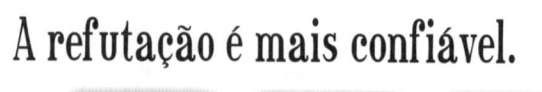

 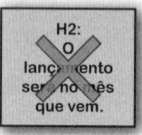   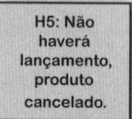

| H1: O lançamento será amanhã. | H2: O lançamento será no mês que vem. | H3: O lançamento será daqui a seis meses. | H4: O lançamento será daqui a um ano. | H5: Não haverá lançamento, produto cancelado. |

Isso é o que sobrou.

Parece que tanto o satisfazimento propicia a mesma resposta da refutação, certo? Nem sempre. O **grande problema** do satisfazimento é que quando as pessoas escolhem uma hipótese sem analisar todas as alternativas cuidadosamente, elas normalmente se apegam à essa hipótese mesmo que as evidências apontem o contrário. A refutação permite que você tenha uma **perspectiva mais sagaz** de suas hipóteses e evite uma armadilha cognitiva.

Use a refutação no teste de hipóteses para evitar os perigos do satisfazimento.

Aponte seu lápis

Experimente a refutação e elimine as hipóteses que são desmentidas pelas evidências abaixo.

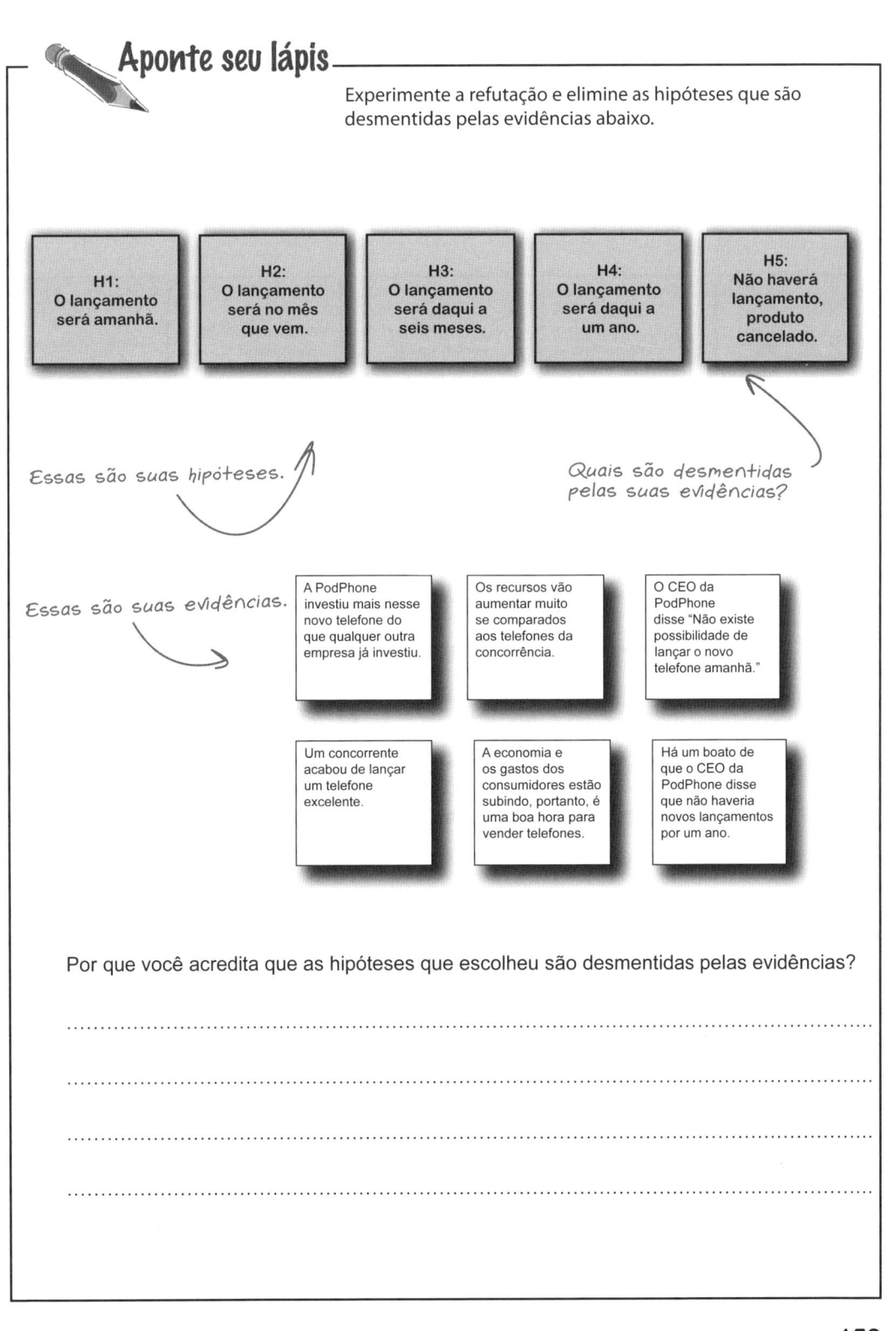

| H1: O lançamento será amanhã. | H2: O lançamento será no mês que vem. | H3: O lançamento será daqui a seis meses. | H4: O lançamento será daqui a um ano. | H5: Não haverá lançamento, produto cancelado. |

Essas são suas hipóteses.

Quais são desmentidas pelas suas evidências?

Essas são suas evidências.

A PodPhone investiu mais nesse novo telefone do que qualquer outra empresa já investiu.

Os recursos vão aumentar muito se comparados aos telefones da concorrência.

O CEO da PodPhone disse "Não existe possibilidade de lançar o novo telefone amanhã."

Um concorrente acabou de lançar um telefone excelente.

A economia e os gastos dos consumidores estão subindo, portanto, é uma boa hora para vender telefones.

Há um boato de que o CEO da PodPhone disse que não haveria novos lançamentos por um ano.

Por que você acredita que as hipóteses que escolheu são desmentidas pelas evidências?

....

....

....

....

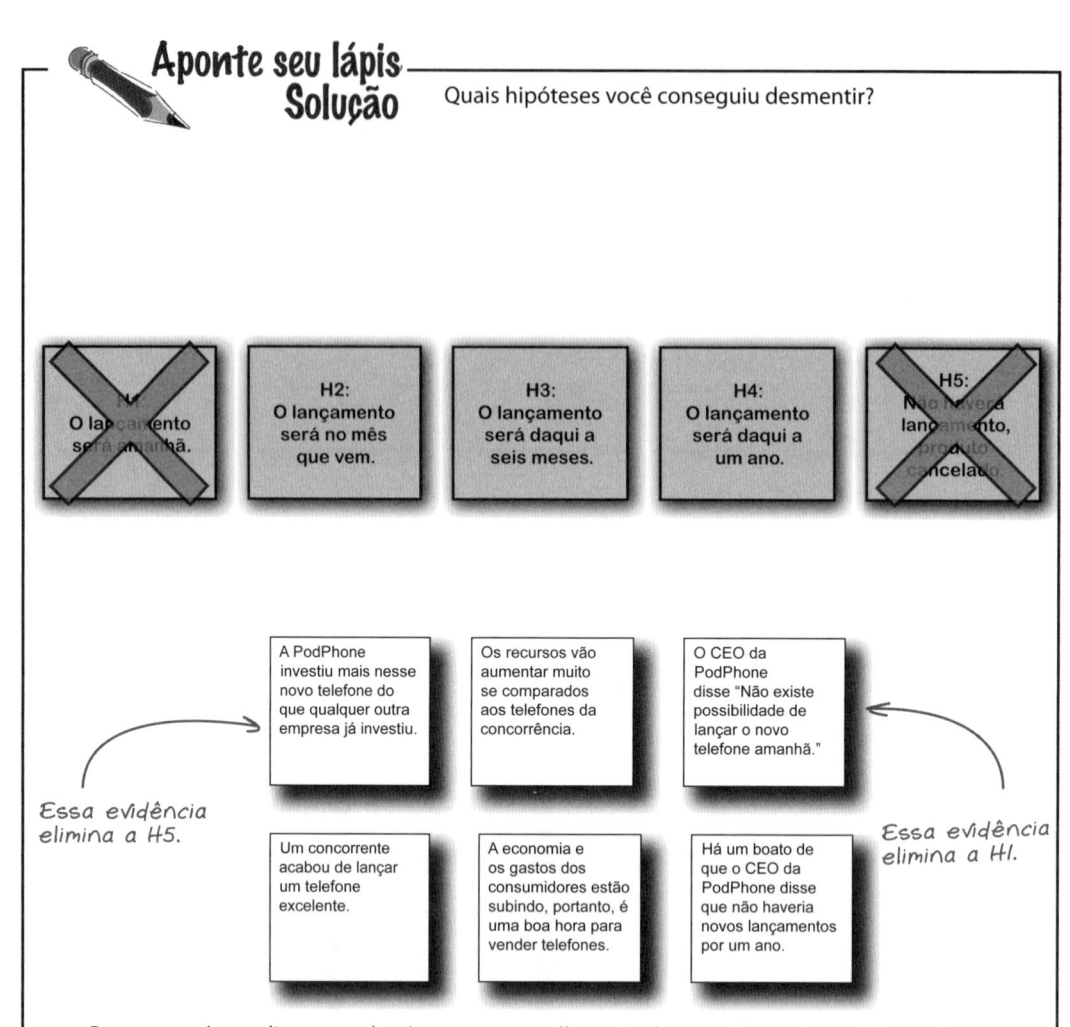

Aponte seu lápis
Solução
Quais hipóteses você conseguiu desmentir?

H1: O lançamento será amanhã.

H2: O lançamento será no mês que vem.

H3: O lançamento será daqui a seis meses.

H4: O lançamento será daqui a um ano.

H5: Não haverá lançamento, produto cancelado.

A PodPhone investiu mais nesse novo telefone do que qualquer outra empresa já investiu.

Os recursos vão aumentar muito se comparados aos telefones da concorrência.

O CEO da PodPhone disse "Não existe possibilidade de lançar o novo telefone amanhã."

Essa evidência elimina a H5.

Um concorrente acabou de lançar um telefone excelente.

A economia e os gastos dos consumidores estão subindo, portanto, é uma boa hora para vender telefones.

Há um boato de que o CEO da PodPhone disse que não haveria novos lançamentos por um ano.

Essa evidência elimina a H1.

Por que você acredita que as hipóteses que escolheu são desmentidas pelas evidências?

A H1 é claramente desmentida pelas evidências, porque o CEO disse à imprensa que não existe a menor possibilita de o produto ser lançado amanhã. Pode ser que o CEO esteja mentindo, mas isso seria muito estranho, então, podemos eliminar a H1. A H5 também é desmentida porque a PodPhone já investiu muito no PodPhone. O telefone pode estar atrasado ou ser alterado, mas, a menos que a empresa deixe de existir, é difícil imaginar que eles cancelariam o lançamento do novo telefone.

Não existem Perguntas Idiotas

P: A refutação parece uma maneira bem complexa de encarar a análise das situações.

R: É uma excelente maneira de superar a tendência natural de focar na resposta errada e ignorar as explicações das alternativas. Fazendo com que você pense de maneira bem sistemática, você tem menos chances de cometer erros decorrentes da sua ignorância de características importantes de uma situação.

P: Como esse tipo de refutação se relaciona com o teste de hipóteses estatísticas?

R: O que você deve ter aprendido nas aulas de estatística (ou melhor, no Use a Cabeça Estatística) é um método de comparação entre a hipótese do candidato (a hipótese "alternada") e a hipótese base (a hipótese "nula"). A ideia é identificar uma situação que, caso seja verdadeira, faria com que a hipótese nula fosse quase impossível.

P: Então, por que não estamos usando esse método?

R: Uma das vantagens dessa abordagem é que ela permite que você agregue dados heterogêneos de qualidade amplamente variada. Esse método é a refutação, de maneira bem geral, o que o torna útil para a resolução de problemas muito complexos. Mas **certamente** é uma boa ideia aprofundar-se no teste de hipóteses frequentistas descrito acima, porque você não vai querer usar outra coisa nos testes onde os dados se encaixam nos parâmetros.

P: Eu acho que se meus colegas de trabalho me vissem raciocinando desse jeito, eles achariam que sou louco.

R: Eles certamente não vão pensar que você é louco se você aprender algo realmente importante. A aspiração dos bons analistas de dados é descobrir respostas não intuitivas para problemas complexos. Você contrataria um analista de dados que tivesse raciocínio totalmente convencional? Se você tem interesse em aprender algo novo sobre seus dados, você vai escolher a pessoa que pensa mais amplamente.

P: Parece que nem todas as hipóteses podem ser desmentidas com veemência. Como, por exemplo, algumas evidências podem ir contra uma hipótese sem *refutá-la*.

R: Exatamente.

P: E onde estão os dados em todo esse processo? Eu esperava ver muito mais números.

R: Os dados não são simplesmente uma grade de números. A refutação no teste de hipóteses permite que você tenha uma visão mais ampla dos "dados" e agregue muitos dados heterogêneos. Você pode colocar praticamente qualquer tipo de dado na estrutura da refutação.

P: Qual é a diferença entre usar a refutação para resolver um problema e usar a otimização para resolvê-lo?

R: São ferramentas diferentes para contextos diferentes. Em determinadas situações, você vai querer fazer com que o Solver trabalhe com seus dados até que você obtenha os valores ótimos e, em outras situações, você vai preferir usar a refutação para eliminar possíveis explicações para os seus dados.

P: Certo. E se eu não puder usar a refutação para eliminar *todas* as hipóteses?

R: Essa é a pergunta de $64.000. Vamos ver o que podemos fazer...

Bom trabalho! Certamente eu sei bem mais agora do que quando você entrou para o time. Mas você consegue fazer melhor que isso? Consegue eliminar mais duas hipóteses?

Nós ainda temos três hipóteses sobrando. Parece que a refutação não resolveu o problema por completo. Então, qual é o plano agora?

Como você escolhe entre as três hipóteses que sobraram?

Você sabe que é uma má ideia escolher a que parece ter maior apoio, e a refutação só ajudou a eliminar duas hipóteses, então, o que você deve fazer agora?

H2:
O lançamento será no mês que vem.

H3:
O lançamento será daqui a seis meses.

H4:
O lançamento será daqui a um ano.

Quais dessas hipóteses você considera como sendo a mais forte?

Aponte seu lápis

Quais são os benefícios e as desvantagens de cada uma das técnicas de eliminação de hipóteses?

Compare cada hipótese com as evidências e escolha a que tem mais confirmações.

....

....

....

....

Apresente todas as hipóteses e deixe que o cliente decida se deve começar a produzir os skins ou não.

....

....

....

....

Use as evidências para classificar as hipóteses, colocando primeiro as que apresentam menos evidências contra elas.

....

....

....

....

Aponte seu lápis
Solução

Você escolheu a técnica de eliminação de hipóteses que mais gostou?

Compare cada hipótese com as evidências e escolha a que tem mais confirmações.

Isso é perigoso. O problema é que as informações que eu tenho estão incompletas. Pode ser que haja alguma coisa realmente importante que eu desconheça. E, se isso for verdade, então, escolher a hipótese baseado naquilo que eu sei provavelmente vai me fornecer a resposta errada.

Apresente todas as hipóteses e deixe que o cliente decida se deve começar a produzir os skins ou não.

Certamente pode ser uma opção, mas o problema com isso é que eu não estou me responsabilizando pelas conclusões. Em outras palavras, eu não estou atuando como um analista de dados de verdade nem como alguém que simplesmente entrega os dados. Essa é uma abordagem muito fraca.

Use as evidências para classificar as hipóteses, colocando primeiro as que apresentam menos evidências contra elas.

Essa é a melhor. Eu já usei refutação para eliminar as coisas que eu tinha certeza que não poderiam ser verdade. Agora, mesmo que eu não possa eliminar as hipóteses que restaram, eu ainda posso usar as evidências para ver quais são mais fortes.

Espera aí. Se você colocar as hipóteses que parecem mais fortes no topo da lista, a gente não corre o risco do satisfazimento, e acabar escolhendo a que gostamos mais ao invés de escolher a que é melhor apoiada pelas evidências?

Não se você comparar suas evidências com suas hipóteses analisando a diagnosticidade delas.

A evidência é um **diagnóstico** se ajudar a classificar uma hipótese como sendo mais forte do que a outra, então, o seu método será olhar cada uma das hipóteses e compará-las entre si, bem como com as evidências, e ver qual tem melhor apoio.

Vamos tentar...

O Cantinho dos Estudiosos

Diagnosticidade é a habilidade que a evidência tem de ajudar-lhe a avaliar a probabilidade relativa das hipóteses que você está considerando. Se a evidência é o diagnóstico, ela o ajuda a classificar as hipóteses.

A diagnosticidade ajuda-o a encontrar a hipótese com a menor refutação.

As evidências e os dados são diagnósticos se ajudarem a avaliar os pontos fortes das hipóteses. As tabelas abaixo comparam as diferentes evidências com várias hipóteses. O sinal de "+" indica que a evidência **apoia** a hipótese, enquanto que o sinal de "-" indica que a evidência **está contra** a hipótese.

Na primeira tabela, a evidência é diagnóstica.

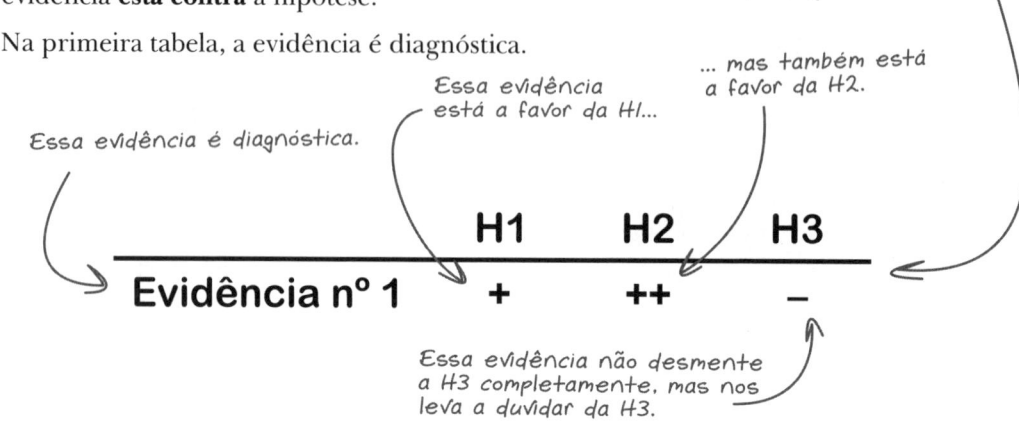

Os pesos que você dá a esses valores são analiticamente rigorosos mas subjetivos, então, use seu melhor julgamento.

Essa evidência está a favor da H1...

... mas também está a favor da H2.

Essa evidência é diagnóstica.

Essa evidência não desmente a H3 completamente, mas nos leva a duvidar da H3.

Por outro lado, na segunda tabela a evidência **não** é diagnóstico.

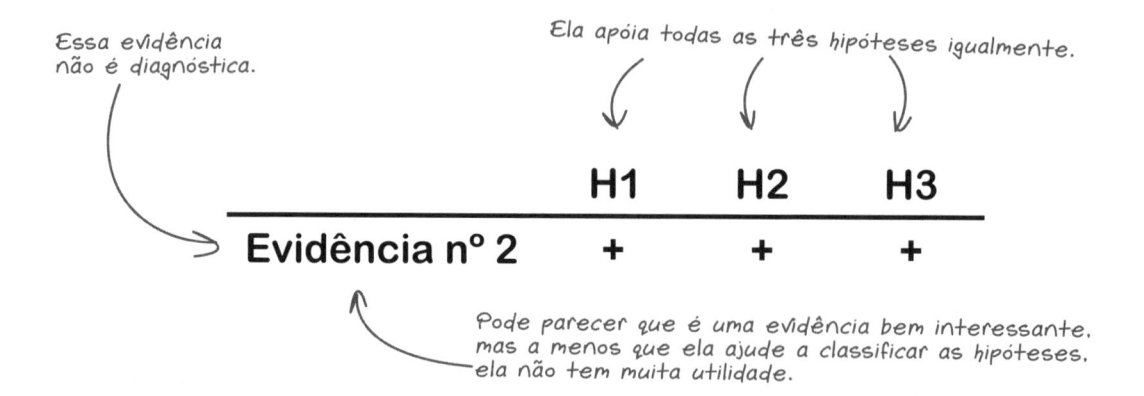

Essa evidência não é diagnóstica.

Ela apóia todas as três hipóteses igualmente.

Pode parecer que é uma evidência bem interessante, mas a menos que ela ajude a classificar as hipóteses, ela não tem muita utilidade.

Quando você está testando hipóteses, é importante identificar e procurar a evidência diagnóstica. A evidência que não é diagnóstica não leva ninguém a lugar nenhum.

Vamos tentar analisar a diagnosticidade das nossas evidências...

Exercício

Dê uma olhada mais de perto nas suas evidências comparando-as com cada uma de suas hipóteses. Utilize os símbolos de mais e de menos para classificar as suas hipóteses com diagnosticidade.

1 Diga se cada uma das evidências apoia ou desmente as hipóteses.

2 **Elimine** as evidências que *não são diagnósticas.*

	H2: O lançamento será no mês que vem.	H3: O lançamento será daqui a seis meses.	H4: O lançamento será daqui a um ano.
A PodPhone investiu mais nesse novo telefone do que qualquer outra empresa já investiu.			
Os recursos vão aumentar muito se comparados aos telefones da concorrência.			
O CEO da PodPhone disse "Não existe possibilidade de lançar o novo telefone amanhã."			
Um concorrente acabou de lançar um telefone excelente.			
A economia e os gastos dos consumidores estão subindo, portanto, é uma boa hora para vender telefones.			
Há um boato de que o CEO da PodPhone disse que não haveria novos lançamentos por um ano.			

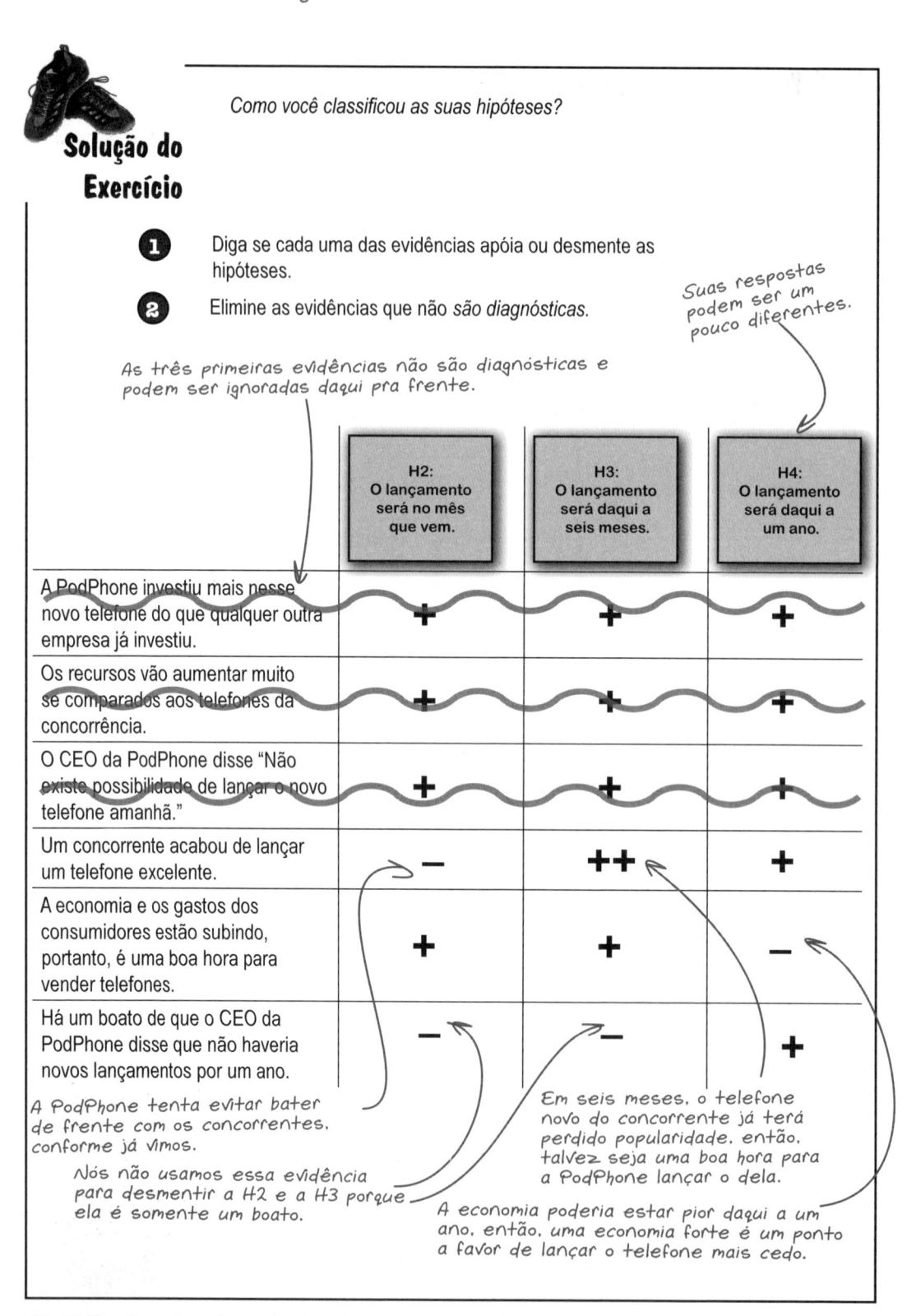

Solução do Exercício

Como você classificou as suas hipóteses?

1 Diga se cada uma das evidências apóia ou desmente as hipóteses.

2 Elimine as evidências que não *são diagnósticas*.

Suas respostas podem ser um pouco diferentes.

As três primeiras evidências não são diagnósticas e podem ser ignoradas daqui pra frente.

	H2: O lançamento será no mês que vem.	H3: O lançamento será daqui a seis meses.	H4: O lançamento será daqui a um ano.
A PodPhone investiu mais nesse novo telefone do que qualquer outra empresa já investiu.	+	+	+
Os recursos vão aumentar muito se comparados aos telefones da concorrência.	+	+	+
O CEO da PodPhone disse "Não existe possibilidade de lançar o novo telefone amanhã."	+	+	+
Um concorrente acabou de lançar um telefone excelente.	–	++	+
A economia e os gastos dos consumidores estão subindo, portanto, é uma boa hora para vender telefones.	+	+	–
Há um boato de que o CEO da PodPhone disse que não haveria novos lançamentos por um ano.	–	–	+

A PodPhone tenta evitar bater de frente com os concorrentes, conforme já vimos.

Nós não usamos essa evidência para desmentir a H2 e a H3 porque ela é somente um boato.

Em seis meses, o telefone novo do concorrente já terá perdido popularidade, então, talvez seja uma boa hora para a PodPhone lançar o dela.

A economia poderia estar pior daqui a um ano, então, uma economia forte é um ponto a favor de lançar o telefone mais cedo.

Você não pode eliminar todas as hipóteses, mas você pode dizer qual é a mais forte

Enquanto que as evidências que você tem à sua disposição não permitem que você elimine todas as hipóteses, você pode ficar com as três que sobraram e descobrir qual delas é menos desmentida pelas evidências.

Essa hipótese vai ser sua melhor aposta, até que você descubra mais coisas.

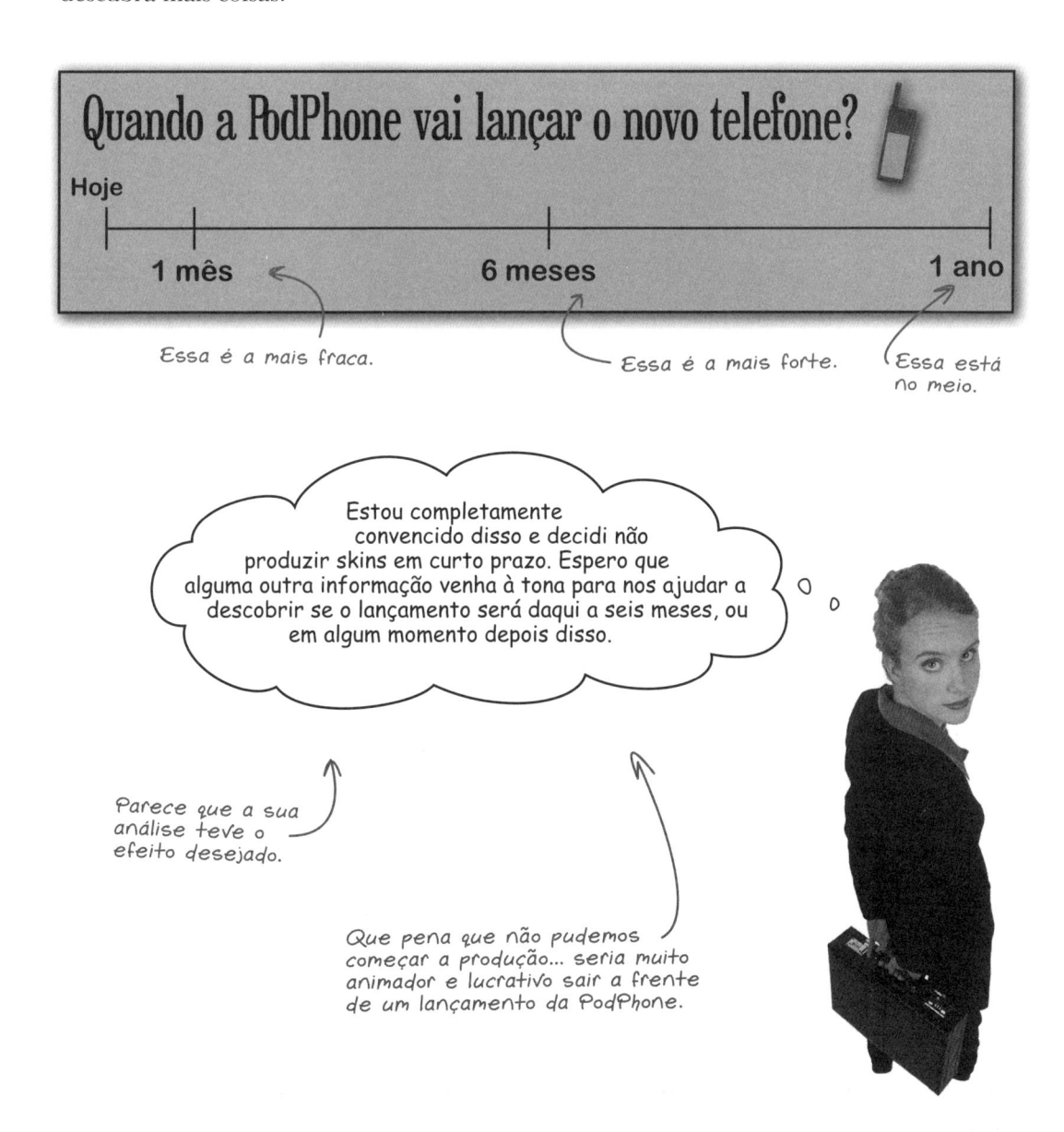

Quando a PodPhone vai lançar o novo telefone?

Hoje

| 1 mês | 6 meses | 1 ano |

Essa é a mais fraca.

Essa é a mais forte.

Essa está no meio.

Estou completamente convencido disso e decidi não produzir skins em curto prazo. Espero que alguma outra informação venha à tona para nos ajudar a descobrir se o lançamento será daqui a seis meses, ou em algum momento depois disso.

Parece que a sua análise teve o efeito desejado.

Que pena que não pudemos começar a produção... seria muito animador e lucrativo sair a frente de um lançamento da PodPhone.

Você acabou de receber uma foto mensagem...

Seu colega de trabalho acabou de ver os funcionários da PodPhone em um restaurante agorinha mesmo.

Eles estão **distribuindo telefones novos** e, embora seu contato não consiga chegar perto o suficiente para ver com clareza, ele acha que pode ser o modelo novo.

Por que todos os funcionários da PodPhone estariam comemorando em um restaurante?

Distribuindo telefones? Todo mundo parece meio moldado, mas, por que dar uma festa para as pessoas que já estão moldadas?

Essa é uma evidência nova.

É melhor dar uma olhada nas suas hipóteses de novo. Você pode adicionar essa informação nova ao seu teste de hipóteses e executá-lo novamente. Talvez essa informação ajude-o a diferenciar ainda mais suas hipóteses.

Aponte seu lápis

Faça o seu teste de hipóteses novamente, dessa vez com a sua mais nova evidência.

	H2: O lançamento será no mês que vem.	H3: O lançamento será daqui a seis meses.	H4: O lançamento será daqui a um ano.
Um concorrente acabou de lançar um telefone excelente.	–	++	+
A economia e os gastos dos consumidores estão subindo, portanto, é uma boa hora para vender telefones.	+	+	–
Há um boato de que o CEO da PodPhone disse que não haveria novos lançamentos por um ano.	–	–	+

Escreva a sua evidência nova aqui.

1 Adicione a nova evidência à lista. Determine a força diagnóstica da evidência nova.

2 Essa nova evidência muda a sua avaliação com relação ao fato de a PodPhone estar prestes a lançar o novo telefone (e se a ElectroSkinny deve começar a produzir)?

....

....

....

Aponte seu lápis
Solução

A sua nova evidência mudou suas ideias sobre os pontos fortes das suas hipóteses? Como?

	H2: O lançamento será no mês que vem.	H3: O lançamento será daqui a seis meses.	H4: O lançamento será daqui a um ano.
Um concorrente acabou de lançar um telefone excelente.	−	++	+
A economia e os gastos dos consumidores estão subindo, portanto, é uma boa hora para vender telefones.	+	+	−
Há um boato de que o CEO da PodPhone disse que não haveria novos lançamentos por um ano.	−	−	+
A equipe de desenvolvimento foi vista em uma comemoração, com distribuição de novos telefones.	+++	−	−

Essa é importantíssima!

1 Adicione a nova evidência à lista. Determine a força diagnóstica da evidência nova.

2 Essa nova evidência muda a sua avaliação com relação ao fato de a PodPhone estar prestes a lançar o novo telefone (e se a ElectroSkinny deve começar a produzir) ?

Claro. É meio difícil imaginar que a equipe estaria comemorando e distribuindo telefones se eles não fossem lançar um telefone novo em breve. Nós já eliminamos o lançamento amanhã, e agora, parece que a H2 é nossa melhor aposta.

É o lançamento!

Sua análise estava correta, e a ElectroSkinny produziu uma nova linha de skins para o novo modelo de PodPhone.

Graças a você, nós conseguimos ver que o lançamento estava próximo e nos preparamos para isso com vários skins maravilhosos. E ainda, todos os nossos concorrentes acharam que a PodPhone não ia lançar um modelo novo, então, fomos os únicos a postos e agora estamos obtendo ótimos lucros.

Bom trabalho!

6 estatística bayesiana

Passe da primeira fase

Ele diz que não é como os outros caras, mas **exatamente** como ele é diferente?

Você sempre vai coletar dados novos.

E você precisa ter certeza que todas as análises que você faz incorporam os dados que possui e que são relevantes para o seu problema. Você aprendeu como a falsificação pode ser usada para lidar com fontes de dados heterogêneas, mas e as reais probabilidades? A resposta envolve uma ferramenta analítica extremamente útil chamada regra de Bayes, que vai ajudá-lo a incorporar suas taxas básicas para revelar percepções não tão óbvias com relação aos dados que mudam constantemente.

O médico tem notícias perturbadoras

Seus olhos não estão lhe enganando. Seu médico acabou de lhe diagnosticar com a gripe dos lagartos.

A ***boa notícia*** é que a gripe dos lagartos não é fatal, e você pode se recuperar completamente após algumas semanas de tratamento. A ***notícia ruim*** é que a gripe dos lagartos é um verdadeiro inferno. Você terá de faltar ao trabalho e você terá que se afastar das pessoas com quem convive por algumas semanas.

Tosse

Você!

RESULTADO DO TESTE DE GRIPE DOS LAGARTOS

Data: **Hoje**

Nome: **Use a Cabeça Análise de Dados**

Diagnóstico: **Positivo**

A seguir, você encontra algumas informações sobre a gripe dos lagartos:

A gripe os lagartos é uma doença tropical que foi primeiramente observada pelos pesquisadores de lagartos na América do Sul.

A doença é altamente contagiosa e os pacientes infectados precisam passar por um período de quarentena em suas casas por, no mínimo, seis semanas.

Os pacientes diagnosticados com a gripe dos lagartos relatam "saborear o ar" e, em casos mais extremos, desenvolvem cromatóforos e pés zigodáctilos temporários.

Seu médico tem certeza de que você tem a doença, mas visto que você se tornou tão hábil com dados, você vai querer dar uma olhada no **teste** e ver se ele é **realmente preciso**.

Aponte seu lápis

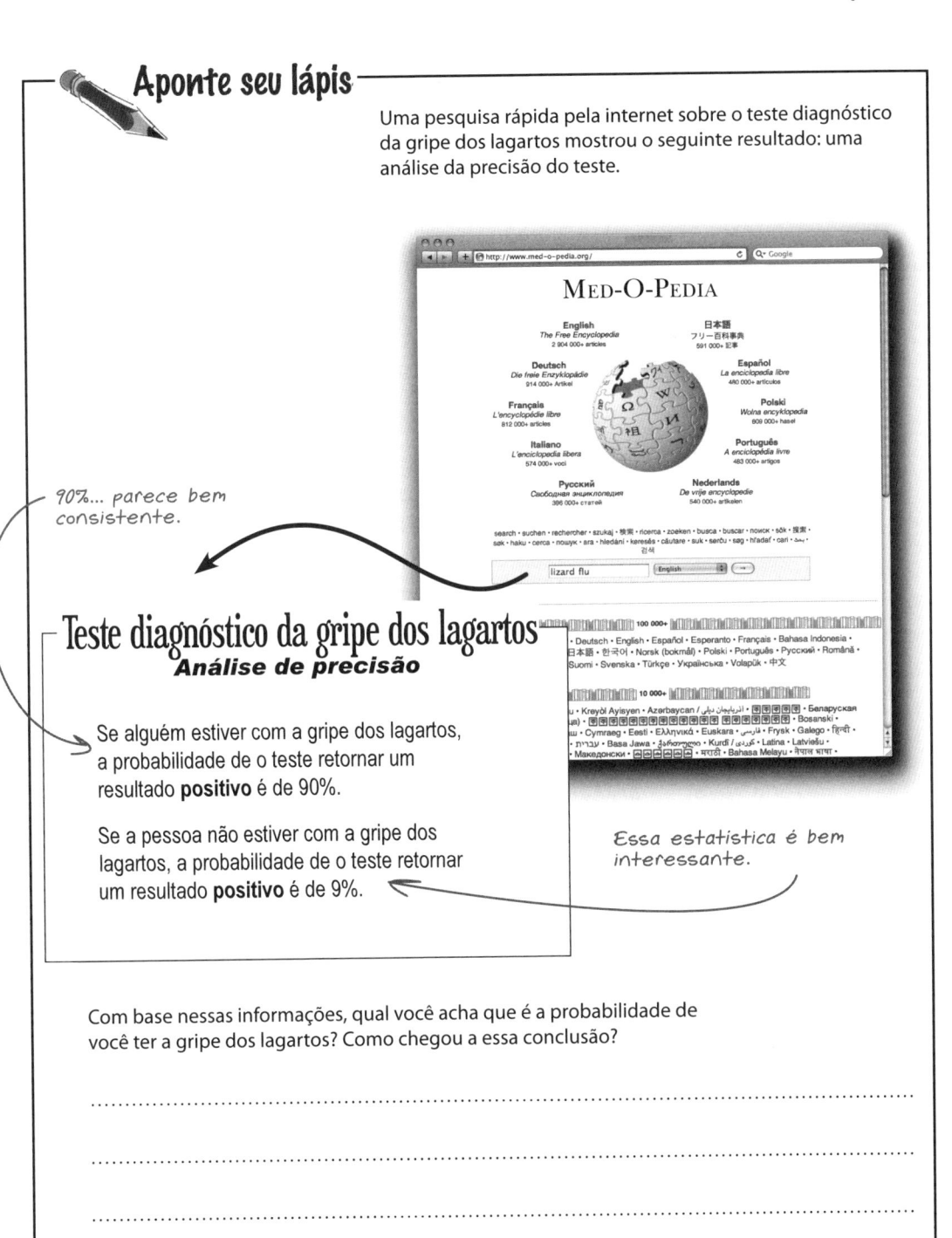

Uma pesquisa rápida pela internet sobre o teste diagnóstico da gripe dos lagartos mostrou o seguinte resultado: uma análise da precisão do teste.

90%... parece bem consistente.

Teste diagnóstico da gripe dos lagartos
Análise de precisão

Se alguém estiver com a gripe dos lagartos, a probabilidade de o teste retornar um resultado **positivo** é de 90%.

Se a pessoa não estiver com a gripe dos lagartos, a probabilidade de o teste retornar um resultado **positivo** é de 9%.

Essa estatística é bem interessante.

Com base nessas informações, qual você acha que é a probabilidade de você ter a gripe dos lagartos? Como chegou a essa conclusão?

....

....

....

....

Aponte o seu lápis
Solução

Você acabou de ver dados sobre a eficácia do teste diagnóstico da gripe dos lagartos. Qual foi sua decisão sobre suas chances de ter a gripe dos lagartos?

Teste diagnóstico da gripe dos lagartos
Análise de precisão

Se alguém estiver com a gripe dos lagartos, a probabilidade de o teste retornar um resultado **positivo** é de 90%.

Se a pessoa não estiver com a gripe dos lagartos, a probabilidade de o teste retornar um resultado **positivo** é de 9%.

Com base nessas informações, qual você acha que é a probabilidade de você ter a gripe dos lagartos? Como chegou a essa conclusão?

Parece que as chances seriam de 90% se eu tivesse a doença. Mas nem todo mundo tem a doença, conforme mostra a segunda estatística. Então, eu deveria rever e diminuir minha estimativa. Mas parece que a resposta não será exatamente 90% – 9% = 81%, porque isso seria fácil demais. Então, eu não sei, talvez 75%?

A resposta é bem menor que 75%

Veja bem!

75% é a resposta que a maioria das pessoas dá a esse tipo de pergunta. E elas estão bem enganadas.

Não somente 75% é a resposta errada, como também nem está perto da resposta correta. E se você começasse a tomar decisões com a ideia de que você tem 75% de chances de estar com a gripe dos lagartos, você estaria cometendo um erro ainda maior.

Há muito em jogo para obter a resposta correta para essa pergunta.

Certamente nós vamos verificar isso a fundo...

Vamos fazer a análise de precisão passo a passo

Existem duas afirmações diferentes, e obviamente importantes, sobre o teste: o índice no qual o teste retorna como positivo varia de acordo com o fato de a pessoa estar ou não com a gripe dos lagartos.

Então, vamos **imaginar dois mundos diferentes**, um onde muitas pessoas estão com a gripe dos lagartos, e outro onde poucas pessoas estão com a gripe, e depois, vamos analisar a afirmação sobre o resultado "positivo" para as pessoas que *não* estão com a gripe dos lagartos.

Comece aqui.

Teste diagnóstico da gripe dos lagartos
Análise de precisão

Se alguém estiver com a gripe dos lagartos, a probabilidade de o teste retornar um resultado **positivo** é de 90%.

Se a pessoa não estiver com a gripe dos lagartos, a probabilidade de o teste retornar um resultado **positivo** é de 9%.

Vamos entender de verdade o sentido dessa frase...

Aponte o seu lápis

Dê uma olhada novamente na segunda afirmação e responda a pergunta abaixo:

Teste diagnóstico da gripe dos lagartos
Análise de precisão

Se a pessoa não estiver com a gripe dos lagartos, a probabilidade de o teste retornar um resultado **positivo** *é de 9%.*

Reflita muito bem sobre isso.

Situação 1	Situação 2
Se **90 de 100 pessoas estão com a gripe**, quantas pessoas que não estão com gripe apresentam resultado positivo?	Se **10 de 100 pessoas estão com a gripe**, quantas pessoas que não estão com gripe apresentam resultado positivo?
....	....
....	....
....	....

 **Aponte seu lápis**

O número de pessoas que está com gripe afeta o número de pessoas que recebem resultado positivo erroneamente?

Teste diagnóstico da gripe dos lagartos
Análise de precisão

Se a pessoa não estiver com a gripe dos lagartos, a probabilidade de o teste retornar um resultado **positivo** é de 9%.

Situação 1	Situação 2
Se **90 de 100 pessoas estão com a gripe**, quantas pessoas que não estão com gripe apresentam resultado positivo?	Se **10 de 100 pessoas estão com a gripe**, quantas pessoas que não estão com gripe apresentam resultado positivo?
Isso significa que 10 pessoas não estão com gripe, então, tiramos 9% dessas 10 pessoas, e vemos que 1 pessoa que apresenta resultado positivo não está com a gripe.	*Isso significa que 90 pessoas não estão com gripe, então, tiramos 9% dessas 90 pessoas, e vemos que 10 pessoas que apresentam resultado positivo não estão com a gripe.*

A gripe dos lagartos é muito comum?

Pelo menos quando se trata de situações nas quais as pessoas que *não* estão com gripe apresentam resultados positivos, parece que a prevalência da gripe dos lagartos na população geral faz diferença.

Na verdade, a menos que saibamos **quantas pessoas *já* tiveram a gripe dos lagartos**, além da análise de precisão do teste, simplesmente não conseguiremos descobrir qual é a probabilidade de você ter a gripe.

> Nós precisamos de mais dados para encontrar sentido neste teste diagnóstico.

Você está contando os falso-positivos

No exercício anterior, você contou o número de pessoas que obtiverem um resultado *positivo erroneamente*. Esses casos são chamados de **falso-positivos.**

E aqui temos a Situação 2, na qual poucas pessoas estão com a doença.

Essa é a Situação 1, na qual muitas pessoas estão com a gripe dos lagartos.

pessoas com gripe dos lagartos

pessoas que não estão com a gripe

falso-positivos

não estão com gripe

falso-positivos

pessoas com gripe

9% das pessoas que não estão com a gripe é somente 1 falso-positivo.

9% das pessoas que não estão com a gripe é uma quantidade significante de falso-positivos!

O oposto do falso-positivo é o negativo verdadeiro

Além de observar de perto os falso-positivos, você também esteve pensando nos **negativos verdadeiros**. Negativos verdadeiros são situações onde as pessoas que *não* estão com a doença obtêm um resultado *negativo* no teste.

Se você não estiver com a gripe dos lagartos, o resultado do teste será falso positivo ou negativo verdadeiro.

Índice de falso-positivos

Índice de negativos verdadeiros

Se a pessoa não estiver com a gripe dos lagartos, a probabilidade de o teste retornar um resultado **positivo** é de 9%.

Se a pessoa não estiver com a gripe dos lagartos, a probabilidade de o teste retornar um resultado **negativo** é de 91%.

Aponte seu lápis

Qual termo você acha que descreva essa frase e o que você acha que é o oposto dessa afirmação?

Se alguém estiver com a gripe dos lagartos, a probabilidade de o teste retornar um resultado **positivo** é de 90%.

....

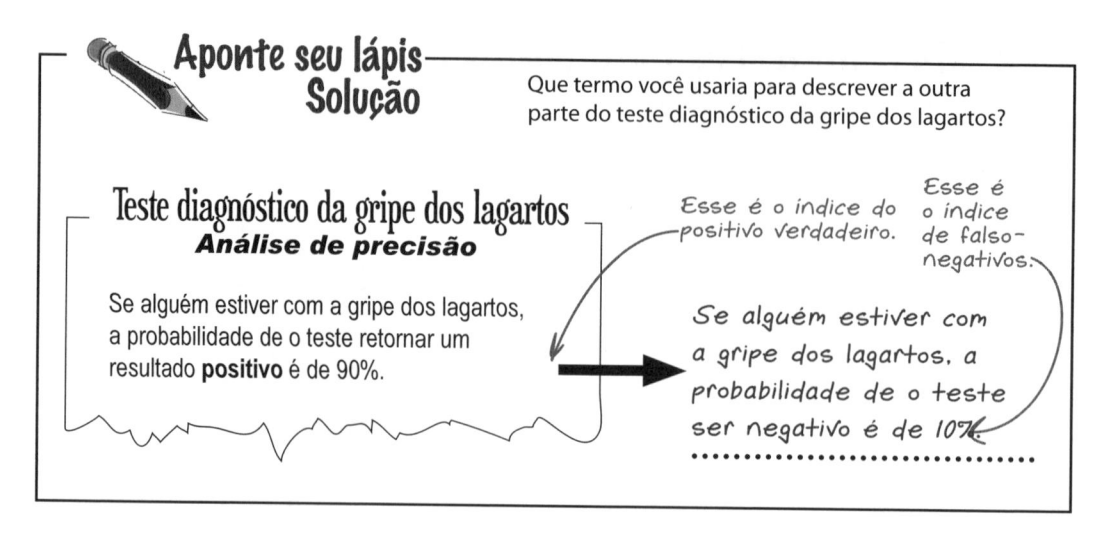

Aponte seu lápis — Solução

Que termo você usaria para descrever a outra parte do teste diagnóstico da gripe dos lagartos?

Teste diagnóstico da gripe dos lagartos
Análise de precisão

Se alguém estiver com a gripe dos lagartos, a probabilidade de o teste retornar um resultado **positivo** é de 90%.

Esse é o índice do positivo verdadeiro.

Esse é o índice de falso-negativos.

Se alguém estiver com a gripe dos lagartos, a probabilidade de o teste ser negativo é de 10%.

Todos esses termos descrevem probabilidades condicionais

Probabilidade condicional da probabilidade de algum evento *considerando* que algum outro evento aconteceu. *Presumindo* que alguém tenha um resultado positivo, quais são as chances de a pessoa realmente estar com a gripe dos lagartos?

Agora você pode ver as frases que temos usado em denotação de probabilidade condicional:

Essa é a probabilidade de um resultado de teste positivo, considerando que a pessoa <u>~não</u> está com a gripe.

Isso representa os negativos verdadeiros.

Isso represente os positivos verdadeiros.

Isso representa os falso-negativos.

Isso representa os falso-positivos.

$$P(+|\sim L) = 1 - P(-|\sim L)$$

$$P(+|L) = 1 - P(-|L)$$

Essa é a probabilidade de um resultado de teste positivo, considerando a gripe dos lagartos.

O símbolo til (~) significa que a afirmação L não é verdadeira.

— A Denotação de Probabilidade Condicional Mais de Perto

Vamos dar olhada no que cada símbolo representa:

A probabilidade de gripe dos lagartos, considerando um resultado de teste positivo.

probabilidade ⌐ ⌐ considerando

$$P(L|+)$$

gripe dos lagartos ⌐ ⌐ resultado de teste positivo

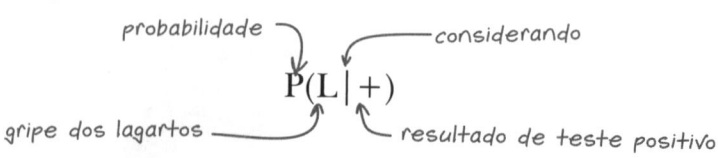

Você precisa contar

- os falso-positivos,
- positivos verdadeiros,
- falso-negativos e
- negativos verdadeiros

Descobrir a sua probabilidade de estar com a gripe dos lagartos envolve saber quantas *pessoas* esses números *realmente* representam.

Quantas pessoas realmente se encaixam em cada um desses grupos de probabilidade?

P(+|~L), a probabilidade de o teste de alguém dar **positivo**, considerando que a pessoa **não** está com a gripe

P(+|L), a probabilidade de o teste de alguém dar **positivo**, considerando que a pessoa **está** com a gripe

P(-|L), a probabilidade de o teste de alguém dar **negativo**, considerando que a pessoa **está** com a gripe

P(-|~L), a probabilidade de o teste de alguém dar **negativo**, considerando que a pessoa **não** está com a gripe

Mas, primeiro, você precisa saber quantas pessoas estão com a gripe dos lagartos. Daí, você pode usar essas porcentagens para calcular quantas pessoas realmente se encaixam em cada uma dessas categorias.

É, entendi. Então, quantas pessoas estão com a gripe dos lagartos?

Esse é o número que você quer!

P(L|+)

Qual é a probabilidade da gripe dos lagartos, considerando um resultado de teste positivo?

1 por cento das pessoas estão com a gripe de lagartos

Esse é o número que você precisa para poder interpretar o seu teste. Acontece que 1 por cento da população está com a gripe dos lagartos. Em termos humanos, é bastante gente. Mas, como porcentagem da população total, parece um número bem pequeno.

Um por cento é a taxa básica. Antes de aprender qualquer coisa nova sobre os pacientes por conta do teste, você sabe que somente 1 por cento da população está com a gripe dos lagartos. É por isso que as taxas básicas também são chamadas de **probabilidade prévia**.

Centro de Rastreamento de Doença está de olho na gripe dos lagartos

Estudo descobre que 1 por cento da população nacional está com a gripe

De acordo com os dados mais recentes, obtidos semana passada, 1 por cento da população nacional está infectada com a nova gripe. Embora a gripe dos lagartos raramente leve ao óbito, as pessoas infectados precisam ficar em quarentena para evitar que as outras pessoas acabem infectadas.

Preste atenção às ilusões da taxa básica

Eu achei que esse índice de positivos verdadeiros de 90% significasse que você tem grandes chances de estar com a gripe!

Isso é uma ilusão!

Sempre observe as taxas básicas. Pode ser que você não tenha os dados de taxa básica em todas as situações, mas se você tiver uma taxa básica e não usá-la, você vai acabar sendo vítima da **ilusão da taxa básica**, onde você ignora seus dados anteriores e toma as decisões erradas por conta disso.

Neste caso, seu julgamento sobre a probabilidade de estar com a gripe dos lagartos depende *completamente* da taxa básica, e, visto que a taxa básica acabou sendo 1 por cento, **aquele índice de positivos verdadeiros de 90% no teste não parece tão revelador**.

Aponte seu lápis

Calcule a probabilidade de você estar com a gripe dos lagartos. Presumindo que você comece com 1.000 pessoas, complete os espaços em branco, dividindo-os em grupos de acordo com suas taxas básicas e as especificações do teste.

Teste diagnóstico da gripe dos lagartos
Análise de precisão

Se alguém estiver com a gripe dos lagartos, a probabilidade de o teste retornar um resultado **positivo** é de 90%.

Se a pessoa não estiver com a gripe dos lagartos, a probabilidade de o teste retornar um resultado **positivo** é de 9%.

Lembre-se: 1% das pessoas estão com a gripe dos lagartos.

1.000 pessoas

....
Número de pessoas que estão com a gripe

....
Número de pessoas que não estão com a gripe

....
O número que recebe resultado positivo

....
O número que recebe resultado negativo

....
O número que recebe resultado positivo

....
O número que recebe resultado negativo

A probabilidade de você estar com a gripe, considerando que seu teste foi positivo

=

$$\frac{\text{nº de pessoas que estão com a gripe e o teste deu positivo}}{(\text{nº de pessoas que estão com a gripe e o teste deu positivo}) + (\text{nº de pessoas que não estão com a gripe e o teste deu positivo})}$$

=

....

Aponte seu lápis
Solução

Qual foi seu cálculo sobre a nova probabilidade de você estar com a gripe?

Teste diagnóstico da gripe dos lagartos
Análise de precisão

Se alguém estiver com a gripe dos lagartos, a probabilidade de o teste retornar um resultado **positivo** é de 90%.

Se a pessoa não estiver com a gripe dos lagartos, a probabilidade de o teste retornar um resultado **positivo** é de 9%.

1.000 pessoas

9% das pessoas cujo resultado foi positivo estão com a gripe.

91% das pessoas cujo resultado foi positivo não <u>estão</u> com a gripe.

10

990

Número de pessoas que estão com a gripe

Número de pessoas que não estão com a gripe

9

1

89

901

O número que recebe resultado positivo

O número que recebe resultado negativo

O número que recebe resultado positivo

O número que recebe resultado negativo

A probabilidade de você estar com a gripe, considerando que seu teste foi positivo

$=$

$$\frac{\text{n}^{\text{o}} \text{ de pessoas que estão com a gripe e o teste deu positivo}}{(\text{n}^{\text{o}} \text{ de pessoas que estão com a gripe e o teste deu positivo}) + (\text{n}^{\text{o}} \text{ de pessoas que não estão com a gripe e o teste deu positivo})}$$

$= \dfrac{9}{9+89} = 0.09$

Eu tenho 9% de chances de estar com a gripe dos lagartos!

Suas chances de pegar a gripe dos lagartos ainda são muito baixas

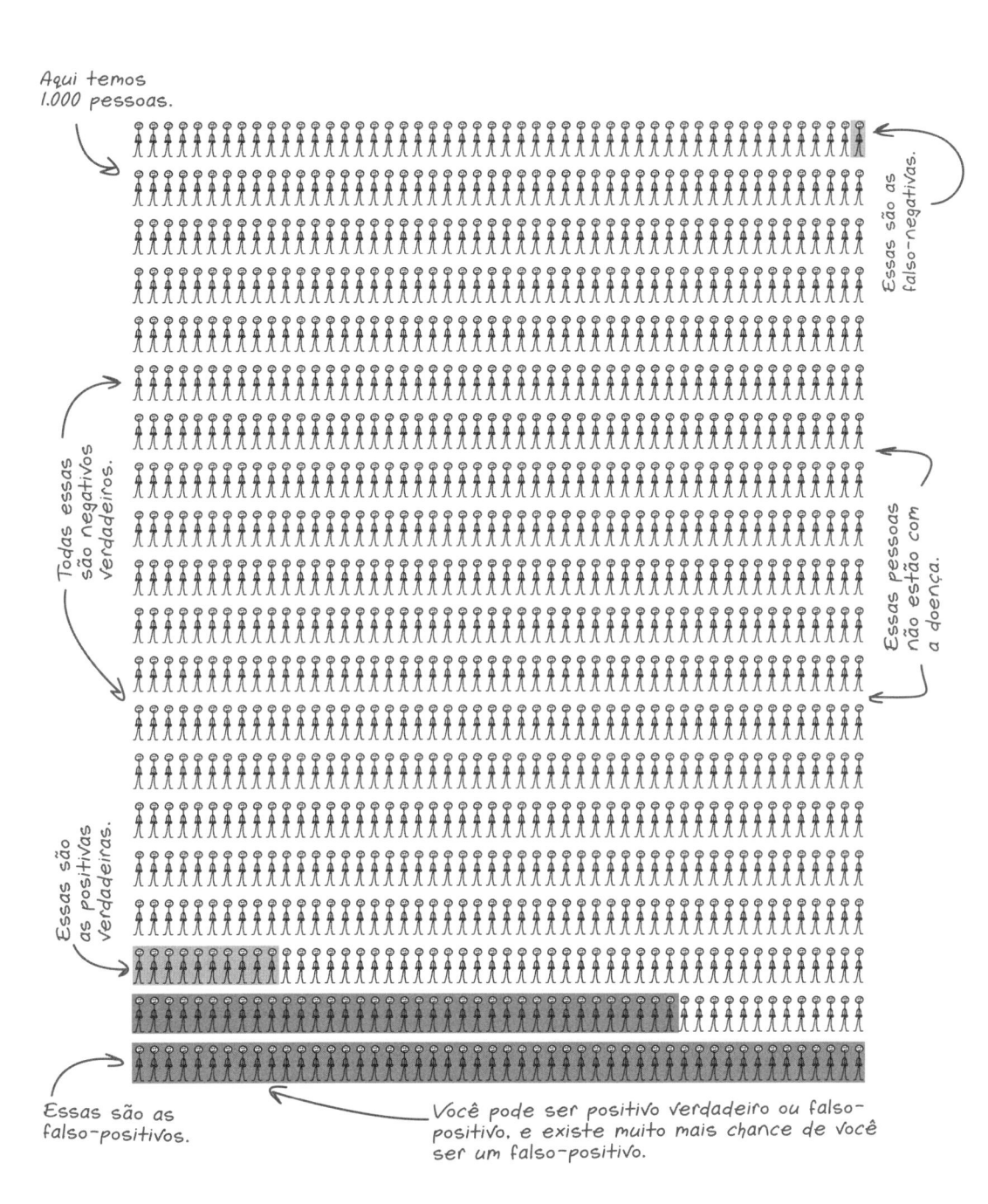

Aqui temos 1.000 pessoas.

Essas são as falso-negativas.

Todas essas são negativos verdadeiros.

Essas pessoas não estão com a doença.

Essas são as positivas verdadeiras.

Essas são as falso-positivos.

Você pode ser positivo verdadeiro ou falso-positivo, e existe muito mais chance de você ser um falso-positivo.

Realize raciocínios probabilísticos complexos com números inteiros simples

Aqui você tem ferramentas para lidar com números inteiros.

Quando você viu que estava trabalhando com 1.000 pessoas, você mudou das probabilidades decimais para **números inteiros**. Visto que nossos cérebros não são bem equipados desde o nascimento para processar probabilidades numéricas, a conversão de probabilidades para números inteiros, e então, raciocinar em cima desses números, é uma maneira bem eficaz de evitar erros.

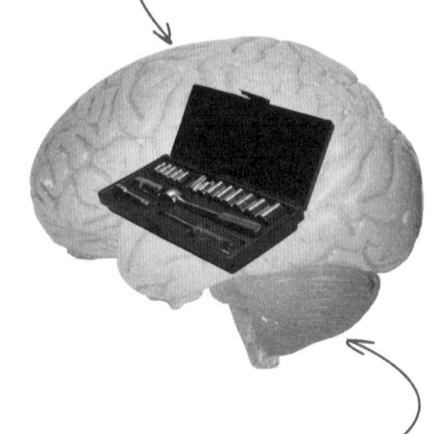

A regra de Bayes gerencia sua taxa básica quando você recebe dados novos

Mas as probabilidades não são tão salientes quanto os números inteiros.

Acredite ou não, você acabou de fazer uma implementação com muito bom senso da regra de Bayes, uma fórmula estatística incrivelmente poderosa que permite o uso da taxa básica junto com as probabilidades condicionais para estimar novas probabilidades condicionais.

Caso quisesse realizar os mesmos cálculos no modo algébrico, você poderia usar esse monstro de fórmula:

Essa fórmula vai lhe dar o mesmo resultado que você acabou de calcular.

A probabilidade de estar com a gripe dos lagartos, considerando um resultado de teste positivo.

A taxa básica (pessoas que estão com a gripe).

O índice positivo verdadeiro.

$$P(L\,|+) = \frac{P(L)P(+\,|\,L)}{P(L)P(+\,|\,L) + P(-)P(+\,|\sim L)}$$

A taxa básica (pessoas que não estão com a gripe).

O índice falso-positivo.

Você pode usar a regra de Bayes repetidamente

A regra de Bayes é uma ferramenta importante para a análise de dados, porque ela oferece uma maneira precisa de incorporar novas informações na sua análise.

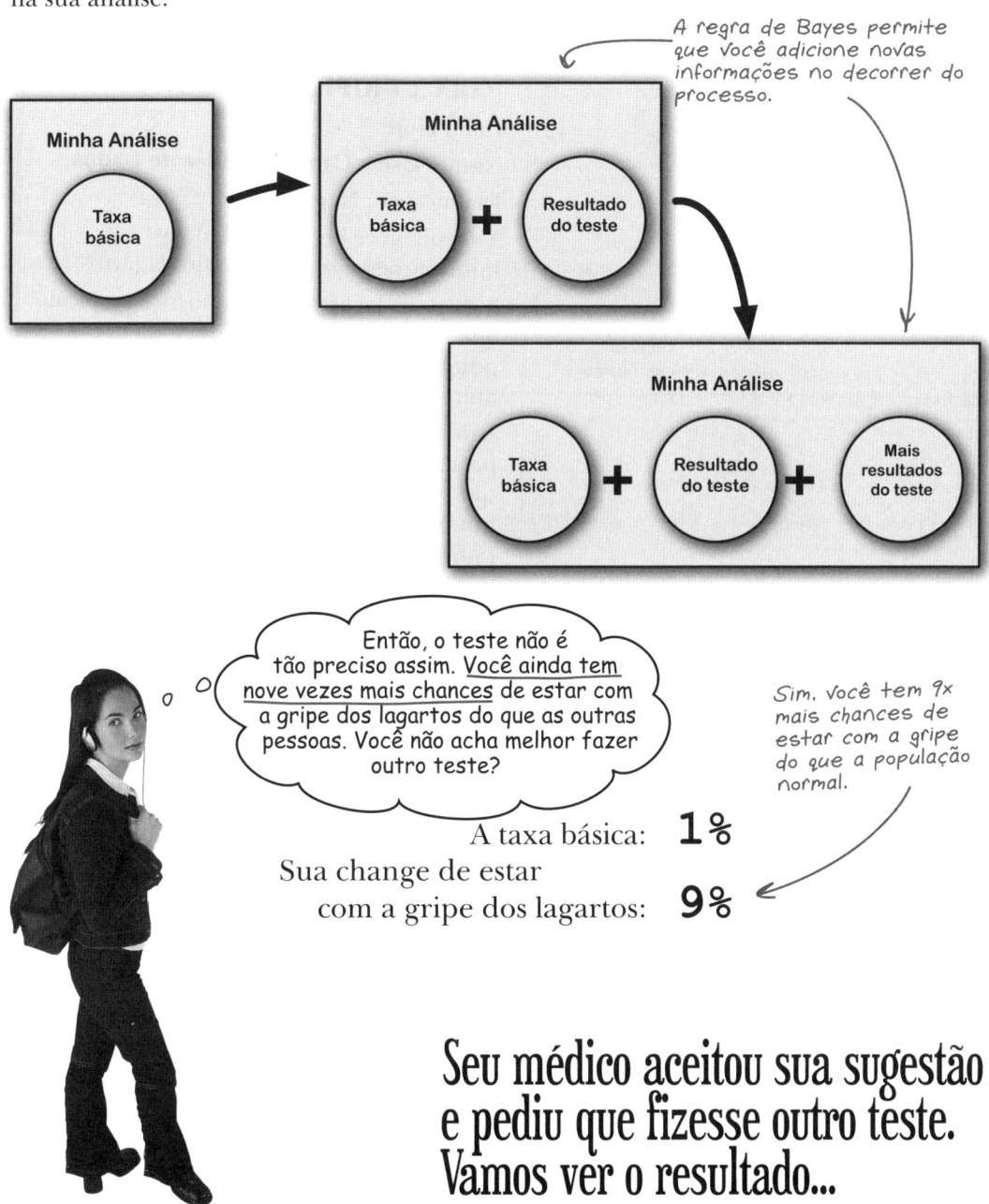

Seu médico aceitou sua sugestão e pediu que fizesse outro teste. Vamos ver o resultado...

O resultado do seu segundo teste é negativo

Na primeira vez, o médico não pediu que você fizesse o teste mais eficiente e *avançado* porque custa um pouco caro. Mas, agora que o seu resultado foi positivo para o primeiro teste (mais barato, menos preciso), ele achou que era hora de fazer o teste melhor.

> **RESULTADO DO TESTE AVANÇADO PARA A GRIPE DOS LAGARTOS**
>
> Data: **Hoje**
>
> Nome: **Use a Cabeça Análise de Dados**
>
> Diagnóstico: **Negativo**
>
> A seguir, você encontra algumas informações sobre a gripe dos lagartos:
>
> A gripe os lagartos é uma doença tropical que foi primeiramente observada pelos pesquisadores de lagartos na América do Sul.
>
> A doença é altamente contagiosa e os pacientes infectados precisam passar por um período de quarentena em suas casas por, no mínimo, seis semanas.
>
> Os pacientes diagnosticados com a gripe dos lagartos relatam "saborear o ar" e, em casos mais extremos, desenvolvem cromatóforos e pés zigodáctilos temporários.

O médico pediu um teste um pouco diferente: o teste diagnóstico avançado para a gripe dos lagartos

Que alívio!

Veja bem!

Você errou essas probabilidades antes.

É melhor trabalhar com os números novamente. Agora, você sabe que responder ao resultado do teste (ou mesmo às estatísticas de precisão do teste) sem analisar a taxa básica é sinônimo de confusão.

O novo teste possui estatísticas de precisão diferentes

Utilizando a sua taxa básica, você pode usar as novas estatísticas do teste para calcular a nova probabilidade de estar com a gripe dos lagartos.

Esse é o primeiro teste que você fez.

Teste diagnóstico da gripe dos lagartos
Análise de precisão

Se alguém estiver com a gripe dos lagartos, a probabilidade de o teste retornar um resultado **positivo** é de 90%.

Se a pessoa não estiver com a gripe dos lagartos, a probabilidade de o teste retornar um resultado **positivo** é de 9%.

Esse último teste é mais caro, porém, mais poderoso.

Teste diagnóstico avançado da gripe dos lagartos
Análise de precisão

Se alguém estiver com a gripe dos lagartos, a probabilidade de o teste retornar um resultado **positivo** é de 99%.

Se a pessoa não estiver com a gripe dos lagartos, a probabilidade de o teste retornar um resultado **positivo** é de 1%.

Os números de precisão são bem mais fortes.

> Devemos usar a mesma taxa básica de antes? O resultado do seu teste foi positivo. Parece que isso deve contar para alguma coisa.

✏️ Aponte seu lápis

Qual você acha que deve ser a taxa básica?

....

....

Aponte seu lápis
Solução

Qual você acha que deve ser a taxa básica?

1% não pode ser a taxa básica. A nova taxa básica é o 9% que acabamos de calcular, porque esse número é minha probabilidade de estar com a doença.

Informações novas podem mudar sua taxa básica

1% de toda a população está com a gripe

Taxa básica antiga

Quando você recebeu o resultado do seu primeiro teste, você usou como taxa básica a incidência de **todo mundo** na população para a gripe dos lagartos.

Você pertencia a esse grupo.

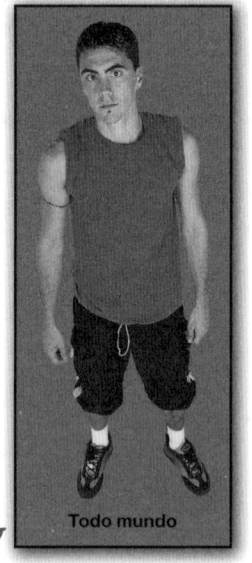

Todo mundo

Mas, com o teste, você aprendeu que a sua probabilidade de estar com a gripe dos lagartos é mais alta que a taxa básica. Essa probabilidade é a sua nova taxa básica, porque agora você pertence ao grupo de pessoas que obtiveram resultado positivo no teste.

Apenas uma pessoa normal... nada marcante.

... agora você faz parte desse grupo.

9% das pessoas que tiveram resultado positivo estão com a gripe

Sua nova taxa básica

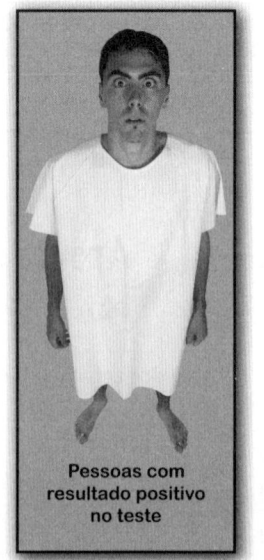

Pessoas com resultado positivo no teste

Vamos correr e aplicar a regra de Bayes novamente...

 **Aponte seu lápis**

Utilizando o novo teste e a sua taxa básica revisada, vamos calcular a probabilidade de você estar com a gripe dos lagartos, considerando seus resultados.

Teste diagnóstico avançado da gripe dos lagartos
Análise de precisão

Se alguém estiver com a gripe dos lagartos, a probabilidade de o teste retornar um resultado **positivo** é de 99%.

Se a pessoa não estiver com a gripe dos lagartos, a probabilidade de o teste retornar um resultado **positivo** é de 1%.

Lembre-se: 9% das pessoas como você estão com a gripe.

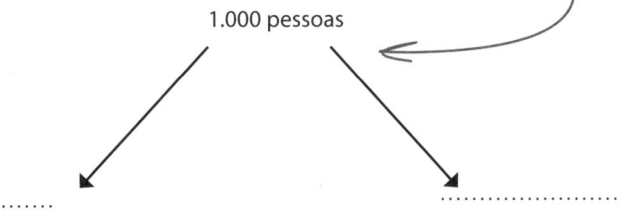

1.000 pessoas

....
Número de pessoas que estão com a gripe

....
Número de pessoas que não estão com a gripe

....
O número que recebe resultado positivo

....
O número que recebe resultado negativo

....
O número que recebe resultado positivo

....
O número que recebe resultado negativo

A probabilidade de você estar com a gripe, considerando que seu teste foi negativo

$=$

$$\frac{n^{o}\text{ de pessoas que estão com a gripe e o teste deu negativo}}{(n^{o}\text{ de pessoas que estão com a gripe e o teste deu negativo}) + (n^{o}\text{ de pessoas que não estão com a gripe e o teste deu negativo})}$$

$=$ ....

Aponte seu lápis
Solução

Qual é a sua nova probabilidade de estar com a gripe dos lagartos?

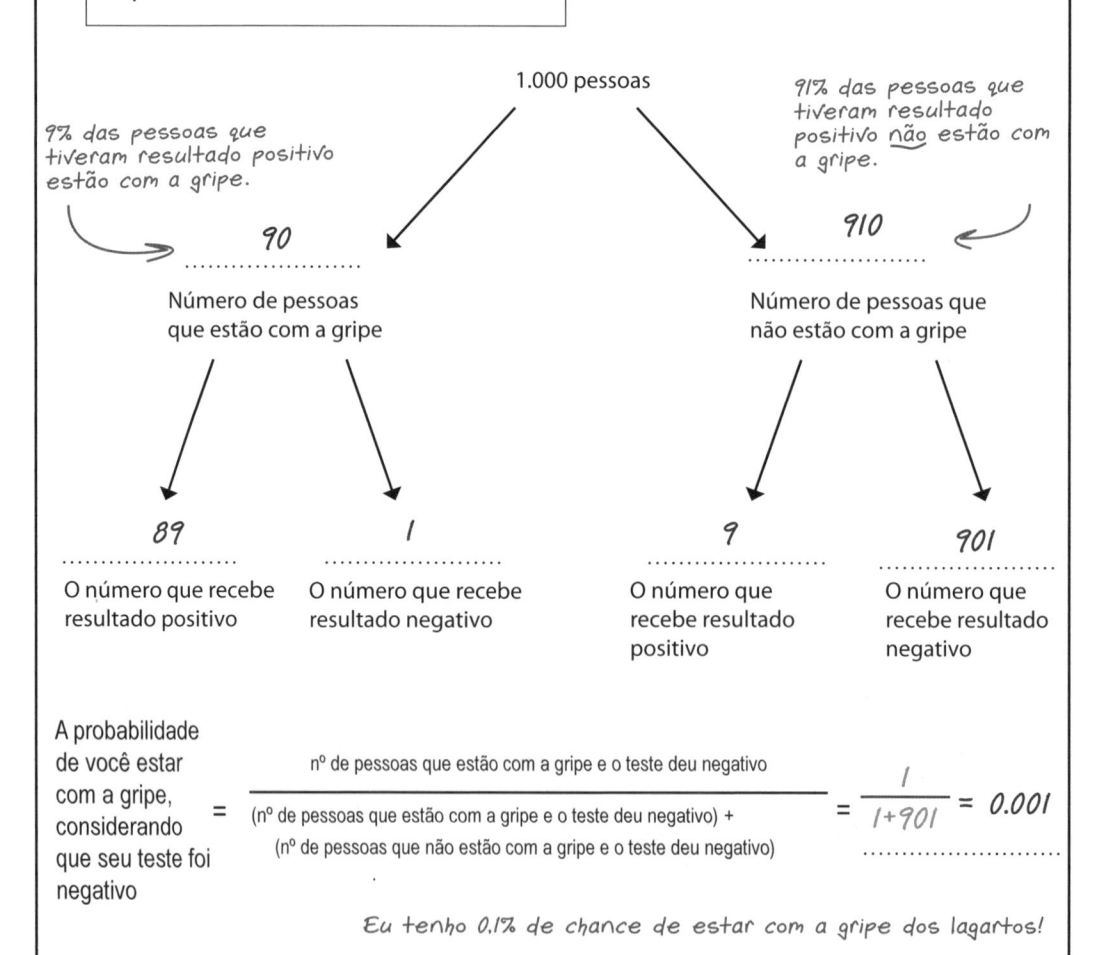

Teste diagnóstico
avançado da gripe dos lagartos
Análise de precisão

Se alguém estiver com a gripe dos lagartos, a probabilidade de o teste retornar um resultado **positivo** é de 99%.

Se a pessoa não estiver com a gripe dos lagartos, a probabilidade de o teste retornar um resultado **positivo** é de 1%.

9% das pessoas que tiveram resultado positivo estão com a gripe.

1.000 pessoas

91% das pessoas que tiveram resultado positivo não estão com a gripe.

90

Número de pessoas que estão com a gripe

910

Número de pessoas que não estão com a gripe

89

O número que recebe resultado positivo

1

O número que recebe resultado negativo

9

O número que recebe resultado positivo

901

O número que recebe resultado negativo

A probabilidade de você estar com a gripe, considerando que seu teste foi negativo

$$= \frac{\text{n}^{\circ} \text{ de pessoas que estão com a gripe e o teste deu negativo}}{(\text{n}^{\circ} \text{ de pessoas que estão com a gripe e o teste deu negativo}) + (\text{n}^{\circ} \text{ de pessoas que não estão com a gripe e o teste deu negativo})} = \frac{1}{1+901} = 0.001$$

Eu tenho 0.1% de chance de estar com a gripe dos lagartos!

Que alívio!

Você controlou as probabilidades usando a regra de Bayes e agora já sabe lidar com as taxas básicas.

A única maneira de evitar a ilusão das taxas básicas é estar sempre vigilante e certificar-se de incorporá-las em suas análises.

Sua probabilidade de estar com a gripe dos lagartos é tão baixa que você já pode eliminá-la.

Tosse

Você não está com a gripe!

Agora, você só tem de livrar-se deste resfriado...

7 probabilidade subjetiva

Crença Numérica

Ela é 10, perfeita...

Antes do sorvete, eu daria um 3 pra ele, mas agora eu dou 4.

Às vezes, é uma boa ideia inventar números.

Sério. Mas só se esses números descreverem seu próprio estado mental, expressando aquilo que acredita. **A probabilidade subjetiva** é uma maneira direta de injetar um pouco de *rigor* nas suas intuições, e você está prestes a ver como fazer isso. No decorrer do capítulo, você vai aprender a avaliar os dados usando o **desvio padrão** e curtir a visita de um convidado especial de uma das mais poderosas ferramentas analíticas que você já viu.

A Investimentos Águas Paradas precisa da sua ajuda

A Investimentos Águas Paradas é uma empresa que tenta ganhar dinheiro procurando *investimentos obscuros* em mercados em desenvolvimento. Eles escolhem os investimentos que as outras pessoas têm dificuldades de entender, ou até mesmo, de encontrar.

A Investimentos Águas Paradas tem empresas aqui...

. e aqui...

... e até aqui!

A estratégia da empresa mostra que ela confia plenamente na **capacidade dos seus analistas**, que precisam ser impecáveis nos julgamentos e ter boas conexões para obter as informações necessárias para tomar boas decisões de investimentos.

É um ramo interessante, porém, está prestes a ser **destruído** devido à discussões entre os analistas. As discordâncias são tão rancorosas que todos estão prestes a se demitir, o que seria um desastre para o fundo.

A crise interna na Investimentos Águas Paradas pode forçar a empresa a fechar as portas.

Os analistas da empresa estão se enforcando

Os analistas da IAP estão discordando sobre várias tendências geopolíticas. E isto é um enorme problema para as pessoas que estão tentando elaborar estratégias de investimento baseadas nas análises que eles fornecem. Há vários assuntos diferentes causando essa divergência de opiniões.

> Os analistas estão totalmente revoltados! Se eu não conseguir fazer com que eles concordem em alguma coisa, eles vão pedir as contas.

O chefe

Quais são *exatamente* as discordâncias? Seria ótimo se você pudesse ajudar a descobrir a dimensão da disputa e ajudar a chegar a um consenso entre os analistas. Ou, pelo menos, seria bom se você pudesse especificar os pontos de desentendimento de maneira a permitir que os chefes da IAP consigam entender em que pé estão.

Vamos dar uma olhada nas disputas...

Aponte seu lápis

Dê uma olhada nesses e-mails que os analistas enviaram para você. Eles ajudam a entender a discussão?

De: Analista de Pesquisa Sênior, Investimentos Águas Paradas
Para: Use a Cabeça
Assunto: Loucura no Vietnã

Nos últimos seis meses, eu debati consistentemente com os outros funcionários que o governo vietnamita provavelmente vai reduzir os impostos este ano. E tudo que nós pudemos ver a partir do nosso pessoal em campo e nos jornais confirmam isso.

Ainda assim, alguns na comunidade "analítica" da IAP parecem achar que isso é loucura. Os chefões já acham que eu sou sonhador e disseram que tal atitude por parte do governo é "muito improvável". Bem, em que eles baseiam essa avaliação? Está muito claro que o governo está incentivando investimentos estrangeiros. Vou lhe dizer uma coisa: se os impostos diminuírem, haverá uma inundação de investimentos privados e nós precisamos aumentar nossa presença no Vietnã antes de

Esses analistas estão realmente irritados.

De: Analista Político, Investimentos Águas Paradas
Para: Use a Cabeça
Assunto: Investimentos em Lugares Obscuros: Manifestação

Rússia, Indonésia e Vietnã. A comunidade da IAP ficou obcecada com esses três lugares. Apesar disso, as respostas para as nossas peguntas já ao estão claras?

A Rússia vai continuar subsidiando o petróleo no próximo trimestre, como sempre fez, e é mais provável que eles não comprem a EuroAir no próximo trimestre. O Vietnã *talvez* diminua os impostos este ano, e provavelmente não vão incentivar investimentos estrangeiros. A Indonésia provavelmente vai investir em ecoturismo este ano, mas não nos ajudará muito. O turismo certamente vai despencar.

Se a IAP não demitir os dissidentes e criadores de problemas que disputam essas verdades, a firma pode acabar fechando.

Todos os desentendimentos são sobre esses três países?

**De: Vice-Presidente de Pesquisa Econômica,
Investimentos Águas Paradas**
Para: Use a Cabeça
Assunto: Essas pessoas ao menos já estiveram na Rússia?

Enquanto os assuntos analíticos na divisão Econômica
continuam prosperando e produzindo trabalhos de
qualidade nas empresas e no governo russo, o restante
da IAP mostrou uma ignorância extrema com relação
à dinâmica interna da Rússia. É bem improvável que a
Rússia vai comprar a EuroAir, e o apoio dado à indústria
do petróleo no próximo trimestre pode ser o mais tentador
em toda a história...

*Até um gerente
de alto escalão
está começando
a perder a
paciência!*

De: Pesquisador Júnior, Investimentos Águas Paradas
Para: Use a Cabeça
Assunto: Indonésia

**Você precisa parar de dar ouvidos aos cabeças de ovo
da matriz da empresa.**

A perspectiva de campo é que o turismo certamente
tem uma boa chance de aumentar este ano e a
Indonésia está toda voltada para o ecoturismo. Os
cabeças de ovo não sabem nada, e estou começando
a achar que minha inteligência seria melhor usada
por um   concorrente...

*Esse cara está
escrevendo do
campo, onde está
realizando pesquisas
em primeira mão.*

Quais são os pontos principais causadores das discordâncias?

....

....

....

....

Cada um dos autores usa várias palavras para descrever o que acham das probabilidades de vários
eventos. Faça uma lista de todas as "palavras de probabilidade" que eles usam.

....

....

Aponte seu lápis
Solução

Quais são as impressões que você teve das discussões após ter lido os e-mails dos analistas?

Eles usaram muitas palavras de probabilidade nesses emails.

De: Analista de Pesquisa Sênior, Investimentos Águas Paradas
Para: Use a Cabeça
Assunto: Loucura no Vietnã

Nos últimos seis meses, eu debati consistentemente com os outros funcionários que o governo vietnamita <u>provavelmente</u> vai reduzir os impostos este ano. E tudo que nós pudemos ver a partir do nosso pessoal em campo e nos jornais confirmam isso.

Ainda assim, alguns na comunidade "analítica" da IAP parecem achar que isso é loucura. Os chefões já acham que eu sou sonhador e disseram que tal atitude por parte do governo é <u>"muito improvável"</u>. Bem, em que eles baseiam essa avaliação? Está muito claro que o governo está incentivando investimentos estrangeiros. Vou lhe dizer uma coisa: se os impostos diminuírem, haverá uma inundação de investimentos privados e nós precisamos aumentar nossa presença no Vietnã antes de

---

De: Analista Político, Investimentos Águas Paradas
Para: Use a Cabeça
Assunto: Investimentos em Lugares Obscuros: Manifestação

Rússia, Indonésia e Vietnã. A comunidade da IAP ficou obcecada com esses três lugares. Apesar disso, as respostas para as nossas peguntas já ao estão claras?

A Rússia vai continuar subsidiando o petróleo no próximo trimestre, como sempre fez, e é mais <u>provável que eles n</u>ão comprem a EuroAir no próximo trimestre. O Vietnã *talvez* diminua os impostos este ano, e <u>prov</u>avelmente não vão incentivar investimentos estrangeiros. A Indonésia <u>provavelmente</u> vai investir em ecoturismo este ano, mas não nos ajudará muito. <u>O</u> turismo *certamente* vai despencar.
Se a IAP não demitir os dissidentes e criadores de problemas que disputam essas verdades, a firma pode acabar fechando.

De: Vice-Presidente de Pesquisa Econômica, Investimentos Águas Paradas
Para: Use a Cabeça
Assunto: Essas pessoas ao menos já estiveram na Rússia?

Enquanto os assuntos analíticos na divisão Econômica continuam prosperando e produzindo trabalhos de qualidade nas empresas e no governo russo, o restante da IAP mostrou uma ignorância extrema com relação à dinâmica interna da <u>Rússia</u>. É <u>bem improvável</u> que a Rússia vai comprar a EuroAir, e o apoio dado à indústria do petróleo <u>no próximo</u> trimestre pode ser o mais tentador em toda a história...

De: Pesquisador Júnior, Investimentos Águas Paradas
Para: Use a Cabeça
Assunto: Indonésia

Você precisa parar de dar ouvidos aos cabeças de ovo da matriz da empresa.

A perspectiva de campo é que o turismo <u>certamente</u> tem uma <u>boa chance</u> de aumentar este ano e a Indonésia está toda voltada para o ecoturismo. Os cabeças de ovo não sabem nada, e estou começando a achar que minha inteligência seria melhor usada por um concorrente...

Quais são os pontos principais causadores das discordâncias?

Parece que há seis áreas de discordância: 1) A Rússia vai subsidiar o ramo petroleiro no próximo trimestre? 2) A Rússia vai comprar a EuroAir? 3) O Vietnã vai reduzir os impostos este ano? 4) O governo do Vietnã vai incentivar os investimentos estrangeiros este ano? 5) O turismo na Indonésia vai aumentar este ano? 6) O governo da Indonésia vai investir no ecoturismo?

Cada um dos autores usa várias palavras para descrever o que acham das probabilidades de vários eventos. Faça uma lista de todas as "palavras de probabilidade" que eles usam.

As palavras que usaram foram: provavelmente, muito improvável, mais provável, talvez, improvável, certamente e boa chance.

Jim: Então, é pra gente chegar lá e dizer quem está certo e quem está errado? Não deve ser difícil. Nós só precisamos dar uma olhada nos dados.

Frank: Vá com calma. Esses analistas não são pessoas normais. Eles são altamente treinados, extremamente capacitados e possuem conhecimento de especialistas quando o assunto é esses países.

Joe: Sim. O CEO disse que eles têm todos os dados que se possa imaginar. Eles têm acesso às melhores informações do mundo. Eles pagam por dados proprietários, eles têm pessoas vasculhando fontes do governo e eles têm pessoas em campo fazendo relatórios e pesquisas de primeira mão.

Frank: E geopolítica é um assunto bem incerto. Eles estão prevendo *eventos únicos* que não têm um grande rastro de dados de frequência numérica que você pode chegar, olhar e fazer previsões. Eles estão agregando dados de várias fontes e tirando conclusões extremamente estudadas.

Jim: Então, você está dizendo que esses caras são mais espertos que nós, e que não há nada que possamos fazer para rebater esses argumentos.

Joe: Fornecer a nossa própria análise dos dados seria adicionar mais fogo na fogueira.

Frank: Na verdade, todos os argumentos envolvem hipóteses sobre o que vai acontecer em vários países, e os analistas ficam bravos quando se trata dessas palavras de probabilidade. "Provavelmente?" "Boa chance?" O que essas expressões significam?

Jim: Então, você quer ajudá-los a encontrar palavras melhores para descrever os sentimentos? Nossa, parece perda de tempo.

Frank: Talvez não palavras. Nós precisamos encontrar alguma coisa que traga mais *precisão* para essas conclusões, mesmo que elas sejam parte das opiniões subjetivas deles...

O que você faria para dar mais precisão às palavras de probabilidade?

A probabilidade subjetiva descreve opiniões especialistas

Quando você determina uma probabilidade numérica para o seu grau de suposição sobre algum fato, você está especificando uma **probabilidade subjetiva**.

As probabilidades subjetivas são excelentes maneiras de colocar disciplina em uma análise, principalmente quando você está prevendo eventos únicos que não têm dados quantitativos suficientes para descrever o que aconteceu anteriormente, sob circunstância idêntica.

Todo mundo fala assim...

... mas o que eles realmente querem dizer?

A continuidade do apoio da Rússia à indústria do petróleo é <u>altamente provável</u>.

Eu acredito que há 60% de chance de a Rússia continuar a apoiar a indústria do petróleo.

... há 70% de chance...

... há 80% de chance...

... há 90% de chance...

Isso é <u>probabilidade subjetiva</u>.

Esses números são bem mais precisos do que as palavras que os analistas usaram para apresentar seus pontos de vistas.

A probabilidade subjetiva pode não apresentar discordâncias

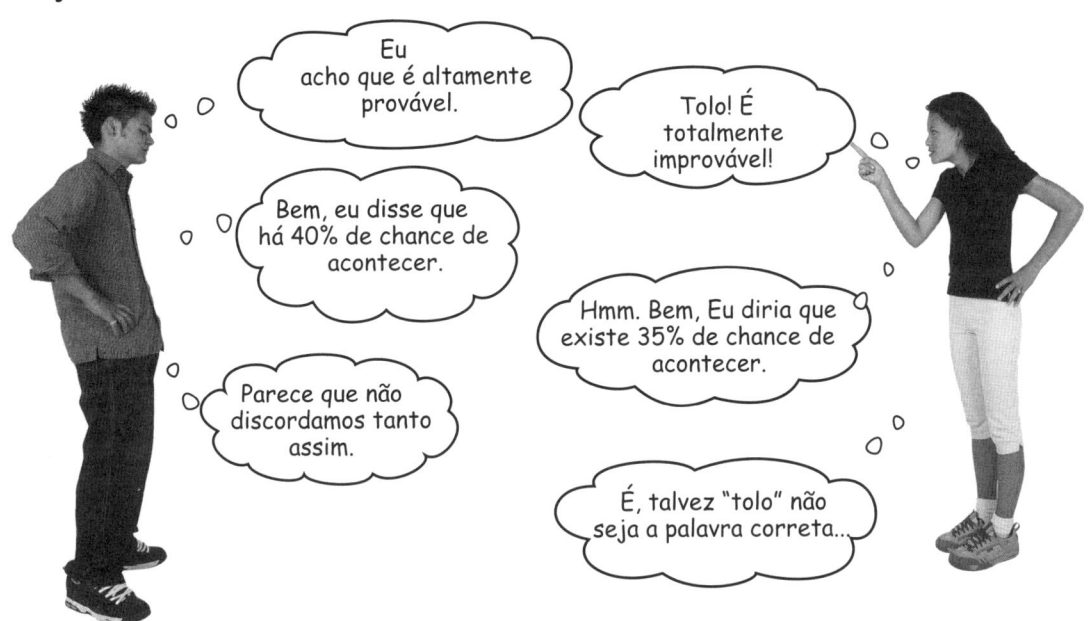

Eu acho que é altamente provável.

Tolo! É totalmente improvável!

Bem, eu disse que há 40% de chance de acontecer.

Hmm. Bem, Eu diria que existe 35% de chance de acontecer.

Parece que não discordamos tanto assim.

É, talvez "tolo" não seja a palavra correta...

Aponte seu lápis

Faça um esboço de uma planilha de cálculos que contenha todas as probabilidades subjetivas que você precisa da sua análise. Como você a estruturaria?

Desenhe aqui a planilha que você quer.

O que você quer é uma probabilidade subjetiva de cada analista para cada uma das áreas de conflito.

Aponte seu lápis
Solução

Como é a aparência da planilha que você quer que os analistas descrevam suas probabilidades subjetivas?

> A Rússia vai subsidiar o ramo petroleiro no próximo trimestre.
>
> A Rússia vai comprar a EuroAir no próximo trimestre.
>
> O Vietnã vai reduzir os impostos este ano.
>
> O governo do Vietnã vai incentivar os investimentos estrangeiros este ano. O turismo na Indonésia vai aumentar este ano.
>
> O governo da Indonésia vai investir no ecoturismo.

A planilha vai trabalhar com todas as seis afirmações e listá-las no topo.

Nós podemos preencher os espaços com o que cada analista pensa sobre cada uma das afirmações.

Analista	Afirmação 1	Afirmação 2	Afirmação 3	Afirmação 4	Afirmação 5	Afirmação 6
1						
2						
3						
4						
5						
6						
7						
8						
9						
10						
11						
12						
13						
14						
15						
16						
17						
18						
19						
20						

Os analistas responderam com suas probabilidades subjetivas

Esse trabalho é bem intrigante. Os argumentos não parecem tão maldosos vistos deste ângulo...

Analista	Afirmação 1	Afirmação 2	Afirmação 3	Afirmação 4	Afirmação 5	Afirmação 6
1	87%	68%	37%	39%	5%	77%
2	88%	40%	11%	56%	28%	81%
3	89%	47%	67%	33%	0%	85%
4	91%	88%	7%	38%	24%	78%
5	91%	37%	8%	19%	0%	72%
6	92%	60%	30%	19%	18%	84%
7	87%	47%	66%	27%	5%	88%
8	92%	46%	41%	33%	3%	69%
9	88%	59%	83%	14%	12%	74%
10	92%	23%	9%	30%	9%	91%
11	88%	34%	0%	58%	2%	92%
12	89%	78%	46%	28%	5%	70%
13	92%	70%	45%	33%	1%	3%
14	88%	80%	35%	35%	13%	81%
15	89%	54%	15%	16%	5%	87%
16	90%	67%	63%	19%	3%	70%
17	92%	74%	14%	33%	0%	79%
18	91%	21%	22%	40%	7%	89%
19	89%	21%	42%	28%	6%	81%
20	91%	36%	87%	27%	5%	84%

Este analista da IAP está começando a soar um pouco mais otimista.

Agora você está chegando a algum lugar.

Enquanto você ainda não descobriu como resolver todas as diferenças, você decididamente se deu bem ao mostrar onde estão exatamente as discordâncias.

E, pelo que se pode ver a partir de alguns dados, talvez não haja tanta discordância no final das contas, pelo menos não em alguns assuntos.

Vamos ver o que o CEO tem a dizer sobre esses dados...

O CEO não entende o que você está fazendo

Parece que ele não acha que esses resultados oferecem alguma coisa que possa ser usada para resolver as diferenças entre os analistas.

Ele não acha que isso aqui vai ajudar de algum jeito.

Nossa! Ele tem razão?

> **De: CEO, Investimentos Águas Paradas**
> **Para: Use a Cabeça**
> **Assunto: Suas "probabilidades subjetivas"**
>
> Eu estou um pouco confuso com essa análise. Nós pedimos que você resolvesse as diferenças entre nossos analistas, e isso aqui parece simplesmente uma maneira mais elaborada de listar as diferenças.
>
> Nós sabemos quais são as diferenças. Não é por isso que contratamos você. Nós precisamos que você resolva essas diferenças, ou pelo menos lide com elas de modo a nos passar uma melhor ideia de como estruturar nosso portfólio de investimentos.
>
> Você deve defender a sua escolha de probabilidades subjetivas como uma ferramenta para análise. Em que ela nos ajuda?
>
> CEO

Olha a pressão...

Você deve explicar e defender sua razão para a obtenção desses dados para o CEO...

Aponte seu lápis

A sua grade de probabilidades subjetivas...

	A	B	C	D	E	F	G
1	Analista	Afirmação 1	Afirmação 2	Afirmação 3	Afirmação 4	Afirmação 5	Afirmação 6
2	1	87%	68%	37%	39%	5%	77%
3	2	88%	40%	11%	56%	28%	81%
4	3	89%	47%	67%	33%	0%	85%
5	4	91%	88%	7%	38%	24%	78%
6	5	91%	37%	8%	19%	0%	72%
7	6	92%	60%	30%	19%	18%	84%
8	7	87%	47%	66%	27%	5%	88%
9	8	92%	46%	41%	33%	3%	69%
10	9	88%	59%	83%	14%	12%	74%
11	10	92%	23%	9%	30%	9%	91%
12	11	88%	34%	0%	58%	2%	92%
13	12	89%	78%	46%	28%	5%	70%
14	13	92%	70%	45%	33%	1%	3%
15	14	88%	80%	35%	35%	13%	81%
16	15	89%	54%	15%	16%	5%	87%
17	16	90%	67%	63%	19%	3%	70%
18	17	92%	74%	14%	33%	0%	79%
19	18	91%	21%	22%	40%	7%	89%
20	19	89%	21%	42%	28%	6%	81%
21	20	91%	36%	87%	27%	5%	84%

... consegue ser analiticamente mais útil do que esses e-mails rancorosos?

De: Analista de Pesquisa Sênior, Inv
Águas Paradas
Para: Use a Cabeça
Assunto: Loucura no Vietnã

Nos últimos seis meses, eu debati
consistentemente com os outros fun
que o governo vietnamita provavelme
reduzir os impostos este ano. E tudo
pudemos ver a partir do nosso pesso
campo e nos jornais confirmam isso.

Ainda assim, alguns na comunidade "
da IAP parecem achar que isso é louc
chefões já acham que eu sou sonhado
disseram que tal atitude por parte do g
é "muito improvável". Bem, em que ele
baseiam essa avaliação? Está muito c
o governo está incentivando investime
estrangeiros. Vou lhe dizer uma coisa:
impostos diminuírem, haverá uma inun
de investimentos privados e nós precis
aumentar nossa presença no Vietnã ar

De: Analista Político, Investimentos Águas
Paradas
Para: Use a Cabeça
Assunto: Investimentos em Lugares
Manifestação

Rússia, Indonésia e Vietnã. A comur
ficou obcecada com esses três luga
disso, as respostas para as nossas
ao estão claras?

A Rússia vai continuar subsidiando
no próximo trimestre, como sempre
mais provável que eles não compre
no próximo trimestre. O Vietnã *talve*
os impostos este ano, e provavelme
vão incentivar investimentos estrar
A Indonésia provavelmente vai inve
ecoturismo este ano, mas não nos
O turismo certamente vai despenc
Se a IAP não demitir os dissidentes
de problemas que disputam essas verda
firma pode acabar fechando.

De: Vice-Presidente de Pesquisa Eco
Investimentos Águas Paradas
Para: Use a Cabeça
Assunto: Essas pessoas ao menos já
na Rússia?

Enquanto os assuntos analíticos na d
Econômica continuam prosperando e
produzindo trabalhos de qualidade na
empresas e no governo russo, o resta
mostrou uma ignorância extrema com
dinâmica interna da Rússia. É bem imp
que a Rússia vai comprar a EuroAir, e
dado à indústria do petróleo no próxim
trimestre pode ser o mais tentador em
história...

De: Pesquisador Júnior, Investimentos Águas
Paradas
Para: Use a Cabeça
Assunto: Indonésia

Você precisa parar de dar ouvidos aos cabeças
de ovo da matriz da empresa.

A perspectiva de campo é que o turismo
certamente tem uma boa chance de aumentar
este ano e a Indonésia está toda voltada
para o ecoturismo. Os cabeças de ovo não
sabem nada, e estou começando a achar que
minha inteligência seria melhor usada por um
concorrente...

Por que sim ou por que não?

....

....

....

....

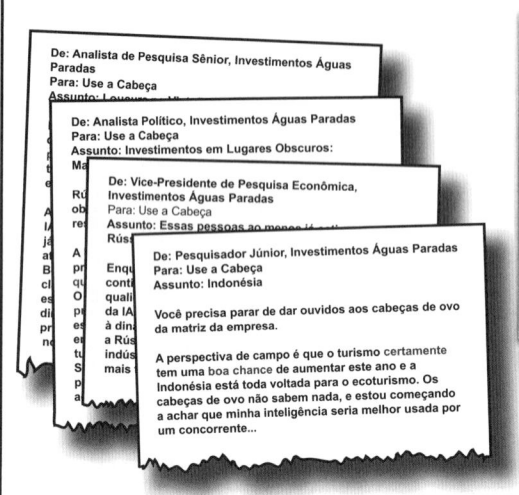

Aponte seu lápis
Solução

... consegue ser analiticamente mais útil do que esses e-mails rancorosos?

A sua grade de probabilidades subjetivas...

De: Analista de Pesquisa Sênior, Investimentos Águas Paradas
Para: Use a Cabeça
Assunto:

De: Analista Político, Investimentos Águas Paradas
Para: Use a Cabeça
Assunto: Investimentos em Lugares Obscuros:

De: Vice-Presidente de Pesquisa Econômica, Investimentos Águas Paradas
Para: Use a Cabeça
Assunto: Essas pessoas ao menos j...

De: Pesquisador Júnior, Investimentos Águas Paradas
Para: Use a Cabeça
Assunto: Indonésia

Você precisa parar de dar ouvidos aos cabeças de ovo da matriz da empresa.

A perspectiva de campo é que o turismo certamente tem uma boa chance de aumentar este ano e a Indonésia está toda voltada para o ecoturismo. Os cabeças de ovo não sabem nada, e estou começando a achar que minha inteligência seria melhor usada por um concorrente...

Analista	Afirmação 1	Afirmação 2	Afirmação 3	Afirmação 4	Afirmação 5	Afirmação 6
1	87%	68%	37%	39%	5%	77%
2	88%	40%	11%	56%	28%	81%
3	89%	47%	67%	33%	0%	85%
4	91%	88%	7%	38%	24%	78%
5	91%	37%	8%	19%	0%	72%
6	92%	60%	30%	19%	18%	84%
7	87%	47%	66%	27%	5%	88%
8	92%	46%	41%	33%	3%	69%
9	88%	59%	83%	14%	12%	74%
10	92%	23%	9%	30%	9%	91%
11	88%	34%	0%	58%	2%	92%
12	89%	78%	46%	28%	5%	70%
13	92%	70%	45%	33%	1%	3%
14	88%	80%	35%	35%	13%	81%
15	89%	54%	15%	16%	5%	87%
16	90%	67%	63%	19%	3%	70%
17	92%	74%	14%	33%	0%	79%
18	91%	21%	22%	40%	7%	89%
19	89%	21%	42%	28%	6%	81%
20	91%	36%	87%	27%	5%	84%

As probabilidades subjetivas mostram que algumas áreas não estão tão controversas como pensávamos. A probabilidade subjetiva é uma especificação precisa de onde existe a discordância e quanta discordância existe. Os analistas podem usá-las para ajudá-los a descobrir no que eles devem se concentrar para resolver os problemas.

De: CEO, Investimentos Águas Paradas
Para: Use a Cabeça
Assunto: Pedido de visualização

Bem, você me convenceu. Mas eu não quero ler uma enorme grade de números. Envie um gráfico que exiba esses dados de maneira que facilite o meu entendimento.

CEO

Você conseguiu ganhar tempo e pode continuar trabalhando.

Vamos tornar esses dados visuais!

Aponte seu lápis

Para cada valor, desenhe um ponto que corresponda à probabilidade subjetiva.

	A	B	C	D	E	F	G
1	Analista	Afirmação 1	Afirmação 2	Afirmação 3	Afirmação 4	Afirmação 5	Afirmação 6
2	1	87%	68%	37%	39%	5%	77%
3	2	88%	40%	11%	56%	28%	81%
4	3	89%	47%	67%	33%	0%	85%
5	4	91%	88%	7%	38%	24%	78%
6	5	91%	37%	8%	19%	0%	72%
7	6	92%	60%	30%	19%	18%	84%
8	7	87%	47%	66%	27%	5%	88%
9	8	92%	46%	41%	33%	3%	69%
10	9	88%	59%	83%	14%	12%	74%
11	10	92%	23%	9%	30%	9%	91%
12	11	88%	34%	0%	58%	2%	92%
13	12	89%	78%	46%	28%	5%	70%
14	13	92%	70%	45%	33%	1%	3%
15	14	88%	80%	35%	35%	13%	81%
16	15	89%	54%	15%	16%	5%	87%
17	16	90%	67%	63%	19%	3%	70%
18	17	92%	74%	14%	33%	0%	79%
19	18	91%	21%	22%	40%	7%	89%
20	19	89%	21%	42%	28%	6%	81%
21	20	91%	36%	87%	27%	5%	84%
22							

O eixo vertical não é muito importante. Você pode colocar os pontos para que veja todos.

Afirmação 1
A Rússia vai subsidiar o ramo petroleiro no próximo trimestre.

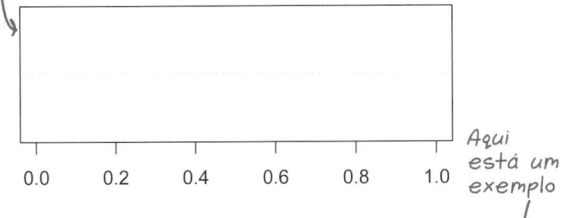

0.0   0.2   0.4   0.6   0.8   1.0

Aqui está um exemplo

Afirmação 2
A Rússia vai comprar uma companhia aérea européia no próximo trimestre.

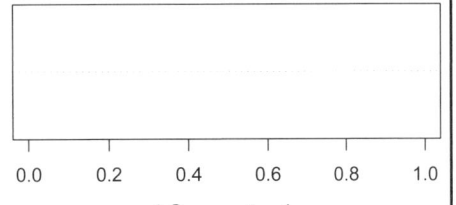

0.0   0.2   0.4   0.6   0.8   1.0

Afirmação 3
O Vietnã vai reduzir os impostos este ano.

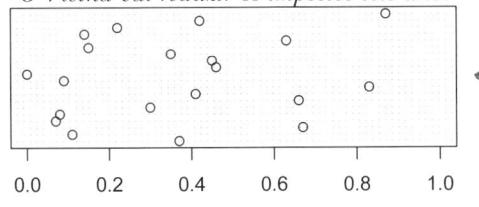

0.0   0.2   0.4   0.6   0.8   1.0

Afirmação 4
O governo do Vietnã vai incentivar os investimentos estrangeiros este ano.

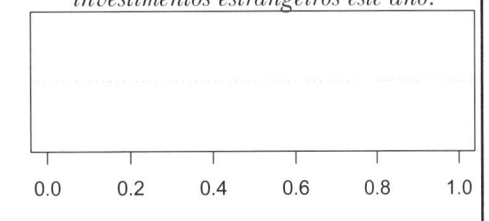

0.0   0.2   0.4   0.6   0.8   1.0

Afirmação 5
O turismo na Indonésia vai aumentar este ano.

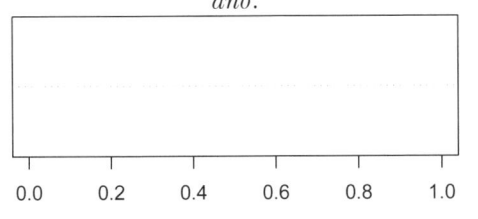

0.0   0.2   0.4   0.6   0.8   1.0

Afirmação 6
O governo da Indonésia vai investir no ecoturismo.

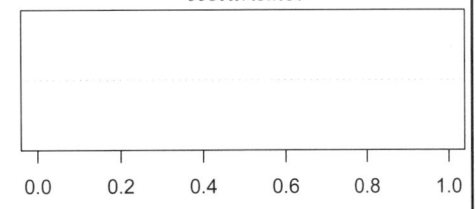

0.0   0.2   0.4   0.6   0.8   1.0

Aponte seu lápis
Solução

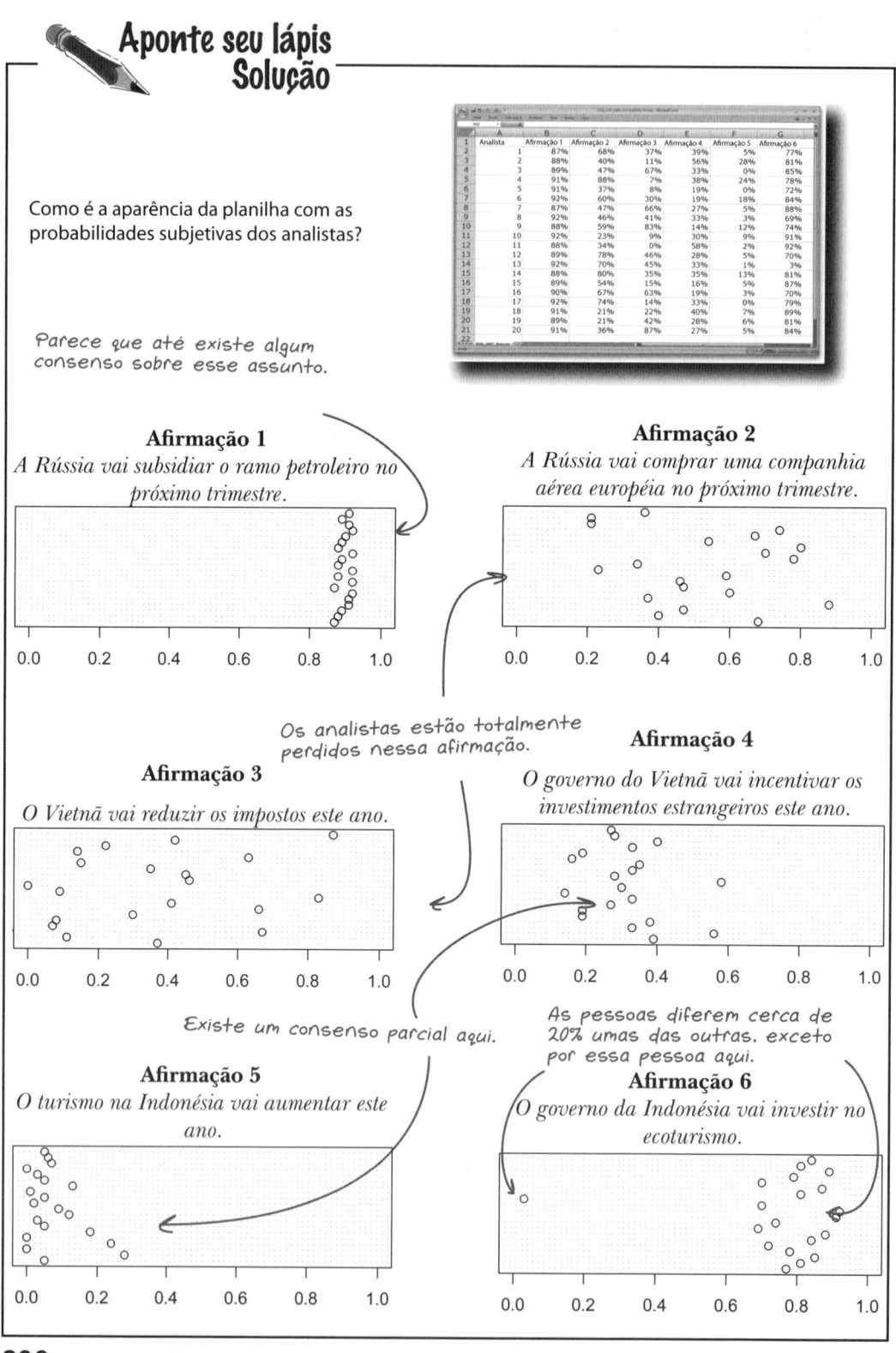

Como é a aparência da planilha com as probabilidades subjetivas dos analistas?

Parece que até existe algum consenso sobre esse assunto.

Afirmação 1

A Rússia vai subsidiar o ramo petroleiro no próximo trimestre.

Afirmação 2

A Rússia vai comprar uma companhia aérea européia no próximo trimestre.

Os analistas estão totalmente perdidos nessa afirmação.

Afirmação 3

O Vietnã vai reduzir os impostos este ano.

Afirmação 4

O governo do Vietnã vai incentivar os investimentos estrangeiros este ano.

Existe um consenso parcial aqui.

As pessoas diferem cerca de 20% umas das outras, exceto por essa pessoa aqui.

Afirmação 5

O turismo na Indonésia vai aumentar este ano.

Afirmação 6

O governo da Indonésia vai investir no ecoturismo.

O CEO adorou seu trabalho

De: CEO, Investimentos Águas Paradas
Para: Use a Cabeça
Assunto: Obrigado!

Agora você conseguiu me ajudar. Eu posso ver que existem algumas áreas onde realmente devemos concentrar nossos recursos para obter maiores informações. E onde parece não haver discordâncias... melhor ainda!

A partir de agora, eu não quero ouvir mais nada dos meus analistas a menos que esteja em forma de probabilidades subjetivas (ou probabilidades objetivas, se eles conseguirem criar um desses).

Você consegue classificar essas afirmações pelo nível de discordância? Eu gostaria de saber quais delas são as mais contenciosas. CEO

As probabilidades subjetivas são coisas que todo mundo entende mas que não são muito utlizadas.

Os ótimos analistas de dados são ótimos comunicadores, e as probabilidades subjetivas são uma maneira esclarecedora de comunicar aos outros exatamente aquilo que você pensa e acredita.

 **PODER DO CÉREBRO**

Qual medida conseguiria medir a discordância e classificar as questões para que o CEO possa ver as mais problemáticas no topo?

O desvio padrão mede onde os pontos estão, com relação à média

Você quer usar o **desvio padrão**. O desvio padrão mede a distância dos pontos típicos com relação à média do conjunto de dados.

A maioria dos pontos em um conjunto de dados estará dentro de um desvio padrão da média.

A maioria das observações em qualquer conjunto de dados estará dentro de um desvio padrão da média.

Este é um modelo de conjunto de dados.

Média = 0,5

0.0   0.2   0.4   0.6   0.8   1.0

Um desvio padrão = 0,1

A unidade de medida do desvio padrão é a mesma para qualquer medição que você faça. No caso acima, um desvio padrão da média é igual a 0,1 ou 10%. A maioria dos pontos estará 10% acima ou abaixo da média, embora um monte de pontos estarão dois ou três desvios padrões acima ou abaixo.

O desvio padrão pode ser usado aqui para medir o grau de discordância. Quanto maior for o desvio padrão das probabilidades subjetivas com relação à média, mais discordância existe entre os analistas.

Use a fórmula DESVPAD no Excel para calcular o desvio padrão.

=DESVPAD (*variação dos dados*)

Exercício

Calcule o desvio padrão para cada afirmação. Depois, classifique a lista de afirmações para pontuar mais alto a afirmação com maior número de discordância.

Qual fórmula você usaria para calcular o desvio padrão para a primeira afirmação?

....

Esses dados foram virados para o lado para que você possa classificar as afirmações após obter o desvio padrão.

Baixe isso!

Acesse o site www.altabooks.com.br e na caixa "*localizar*" procure pelo livro. Acesse a página de cadastro e localize o hiperlink *download*.

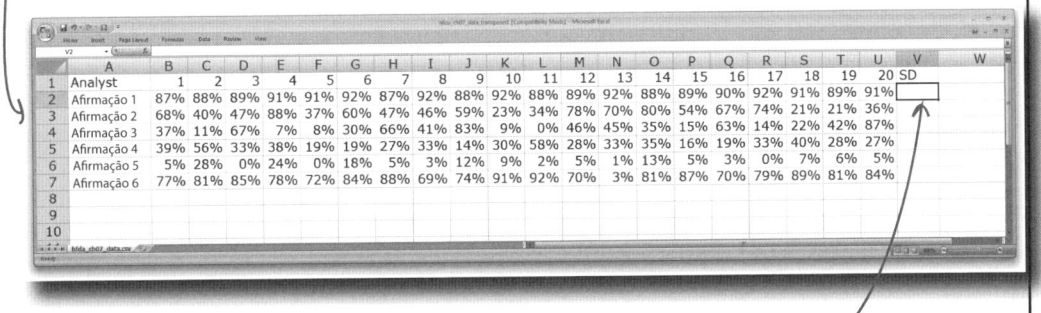

	A	B	C	D	E	F	G	H	I	J	K	L	M	N	O	P	Q	R	S	T	U	V	W
1	Analyst	1	2	3	4	5	6	7	8	9	10	11	12	13	14	15	16	17	18	19	20	SD	
2	Afirmação 1	87%	88%	89%	91%	91%	92%	87%	92%	88%	92%	88%	89%	92%	88%	89%	90%	92%	91%	89%	91%		
3	Afirmação 2	68%	40%	47%	88%	37%	60%	47%	46%	59%	23%	34%	78%	70%	80%	54%	67%	74%	21%	21%	36%		
4	Afirmação 3	37%	11%	67%	7%	8%	30%	66%	41%	83%	9%	0%	46%	45%	35%	15%	63%	14%	22%	42%	87%		
5	Afirmação 4	39%	56%	33%	38%	19%	19%	27%	33%	14%	30%	58%	28%	33%	35%	16%	19%	33%	40%	28%	27%		
6	Afirmação 5	5%	28%	0%	24%	0%	18%	5%	3%	12%	9%	2%	5%	1%	13%	5%	3%	0%	7%	6%	5%		
7	Afirmação 6	77%	81%	85%	78%	72%	84%	88%	69%	74%	91%	92%	70%	3%	81%	87%	70%	79%	89%	81%	84%		
8																							
9																							
10																							

Coloque a sua resposta aqui.

Solução do Exercício

> Qual desvio padrão você encontrou?

Qual fórmula você usaria para calcular o desvio padrão para a primeira afirmação?

DESVPAD(B2:U2)

A sua função vai aqui.

Copie-a para cada afirmação.

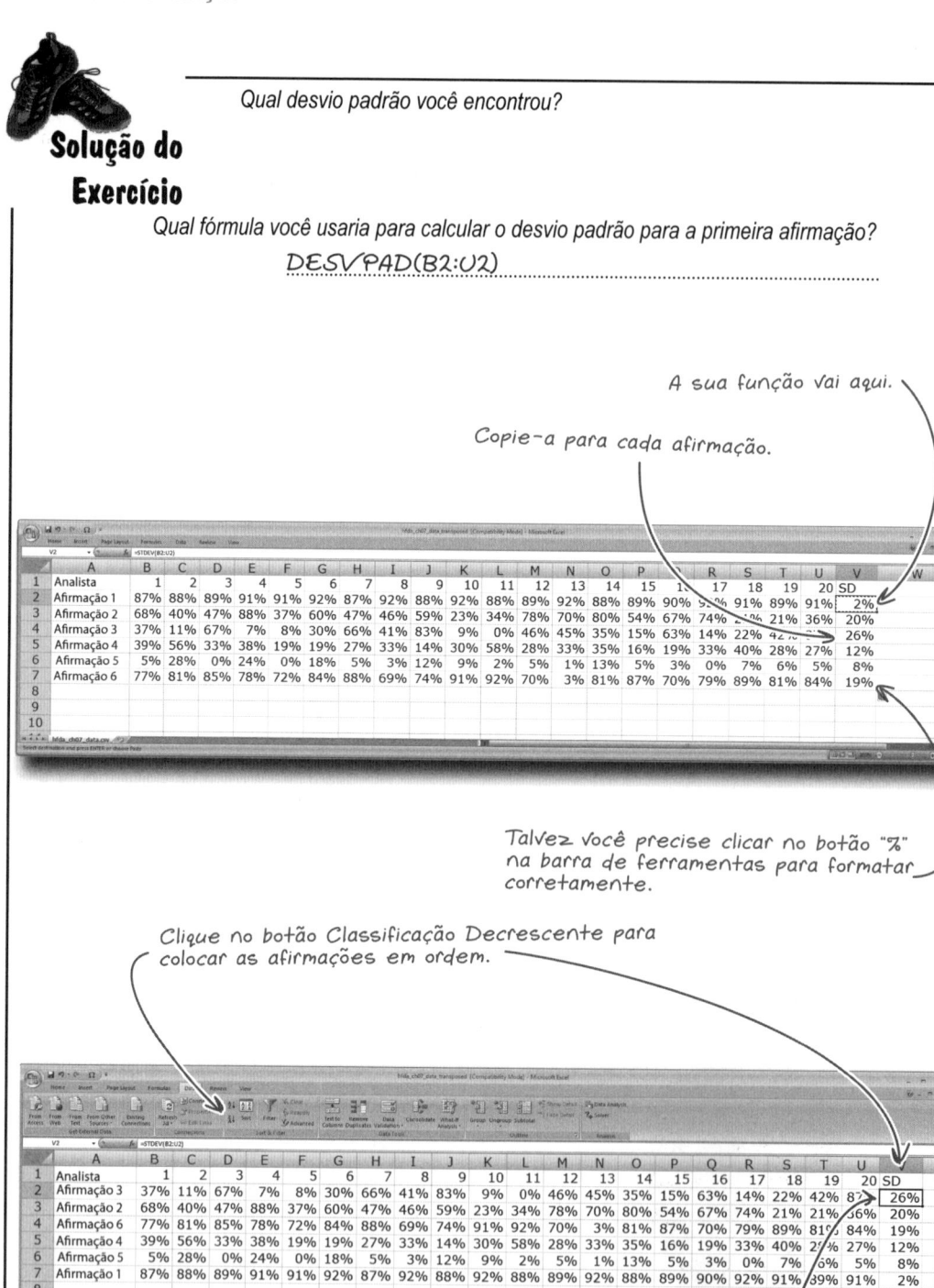

Talvez você precise clicar no botão "%" na barra de ferramentas para formatar corretamente.

Clique no botão Classificação Decrescente para colocar as afirmações em ordem.

Parece que a afirmação 3 tem o maior desvio padrão e o maior índice de discordância entre os analistas.

Não existem. Perguntas Idiotas

P: As probabilidades subjetivas não são meio enganosas?

R: Enganosas? São bem menos enganosas que expressões vagas como "bem provável". Com as palavras de probabilidade, a pessoa que está ouvindo pode dar qualquer sentido às suas palavras, então, se você especificar as probabilidades, consegue uma maneira bem *menos* enganosa de comunicar suas convicções.

P: Quer dizer, não é possível ou até provável (perdoe-me pela expressão) que alguém que esteja analisando essas probabilidades teria a impressão de que as pessoas têm mais razão sobre suas convicções do que elas realmente têm?

R: Você quer dizer que, considerando que os números estão preto no branco, eles podem parecer mais exatos do que realmente são?

P: Isso!

R: É uma preocupação interessante. Mas o negócio com as probabilidades subjetivas é o mesmo com qualquer outra ferramenta da análise de dados: é fácil confundir as pessoas com as probabilidades subjetivas se o que você estiver tentando fazer for enganar. Mas, contanto que você se certifique de que seu cliente saiba que suas probabilidades são subjetivas, você, na verdade, está fazendo um enorme favor a ele, expondo suas convicções tão precisamente.

P: O Excel consegue fazer esses gráficos chiques com os pontinhos pequenos?

R: Sim, mas dá muito trabalho. Esses gráficos foram feitos em um programinha gratuito e muito útil chamado R, usando a função `dotchart`. Você vai conhecer o poder do R nos capítulos seguintes.

Bom trabalho! Eu vou basear minha estratégia de negócios nesse tipo de análise daqui pra frente. Se ela der certo, certamente você terá uma parte do lucro.

O chefão.

A Rússia anuncia que vai vender todos os campos de petróleo, mencionando perda de confiança nos negócios

Em um movimento chocante, o presidente russo acaba com a indústria nacional

"Nós estamos encerrando nossos negócios com petróleo", o presidente russo disse para uma imprensa surpresa hoje de manhã em Moscou. "Nós simplesmente perdemos a confiança na indústria e não temos mais interesses em buscar recursos...

Isso é horrível! Todos nós previmos que a Rússia continuaria a ter confiança nos negócios.

Analista

Você foi pego de surpresa com essa notícia

A reação inicial dos analistas é de grande preocupação.
A Investimentos Águas Paradas tem muito dinheiro
no petróleo da Rússia, em grande parte pelo que você
verificou como sendo um grande consenso com relação
ao futuro do petróleo.

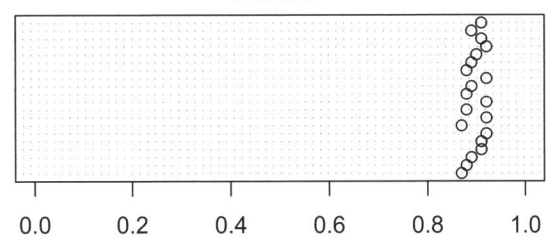

Afirmação 1
A Rússia vai subsidiar o ramo petroleiro no próximo trimestre.

Mas essa notícia pode fazer com que o valor
investido despenque, porque, de repente, as
pessoas vão começar a pensar que existe algum
enorme problema com o petróleo da Rússia.
E, novamente, essa afirmação pode ser uma
estratégia por parte dos russos. E pode ser
que, na realidade, eles não queiram vender os
campos de petróleo.

Aponte seu lápis

Isso tudo quer dizer que sua análise estava errada?

....

....

....

O que você deve fazer com essa nova informação?

....

....

....

Aponte seu lápis
Solução

Você estava totalmente infundado?

Certamente a análise não estava errada. Ela refletiu precisamente as
convicções que os analistas tinham, com base nos dados limitados que
possuíam. O problema é simples: os analistas estavam errados. Não há
razão para crer que o uso de probabilidades subjetivas garante que as
probabilidades estejam corretas.

E agora?

Nós precisamos voltar e revisar todas as probabilidades subjetivas.
Agora que temos mais informações, é provável que nossas probabilidades
subjetivas sejam mais precisas.

Nós já vimos muitas ferramentas analíticas até agora. Talvez uma delas possa ser útil para descobrir como revisar as probabilidades subjetivas.

Aponte seu lápis

É melhor escolher uma ferramenta analítica que você pode usar para incorporar essa nova informação na sua estrutura de probabilidades subjetivas. Por que você usaria (ou por que não usaria) cada uma dessas ferramentas?

Design experimental?

....

....

....

Otimização?

....

....

....

Um gráfico bonito?

....

....

....

Teste de hipóteses?

....

....

....

Regra de Bayes?

....

....

....

Aponte seu lápis
Solução

É melhor escolher uma ferramenta analítica que você pode usar para incorporar essa nova informação na sua estrutura de probabilidades subjetivas. Por que você usaria (ou por que não usaria) cada uma dessas ferramentas?

Design experimental?

É meio difícil imaginar que tipo de experimento você poderia executar para conseguir dados melhores. Visto que todos os analistas estão valiando eventos geopolíticos, parece que todos os dados que eles estão analisando são observacionais.

Otimização?

Não existem dados numéricos quantitativos! As ferramentas de otimização que aprendemos presumem que você tem dados numéricos e um resultado numérico que você quer maximizar ou minimizar. Não dá pra fazer nada com otimização por aqui.

Um gráfico bonito?

Quase sempre é possível fazer uma bela visualização dos dados. Após a revisão das probabilidades subjetivas, certamente nós vamos querer uma nova visualização. Mas, por enquanto, nós precisamos de uma ferramenta que nos forneça números melhores.

Teste de hipóteses?

Com certeza existe um papel para o teste de hipóteses em problemas como este, e os analistas provavelmente vão usá-lo para extrair suas convicções sobre o comportamento da Rússia. Mas nosso trabalho é descobrir exatamente como esses novos dados mudam as probabilidades subjetivas das pessoas, e não está claro ainda como o teste de hipóteses poderia fazer isso.

Regra de Bayes?

Isso parece mais promissor. Utilizando a primeira probabilidade subjetiva de cada analista como uma taxa básica, talvez possamos usar a regra de Bayes para processar essa nova informação.

A regra de Bayes é ótima para revisar a probabilidade subjetiva

A regra de Bayes não serve apenas para a gripe dos lagartos! Ela também é ótima para lidar com probabilidades subjetivas, porque ela permite que você incorpore *novas evidências* nas suas convicções sobre suas hipóteses. Experimente essa versão mais genérica da regra de Bayes, que usa o H para se referir a sua **hipótese** (ou taxa básica) e E para se referir à sua **nova evidência**.

Essa é a fórmula que você usou para descobrir as suas chances de estar com a gripe dos lagartos!

$$P(L\,|\,+) = \frac{P(L)P(+\,|\,L)}{P(L)P(+\,|\,L) + P(\sim L)P(+\,|\sim L)}$$

A probabilidade da hipótese, considerando a evidência.

A probabilidade da hipótese.

A probabilidade de você ver a evidência, considerando que a hipótese seja verdadeira.

$$P(H\,|\,E) = \frac{P(H)P(E\,|\,H)}{P(H)P(E\,|\,H) + P(\sim H)p(E\,|\sim H)}$$

Isso é o que você quer.

A probabilidade de a hipótese ser falsa.

A probabilidade de você ver a evidência, considerando que a hipótese seja falsa.

Utilizar a regra de Bayes com as probabilidades subjetivas é perguntar qual seria **a probabilidade de você ver a evidência, considerando que a hipótese seja verdadeira**. Após se disciplinar para designar um valor subjetivo para essa estatística, a regra de Bayes pode desvendar o restante.

Por que passar por tudo isso? Por que não falar com os analistas e pedir as novas probabilidades subjetivas baseadas nas reações ao evento?

Você já tem esses dados:

A probabilidade subjetiva de que a Rússia vai (ou não) continuar subsidiando o petróleo

$$P(H) \qquad P(\sim H)$$

Isso você já sabe.

Você só precisa que os analistas forneçam esses valores:

A probabilidade subjetiva de que essa notícia aconteça (ou não), considerando que a Rússia continue a subsidiar o petróleo.

$$P(E\,|\,H) \qquad P(E\,|\sim H)$$

O que é isso?

Você poderia fazer isso. Vamos ver o que isso significaria...

Conversa Familiar

Assunto de hoje: **Regra de Bayes e Instintos**

Instinto

Eu não sei porque o analista não chega e pergunta minha nova probabilidade subjetiva. Eu fui tão rápido da outra vez.

Bem, obrigado pelo voto de confiança. Mas eu ainda não gosto de ser deixado de lado após ter dado minha primeira ideia para o analista.

Eu ainda não entendo porque não posso simplesmente te dar uma nova probabilidade subjetiva para descrever as chances de a Rússia continuar a apoiar a indústria do petróleo.

E, por acaso, alguém pensaria assim? Claro, eu consigo entender porque alguém usaria você quando quisesse calcular as chances de adquirir determinada doença. Mas apenas para lidar com convicções subjetivas?

Eu acho que preciso aprender a dizer para os analistas usarem você nas circunstâncias corretas. Eu só queria que você tivesse um pouco mais de sentido intuitivo.

Não!!! Nossa, aquilo foi chato...

Regra de Bayes

Claro que sim, e mal posso esperar para usar sua primeira probabilidade subjetiva como taxa básica.

Ah, não! Você ainda é muito importante, e nós precisamos que você forneça mais probabilidades subjetivas para descrever as chances de conseguirmos ver as evidências, considerando que a hipótese seja verdadeira ou falsa.

Me usar para processar essas probabilidades é uma maneira rigorosa e formal de incorporar novos dados na estrutura de convicções do analista. Além disso, isso assegura que os analistas não vão compensar demais as probabilidades subjetivas se eles acharem que estavam errados.

É, é verdade que os analistas não precisam necessariamente me usar todas as vezes que descobrirem alguma coisa nova. Mas, se as apostas estão altas, eles certamente precisam de mim. Se você acha que pode ter a doença ou precisa investir uma tonelada de dinheiro, você vai querer usar as ferramentas analíticas.

Se você quiser, nós podemos desenhar 1.000 ilustrações da Rússia, como fizemos no último capítulo...

Exercício

Aqui temos uma planilha que traz uma lista de dois novos grupos de probabilidades subjetivas que foram coletadas dos analistas.

1) P(E\S1), que é a probabilidade subjetiva de cada analista de a Rússia anunciar que venderia os campos de petróleo (E), considerando a hipótese de que a Rússia **vai** continuar dando apoio ao petróleo (S1)

2) P(E\~S1) que é a probabilidade subjetiva de cada analista com relação ao anúncio (E), considerando que a Rússia **não** vai continuar dando apoio ao petróleo (~S1)

Essa é a probabilidade de que a hipótese é verdadeira, considerando a nova evidência.

Escreva uma fórmula que implemente a regra de Bayes para calcular P(S1|E).

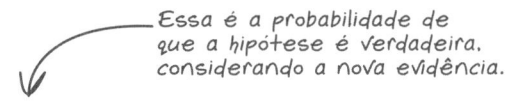

Aqui estão as duas novas colunas de dados.

Baixe isso!

Acesse o site **www.altabooks.com.br** e na caixa "*localizar*" procure pelo livro. Acesse a página de cadastro e localize o hiperlink *download*.

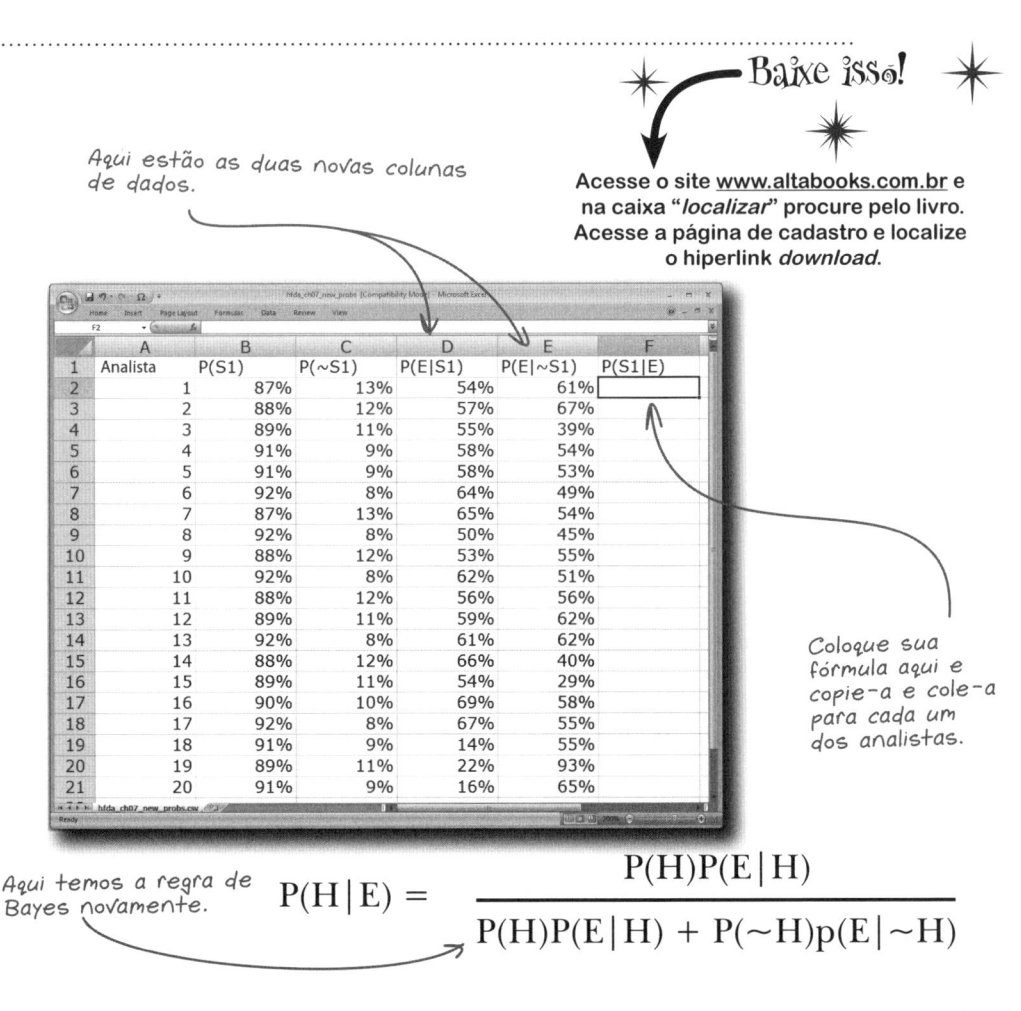

	A	B	C	D	E	F
1	Analista	P(S1)	P(~S1)	P(E|S1)	P(E|~S1)	P(S1|E)
2	1	87%	13%	54%	61%	
3	2	88%	12%	57%	67%	
4	3	89%	11%	55%	39%	
5	4	91%	9%	58%	54%	
6	5	91%	9%	58%	53%	
7	6	92%	8%	64%	49%	
8	7	87%	13%	65%	54%	
9	8	92%	8%	50%	45%	
10	9	88%	12%	53%	55%	
11	10	92%	8%	62%	51%	
12	11	88%	12%	56%	56%	
13	12	89%	11%	59%	62%	
14	13	92%	8%	61%	62%	
15	14	88%	12%	66%	40%	
16	15	89%	11%	54%	29%	
17	16	90%	10%	69%	58%	
18	17	92%	8%	67%	55%	
19	18	91%	9%	14%	55%	
20	19	89%	11%	22%	93%	
21	20	91%	9%	16%	65%	

Coloque sua fórmula aqui e copie-a e cole-a para cada um dos analistas.

Aqui temos a regra de Bayes novamente.

$$P(H|E) = \frac{P(H)P(E|H)}{P(H)P(E|H) + P(\sim H)p(E|\sim H)}$$

Solução do Exercício

Qual fórmula você usou para implementar a regra de Bayes e obter as novas probabilidades subjetivas de a Rússia apoiar a indústria do petróleo?

Essa fórmula combina a taxa básica dos analistas com suas reflexões sobre os novos dados para fazer uma nova avaliação.

$$= (B2*D2) / (B2*D2+C2*E2)$$

Aqui estão os resultados.

	A	B	C	D	E	F
1	Analista	P(S1)	P(~S1)	P(E|S1)	P(E|~S1)	P(S1|E)
2	1	87%	13%	54%	61%	86%
3	2	88%	12%	57%	67%	86%
4	3	89%	11%	55%	39%	92%
5	4	91%	9%	58%	54%	92%
6	5	91%	9%	58%	53%	92%
7	6	92%	8%	64%	49%	94%
8	7	87%	13%	65%	54%	89%
9	8	92%	8%	50%	45%	93%
10	9	88%	12%	53%	55%	88%
11	10	92%	8%	62%	51%	93%
12	11	88%	12%	56%	56%	88%
13	12	89%	11%	59%	62%	89%
14	13	92%	8%	61%	62%	92%
15	14	88%	12%	66%	40%	92%
16	15	89%	11%	54%	29%	94%
17	16	90%	10%	69%	58%	91%
18	17	92%	8%	67%	55%	93%
19	18	91%	9%	14%	55%	72%
20	19	89%	11%	22%	93%	66%
21	20	91%	9%	16%	65%	71%

Essas novas probabilidades parecem ótimas! Vamos montar o gráfico e ver como elas se comparam às taxas básicas.

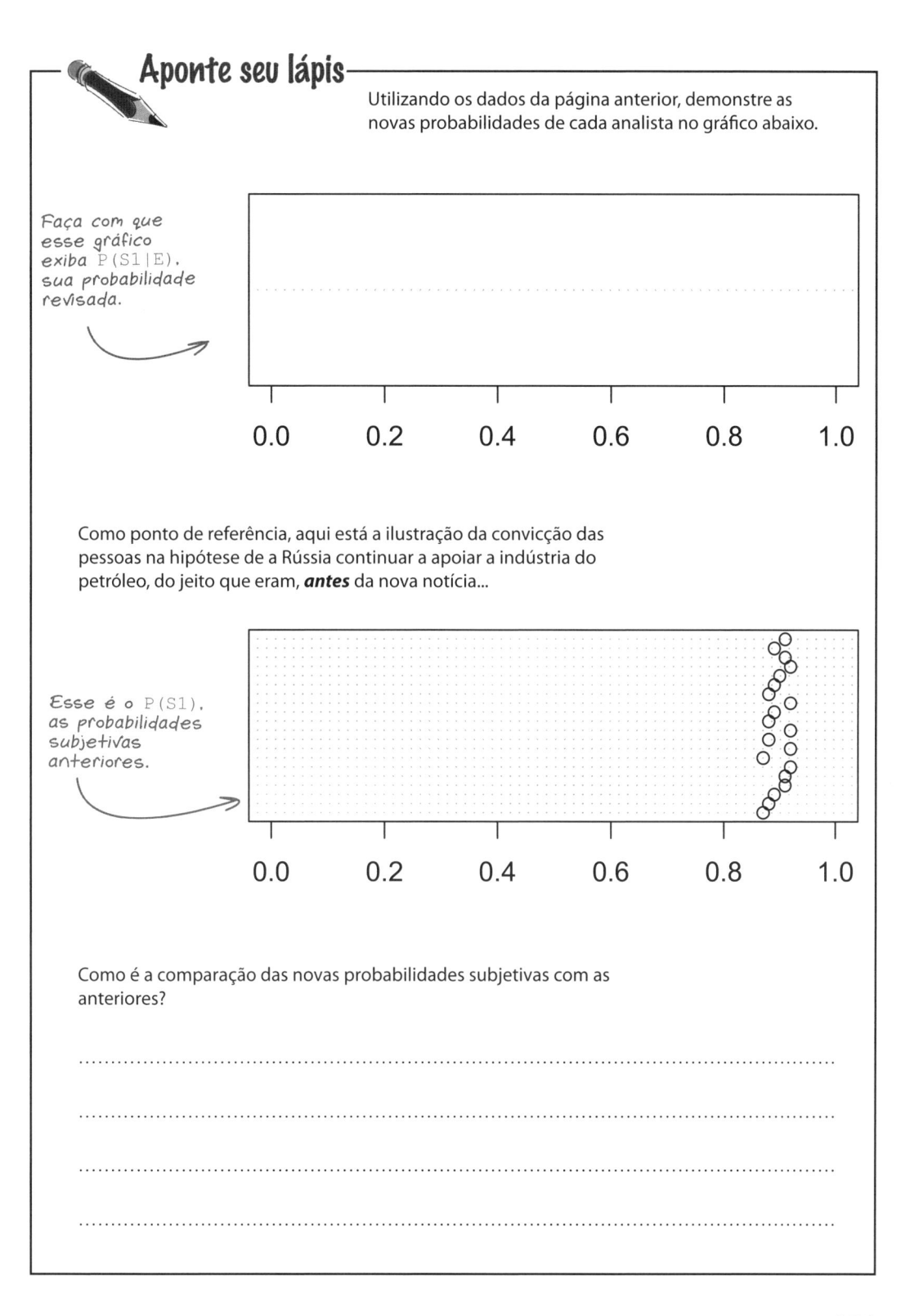

Aponte seu lápis

Utilizando os dados da página anterior, demonstre as novas probabilidades de cada analista no gráfico abaixo.

Faça com que esse gráfico exiba $P(S1|E)$, sua probabilidade revisada.

| 0.0 | 0.2 | 0.4 | 0.6 | 0.8 | 1.0 |

Como ponto de referência, aqui está a ilustração da convicção das pessoas na hipótese de a Rússia continuar a apoiar a indústria do petróleo, do jeito que eram, **antes** da nova notícia...

Esse é o $P(S1)$, as probabilidades subjetivas anteriores.

| 0.0 | 0.2 | 0.4 | 0.6 | 0.8 | 1.0 |

Como é a comparação das novas probabilidades subjetivas com as anteriores?

....

....

....

....

Aponte seu lápis
Solução

Como é a aparência do gráfico com a nova distribuição das convicções sobre a Rússia continuar apoiando a indústria do petróleo?

Esse é o gráfico novo.

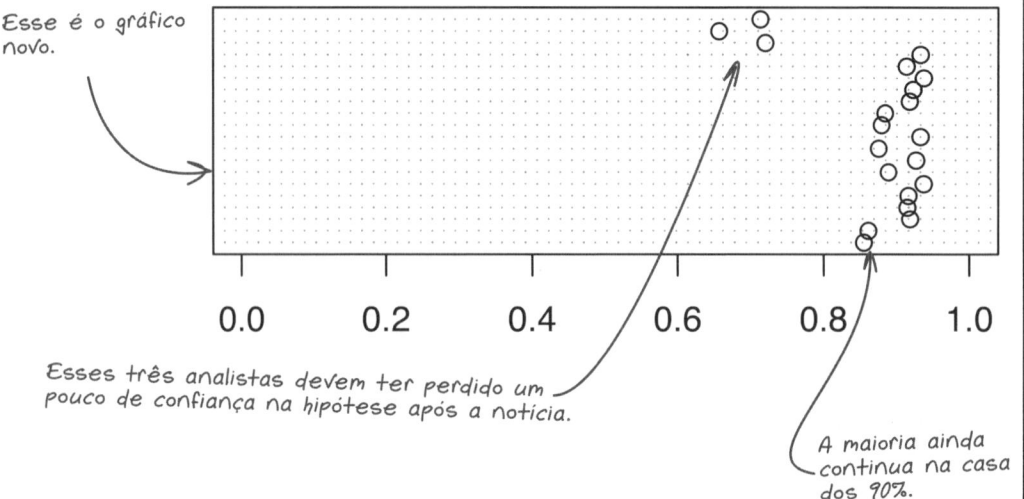

Esses três analistas devem ter perdido um pouco de confiança na hipótese após a notícia.

A maioria ainda continua na casa dos 90%.

Isso é o que as pessoas pensavam sobre a hipótese:

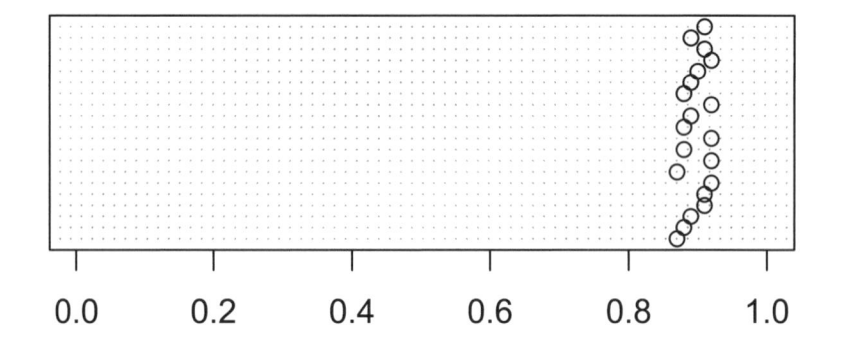

Como é a comparação das novas probabilidades subjetivas com as anteriores?

A nova probabilidade subjetiva está mais espalhada, mas somente as convicções de três pessoas estão bem abaixo do que achavam anteriormente. Para a maioria das pessoas, ainda permanece em torno de 90% a probabilidade de a Rússia continuar a apoiar a indústria do petróleo, mesmo com a Rússia alegando que está vendendo os campos de petróleo.

O CEO sabe exatamente o que fazer com essa nova informação

Todo mundo está vendendo as ações que tem na Rússia, mas esse novo dado sobre as convicções dos meus analistas me leva a querer manter as nossas. Vamos torcer para que isso funcione!

A notícia sobre a venda dos campos de petróleo.

Sua primeira análise das probabilidades subjetivas.

Valor do mercado de ações da Rússia

Hoje

Vamos torcer para que o mercado de ações se recupere.

?

Tempo

CEO da Investimentos Águas Paradas

Em uma verificação mais de perto, os analistas concluíram que o noticiário russo é capaz de informar a venda dos campos de petróleo mesmo sem saber ao certo se eles vão parar de apoiar a indústria do petróleo.

Então, a reportagem não mudou muito as análises do pessoal e, com três exceções, as novas probabilidades subjetivas **[P(S1|E)],** de que a Rússia continua com o apoio à indústria do petróleo, foram bem semelhantes às probabilidades subjetivas anteriores, **[P(S1)]**, sobre a mesma hipótese.

Mas, os analistas estão certos?

Os donos das ações russas se alegram!

Os analistas estavam certos: a Rússia estava blefando sobre a venda dos campos de petróleo. E a reorganização do mercado que aconteceu após todo mundo perceber isso foi muito boa para a Investimentos Águas Paradas.

Parece que as suas probabilidades subjetivas mantiveram as cabeças frias na Investimentos Águas Paradas e trouxeram grandes lucros para todo mundo!

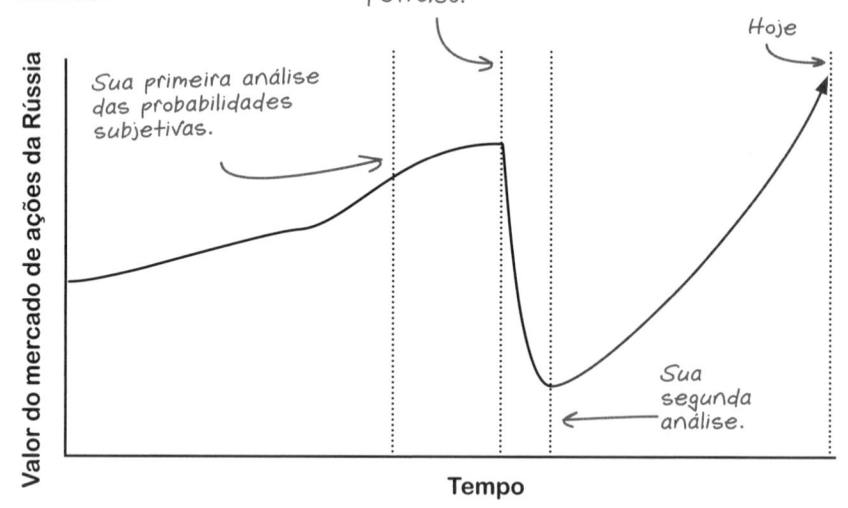

A notícia sobre a venda dos campos de petróleo.

Hoje

Sua primeira análise das probabilidades subjetivas.

Sua segunda análise.

Valor do mercado de ações da Rússia

Tempo

Faça mais alguns trabalhos assim e teremos o início de um longo relacionamento. Não gaste todo o seu pagamento em um único lugar!

8 heurística

Analise Como um Humano

Eu tenho alguns modelos bons e simples... no meu cérebro.

O mundo real tem mais variáveis do que você consegue lidar.

Sempre vão existir dados que você não pode ter. E mesmo quando você tem os dados sobre a maioria das coisas que deseja entender, os métodos de *otimização* normalmente são **elusivos** e **consomem tempo**. Felizmente, a maioria dos raciocínios que você faz sobre a vida não é uma "maximização racional" — é o processamento de informações incertas e incompletas com regras empíricas para que você possa tomar decisões rapidamente. E o que é realmente legal é que essas regras **podem funcionar** e são ferramentas importantes (e necessárias) para a análise de dados.

A Resíduos enviou o relatório para a prefeitura

A Resíduos é um grupo sem fins lucrativos **fundado pelo Conselho da Prefeitura de Dadolândia** para executar anúncios de serviço público para fazer com que as pessoas parem de jogar lixo fora do lugar.

Eles acabaram de apresentar os resultados de seu último trabalho e a reação não foi bem o que estavam esperando.

O último comentário é o que realmente nos preocupa. Parece que a Resíduos terá enormes problemas se não conseguir convencer a prefeitura de que os programas de alcance público foram um sucesso com relação às intenções da prefeitura para com eles.

A Resíduos limpou a cidade de verdade

Antes da existência da Resíduos, a Dadolândia era uma bagunça geral. Alguns moradores não respeitavam suas casas e **as poluíam com lixo**, prejudicando o meio ambiente e aparência da Dadolândia. Mas tudo isso mudou quando a Resíduos entrou em cena.

Seria **terrível** se a prefeitura cortasse os fundos do programa. Eles precisam que você os ajude a melhorar a comunicação e mostrar o porquê do programa ser um sucesso, para que a prefeitura continue com o apoio.

> Eu só sei que nosso programa funciona... ajude-nos!

Resíduos

Isso é o que a Resíduos faz.

A diretora da Resíduos

Anúncios de serviços públicos

Eventos de limpeza

Educação nas escolas

Publicações

Se a prefeitura cortar os fundos da Resíduos, a Dadolândia vai voltar a ser um lixão!

Aponte seu lápis

Faça um brainstorm das medidas que você pode usar para executar o mandato. *De onde exatamente* podem vir os dados da redução das toneladas de lixo?

....

....

....

....

Aponte seu lápis
Solução

Como exatamente você pode obter os dados que mostrariam se o trabalho da Resíduos realmente resultou em uma diminuição nas toneladas de lixo?

Nós poderíamos fazer com que os lixeiros separassem o lixo reciclável do lixo normal e pesaríamos os dois tipos de lixo separadamente, durante certo tempo. Ou ainda, poderíamos fazer coletas especiais, em alguns lugares da Dadolândia, que são conhecidos por serem lotados de lixo. A Resíduos já fez esse tipo de medição?

A Resíduos tem avaliado a eficácia de sua campanha

A Resíduos esteve avaliando os resultados, mas não mediram as coisas que você imaginou no exercício anterior. Eles estavam fazendo **outra coisa**: entrevistando o público em geral. Aqui estão algumas das pesquisas.

Lixo, lixo, lixo!

Perguntas para o público em geral	Resposta
Você joga lixo fora do lugar na Dadolândia?	Não
Você já ouviu falar do programa da Resíduos?	Sim
Se você visse alguém jogando lixo na rua, você diria para que jogassem o lixo numa lixeira?	Sim
Você acha que o lixo é um problema na Dadolândia?	Sim
A Resíduos ajudou você a entender melhor a importância de evitar jogar lixo fora do lixo?	Sim
Você daria apoio para a continuidade dos fundos da Resíduo junto à prefeitura?	Sim

Voluntário

As táticas da Resíduos estão voltadas para mudar o **comportamento** das pessoas para que parem de jogar lixo fora do lixo. Vamos dar uma olhada nos resultados...

Perguntas para o público em geral	Ano Passado	Este Ano
Você joga lixo fora do lugar na Dadolândia?	10%	5%
Você já ouviu falar do programa da Resíduos?	5%	90%
Se você visse alguém jogando lixo na rua, você diria para que jogassem o lixo numa lixeira?	2%	25%
Você acha que o lixo é um problema na Dadolândia?	20%	75%
A Resíduos ajudou você a entender melhor a importância de evitar jogar lixo fora do lixo?	5%	85%
Você daria apoio para a continuidade dos fundos da Resíduo junto à prefeitura?	20%	81%

A ordem é reduzir as toneladas de lixo

Essa é a porcentagem de pessoas que responderam sim.

E educar as pessoas sobre o porquê de precisarem mudar seus comportamentos acaba reduzindo o lixo, certo? Esta é a premissa básica da Resíduos e os resultados das pesquisas parecem mostrar um aumento na consciência do público.

Mas a prefeitura não ficou impressionada com esse relatório e você precisa ajudar a Resíduos a descobrir se eles cumpriram o mandato e, depois, convencer a prefeitura disso.

Aponte seu lápis

Os resultados da resíduos mostram ou sugerem uma redução na tonelagem de lixo da Dadolândia?

....

....

....

Aponte seu lápis
Solução

Os resultados da resíduos mostram ou sugerem uma redução na tonelagem de lixo da Dadolândia?

Eles até sugerem uma redução, se você acreditar que as mudanças de comportamento das pessoas tiveram algum impacto sobre o lixo. Mas os dados em si discutem a opinião pública e não há nada explícito neles sobre as toneladas de lixo.

É inviável medir as toneladas

Claro que não medimos as toneladas. Na verdade, pesar o lixo é algo tão caro de ser feito e logisticamente complicado, que todo mundo em campo considera que os 10% da Dadolândia são fictícios. O que mais nós podemos fazer além de entrevistar as pessoas?

A diretora da Resíduos

Isso pode ser um problema. A prefeitura espera ver evidências por parte da Resíduos que demonstrem que a campanha reduziu as toneladas de lixo, mas tudo que mostramos a eles foi o resultado desta pesquisa.

Se realmente for verdade que medir as toneladas de lixo é logisticamente inviável, então, a exigência por evidência sobre a redução de toneladas foi infeliz. E pode levar a Resíduos ao fracasso.

Faça uma pergunta difícil para as pessoas, e elas vão responder uma fácil

A Resíduos sabe que a prefeitura espera que eles reduzam as toneladas de lixo, mas eles decidiram não medir as toneladas diretamente porque isso implicaria em altos custos.

Você vai precisar de uma balança enorme para pesar tudo isso...

Isso é complexo, caro e difícil.

Eles têm depósitos de lixo como este por toda a Dadolândia.

Isso é rápido, fácil e claro. Só não é o que a prefeitura quer.

Perguntas para o público em geral	Resposta
Você joga lixo fora do lugar na Dadolândia?	Não
Você já ouviu falar do programa da Resíduos?	Sim
Se você visse alguém jogando lixo na rua, você diria para que jogassem o lixo numa lixeira?	Sim
Você acha que o lixo é um problema na Dadolândia?	Sim
A Resíduos ajudou você a entender melhor a importância de evitar jogar lixo fora do lixo?	Sim
Você daria apoio para a continuidade dos fundos da Resíduo junto à prefeitura?	Sim

Reagir às perguntas difíceis dessa maneira é, na verdade, uma coisa bem comum e humana de se fazer. Todos nós encaramos problemas difíceis de serem resolvidos porque são economicamente "caros" — ou *cognitivamente* (mais sobre isso daqui a pouco) — e a reação natural é responder uma pergunta diferente.

Essas são algumas das pesquisas de opinião que a Resíduo fez com as pessoas.

Essa abordagem **simplificada** pode parecer como se fosse a maneira totalmente errada de lidar com as coisas, principalmente para um analista de dados, mas a ironia é que em muitas situações isso *realmente funciona*. E, conforme você está prestes a ver, às vezes é a **única opção**.

Jogar lixo na rua da Dadolândia é um sistema complexo

Aqui temos um dos documentos de pesquisa interna da Resíduos. Ele descreve coisas que você pode querer medir no mundo dos lixos.

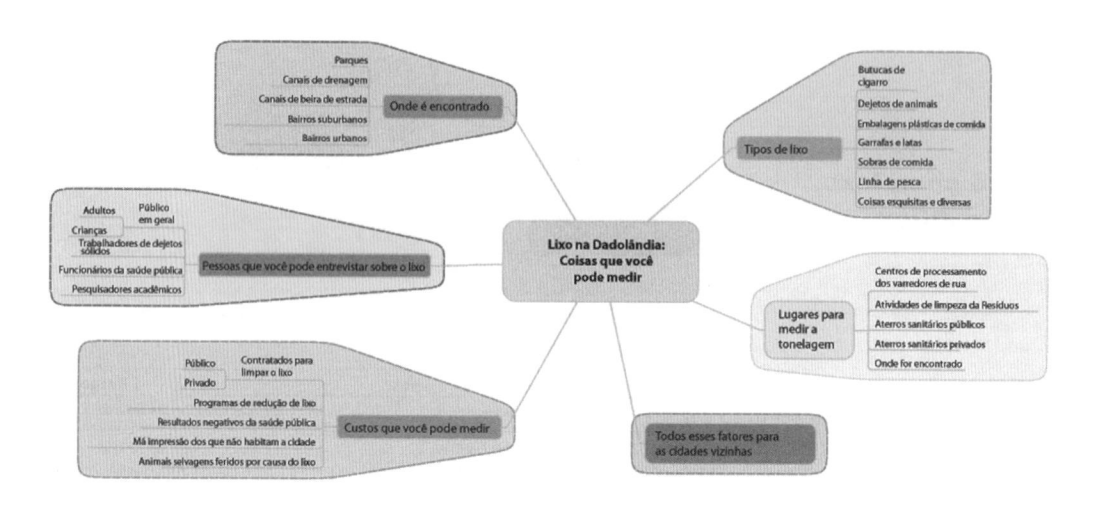

E aqui está a explicação do diretor deste grande sistema e as implicações desta complexidade para o trabalho da Resíduos.

De: Diretor da Resíduos
Para: Use a Cabeça
Assunto: Porque não podemos medir a tonelagem

Para medir a tonelagem diretamente, nós precisaríamos de funcionários em todos os pontos de contato (centros de processamento, aterros e etc.) a toda hora. Os funcionários da prefeitura não vão registrar os dados para nós porque eles já têm muito trabalho a fazer.

E contratar funcionários para os pontos de contato nos custaria o dobro do que a cidade já nos paga. Se nós não fizéssemos outra coisa a não ser medir as toneladas de lixo, ainda não teríamos dinheiro para fazer a coisa do jeito certo.

Além disso, a prefeitura está completamente equivocada quando foca em tonelada. O lixo na Dadolândia é um sistema muito complexo. Há muitas pessoas envolvidas, vários tipos de lixo e muitos lugares para encontrá-los. Ignorar o sistema e super focar em uma variável é um tremendo erro.

Você não pode construir e implementar um modelo unificado de medir a quantidade de lixo

Qualquer tipo de modelo que você criar para tentar medir ou construir um programa de controle de lixo teria uma infinidade de variáveis.

Você não só precisaria criar uma teoria *quantitativa* geral sobre como todos esses elementos interagem, mas você também precisaria saber como manipular *algumas* dessas variáveis (suas **variáveis de decisão**) para poder minimizar a redução das toneladas.

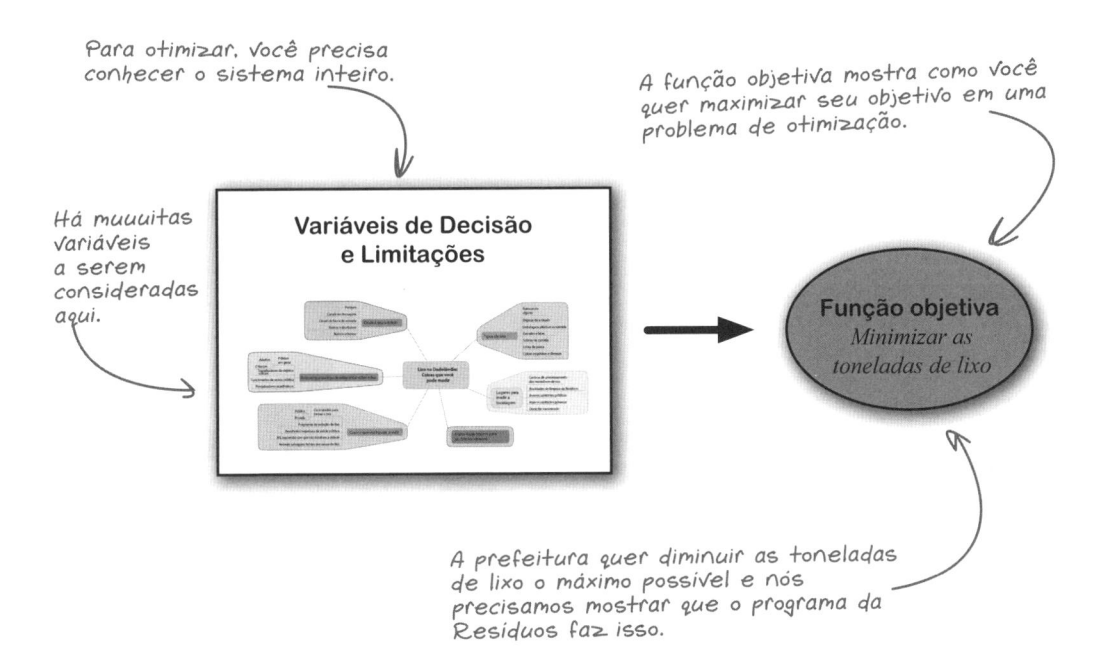

Para otimizar, você precisa conhecer o sistema inteiro.

A função objetiva mostra como você quer maximizar seu objetivo em uma problema de otimização.

Há muuuitas variáveis a serem consideradas aqui.

Variáveis de Decisão e Limitações

Função objetiva
Minimizar as toneladas de lixo

A prefeitura quer diminuir as toneladas de lixo o máximo possível e nós precisamos mostrar que o programa da Resíduos faz isso.

Esse problema seria *cruel* mesmo se você tivesse todos os dados, mas como você já descobriu, obter todos os dados é muito caro.

É possível dar a prefeitura exatamente o que eles querem?

Jill: Essa situação está uma bagunça. Nós temos uma prefeitura pedindo por algo que não temos como fornecer.

Frank: Eu sei. E mesmo que pudéssemos fornecer os números da redução do lixo, eles não teriam muita utilidade. O sistema é complexo demais.

Joe: Bem, os números deixariam a prefeitura contente.

Jill: Sim, mas não estamos aqui somente para deixá-los contentes. Nós estamos aqui para reduzir o lixo.

Joe: A gente não pode simplesmente inventar uns números? Do tipo fazer nossa própria "estimativa" das toneladas?

Frank: É uma opção, mas é muito arriscada. Quer dizer, a prefeitura parece um grupo bem durão. Se nós resolvermos fazer algumas medições subjetivas e mascará-las como se fossem uma medição de tonalagem, eles podem virar uma fera.

Jill: Inventar os números é uma maneira certa de acabar com os fundos da Resíduos. Talvez podemos convencer a prefeitura de que as pesquisas de opinião são um substituto sólido para a medição das toneladas.

Frank: A Resíduos já tentou isso. Você não viu a prefeitura enlouquecendo com eles?

Jill: Nós poderíamos criar uma avaliação que incorpore *mais* variáveis além da opinião pública. Talvez devêssemos tentar juntar todas as variáveis que tivermos acesso e fazer suposições subjetivas para *todas as outras variáveis*.

Frank: Bem, talvez isso funcione...

Para!
Nós estamos tornando
as coisas complicadas
demais. Por que não podemos
simplesmente escolher mais uma ou
duas variáveis, analisá-las e deixar
assim?

Certamente você pode trabalhar com mais algumas (poucas) variáveis.

E se você precisasse avaliar a eficácia da Resíduos escolhendo uma ou duas variáveis e utilizá-las para tirar suas conclusões sobre o sistema todo, você estaria utilizando a **heurística**...

A heurística é um meio termo entre seguir sua intuição e a otimização

Você toma decisões de maneira impulsiva ou com alguns dados bem escolhidos, ou você toma decisões através da construção de um modelo que incorpore todos os tipos de dados relevantes e resulta em uma resposta perfeita?

Sua resposta provavelmente é "todas as anteriores" e é importante perceber que tudo isso são maneiras diferentes de pensar.

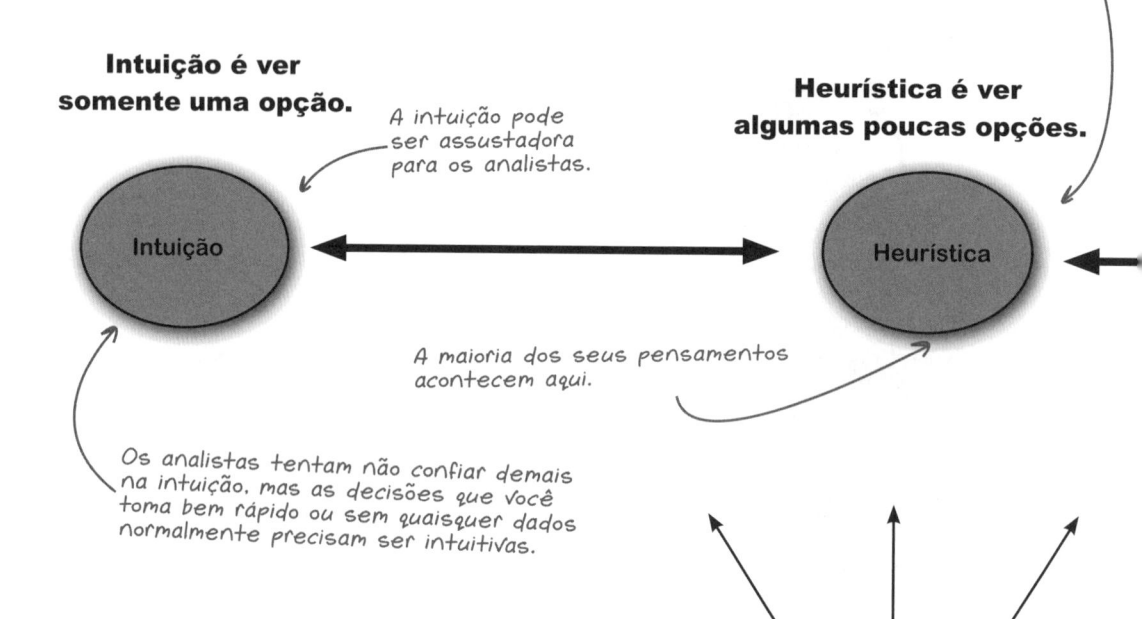

Talvez você não precise incorporar todos os dados

Intuição é ver somente uma opção.

A intuição pode ser assustadora para os analistas.

Intuição

Heurística é ver algumas poucas opções.

Heurística

A maioria dos seus pensamentos acontecem aqui.

Os analistas tentam não confiar demais na intuição, mas as decisões que você toma bem rápido ou sem quaisquer dados normalmente precisam ser intuitivas.

Se você resolveu um problema de otimização, você encontrou *a* resposta que representa o máximo ou o mínimo da sua função objetiva.

E para os analistas de dados, a otimização é um tipo de ideal. Seria bonito e elegante se todos os seus problemas analíticos pudessem ser resolvidos definitivamente. **Mas a maioria do seu pensamento será heurístico.**

Qual você vai usar para resolver seus problemas de análise de dados?

ᵒCantinho dos Estudiosos

Heurística 1. (definição psicológica) Substituir um atributo difícil ou confuso por um mais acessível. 2. (definição da ciência da computação) Maneira de resolver um problema que tende a fornecer respostas precisas mas que não garante a otimização.

Otimização é ver todas as opções

Otimização

A otimização é um ideal para os analistas.

Será que a otimização está aqui?

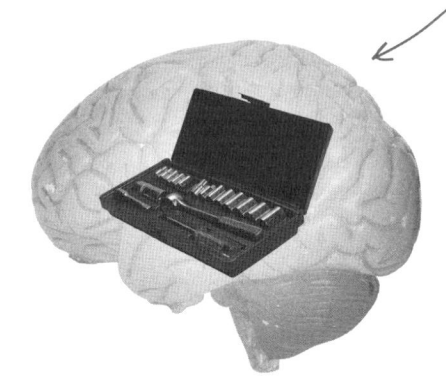

Alguns psicólogos até discutem que *todo* o pensamento humano é heurístico e que a **otimização é um ideal** que funciona somente quando seus problemas são *hiper específicos*.

Mas se *alguém* tiver de lidar com problemas hiper específicos, esse alguém será um **analista de dados**, então, não se desfaça do seu Solver por enquanto. Apenas lembre-se de que protocolos de tomada de decisões heurísticos bem construídos precisam fazer parte das suas ferramentas analíticas.

P: **Parece estranho ter um procedimento para tomada de decisões que não garanta a resposta correta e ainda chamá-lo de "análise de dados". Esse tipo de coisa não deveria ser chamado de "trabalho de adivinhação"?**

R: Isso não seria muito legal! Olha, a análise de dados envolve quebrar os problemas em partes mais fáceis de serem lidadas e encaixar os modelos mentais e estatísticos nos dados para fazer afirmações melhores. Não existe garantia que você sempre terá a resposta certa.

P: **Eu não posso dizer que estou sempre tentando encontrar resultados ótimos? Se eu tenho de me interessar pelo pensamento heurístico, está bem, mas o meu objetivo é a otimização?**

R: É justo dizer isso. Certamente você não vai querer usar ferramentas analíticas de heurística quando houver uma ferramenta de otimização melhor e mais viável. Mas é importante reconhecer que a heurística é uma parte fundamental de como você pensa e dos métodos da análise de dados.

P: **Então, qual é a diferença entre as definições da psicologia e da ciência da computação para a "heurística"?**

R: Na verdade, elas são bem semelhantes. Na ciência da computação, os algoritmos heurísticos têm abilidade de resolver problemas sem que as pessoas provem que os algoritmos sempre vão trazer a resposta correta. Muitas vezes, na ciência da computação, os algoritmos heurísticos podem resolver problemas de maneira mais rápida e simples do que um algoritmo que garante a resposta correta, e, frequentemente, os únicos algoritmos disponíveis para determinado problema são heurísticos.

Não existem Perguntas Idiotas

P: **O que isso tem a ver com psicologia?**

R: Os psicólogos descobriram, em pesquisas experimentais, que as pessoas utilizam a heurística cognitiva o tempo todo. Existe um monte de dados competindo pela nossa atenção, então, nós temos de usar a regra do polegar para tomar nossas deciões. Há alguns clássicos que fazem parte das conexões do nosso cérebro, e, no geral, funcionam muito bem.

P: **Não é meio óbvio que o pensamento humano não é como a otimização?**

R: Depende com quem você está falando. As pessoas que tem uma forte percepção humana como seres **racionais** podem se chatear ao saber que usamos regras rápidas e sujas ao invés de pensarmos cuidadosamente sobre todas as nossas entradas sensoriais.

P: **Então, o fato de que boa parte do pensamento é heurístico significa que sou irracional?**

R: Depende do que você considera como sendo a definição de "racional". Se a racionalidade for uma habilidade de processar cada bit de uma enorme informação na velocidade da luz, construir modelos perfeitos para achar sentido nessa informção e então, ter a habilidade de implementar qualquer recomendação que seus modelos sugerem, sem cometer erros, daí, sim, você é irracional.

P: **Isso sim é uma definição bem forte de "racionalidade".**

R: Não se você for um computador.

P: **É por isso que deixamos os computadores fazerem a análise de dados por nós.**

R: Os programas de computadores, como o Solver, moram em um mundo cognitivo onde você determina as entradas. E as suas opções de entrada estão sujeitas às limitações da sua própria mente e do seu acesso aos dados. Mas, no universo dessas entradas, o Solver atua com racionalidade perfeita.

P: **E visto que "todos os modelos estão errados, porém, alguns são úteis", mesmo os problemas de otimização que o computador executa parecem meio heurístico em um contexto mais amplo. Os dados que você escolhe como entradas nunca cobrem todas as variáveis relacionadas ao seu modelo: você tem de escolher as mais importantes.**

R: Pense desta maneira: com relação a análise de dados, tudo depende das ferramentas. Um bom analista de dados sabe usar as ferramentas para manipular os dados no contexto de resolver os problemas de verdade. Não existe razão para ficar fatalístico sobre como você não é perfeitamente racional. Conheça as ferramentas, use-as sabiamente e você poderá fazer um ótimo trabalho.

P: **Mas não existe como fazer análise de dados que garanta a resposta certa para todos os seus problemas.**

R: Não, não existe, e se você cometer o erro de pensar o contrário, você se predispõe ao fracasso. Analisar onde e como você **espera** que a realidade desvie dos seus modelos analíticos é uma grande parte da análise de dados. Nós vamos falar sobre a arte de lidar com erros daqui a alguns capítulos.

P: **Então, a heurística está fixada no meu cérebro, mas eu também posso inventar uma também?**

R: Pode apostar que sim, e, como analista de dados, o que realmente importa é que você saiba quando está fazendo isso. Então, vamos experimentar.

Use um modelo rápido e simples

Aqui temos uma heurística que descreve maneiras diferentes de lidar com o problema de ter de se livrar do lixo que você tem. É uma regra bem simples: se houver um cesto de lixo, jogue tudo no cesto de lixo. Se não, espere até ver um cesto de lixo.

Essa maneira esquemática de descrever a heurística é chamada de **diagrama rápido e frugal.** É rápido porque não leva muito tempo para completar, e é frugal porque não necessita de muitos recursos cognitivos.

Eu não preciso mais dessa embalagem de comida.

Sim → **Jogue na lixeira.**

Não → **Guarde no bolso e jogue foram em algum outro lugar.**

Tem uma lata de lixo aqui perto?

Sim → **Jogue na lixeira.**

Não

A prefeitura precisa da sua própria heurística para avaliar a qualidade do trabalho que a Resíduos tem feito. Ter uma heurística própria é inviável (nós teremos de convencê-los disso) e eles rejeitam a heurística atual da Resíduos.

Você pode desenhar um diagrama rápido e frugal para representar melhor a heurística? Vamos falar com a Resíduos para ver o que eles pensam sobre um procedimento de decisão um pouco mais robusto.

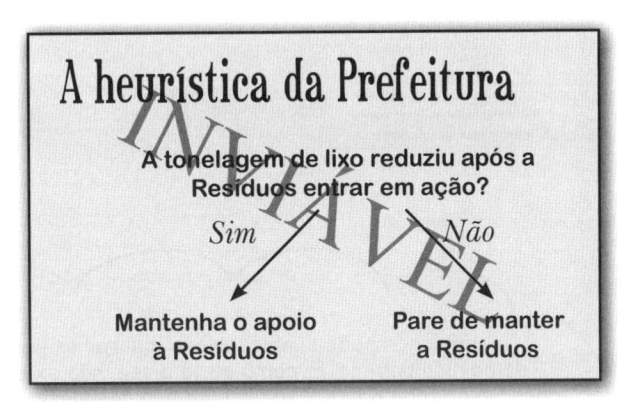

A heurística da Prefeitura

INVIÁVEL

A tonelagem de lixo reduziu após a Resíduos entrar em ação?

Sim → Mantenha o apoio à Resíduos

Não → Pare de manter a Resíduos

A heurística da Resíduos

REJEITADO

As pessoas melhoraram o comportamento com relação ao lixo após a Resíduos?

Sim → Mantenha o apoio à Resíduos

Não → Pare de manter a Resíduos

Existe uma maneira mais simples de avaliar o sucesso da Resíduos?

A utilização de uma abordagem heurística para avaliar o trabalho da Resíduos implicaria em escolher uma ou mais dessas variáveis e adicioná-las à sua análise. O que o diretor da Resíduos consideraria como sendo a melhor abordagem?

Quais dessas variáveis você pode adicionar à sua análise para ter uma visão mais completa da eficácia da Resíduos?

Lixo na Dadolândia: Coisas que você pode medir

Onde é encontrado
- Parques
- Canais de drenagem
- Canais de beira de estrada
- Bairros suburbanos
- Bairros urbanos

Tipos de lixo
- Butucas de cigarro
- Dejetos de animais
- Embalagens plásticas de comida
- Garrafas e latas
- Sobras de comida
- Linha de pesca
- Coisas esquisitas e diversas

Pessoas que você pode entrevistar sobre o lixo
- Adultos
- Público em geral
- Crianças
- Trabalhadores de dejetos sólidos
- Funcionários da saúde pública
- Pesquisadores acadêmicos

Lugares para medir a tonelagem
- Centros de processamento dos varredores de rua
- Atividades de limpeza da Resíduos
- Aterros sanitários públicos
- Aterros sanitários privados
- Onde for encontrado

Custos que você pode medir
- Público
- Privado
- Contratados para limpar o lixo
- Programas de redução de lixo
- Resultados negativos da saúde pública
- Má impressão dos que não habitam a cidade
- Animais selvagens feridos por causa do lixo

Todos esses fatores para as cidades vizinhas

> Você não pode simplesmente ignorar as pesquisas de opinião pública. E, como eu já disse, não existe um meio para pesar todo o lixo e fazer uma boa comparação. Mas, talvez, poderíamos entrevistar os funcionários que trabalham com o lixo sólido. O maior problema são as gimbas de cigarro, e nós poderíamos entrevistar os varredores de rua e trabalhadores do lixão e perguntar quantas gimbas eles encontram por dia. Assim, teríamos um apoio mais sólido para o que está acontecendo com o lixo.

Aponte seu lápis

Desenhe um diagrama rápido e frugal para descrever como a prefeitura *deveria* avaliar o sucesso da Resíduos. Certifique-se de incluir duas variáveis que a Resíduos considere importante.

A decisão final deve ser: manter ou eliminar os fundos da Resíduos.

Aponte seu lápis
Solução

Que tipo de heurística você criou para avaliar o sucesso da Resíduos?

Enquanto o diagrama que você criou pode ser diferente, aqui temos um exemplo de onde você deve ter acabado.

Primeiro, a prefeitura precisa perguntar se o público está reagindo de maneira positiva à Resíduos.

A Resíduos está aumentando a empolgação das pessoas para pararem de poluir?

O público está mais ciente com relação ao lixo?

Sim   *Não*

Se o público estiver apoiando, as pessoas que trabalham com o lixo sólido acham que houve uma redução?

Se não, os fundos da Resíduos devem ser eliminados.

Os trabalhadores do lixão acreditam que houve uma redução?

Acabar com os fundos

Sim   *Não*

Este atributo é o que estamos colocando no lugar da medição do lixo.

Manter os fundos   **Acabar com os fundos**

Esse é o resultado que a Residuos quer.

Se os trabalhadores do lixão não acham que houve uma redução, será o fim dos fundos.

> Estou ansioso para ver o relatório que você refez. Mas também estou esperando que você seja igual à todas aquelas agências sem fins lucrativos que querem o dinheiro da Dadolândia... um bando de incompetentes.

Vereador

Parece que pelo menos um dos vereadores **já está de cabeça feita.** Que idiota. Esse cara tem uma visão totalmente errada do trabalho da Resíduos.

Aponte seu lápis

Esse vereador está usando a heurística. Desenhe um diagrama que descreva o processo do pensamento dele ao **formar opinião** sobre a Resíduos. Você precisa entender o raciocínio dele se quiser convencer esse cara de que suas avaliações heurísticas são válidas.

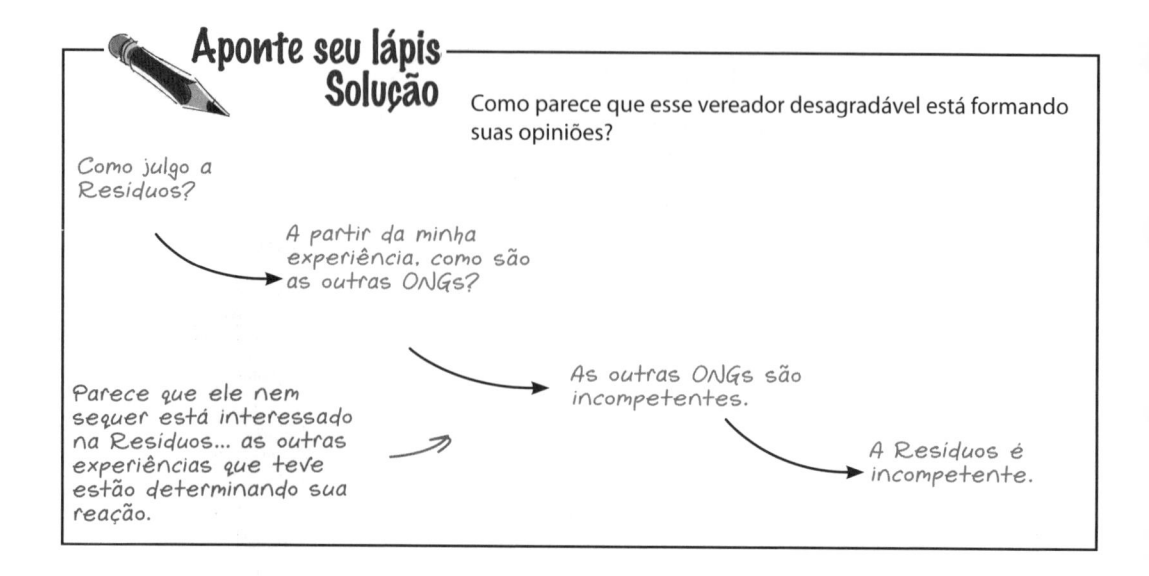

Estereótipos são heurísticas

Os estereótipos certamente são heurística: eles não precisam de muita energia para serem processados e são super rápidos. Com o estereótipo, você nem precisa coletar dados sobre o assunto em questão. Assim como a heurística, **os estereótipos** *funcionam*. Mas, neste caso, e em muitos outros, os estereótipos levam à conclusões pessimamente fundamentadas.

Nem toda heurística funciona bem em todos os casos. Um princípio básico rápido e frugal pode ajudar a obter respostas para alguns problemas, enquanto predispõe de você para fazer julgamentos inadequados em outros contextos.

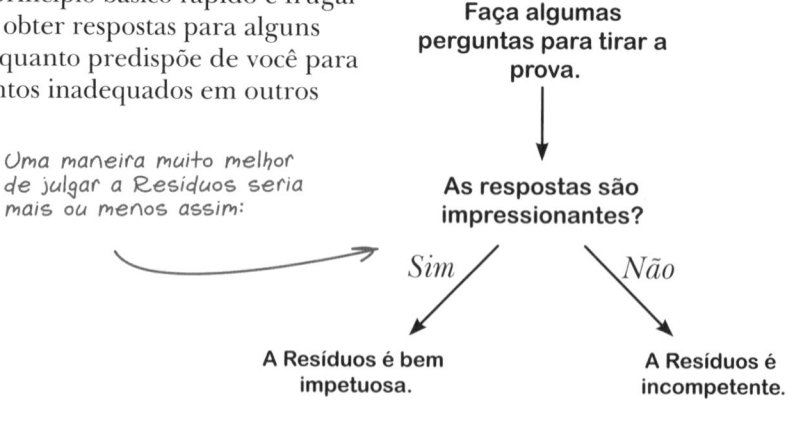

A heurística pode ser completamente perigosa!

Talvez podemos obter dados que descrevam o que os trabalhadores do saneamento básico acham que está acontecendo com o lixo. Então, podemos apresentar nossa análise original junto com as nossas decisões heurísticas e os novos dados para a prefeitura.

Vamos ver o que os trabalhadores do saneamento básico têm a dizer...

Sua análise está pronta para ser apresentada

Entre sua heurística e os dados que você tem, incluindo as respostas que acabou de receber dos trabalhadores do saneamento básico, você está pronto para começar a explicar o que você vê para a prefeitura.

Essa foi a sua decisão de como a prefeitura deveria avaliar o trabalho da Resíduos.

O público está mais ciente com relação ao lixo?

Sim *Não*

Os trabalhadores do lixão acreditam que houve uma redução?

Sim *Não*

Manter os fundos **Acabar com os fundos**

Acabar com os fundos

Esses são os nossos dados originais, que descrevem a atitude do público em geral com relação ao lixo.

Perguntas para o público em geral	Ano Passado	Este Ano
Você joga lixo fora do lugar na Dadolândia?	10%	5%
Você já ouviu falar do programa da Resíduos?	5%	90%
Se você visse alguém jogando lixo na rua, você diria para que jogassem o lixo numa lixeira?	2%	25%
Você acha que o lixo é um problema na Dadolândia?	20%	75%
A Resíduos ajudou você a entender melhor a importância de evitar jogar lixo fora do lixo?	5%	85%
Você daria apoio para a continuidade dos fundos da Resíduo junto à prefeitura?	20%	81%

Esses são os novos dados que descrevem as impressões dos trabalhadores do saneamento básico com relação ao lixo na Dadolândia desde que a Resíduos começou seu trabalho.

Perguntas para os funcionários de saneamento	Este Ano
Você percebeu uma redução no lixo que chega aos lixões da Dadolândia desde quando a Resíduos começou a atuar?	75%
A quantidade de bitucas de cigarro diminui desde quando a Resíduos começou a atuar?	90%
As áreas com maior índice de lixo (centro, parques e etc.) presenciaram uma redução na quantidade de lixo desde quando a Resíduos entrou em ação?	30%
O lixo ainda é um problema significante na Dadolândia?	82%

Nós não podemos comparar esses dados com os dados do ano passado porque acabamos de começar a coleta desse tipo de informação.

Os números representam a porcentagem de pessoas que responderam "Sim".

Aponte seu lápis

Responda as questões a seguir, feitas pela prefeitura, sobre o seu trabalho com a Resíduos.

Por que não se pode medir a tonelagem diretamente?

....

....

....

Você consegue provar que a campanha surtiu efeito?

....

....

....

Você pode garantir que as suas táticas vão continuar funcionando?

....

....

....

Por que não devemos gastar dinheiro com a limpeza ao invés de gastar em educação?

....

....

....

Vocês são tão incompetentes quanto os outros.

....

....

....

Aponte seu lápis
Solução

Como você respondeu as perguntas?

Por que não se pode medir a tonelagem diretamente?

Nós podemos medir a tonelagem diretamente. O problema de fazer isso é o custo. Seria caro demais. Custaria o dobro do que você paga para a Resíduos. Então, o melhor curso de ação é utilizar a heurística para avaliar o desempenho. É simples, mas acreditamos que é uma maneira precisa.

Você consegue provar que a campanha surtiu efeito?

Todos os dados são observacionais, então, não podemos provar que o aumento na consciência do público em geral e a redução que os funcionários dos lixões acreditam que aconteceu é resultado do trabalho da Resíduos. Mas temos boas razões para acreditar que nossa programa foi a causa desses resultados.

Você pode garantir que as suas táticas vão continuar funcionando?

Não existe garantias na vida, mas enquanto pudermos sustentar a melhoria na consciência pública que obtivemos com o nosso programa, fica difícil imaginar que as pessoas voltariam a poluir mais.

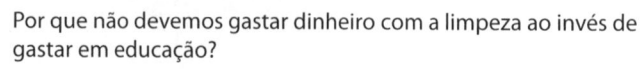

Hmmmm. Isto é exatamente como você sabe e como está falando.

Por que não devemos gastar dinheiro com a limpeza ao invés de gastar em educação?

Mas, se fizer isso, seu objetivo deixaria de ser a redução de lixo, porque você não estaria fazendo nada para que as pessoas parassem de poluir. O objetivo passaria a ser limpar o mais rápido possível, e não é isso que a Resíduos faz.

Vocês são tão incompetentes quanto os outros.

Não podemos falar pelas outras ONGs, mas temos uma ideia clara do que estamos fazendo e de como medir os resultados, então, decididamente não somos incompetentes. Quando você disse que ia concorrer a reeleição?

Parece que sua análise impressionou os vereadores

Memorando
Assunto: Resíduos e o lixo na Dadolândia

A prefeitura tem o prazer de renovar o contrato da Resíduos, graças ao excelente trabalho dos analistas de dados da Use a Cabeça. Nós reconhecemos que nossa avaliação anterior do trabalho da Resíduos não tratou, de maneira adequada, toda a cobertura o lixo na Dadolândia, e acabamos descontando a importância da opinião e comportamento público. O novo procedimento de decisão que você nos forneceu foi muito bem elaborado e nós esperamos que a Resíduos continue superando as expectativas. A Resíduos terá um aumento nos recursos recebidos da prefeitura esse ano. Esperamos que ajude...

> Muito obrigada pela ajuda. Agora nós poderemos fazer muito mais para acabar com o lixo na Dadolândia. Você realmente salvou a Resíduos!

A Dadolândia vai ficar limpa graças à sua análise.

Graças ao seu trabalho duro e intuições sutis ao resolver esses problemas analíticos, você pode se vangloriar de manter a Dadolândia limpa e arrumada.

9 histogramas

A Forma dos Números

Grande parte do agito desta cidade está concentrado aqui. É por isso que sou super alto.

E daí? O trabalho importante é feito aqui. Se você entendesse a paisagem, você entenderia porquê.

Quanto um gráfico de barras pode lhe dizer?

Existe um zilhão de maneiras de **apresentar os dados com imagens**, mas uma delas é especial.
Os **histogramas**, que são um pouco parecidos com os gráficos de barras, são uma maneira super
rápida e fácil de resumir os dados. Você está prestes a utilizar esses pequenos gráficos poderosos
para medir a **abrangência, variabilidade e tendência central** dos seus dados, e muito mais. Não
importa o tamanho do seu conjunto de dados, se você desenhar um histograma com eles, você
conseguirá "ver" o que está acontecendo dentre deles. E você está prestes a fazer isso com uma
ferramenta de software nova, gratuita e incrivelmente poderosa.

Sua revisão anual está chegando

Você tem feito ótimos trabalhos analíticos ultimamente e já está na hora de você receber o que está chegando especialmente para você.

Os chefões querem saber o que você acha do seu desempenho.

Nossa, uma auto-avaliação.

Auto-Revisão do Analista do Starbuzz

Obrigado por preencher nossa auto-revisão! Esse documento é importante para os nossos arquivos e vão ajudar a determinar seu futuro no Starbuzz.

Data _____

Nome do analista _____

Circule o número que corresponda ao que você pensa sobre o desenvolvimento das suas habilidades. Uma pontuação baixa significa que você acha que precisa de ajuda e uma pontuação alta significa que você acha que seu trabalho é excelente.

A qualidade geral do seu trabalho analítico.

    1   2   3   4   5

Sua habilidade para interpretar o sentido e a importância de eventos passados.

    1   2   3   4   5

Aposto que você tem uma pontuação maior agora do que tinha no Capítulo 1.

Sua habilidade para fazer julgamentos equilibrados sobre o futuro.

    1   2   3   4   5

Qualidade das comunicações escrita e oral.

    1   2   3   4   5

Sua habilidade em manter seus clientes bem informados e auxiliá-los a tomar boas decisões.

    1   2   3   4   5

Seu trabalho está bem <u>sólido</u>.

Você merece um tapinha nas costas.

Não um tapa literalmente falando... mas algo mais. Algum tipo de reconhecimento *de verdade*. Mas que tipo de reconhecimento? E o que você faz para recebê-lo?

Aponte seu lápis

É melhor você fazer um brainstorming sobre as estratégias para ser reconhecido. Escreva como você reagiria a cada uma dessas perguntas:

Você deveria simplesmente agradecer seu chefe e esperar que tudo dê certo? Se o seu chefe realmente acreditar que você tem sido bem valioso, ele vai te recompensar, certo?

....

....

....

....

Você deveria dar um feedback super positivo sobre você mesmo e talvez até exagerar um pouco sobre os seus talentos? Depois exigir **um grande aumento**?

....

....

....

....

Você consegue imaginar uma maneira, baseada em dados, para decidir como lidar com essa situação?

....

....

....

....

> Nós certamente merecemos um aumento. Mas como convencer o chefe a nos dar esse aumento?

Não importa como você respondeu as questões na página anterior, nós achamos que você deve pedir um aumento. Afinal de contas, você não está trabalhando tanto à toa.

Pedir um aumento pode terminar de várias maneiras

As pessoas podem ser levianas quando se trata de pedir um aumento para os chefes. E quem pode culpá-las? Existem **vários resultados** possíveis e nem todos são bons!

Qualquer coisa pode acontecer.

Peça um pouco

Aqui estão suas opções

A sua chefe acha que você está sendo razoável? Ela está contente ou decepcionada?

Peça muito

Não faça nada

Neste momento, você não tem a menor ideia do que seu chefe vai pensar ou fazer.

Ele te coloca no seu lugar.

Aumento

Você dançou!

Isso seria bom!

Aumento incrível!

Pesquisas poderiam te ajudar a prever o resultado?

Embora seu caso seja único para você, pode ser que faça sentido ter uma ideia das **expectativas básicas** do seu chefe.

Aqui estão alguns dados sobre aumentos

Visto que você está super ligado nos dados do Starbuzz, você tem acesso à alguns números maravilhosos: os registro do departamento de Recursos Humanos sobre os aumentos dos últimos três anos.

Baixe isso!

Acesse o site **www.altabooks.com.br** e na caixa "*localizar*" procure pelo livro. Acesse a página de cadastro e localize o hiperlink *download*.

Os aumentos da sua empresa

Cada linha do banco de dados representa o aumento de alguém para o ano especificado.

	A	B	C	D	E
1		Recebido	Negociado	Sexo	Ano
2	1	12.1	Verdadeiro	M	2005
3	2	8.9	Verdadeiro	F	2006
4	3	8.8	Verdadeiro	M	2007
5	4	7.1	Verdadeiro	F	2008
6	5	10.2	Verdadeiro	M	2009
7	6	7	Verdadeiro	F	2005
8	7	15.1	Verdadeiro	M	2006
9	8	16	Verdadeiro	F	2007
10	9	8.2	Verdadeiro	M	2008
11	10	10.5	Verdadeiro	F	2009
12	11	1.9	Verdadeiro	M	2005
13	12	9.7	Verdadeiro	F	2006
14	13	9.9	Verdadeiro	M	2007
15	14	13.4	Verdadeiro	F	2008
16	15	8.6	Verdadeiro	M	2009
17	16	5.3	Verdadeiro	F	2005
18	17	16.5	Verdadeiro	M	2006
19	18	11.2	Verdadeiro	F	2007
20	19	8.4	Verdadeiro	M	2008
21	20	14.9	Verdadeiro	F	2009
22	21	14.6	Verdadeiro	M	2005
23	22	2.7	Verdadeiro	F	2006
24	23	8.6	Verdadeiro	M	2007
25	24	8	Verdadeiro	F	2008
26	25	16.4	Verdadeiro	M	2009
27	26	14.1	Verdadeiro	F	2005
28	27	10.2	Verdadeiro	M	2006
29	28	19.7	Verdadeiro	F	2007
30	29	6.8	Verdadeiro	M	2008
31	30	7.6	Verdadeiro	F	2009
32	31	17.6	Verdadeiro	M	2005

hfda_ch09_employees.csv

Esse é o valor do aumento da pessoa, medido como porcentagem de aumento.

Essa coluna diz se a pessoa é homem ou mulher... sabe, pode ser que haja alguma correlação entre sexo e valor do aumento.

Essa coluna diz se a pessoa pediu aumento maior ou não. VERDADEIRO *significa que o aumento pedido foi maior.* FALSO *diz que não.*

Esses dados podem ser úteis à medida que você descobre quais tipos de aumento são razoáveis.

Você pode conseguir extrair algumas percepções poderosas desses dados. Se você presumir que seu chefe vai agir da mesma maneira como os chefes anteriores agiram, esses dados podem lhe dizer o que esperar.

O problema é que, com quase 3.000 empregados, o conjunto de dados é bem **grande**.

Você vai precisar fazer alguma coisa para tornar os dados mais úteis.

PODER DO CÉREBRO

Como você lidaria com esses dados? Você consegue lidar com eles de modo a torná-los mais úteis?

Jim: Vamos esquecer os dados e pedir o máximo que pudermos. Não há nada nos dados que nos diz o quanto eles acham que nós valemos. Há uma variação de números na cabeça do chefe e nós precisamos descobrir como conseguir a parte mais alta dessa variação.

Joe: Eu concordo que grande parte dos dados é inútil para nos dizer o quanto eles acham que nós valemos, e não vejo como descobrir isso. Os dados vão fornecer a média de aumentos e não temos como errar se pedirmos a média.

Jim: A média? Você só pode estar brincando. Por que partir para o meio? Mira mais alto!

Frank: Eu acho que uma análise mais sutil é adequada. Há informações valiosas aqui e quem sabe o que vamos descobrir?

Joe: Nós precisamos nos manter conservadores e seguir o rebanho. A média é onde encontramos segurança. É só fazer a média na coluna `Aumento` e pedir aquela quantia.

Jim: Isso é fugir da realidade!

Frank: Olha, os dados mostram se as pessoas negociaram, quando foi o aumento e qual é o sexo da pessoa. Todas essas informações podem ser úteis se conseguirmos deixá-las no formato certo.

Jim: Ok, bocudo. Mostra aí.

Frank: Sem problemas. Primeiro, temos de descobrir como desintegrar todos esses números em outros que façam mais sentido...

É melhor resumir os dados. Há muitos dados para serem lidos e entendidos de uma vez só, e até você fazer um resumo deles, não vai saber o que eles realmente contêm.

Comece quebrando os dados nas partes que o constituem. Depois que tiver essas informações você pode analisar as médias ou qualquer outra informação estatística que julgar ser útil.

Por onde vai começar a resumir esses dados?

Aponte seu lápis

Como você já sabe, grande parte da análise consiste em obter informações e decompô-las em partes menores, mais fáceis de serem trabalhadas.

Desenhe uma figura que descreva como você poderia quebrar esses campos de dados em elementos menores.

Desenhe figuras que representem como você dividiria esses dados em blocos menores.

Aqui estão alguns exemplos.

Aumentos de 6-8%

Mulheres

◇	A	B	C	D	E
		Recebido	Negociado	Sexo	Ano
1					
2	1	12.1	Verdadeiro	M	2005
3	2	8.9	Verdadeiro	F	2006
4	3	8.8	Verdadeiro	M	2007
5	4	7.1	Verdadeiro	F	2008
6	5	10.2	Verdadeiro	M	2009
7	6	7	Verdadeiro	F	2005
8	7	15.1	Verdadeiro	M	2006
9	8	16	Verdadeiro	F	2007
10	9	8.2	Verdadeiro	M	2008
11	10	10.5	Verdadeiro	F	2009
12	11	1.9	Verdadeiro	M	2005
13	12	9.7	Verdadeiro	F	2006
14	13	9.9	Verdadeiro	M	2007
15	14	13.4	Verdadeiro	F	2008
16	15	8.6	Verdadeiro	M	2009
17	16	5.3	Verdadeiro	F	2005
18	17	16.5	Verdadeiro	M	2006
19	18	11.2	Verdadeiro	F	2007
20	19	8.4	Verdadeiro	M	2008
21	20	14.9	Verdadeiro	F	2009
22	21	14.6	Verdadeiro	M	2005
23	22	2.7	Verdadeiro	F	2006
24	23	8.6	Verdadeiro	M	2007
25	24	8	Verdadeiro	F	2008
26	25	16.4	Verdadeiro	M	2009
27	26	14.1	Verdadeiro	F	2005
28	27	10.2	Verdadeiro	M	2006
29	28	19.7	Verdadeiro	F	2007
30	29	6.8	Verdadeiro	M	2008
31	30	7.6	Verdadeiro	F	2009
32	31	17.6	Verdadeiro	M	2005

hfda_ch09_employees.csv

hfda_ch09_em

Ready

Qual estatística você poderia usar para resumir esses elementos? Esboce algumas tabelas que incorporem seus campos de dados com a estatística resumida.

Aponte seu lápis
Solução

Como você poderia decompor seus dados?

Aqui estão alguns exemplos... suas respostas podem estar um pouco diferentes.

Você pode dividir os dados das colunas em grupos...

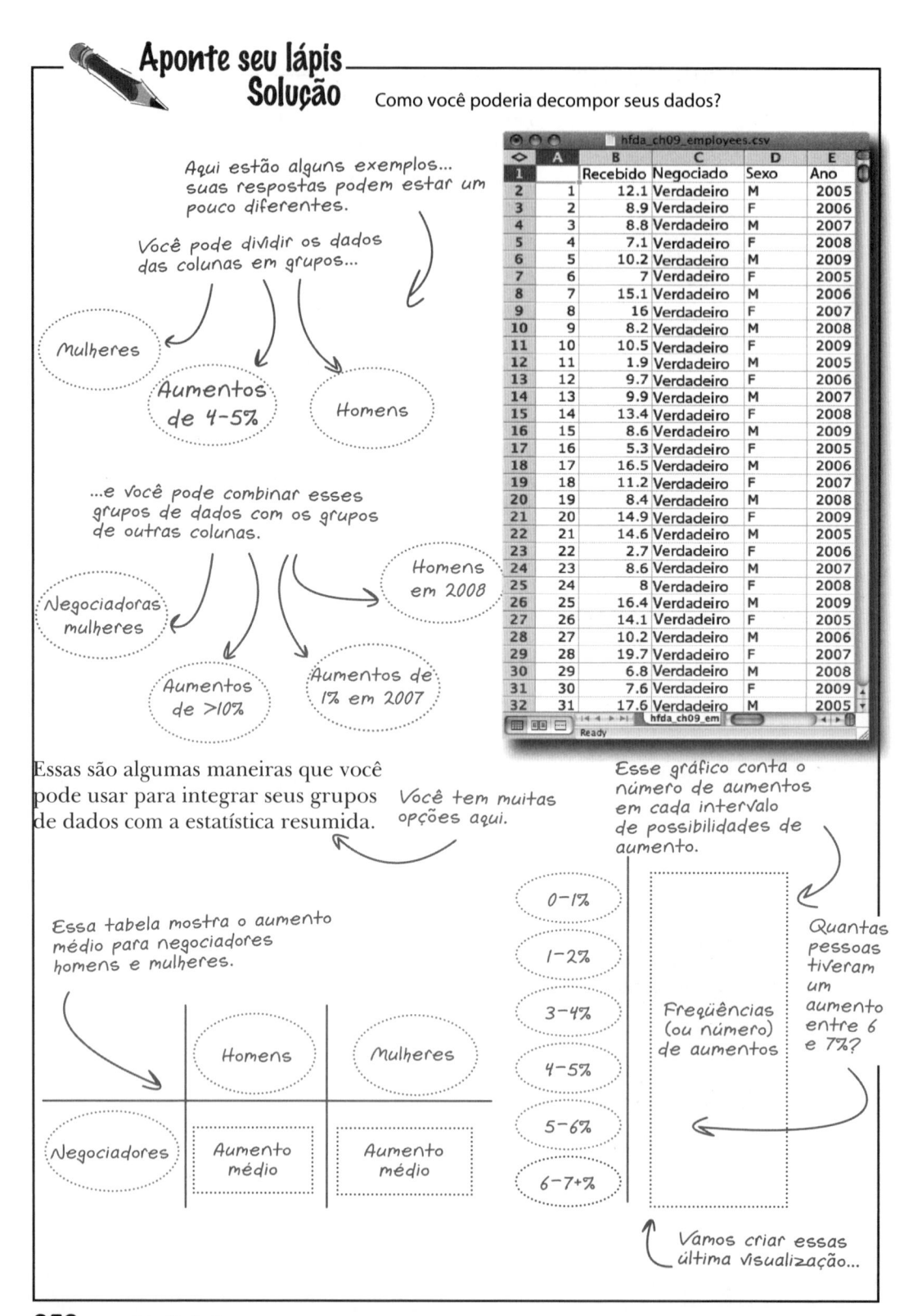

(Mulheres)

(Aumentos de 4-5%)

(Homens)

...e você pode combinar esses grupos de dados com os grupos de outras colunas.

(Negociadoras mulheres)

(Homens em 2008)

(Aumentos de >10%)

(Aumentos de 1% em 2007)

	A	B	C	D	E
1		Recebido	Negociado	Sexo	Ano
2	1	12.1	Verdadeiro	M	2005
3	2	8.9	Verdadeiro	F	2006
4	3	8.8	Verdadeiro	M	2007
5	4	7.1	Verdadeiro	F	2008
6	5	10.2	Verdadeiro	M	2009
7	6	7	Verdadeiro	F	2005
8	7	15.1	Verdadeiro	M	2006
9	8	16	Verdadeiro	F	2007
10	9	8.2	Verdadeiro	M	2008
11	10	10.5	Verdadeiro	F	2009
12	11	1.9	Verdadeiro	M	2005
13	12	9.7	Verdadeiro	F	2006
14	13	9.9	Verdadeiro	M	2007
15	14	13.4	Verdadeiro	F	2008
16	15	8.6	Verdadeiro	M	2009
17	16	5.3	Verdadeiro	F	2005
18	17	16.5	Verdadeiro	M	2006
19	18	11.2	Verdadeiro	F	2007
20	19	8.4	Verdadeiro	M	2008
21	20	14.9	Verdadeiro	F	2009
22	21	14.6	Verdadeiro	M	2005
23	22	2.7	Verdadeiro	F	2006
24	23	8.6	Verdadeiro	M	2007
25	24	8	Verdadeiro	F	2008
26	25	16.4	Verdadeiro	M	2009
27	26	14.1	Verdadeiro	F	2005
28	27	10.2	Verdadeiro	M	2006
29	28	19.7	Verdadeiro	F	2007
30	29	6.8	Verdadeiro	M	2008
31	30	7.6	Verdadeiro	F	2009
32	31	17.6	Verdadeiro	M	2005

hfda_ch09_employees.csv

hfda_ch09_em — Ready

Essas são algumas maneiras que você pode usar para integrar seus grupos de dados com a estatística resumida.

Você tem muitas opções aqui.

Esse gráfico conta o número de aumentos em cada intervalo de possibilidades de aumento.

Essa tabela mostra o aumento médio para negociadores homens e mulheres.

(0-1%)

(1-2%)

(3-4%)

(4-5%)

(5-6%)

(6-7+%)

(Freqüências (ou número) de aumentos)

Quantas pessoas tiveram um aumento entre 6 e 7%?

	(Homens)	(Mulheres)
(Negociadores)	Aumento médio	Aumento médio

Vamos criar essas última visualização...

Tenho certeza
que é divertido imaginar
o resumo desses dados, mas
aqui vai uma ideia. E se nós
realmente fizermos isso?

Você está pronto para começar a resumir utilizando os grupos de dados que você imaginou.

Quando você precisa fatiar, picar e resumir um conjunto complexo de dados, você deve usar as melhores ferramentas de software para fazer o trabalho sujo. Então, vamos dar uma olhada e fazer o seu software revelar o que está acontecendo com todos esses aumentos.

Uma visualização com o número de pessoas que pertencem a cada uma dessas categorias de aumento fará com que você *veja* o conjunto inteiro de dados de uma vez só.

Então, vamos criar o resumo... ou melhor ainda, vamos fazê-lo **graficamente**.

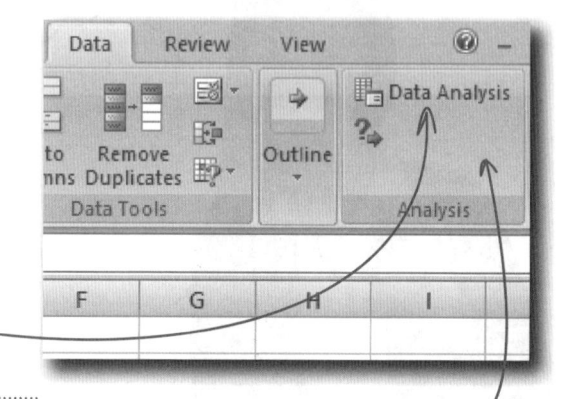

① Abra a caixa de diálogo Análise de Dados

Com os seus dados abertos no Excel, clique no botão Análise de Dados na guia Dados.

No Open Office e em versões mais antigas do Excel, você encontra o botão Análise de Dados no menu Ferramentas.

É isto aqui

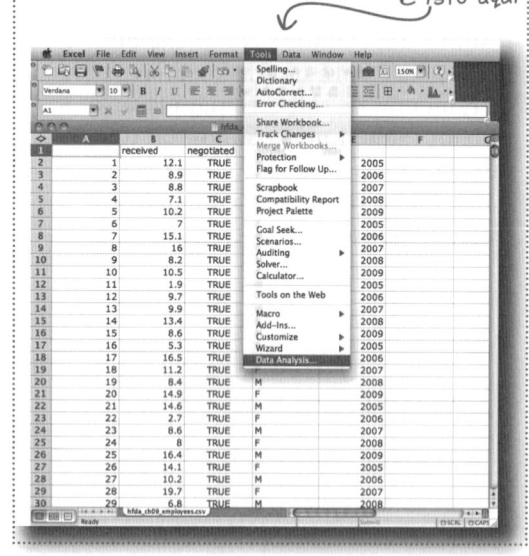

Se você não consegue ver o botão Análise de Dados, veja o Apêndice iii para instruções de como instalá-lo.

② Selecione Histograma.

Na janela pop-up, diga ao Excel que você quer criar um histograma.

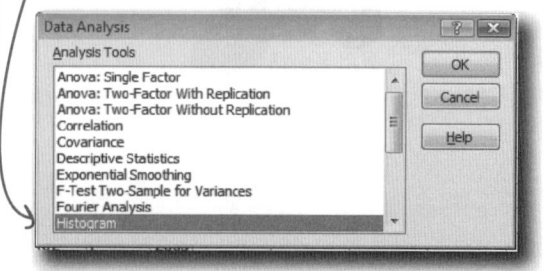

③ Selecione seus dados.

Selecione todos os dados de aumento na coluna recebido.

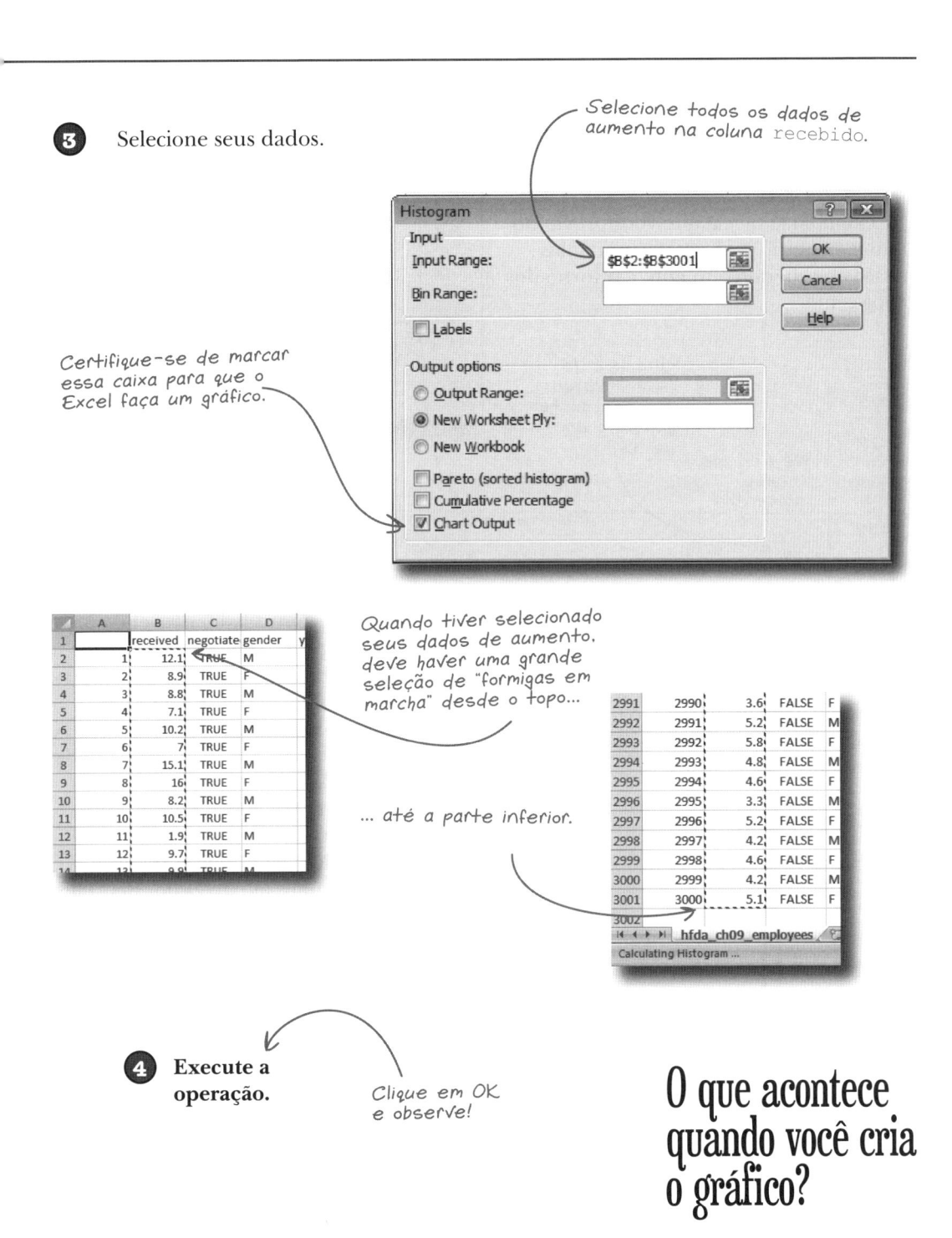

Certifique-se de marcar essa caixa para que o Excel faça um gráfico.

Quando tiver selecionado seus dados de aumento, deve haver uma grande seleção de "formigas em marcha" desde o topo...

... até a parte inferior.

④ **Execute a operação.**

Clique em OK e observe!

O que acontece quando você cria o gráfico?

Os histogramas mostram a frequência dos grupos de números

Os **histogramas** são uma poderosa visualização porque, independente do tamanho do seu conjunto de dados, eles exibem a **distribuição** dos pontos de dados de acordo com a variação de valores.

Por exemplo, a tabela que você previu no último exercício poderia dizer quantas pessoas receberam aumento em torno dos 5 por cento.

Essa é a construção do Excel.

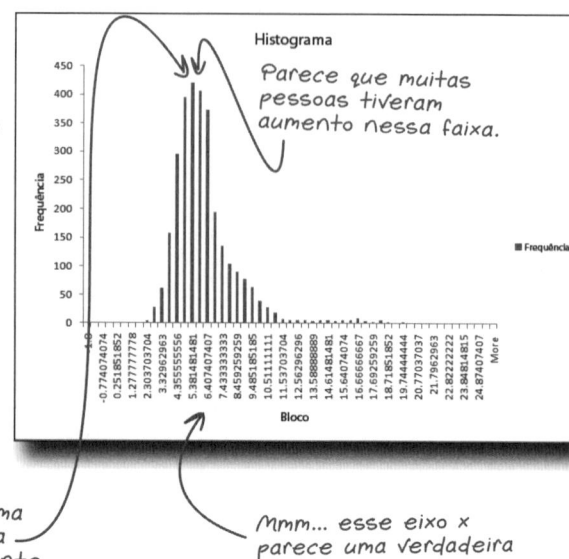

Parece que muitas pessoas tiveram aumento nessa faixa.

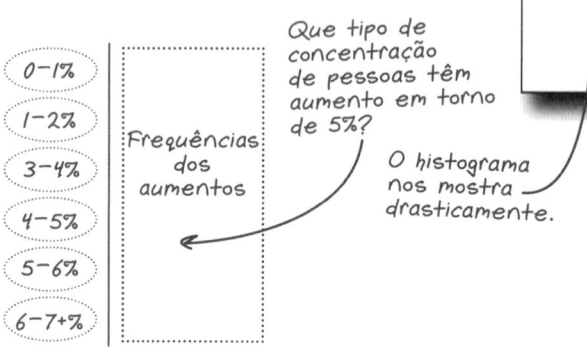

Frequências dos aumentos

0-1%
1-2%
3-4%
4-5%
5-6%
6-7+%

Que tipo de concentração de pessoas têm aumento em torno de 5%?

O histograma nos mostra drasticamente.

Mmm... esse eixo x parece uma verdadeira bagunça.

Este histograma exibe graficamente quantas pessoas caem em cada categoria de aumento e mostra, de maneira precisa, o que as pessoas estão conseguindo através da ampla variedade de aumento.

Por outro lado, existem alguns problemas com o que o Excel fez para você. As configurações padrão para os **blocos** (ou "intervalos clássicos") acabam produzindo valores bagunçados e difíceis para o eixo x. O gráfico seria muito mais fácil de ser lido com números inteiros simples (ao invés dos decimais extensos) no eixo x para representar os blocos.

Claro, você *pode* ajustar as configurações para fazer com que esses blocos se pareçam mais com a tabela de dados que você criou inicialmente.

Mas até este histograma tem um problema sério. Você consegue encontrá-lo?

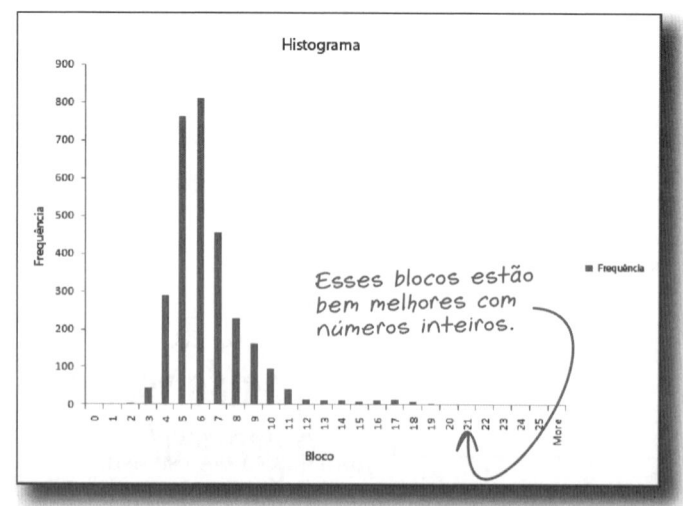

Esses blocos estão bem melhores com números inteiros.

As lacunas entre as barras em um histograma significam lacunas entre os pontos de dados

Nos histogramas, as lacunas significam que existem dados faltando entre certas variações. Digamos que ninguém tenha recebido um aumento entre 5,75 por cento e 6,25 por cento, então, haverá uma lacuna nesse espaço. Se o histograma mostrou isso, pode ser que valha a pena investigar.

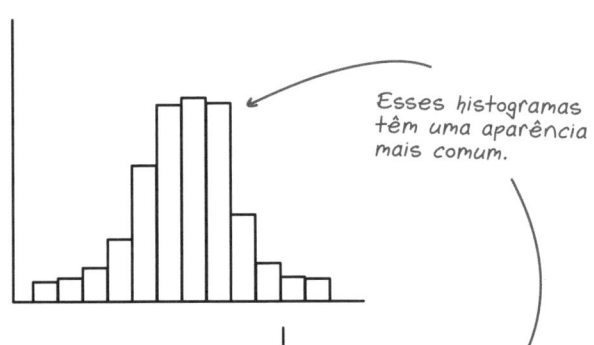

Esses histogramas têm uma aparência mais comum.

Na verdade, sempre haverá lacunas se houver mais blocos do que pontos de dados (a menos que seu conjunto de dados seja composto pelo mesmo número repetido várias vezes).

Histogramas de Perto

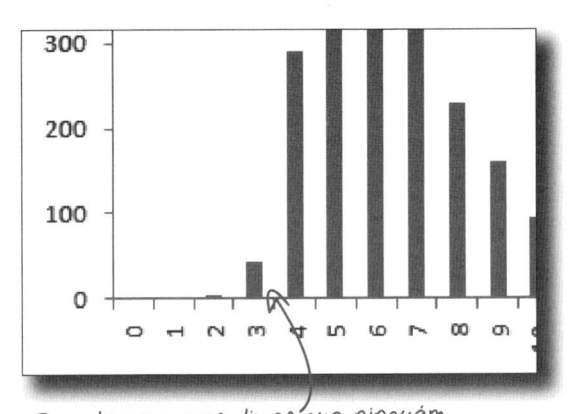

Essa lacuna quer dizer que ninguém recebeu aumentos entre 3,3 e 3,8%?

É exatamente esse que *deveria* ser o significado da lacuna, pelo menos se o histograma estiver correto. Se você presumiu que este histograma está correto, e que haviam lacunas entre esses valores, você teria uma ideia totalmente errada. Você precisa de uma ferramenta de software para criar um histograma melhor.

O problema com a função do Excel é que ele cria os intervalos bagunçados e artificiais, e isso é realmente decepcionante.

E existe um contorno técnico para esse problema (com o Excel, quase sempre existe um contorno se você tiver tempo de escrever o código usando a linguagem proprietária da Microsoft).

Mas já estamos no Capítulo 9, e você tem se dado muito bem até agora. Você já está pronto para uma **ferramenta de software** mais poderosa que o Excel para manipular e gerenciar estatísticas.

O software que você precisa chama-se **R**. É um programa de código aberto e gratuito que pode ser o futuro da informática em estatística, e você está prestes a conhecê-lo!

Instale e execute o R

Vá até o site ***www.r-projet.org (em inglês) ou www.altabooks.com.br*** para baixar o R. Você não deve ter problemas para encontrar um repositório perto de você de onde possa baixar o R para Windows, Mac e Linux.

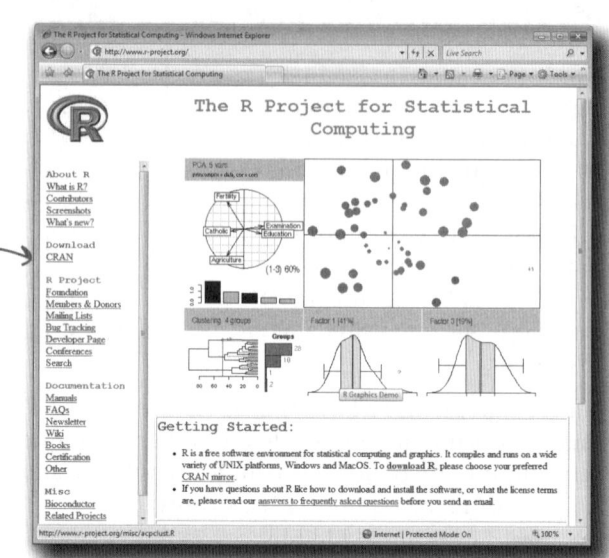

Clique nesse link de download.

Após ter iniciado o programa, você vai ver uma janela parecida com essa.

Este pequeno cursor representa o prompt de comando e é onde você vai digitar seus comandos no R.

O prompt de comando é seu amigo.

Você vai se adaptar rapidinho ao prompt de comando, embora nas primeiras vezes você tenha de pensar um pouco mais. E você pode, a qualquer momento, ter uma visualização dos seus dados em formato de planilha, simplesmente digitando `edit(seusdados)`.

Carregue os dados no R

Para trabalhar o seu primeiro comando no R, baixe o script do *Use a Cabeça Análise de Dados*, utilizando o comando `source`:

Baixe isso:

Acesse o site www.altabooks.com.br e na caixa "*localizar*" procure pelo livro. Acesse a página de cadastro e localize o hiperlink *download*.

Esse comando vai carregar os dados do aumento que você precisa para usar no R. Você deve estar conectado à internet para baixá-lo. Caso queira salvar sua sessão no R para voltar aos dados do *Use a Cabeça* quando não estiver conectado à internet, você pode digitar `save.image()`.

Então, o que exatamente você baixou? Primeiro, dê uma olhada no **pacote de dados** do seu download chamado "Employees". Digite esse comando e aperte Enter:

```
employees
```

A tela que você vê ao lado é a resposta do R para a sua solicitação.

Digite o nome do pacote de dados para fazer o R exibi-lo.

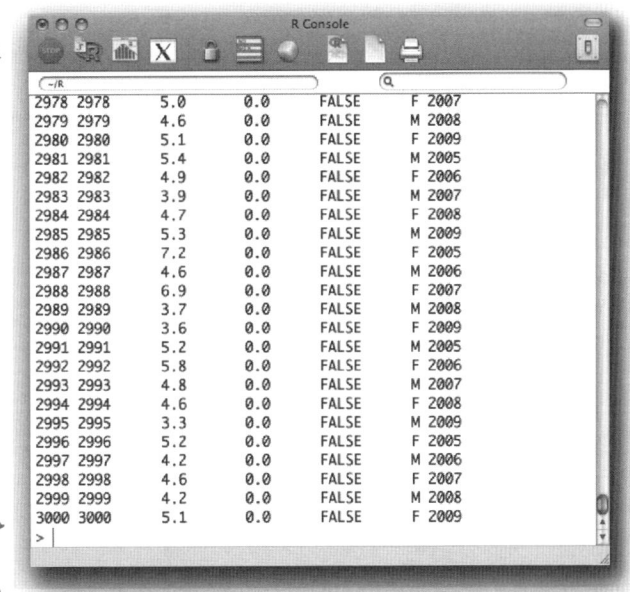

O comando retorna uma lista com todas as linhas do pacote de dados.

Exercício

Crie um histograma no R através do seguinte comando:
```
hist(employees$received, breaks=50)
```

O que isso quer dizer?

O que você acha que significa os vários elementos desse comando? Explique a sua resposta.

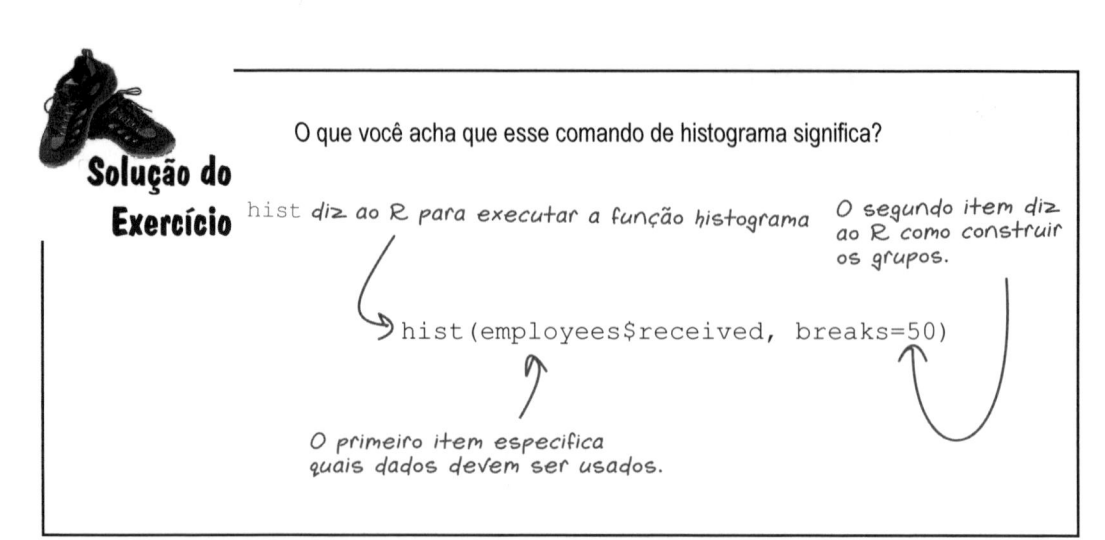

Solução do Exercício

O que você acha que esse comando de histograma significa?

hist *diz ao R para executar a função histograma*

O segundo item diz ao R como construir os grupos.

```
hist(employees$received, breaks=50)
```

O primeiro item especifica quais dados devem ser usados.

O R cria lindos histogramas

Com os histogramas, as áreas abaixo das barras não medem somente a contagem (ou **frequência**) da coisa a ser medida; elas também mostram a porcentagem de todos os dados representados por segmentos individuais.

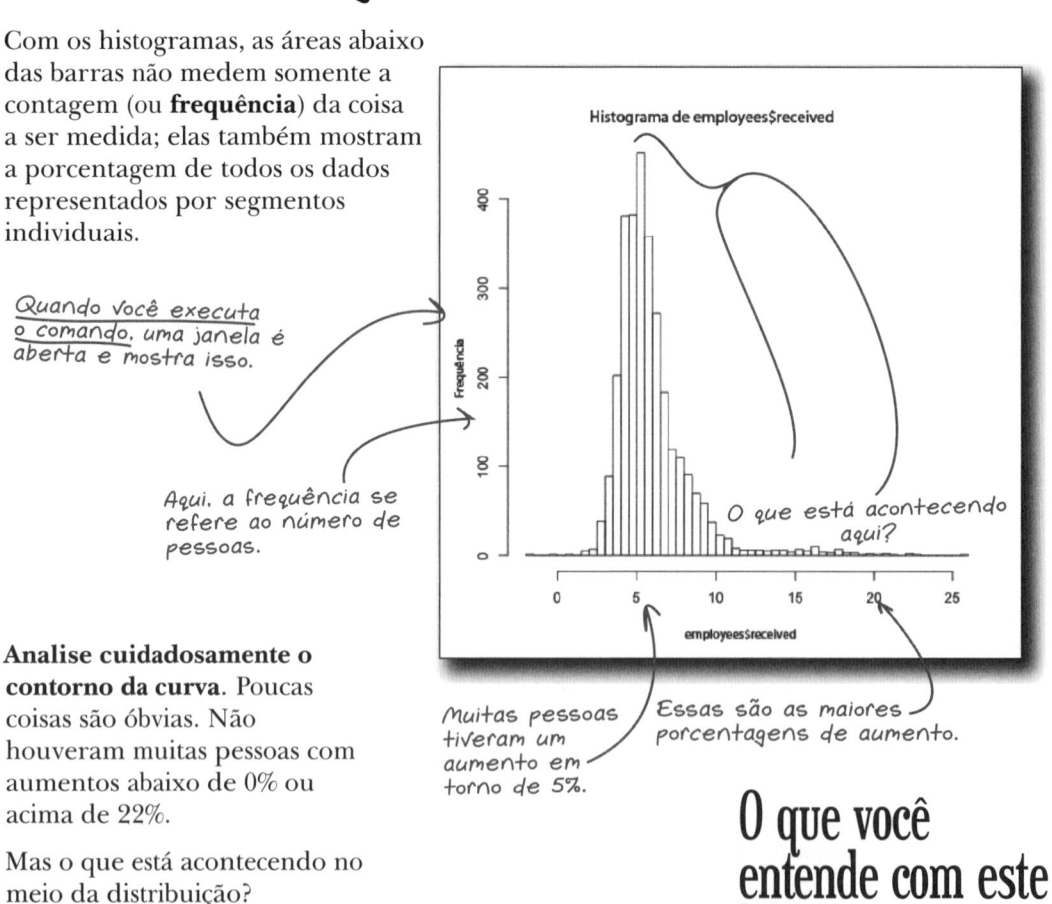

Quando você executa o comando, uma janela é aberta e mostra isso.

Aqui, a frequência se refere ao número de pessoas.

O que está acontecendo aqui?

Muitas pessoas tiveram um aumento em torno de 5%.

Essas são as maiores porcentagens de aumento.

Analise cuidadosamente o contorno da curva. Poucas coisas são óbvias. Não houveram muitas pessoas com aumentos abaixo de 0% ou acima de 22%.

Mas o que está acontecendo no meio da distribuição?

O que você entende com este histograma?

Exercício

Esses comandos falam um pouco sobre o seu conjunto de dados e **como foram os aumentos das pessoas**. O que acontece quando você executa os comandos?

sd(employees$received)

Por que você acha que o R responde à cada um desses comandos da maneira que faz?

summary(employees$received)

Digite help(sd) e help(summary) para descobrir o que o comando faz.

O que esses dois comandos fazem?

....

....

....

Dê uma olhada melhor no histograma. Como o que você vê no histograma pode ser comparado com o que o R fornece a partir desses dois comandos?

....

....

....

Solução do Exercício

Você acabou de executar alguns comandos para ilustrar a estatística resumida do seu conjunto de dados sobre os aumentos. O que você acha que esses comandos fizeram?

O aumento médio foi de 2,43 pontos percentuais da média.

O que esses dois comandos fazem?

O comando sd *fornece o desvio padrão da variação dos dados que você especificou e o comando* summary() *mostra a estatística resumida da coluna* received.

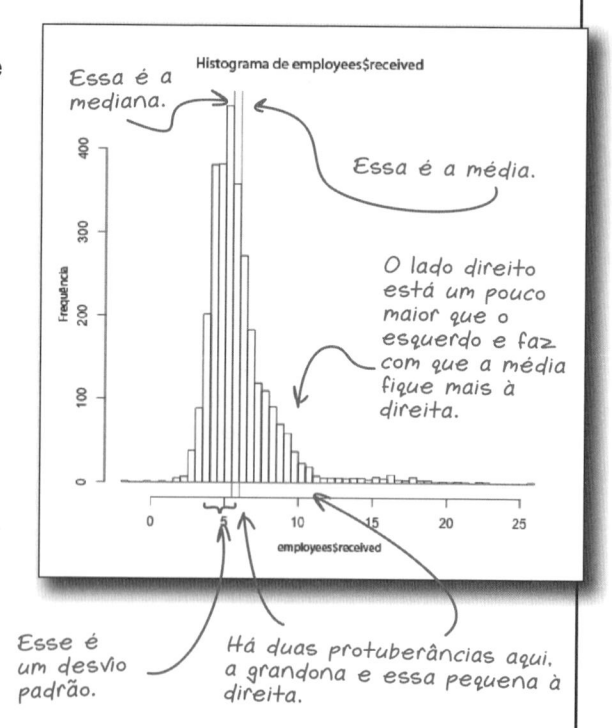

```
> sd(employees$received)
[1] 2.432138
> summary(employees$received)
   Min. 1st Qu.  Median    Mean 3rd Qu.    Max.
 -1.800   4.600   5.500   6.028   6.700  25.900
>
```

summary() *fornece a estatística resumida básica com relação ao aumento que as pessoas receberam.*

Dê uma olhada melhor no histograma. Como o que você vê no histograma pode ser comparado com o que o R fornece a partir desses dois comandos?

O histograma desempenha um bom trabalho na visualização da média, mediana e desvio padrão. Olhando o histograma, você não consegue ver os números exatos, mas você consegue ter uma ideia desses números se prestar atenção no formato da curva.

Essa é a mediana.

Histograma de employees$received

Essa é a média.

O lado direito está um pouco maior que o esquerdo e faz com que a média fique mais à direita.

Esse é um desvio padrão.

Há duas protuberâncias aqui, a grandona e essa pequena à direita.

Joe: Se o histograma fosse simétrico, a média e mediana estariam no mesmo lugar — no centro morto.

Frank: Certo. Mas, neste caso, a pequena elevação à direita está fazendo com que a média fique distante do centro da elevação maior, onde está a maior parte das observações.

Joe: Eu estou brigando com essas duas elevações. O que elas *significam*?

Frank: Talvez devêssemos dar uma outra olhada nos dados que identificamos anteriormente e ver se eles têm alguma relevância com este histograma.

Joe: Boa ideia.

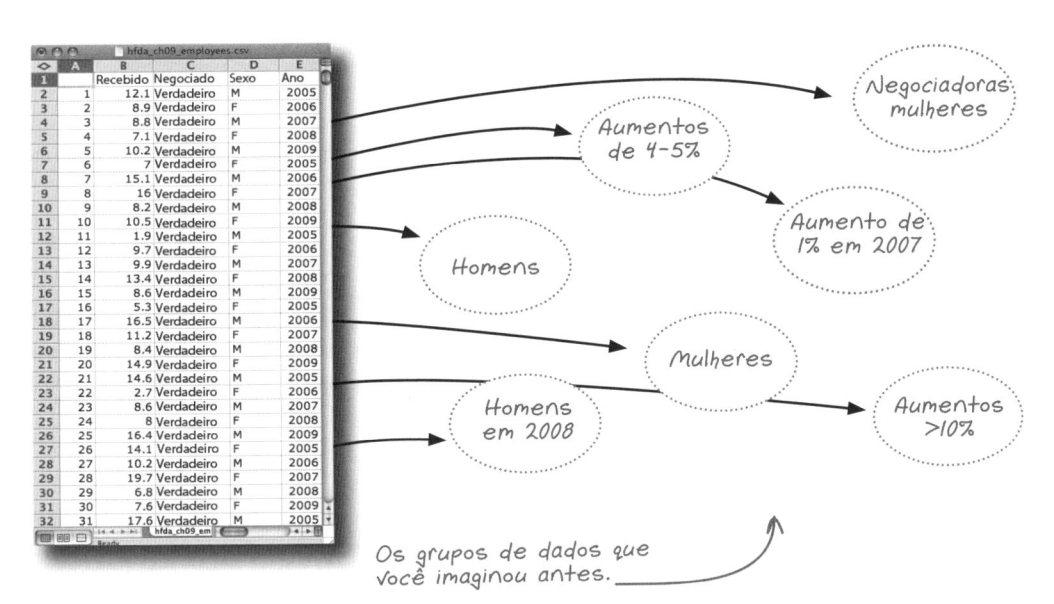

Os grupos de dados que você imaginou antes.

Aponte seu lápis

Você consegue pensar em alguma maneira de que os grupos que você identificou anteriormente possam explicar as duas elevações no histograma?

....

....

....

Aponte seu lápis
Solução

Como os grupos de dados que você identificou anteriormente podem ser relacionados com as duas elevações no histograma?

Pode haver alguma variação entre os anos: por exemplo, os aumentos de 2007 podem ter tido uma média muito maior que os aumentos de 2006. E pode haver variações com relação ao sexo: pode ser que os homens tenham tido um aumento médio maior que as mulheres, ou vice-versa. E, claro, todos os dados são observacionais; portanto, qualquer relação que você encontrar não será necessariamente tão forte quanto seriam os dados experimentais.

Não existem. Perguntas Idiotas

P: **Então, parece que temos uma enorme flexibilidade com relação a aparência dos histogramas.**

R: Verdade. Você deveria pensar no ato de criar um histograma como se fosse uma interpretação, e não algo que você faz antes da interpretação.

P: **Os padrões que o R usa para criar histogramas são bons?**

R: Geralmente sim. O R tenta descobrir o número de intervalos e a escala que pode representar os dados da melhor maneira, mas ele não entende o significado dos dados que está usando. Assim como nas funções de resumo, não há nada de errado em fazer um histograma rápido e bagunçado para ver o que ele tem, mas, antes de tirar qualquer conclusão importante, você precisa usar o histograma (e desenhá-lo novamente) de modo que ele continue exibindo aquilo que você está procurando e o que você espera ganhar dessa análise.

P: **Alguma dessas elevações é a "curva de sino"?**

R: É uma ótima pergunta. Geralmente, quando pensamos em curvas de sino, estamos falando da distribuição normal ou de Gauss. Mas existem outros tipos de distribuição em formato de sino, e muitos outros tipos de distribuição que não tem o formato de um sino.

P: **Então, qual é o lance com a distribuição normal?**

R: Muitas estatísticas poderosas e simples podem estar em jogo se os seus dados estiverem distribuídos de modo normal, e muitos dados naturais e de negócios seguem uma distribuição natural (ou podem ser "transformados" de modo a torná-los naturalmente distribuídos).

P: **Então, nossos dados têm distribuição normal?**

R: O histograma que estivemos avaliando com certeza não tem uma distribuição normal. Sempre que houver mais de uma elevação é impossível chamar a distribuição de "curva de sino".

P: **Mas há duas elevações nos dados que se parecem com sinos!**

R: E esse formato deve ter algum tipo de significado. A questão é, por que a distribuição tem esse formato? Como descobrir?

P: **É possível desenhar histogramas para representar pequenas partes dos dados e avaliá-las individualmente? Se fizermos isso, pode ser que descobrimos porque há duas elevações.**

R: A intuição está correta. Vamos tentar!

Você consegue quebrar esses dados de modo a isolar as duas elevações e explicar por que elas existem?

Faça histogramas a partir dos seus subconjuntos de dados

Você pode construir histogramas com o seu conjunto de dados inteiro, mas você também pode dividi-lo em subconjuntos menores para fazer outros histogramas.

Dentro dos seus dados existem subconjuntos de dados que representam os diferentes grupos.

Se você fizer o gráfico dos valores aumento para cada subconjunto, você pode obter vários formatos diferentes.

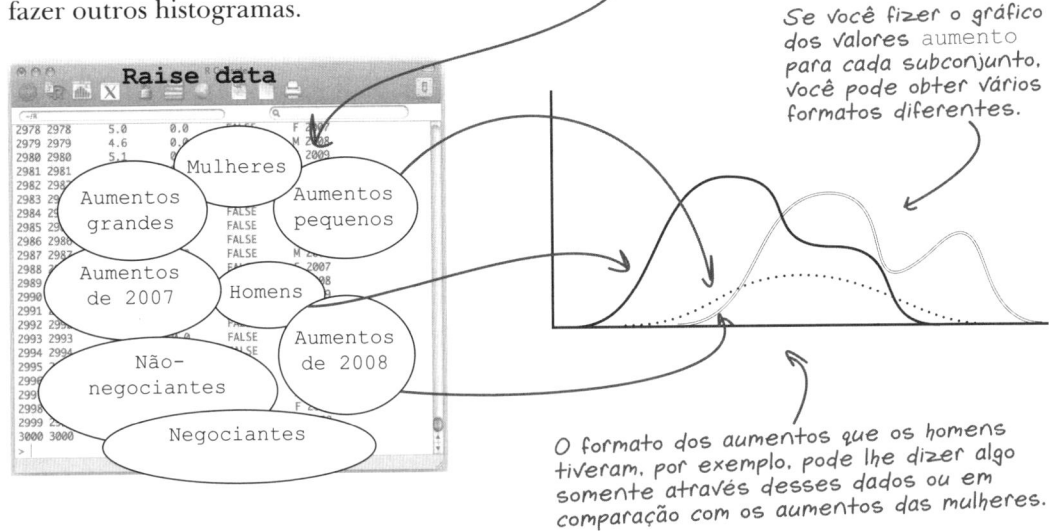

O formato dos aumentos que os homens tiveram, por exemplo, pode lhe dizer algo somente através desses dados ou em comparação com os aumentos das mulheres.

Exercício

Vamos construir vários histogramas que descrevem os subconjuntos dos dados do aumento. Talvez analisando esses outros histogramas, você consiga alguma ajuda para descobrir o que significam as duas elevações no histograma dos aumentos. Existe um grupo de pessoas que está ganhando mais nos aumentos do que outro?

1) Para começar, dê uma olhada nesse comando de histograma e explique a sintaxe. O que você acha que os componentes significam?

```
hist(employees$received[employees$year == 2007], breaks = 50)
```

Anote aqui o que você acha que cada parte significa.

2) Execute o comando acima para cada um desses comandos. O que você vê? Os resultados estão na próxima página, onde você vai anotar as suas interpretações.

```
hist(employees$received[employees$year == 2008], breaks = 50)
hist(employees$received[employees$gender == 'F'], breaks = 50)
hist(employees$received[employees$gender == 'M'], breaks = 50)
hist(employees$received[employees$negotiated == FALSE], breaks = 50)
hist(employees$received[employees$negotiated == TRUE], breaks = 50)
```

Exercício Extenso
Solução *Esses histogramas representam os aumentos dos diferentes subgrupos da sua população de funcionários. O que eles lhe dizem?*

O comando `hist()` constrói um histograma.

`received` é o grupo de valores que você quer no seu histograma

Intervalos representa o número de barras no seu histograma.

`hist(employees$received[employees$year == 2007], breaks = 50)`

Esses parênteses são os operadores do subconjunto, que extrai o subconjunto dos seus dados.

Neste caso, você está extraindo registros nos quais o ano é 2007.

Histogramas de employees$received[employees$year == 2007]

....
....
....
....

`hist(employees$received[employees$year == 2008], breaks = 50)`

Histogramas de employees$received[employees$year == 2008]

....
....
....
....

`hist(employees$received[employees$gender == 'F'], breaks = 50)`

Histogramas de employees$received[employees$gender == "F"]

....
....
....
....

```
hist(employees$received[employees$gender ==
'M'], breaks = 50)
```

Histogramas de employees$received[employees$gender == "M"]

....

....

....

....

```
hist(employees$received[employees$negotiated ==
FALSE], breaks = 50)
```

Histogramas de employees$received[employees$negotiated == FALSE]

....

....

....

....

```
hist(employees$received[employees$negotiat
ed == TRUE], breaks = 50)
```

Histogramas de employees$received[employees$negotiated == TRUE]

....

....

....

....

Exercício Extenso
Solução

Você analisou histogramas diferentes em busca de respostas que ajudassem a entender quem está conseguindo obter aumentos. O que você viu?

```
hist(employees$received[employees$year ==
2007], breaks = 50)
```

O histograma seleciona somente os aumentos de 2007 e tem o mesmo formato básico do histograma original. A escala é diferente — por exemplo, aqui, somente 8 pessoas estão no intervalo maior. Mas o formato é o mesmo e o grupo de 2007 pode ter as mesmas características que o grupo geral.

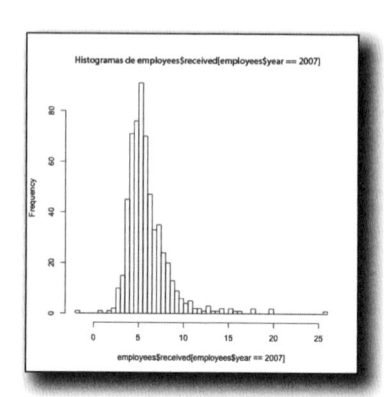

```
hist(employees$received[employees$year ==
2008], breaks = 50)
```

A mesma coisa está acontecendo aqui, igual o que vimos com os dados de 2007. O R até optou por construir o gráfico utilizando a mesma escala. Pelo menos, com relação a esses dados, 2007 e 2008 foram bem semelhantes.

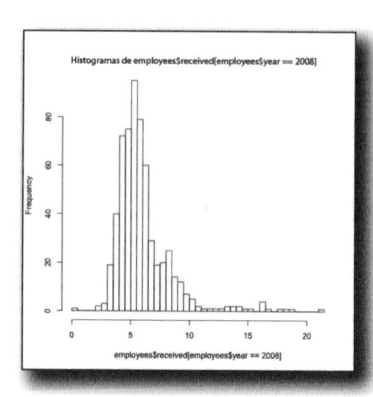

```
hist(employees$received[employees$gender ==
'F'], breaks = 50)
```

E aqui, de novo, nós podemos observar a elevação grande e a pequena à direita, embora a escala seja diferente neste histograma. Esse gráfico mostra o aumento que as mulheres receberam em todos os anos representados nos dados, então há muitos dados aqui.

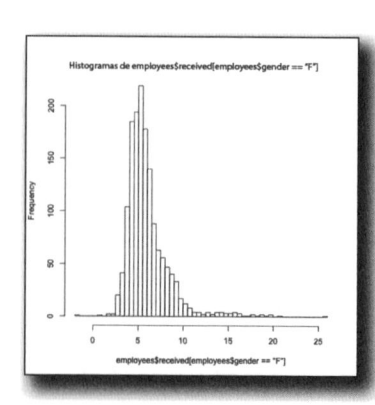

```
hist(employees$received[employees$gender
== 'M'], breaks = 50)
```

Esse aqui é muito parecido com o histograma das mulheres. A escala é diferente, mas, quando contamos as barras, parece que o número de homens e mulheres é praticamente o mesmo nas diferentes categorias. Como de costume, há duas elevações.

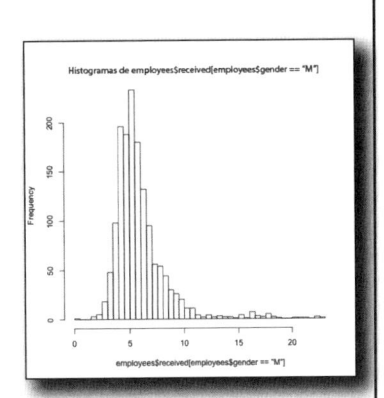

```
hist(employees$received[employees$negotiat
ed == FALSE], breaks = 50)
```

Esse é mais interessante: somente uma elevação. E a escala horizontal mostra que essas pessoas — as que não negociaram os aumentos — estão na menor extremidade da variação. E há muitas pessoas aqui, conforme você pode observar pela escala vertical.

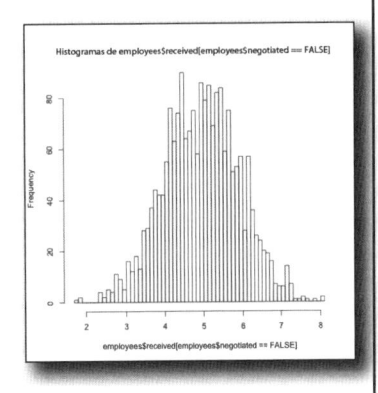

```
hist(employees$received[employees$negotiate
d == TRUE], breaks = 50)
```

Parece que quando separamos as pessoas que negociaram das pessoas que não negociaram seus aumentos, as duas elevações se separam. Aqui podemos ver pessoas ganhando muito mais nos aumentos, e há muito menos pessoas. Parece que o fato de negociar o aumento possibilita um resultado totalmente diferente.

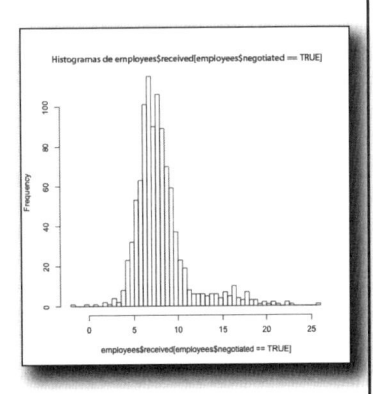

A negociação vale a pena

Sua análise dos histogramas dos diferentes subconjuntos de dados do aumento mostra que a obtenção de um aumento maior está ligada à *negociação*.

As pessoas tem uma diferente **dispersão de resultado** dependendo se optaram por negociar ou não. Se elas negociaram, o histograma avança para a direita.

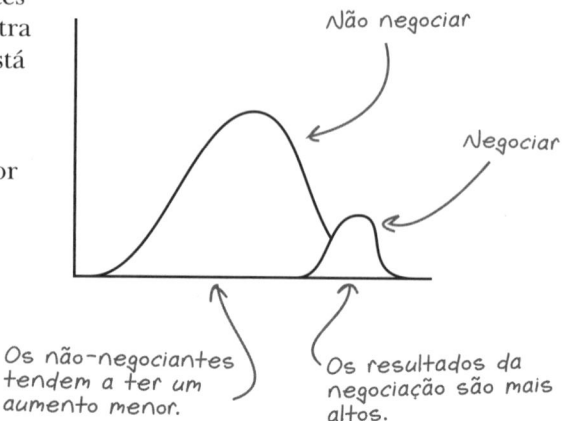

Não negociar

Negociar

Os não-negociantes tendem a ter um aumento menor.

Os resultados da negociação são mais altos.

Se você executar a estatística resumida nos seus subconjuntos de negociação, os resultados serão tão dramáticos quanto o que você pode ver com as duas curvas.

Essa é a função que calcula o desvio padrão.

A média e mediana são quase a mesma dentro de cada distribuição.

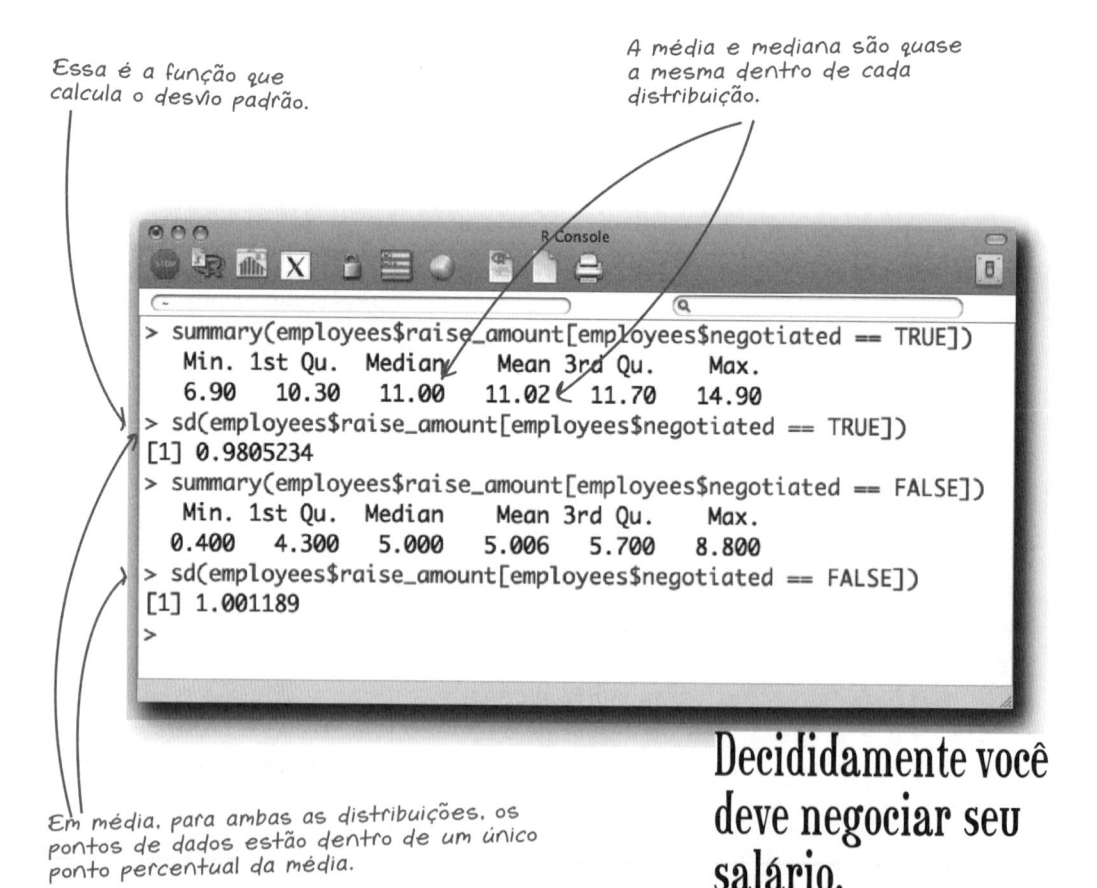

```
> summary(employees$raise_amount[employees$negotiated == TRUE])
   Min. 1st Qu.  Median    Mean 3rd Qu.    Max.
   6.90   10.30   11.00   11.02   11.70   14.90
> sd(employees$raise_amount[employees$negotiated == TRUE])
[1] 0.9805234
> summary(employees$raise_amount[employees$negotiated == FALSE])
   Min. 1st Qu.  Median    Mean 3rd Qu.    Max.
  0.400   4.300   5.000   5.006   5.700   8.800
> sd(employees$raise_amount[employees$negotiated == FALSE])
[1] 1.001189
>
```

Em média, para ambas as distribuições, os pontos de dados estão dentro de um único ponto percentual da média.

Decididamente você deve negociar seu salário.

O que negociação significa para você?

Agora que você analisou os dados do aumento, já deve estar bem claro quais estratégias trazem os melhores resultados.

Os dados sugerem que a negociação tende a criar esses resultados.

Essas são as suas estratégias.

Peça um pequeno aumento

Peça um aumento maior

Não faça nada

O seu chefe acha que você está sendo razoável? Ela está contente ou decepcionada?

Ela te coloca de volta no seu lugar.

Aumento

Você ficou de escanteio.

Aumento incrível!

É ótimo não fazer nada... se você não quiser um aumento grande.

10 regressão

Previsão

Eu tenho esse monte de dados, mas eu realmente preciso que eles me digam o que vai acontecer no futuro. Como eu posso fazer isso?

Preveja.

A regressão é uma ferramenta estatística incrivelmente poderosa que, quando utilizada corretamente, tem a habilidade de ajudá-lo a prever determinados valores. Quando utilizado como uma experiência de controle, a regressão pode realmente ajudá-lo a prever o futuro. O mundo negócios utiliza regressão como louco para ajudá-los a construir modelos que expliquem o comportamento dos clientes. Você está prestes a ver que o uso criterioso da regressão pode ser certamente muito lucrativo.

O que você vai fazer com todo esse dinheiro?

Sua expedição em busca de um aumento realmente valeu a pena. Com os seus histogramas, você descobriu que as pessoas que optam por negociar seus salários obtiveram um resultado muito melhor. Então, quando você foi falar com o seu chefe, você estava confiante de estar seguindo uma estratégia que tendia a ser recompensada, e foi!

Esses são os histogramas que você analisou nos exercícios finais do capítulo anterior, exceto que eles foram reconstruídos para apresentar a mesma escala e tamanho de bloco.

Bom trabalho!

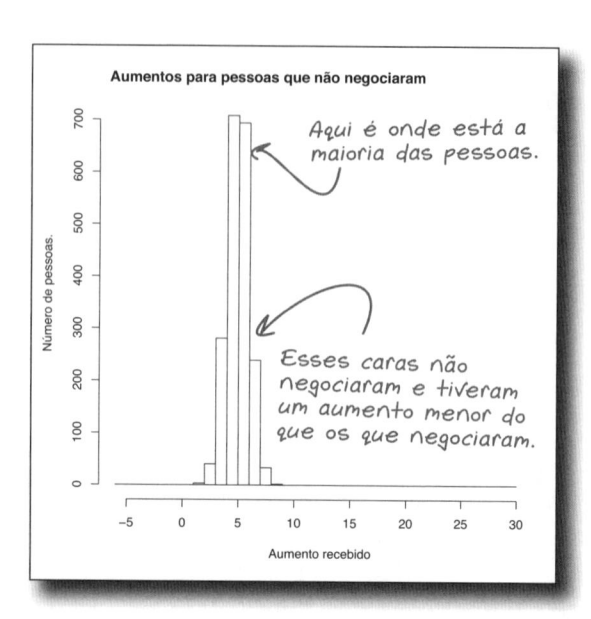

Aqui é onde está a maioria das pessoas.

Esses caras não negociaram e tiveram um aumento menor do que os que negociaram.

Seu chefe ficou impressionado com a sua negociação e aumentou seu salário em 15%

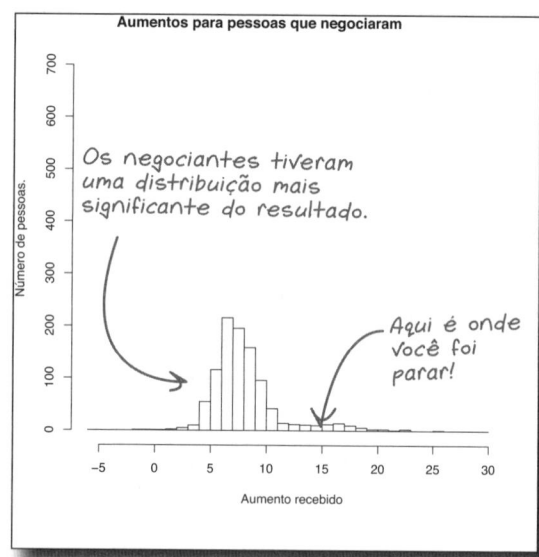

Os negociantes tiveram uma distribuição mais significante do resultado.

Aqui é onde você foi parar!

Não há porque parar agora.

Muitas pessoas poderiam se beneficiar das suas previsões sobre como conseguir um aumento melhor. Poucos dos seus colegas foram pelo mesmo caminho que você, e agora você tem muito a oferecer para essas pessoas.

Você deveria montar uma empresa especializada em ajudar as pessoas a conseguir aumentos!

Aponte seu lápis

Abaixo temos algumas questões para fazer você pensar sobre maneiras (baseadas em dados) de criar uma empresa considerando as suas previsões sobre negociação salarial.

O que você acha que os clientes esperariam de uma empresa que os ajuda a entender como negociar aumentos?

....

....

....

....

....

....

Se você optasse por abrir tal empresa, qual seria uma maneira justa de ser recompensando pelo seu conhecimento?

....

....

....

....

....

....

Aponte seu lápis
Solução

Que tipo de empresa de consultoria baseada na análise de dados você almeja?

O que você acha que os clientes esperariam de uma empresa que os ajuda a entender como negociar aumentos?

Existem várias maneiras de ajudar as pessoas que estão tentando negociar um aumento: elas podem querer saber como se vestir, como pensar no assunto a partir da perspectiva do chefe, quais palavras deixam as pessoas menos resistentes e por aí vai. Mas uma pergunta é essencial: quanto eu peço?

Se você optasse por abrir tal empresa, qual seria uma maneira justa de ser recompensando pelo seu conhecimento?

Os clientes vão querer que você receba algum tipo de incentivo para ter certeza que as experiências pelas quais eles vão passar funcionem. Então, por que não cobrar uma porcentagem do aumento que eles receberem quando usarem seus conselhos? Dessa maneira, seu incentivo é fazer com que eles tenham o maio aumento que possam ter, sem desperdiçar o tempo precioso.

Seu cliente precisa que você o ajude a descobrir que tipo de aumento pedir.

Sua parte do dinheiro.

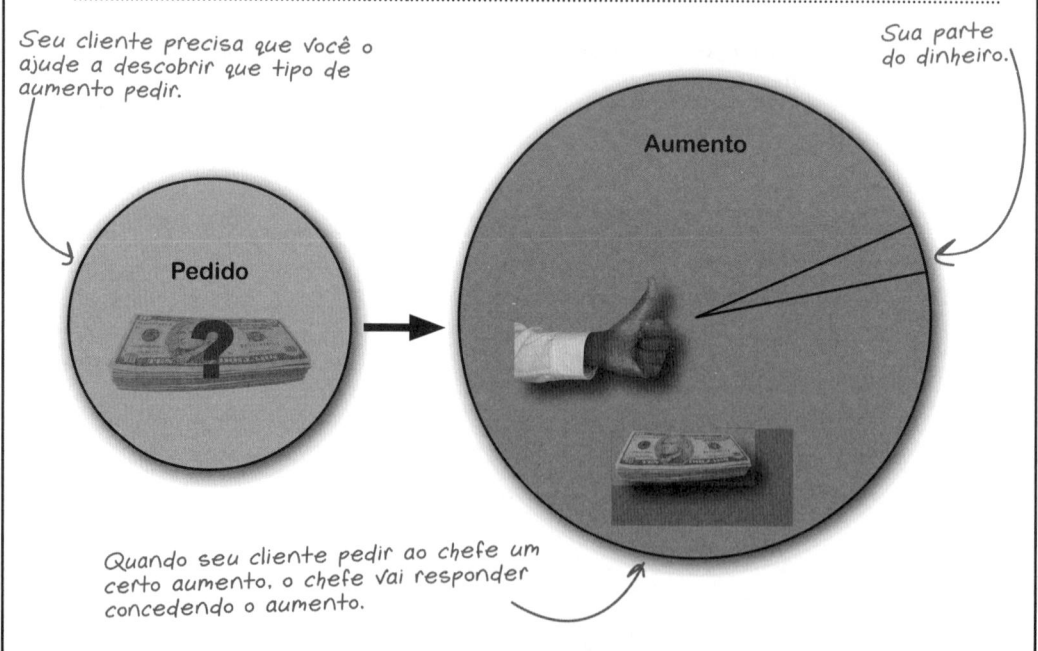

Pedido

Aumento

Quando seu cliente pedir ao chefe um certo aumento, o chefe vai responder concedendo o aumento.

Uma análise que diz às pessoas o que pedir pode ser enorme

Qual quantia de dinheiro é razoável pedir? Como uma solicitação de aumento vai acabar se transformando em um aumento de verdade? A maioria das pessoas simplesmente não sabem.

Eu não tenho a menor ideia de onde começar.

Eu quero mais, mas eu não sei o que pedir.

⚛ PODER DO CÉREBRO

Você precisa de um esboço básico do seu serviço para saber para onde atirar. Como será o seu produto?

Observem... o Calculador de Aumento!

As pessoas querem saber o que devem pedir.
E elas querem saber o que vão conseguir,
considerando o que pediram.

Você precisa de um **algoritmo**.

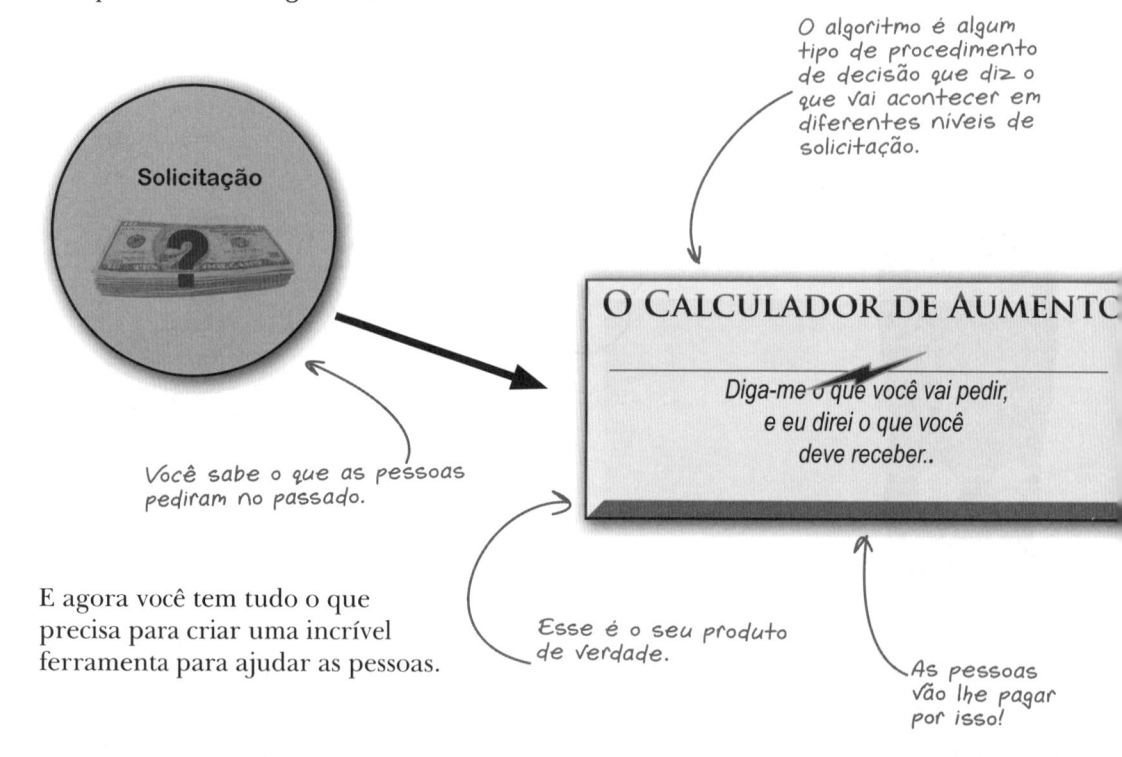

O algoritmo é algum tipo de procedimento de decisão que diz o que vai acontecer em diferentes níveis de solicitação.

Solicitação

O CALCULADOR DE AUMENTO

Diga-me o que você vai pedir,
e eu direi o que você
deve receber..

Você sabe o que as pessoas pediram no passado.

E agora você tem tudo o que precisa para criar uma incrível ferramenta para ajudar as pessoas.

Esse é o seu produto de verdade.

As pessoas Vão lhe pagar por isso!

Cantinho dos Estudiosos

Algoritmo Qualquer procedimento que você segue para concluir um cálculo. Aqui, você vai pegar a entrada do algoritmo, a quantia solicitada, e realizar alguns passos para prever a quantidade que será recebida. Mas quais são esses passos?

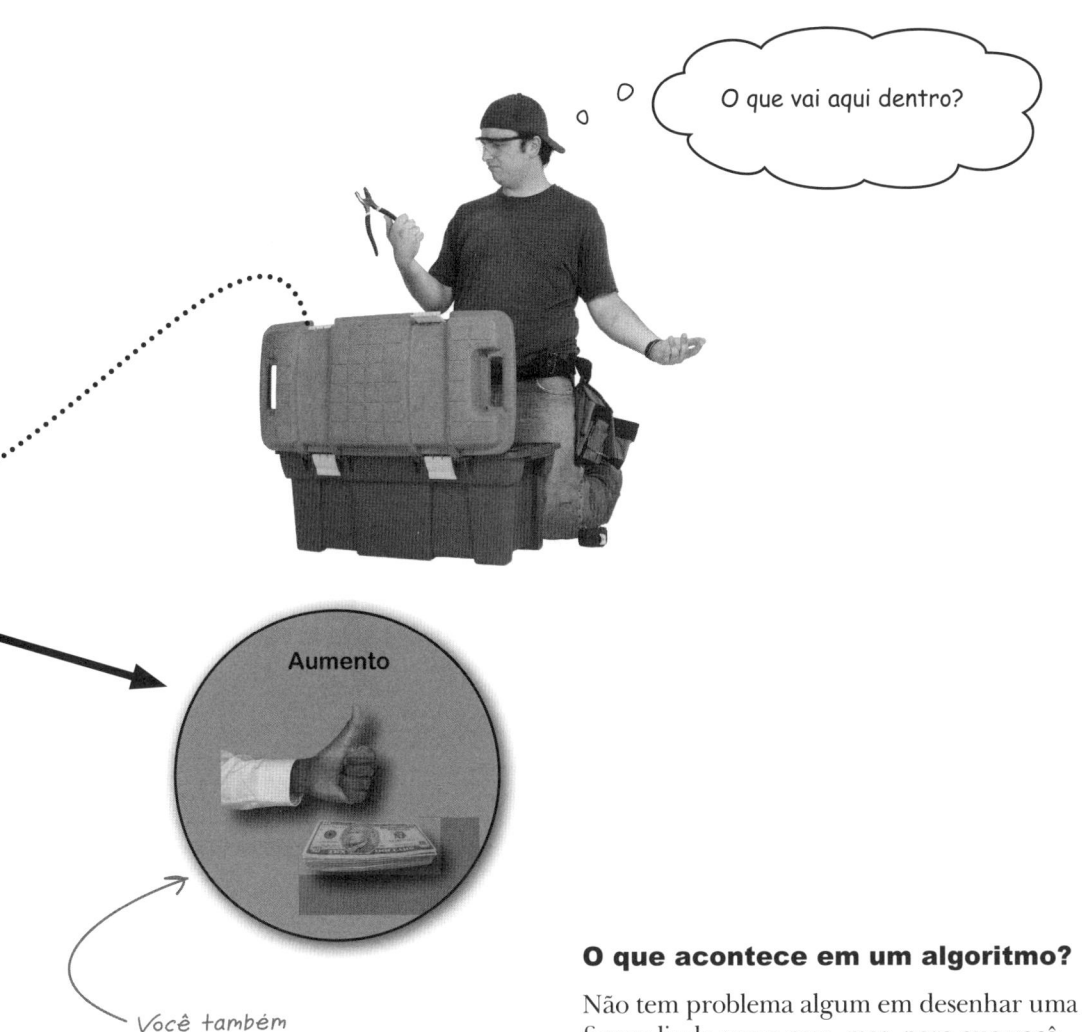

O que vai aqui dentro?

Aumento

Você também sabe o quanto as pessoas receberam.

O que acontece em um algoritmo?

Não tem problema algum em desenhar uma figura linda como essa, mas, para que você tenha algo que as pessoas estejam dispostas a pagar — e também para que você tenha em mãos algo que *funcione* — você vai precisar fazer uma análise bem séria.

Então, o que você acha que acontece nos algoritmos?

Dentro do algoritmo haverá um método para **prever** aumentos

A previsão é uma coisa muito importante na análise de dados. Algumas pessoas até diriam que, de modo geral, o **teste de hipóteses** e a **previsão** juntos formam a *definição* de análise de dados.

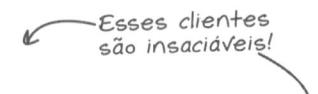

— Esses clientes são insaciáveis!

PONTOS DE BALA

Coisas que você vai precisar prever:

- A ação das pessoas
- Os movimentos do mercado
- Eventos importantes
- Resultados experimentais
- Coisas que não estão nos seus dados

Perguntas que você deve fazer sempre:

- Eu tenho dados suficientes para fazer a previsão?
- Qual é a qualidade da minha previsão?
- Ela é quantitativa ou qualitativa?
- Meu cliente está fazendo bom uso da minha previsão?
- Quais são os limites da minha previsão?

Vamos dar uma olhada em alguns dados sobre o que os negociantes pediram. Você consegue *prever* que tipo de aumento você obtém em diferentes níveis de solicitações?

Aponte seu lápis

Os histogramas abaixo descrevem a quantia de dinheiro que os negociantes receberam e a quantia de dinheiro que eles **pediram**.

Os histogramas dizem o que as pessoas *deveriam* pedir para obter um aumento maior? Explique como a comparação entre os dois histogramas pode iluminar a relação entre essas duas variáveis, para que você possa prever quanto receberia para qualquer valor solicitado.

....

....

....

....

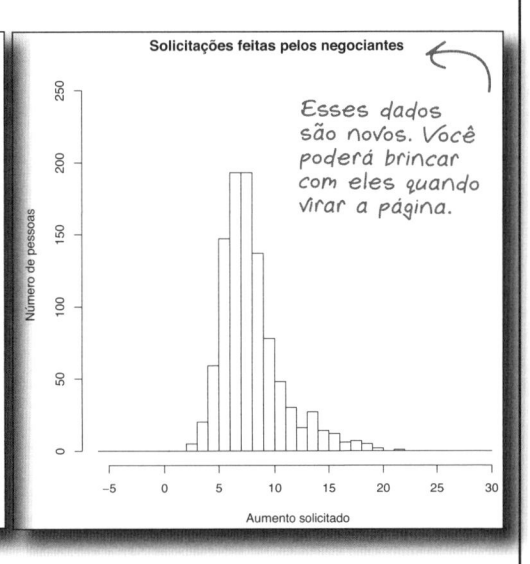

Aponte seu lápis
Solução

Olhando esses dois histogramas, você consegue dizer quanto alguém deveria pedir para obter o maior aumento possível?

Não. Os histogramas mostram uma disseminação de variáveis únicas, mas não faz necessariamente uma comparação entre elas. Para saber como essas duas variáveis se relacionam, nós teríamos de ver onde está cada um dos indivíduos, tanto na distribuição solicitado quanto na recebido.

Uma pedido de aumento pequeno poderia conseguir um aumento grande.

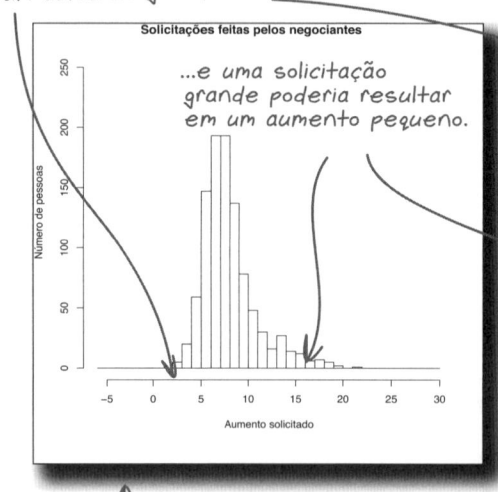

...e uma solicitação grande poderia resultar em um aumento pequeno.

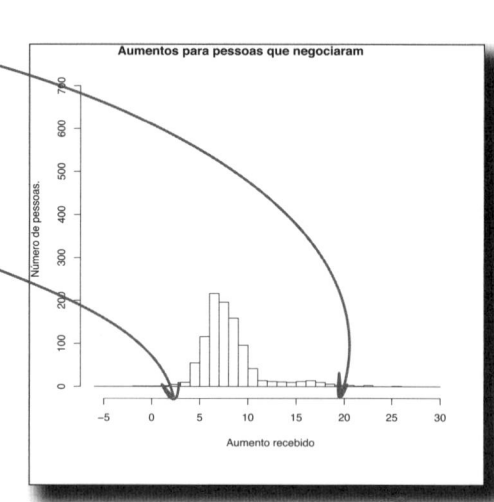

Ou a relação poderia ser diferente — como os valores solicitado e recebido não estão no mesmo gráfico, não dá para saber.

Não existem Perguntas Idiotas

P: Eu não posso simplesmente sobrepor os dois histogramas em um único gráfico?

R: Pode. Mas para fazer uma boa comparação, os dois histogramas precisam descrever *a mesma coisa*. Você construiu vários histogramas no capítulo anterior utilizando subconjuntos dos mesmos dados, e a comparação entre esses subconjuntos fez sentido.

P: Mas Aumento Solicitado e Aumento Recebido são bem parecidos, não?

R: Claro, eles são semelhantes considerando que foram medidos com a mesma métrica: pontos percentuais dos salários dos funcionários. Mas o que você quer saber não é a distribuição de cada variável, mas como as variáveis se relacionam para cada pessoa.

P: Entendi. Então, assim que tivermos a informação, como conseguiremos usá-la?

R: Boa pergunta. Você deve se concentrar no resultado final da sua análise, que é um tipo de "produto" intelectual que você pode vender aos clientes. O que você precisa? Como será o produto? Mas, primeiro, você precisa de uma visualização que **compare essas duas variáveis**.

Imãs de Gráfico de Dispersão

Você se lembra dos gráficos de dispersão do capítulo 4? Eles são uma excelente maneira de visualizar duas variáveis juntas. Neste exercício, colete os dados dessas três pessoas e use-os para colocá-las no gráfico.

Bob   Fannie   Julia

Você vai precisar utilizar outros imãs para montar os rótulos da sua escala e dos seus eixos.

Bob pediu 5% e recebeu 5%.

Fannie pediu 10% e recebeu 8%.

Julia pediu 2% e recebeu 10%.

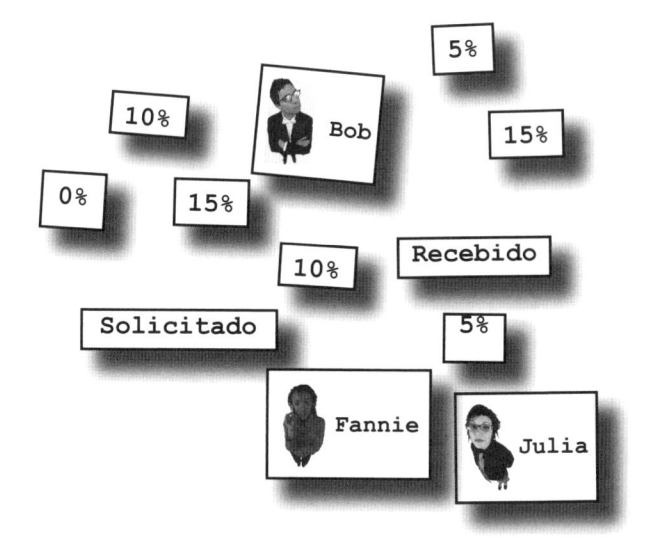

Utilize esses eixos x e y para construir o gráfico com os dados do Bob, Fannie e Julia.

Imãs de Gráfico de Dispersão

Você acabou de construir um gráfico de dispersão com os dados de Bob, Fannie e Julia. O que você descobriu?

Bob pediu 5% e recebeu 5%.

Fannie pediu 10% e recebeu 8%.

Julia pediu 2% e recebeu 10%.

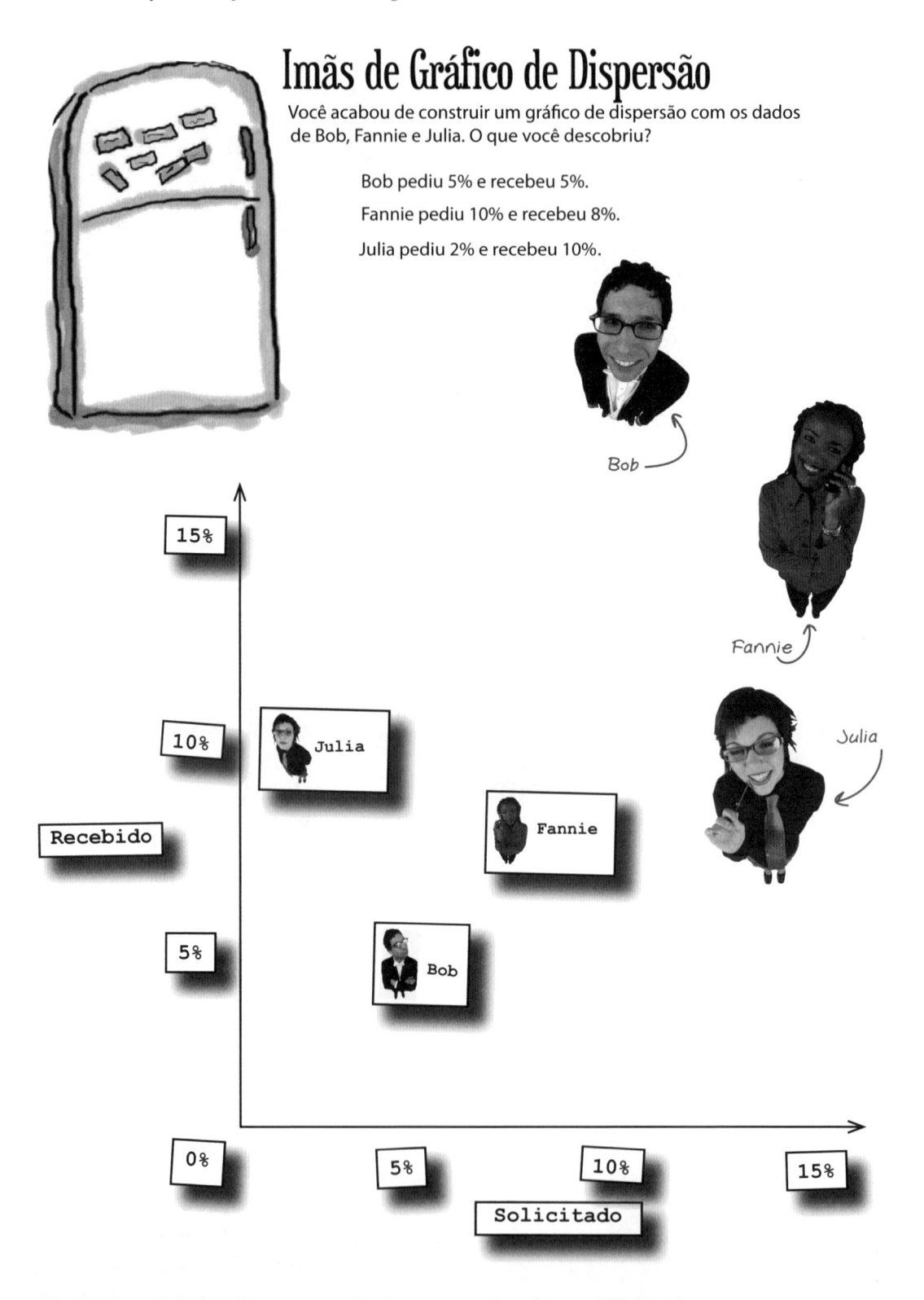

Bob

Fannie

Julia

15%

10%

Julia

Recebido

Fannie

5%

Bob

0%   5%   10%   15%

Solicitado

Não existem Perguntas Idiotas

P: Quando posso usar os gráficos de dispersão?

R: Tente usá-los com a maior frequência possível. Eles são uma maneira rápida de exibir seus dados em padrões sofisticados. Sempre que você tiver dados com observações de duas variáveis você pode usar os gráficos de dispersão.

P: Então, quaisquer duas variáveis podem ser colocadas em um mesmo gráfico de dispersão?

R: Contanto que as duas variáveis estejam em pares que descrevam a mesma coisa ou pessoa. Neste caso, cada linha do nosso banco de dados representa a situação de um funcionário que pediu aumento, e para cada funcionário, nós temos os valores do solicitado e do recebido.

P: O que eu devo procurar quando vejo esses gráficos?

R: Para um analista, os gráficos de dispersão são feitos para procurar relações causais entre as variáveis. Por exemplo, se as solicitações mais altas causaram aumentos menores, você conseguirá ver uma associação entre as duas variáveis no gráfico. O gráfico de dispersão sozinho mostra ,, e para demonstrar a causalidade, você vai precisar de mais (pra começar, você precisaria de explicações de por que uma variável pode derivar de outra).

P: E se eu quiser comparar três dados?

R: Você pode criar visualizações no R que fazem comparações com mais de duas variáveis. Neste capítulo, nós vamos trabalhar com duas, mas você pode fazer gráficos com três variáveis utilizando gráficos de dispersão em 3D e visualizações em vários painéis. Se você quiser testar os gráficos multidimensionais, copie e execute alguns dos exemplos da função `cloud` que pode ser encontrada no arquivo de ajuda em `help(cloud)`.

P: Então, quando nós vamos dar uma olhada no gráfico de dispersão de 2D para os dados do aumento?

R: Agora. Aqui temos alguns códigos já prontos que vai juntar alguns dados novos e mais detalhados e fornecer um gráfico de dispersão. Vá em frente!

Códigos Prontos

Execute esses comandos no R para criar um **gráfico de dispersão** que mostre **o que as pessoas pediram** e **o que elas receberam**.

Certifique-se de estar conectado à internet quando executar esse comando, pois ele pega dados da internet.

```
employees <- read.csv("http://www.headfirstlabs.com/books/hfda/
    hfda_ch10_employees.csv", header=TRUE)

head(employees,n=30)

plot(employees$requested[employees$negotiated==TRUE],
    employees$received[employees$negotiated==TRUE])
```

Esse comando carrega novos dados e não exibe resultados.

Esse comando exibe o gráfico de dispersão.

Esse comando vai mostrar o que está nos dados... é sempre bom dar uma olhada.

O que acontece quando você executa esses comandos?

Os gráficos de dispersão comparam duas variáveis

Cada um dos pontos nesses **gráficos de dispersão** representa uma observação: uma única pessoa.

Assim como os histogramas, os gráficos de dispersão são uma maneira rápida e elegante de exibir os dados, mostrando a disseminação deles. Mas diferente dos histogramas, os gráficos de dispersão mostram *duas* variáveis. Eles mostram *como* as observações se relacionam, e um bom gráfico de dispersão pode fazer parte de como você demonstra as **causas**.

Esse rapaz pediu 7% de aumento e recebeu 20%. Ele deve ser bem importante.

O comando plot gerou esse gráfico de dispersão à direita.

Códigos Prontos

```
head(employees,n=30)
plot(employees$requested[employees$negotiated==TRUE],
   employees$received[employees$negotiated==TRUE])
```

Esse senhor pediu 8% e recebeu 8%.

O comando head mostra os dados abaixo.

Isso é o que foi gerado pelo comando head.

Esse cara pediu 12% mas teve uma redução de 3%

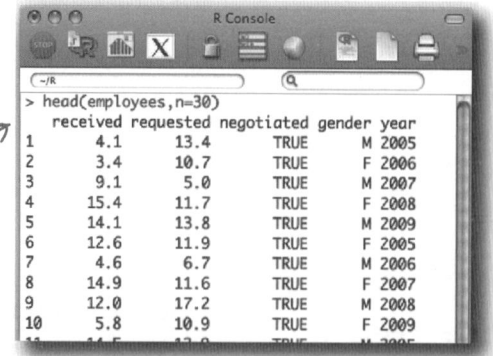

```
> head(employees,n=30)
  received requested negotiated gender year
1    4.1      13.4      TRUE        M   2005
2    3.4      10.7      TRUE        F   2006
3    9.1       5.0      TRUE        M   2007
4   15.4      11.7      TRUE        F   2008
5   14.1      13.8      TRUE        M   2009
6   12.6      11.9      TRUE        F   2005
7    4.6       6.7      TRUE        M   2006
8   14.9      11.6      TRUE        F   2007
9   12.0      17.2      TRUE        M   2008
10   5.8      10.9      TRUE        F   2009
11  14.5      13.2      TRUE        M   2005
```

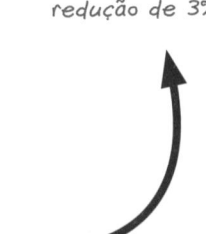

Essas três pessoas, dentre outras, estão neste conjunto de dados.

O comando head é uma maneira rápida de entrar nos dados que você acabou de baixar.

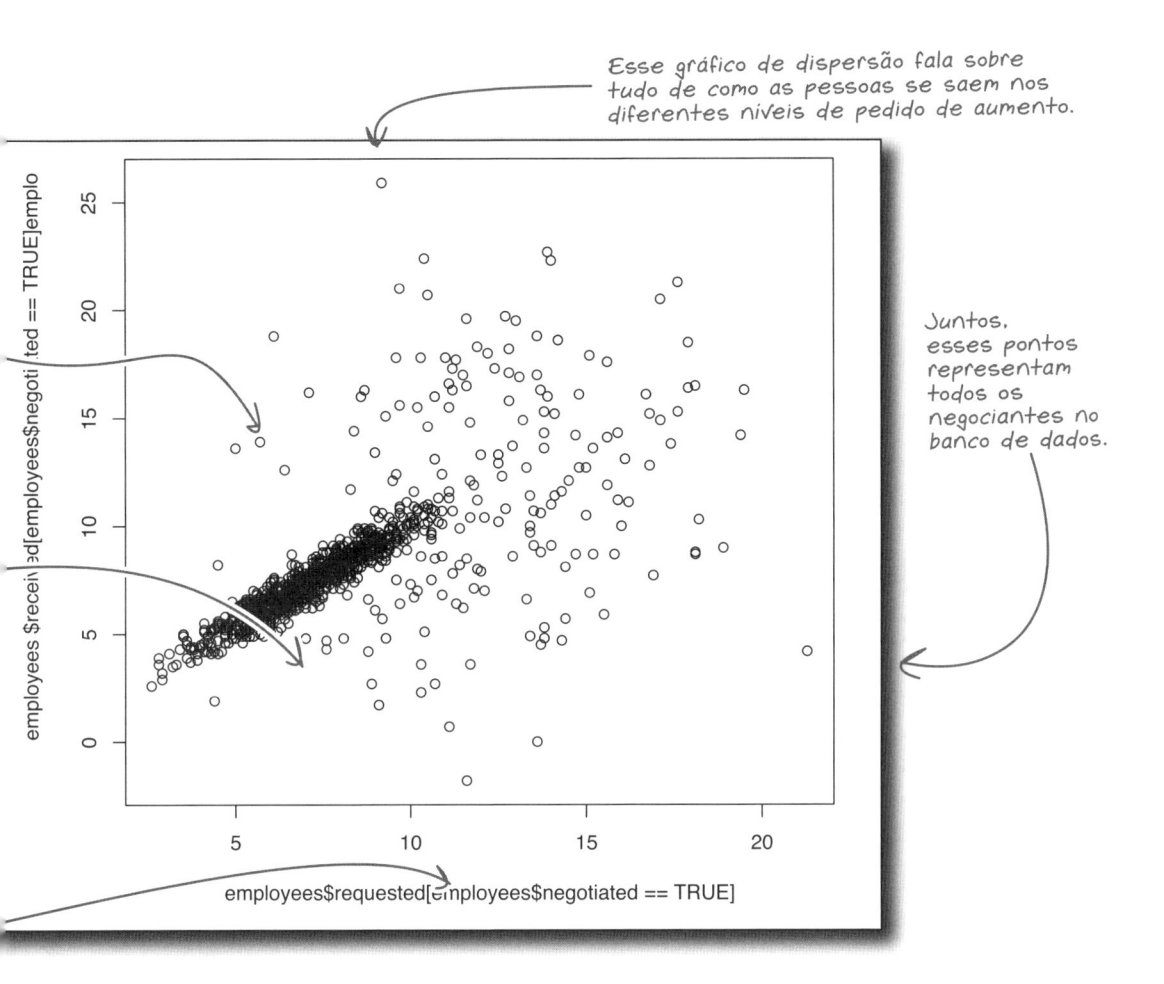

Esse gráfico de dispersão fala sobre tudo de como as pessoas se saem nos diferentes níveis de pedido de aumento.

Juntos, esses pontos representam todos os negociantes no banco de dados.

Posso fazer uma linha unindo os pontos?

Claro que você *pode*, mas por que você faria isso? Lembre-se: você está tentando construir um algoritmo aqui.

O que a linha unindo os pontos faria por você?

....

....

Uma linha pode dizer aos seus clientes que caminho seguir

Uma linha cortando os dados pode ser uma maneira poderosa de fazer previsões. Dê uma outra olhada nos algoritmos que você tem analisado.

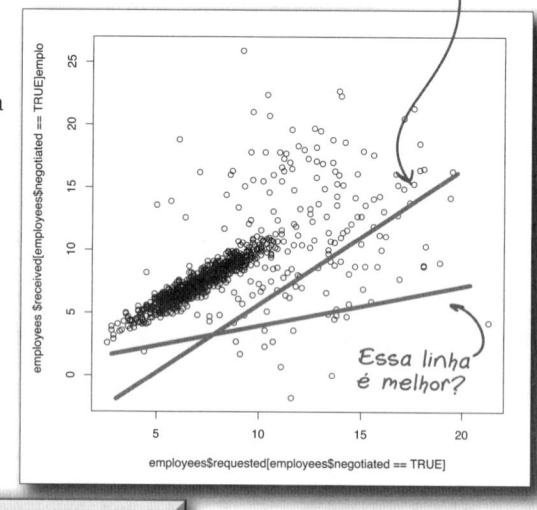

Essa é a melhor linha para fazer previsões?

Essa linha é melhor?

Uma linha poderia ser essa parte que está faltando. Se você tivesse uma linha, você poderia pegar um valor Solicitado e então, descobrir o ponto na linha que corresponde ao valor Recebido.

Se essa fosse a linha *certa*, talvez você tenha seu algoritmo correto.

Aponte o seu lápis

Para descobrir como obter a linha correta, por que você não tenta responder uma questão específica sobre um único aumento com o seu gráfico de dispersão? Veja um exemplo:

Se alguém pedir um aumento de 8%, qual é a probabilidade dele ter um retorno? Veja se através da análise desse gráfico de dispersão, você consegue dizer que tipos de resultado as pessoas podem obter quando pedem um aumento de 8%.

Dê uma boa olhada nesse gráfico para responder a pergunta.

....

....

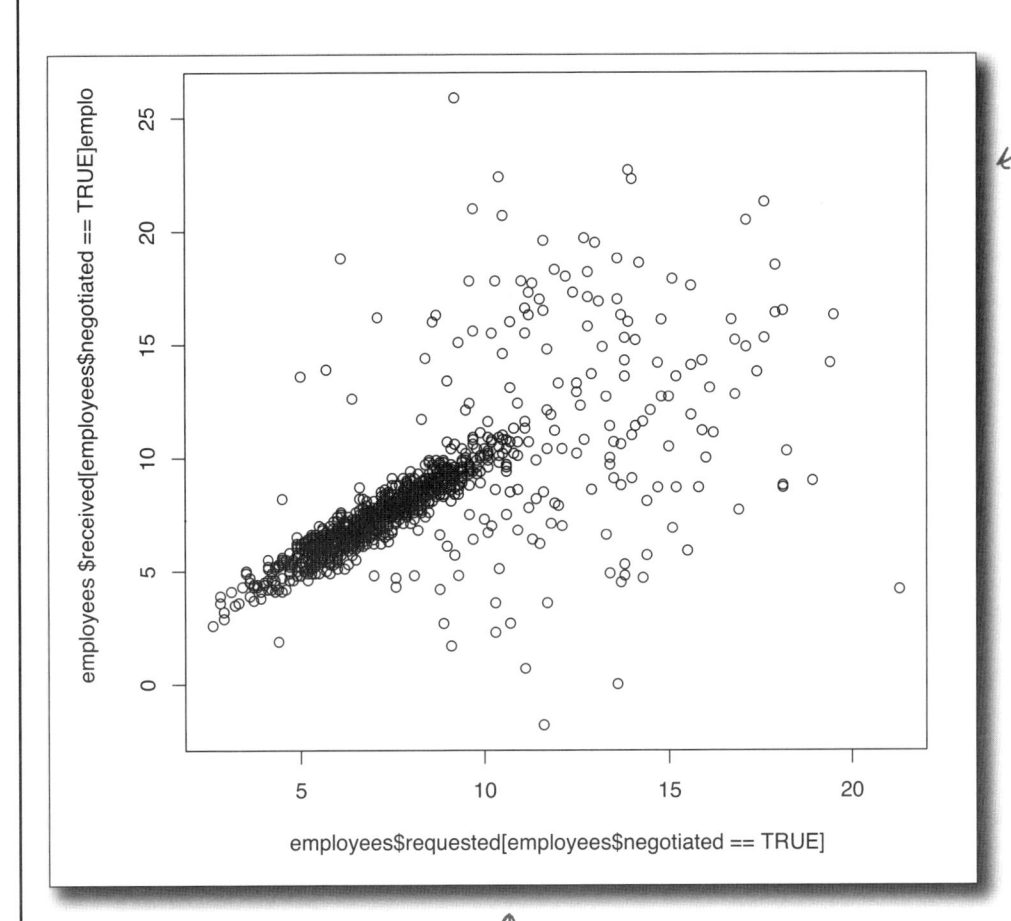

Dica: analise os pontos na variação dos 8%.

Aponte seu lápis
Solução

Usando o gráfico de dispersão, como você determina qual será o retorno provável de uma solicitação de 8%?

Pegue o valor médio recebido dos pontos ao redor do valor que você solicitou. Se você estiver analisando em torno de 8% no eixo x (o valor solicitado) parece que os pontos correspondentes no eixo y são de cerca de 8% também. Dê uma olhada no gráfico abaixo.

Aqui está o funcionário pedindo 8% de aumento.

Essa faixa são os pontos que apresentam um valor entre 7,5% e 8,5% no eixo x.

Quase todo mundo que pede 8%, recebe algo em torno de 8%.

Esse é o valor do eixo y que corresponde ao aumento de 8%.

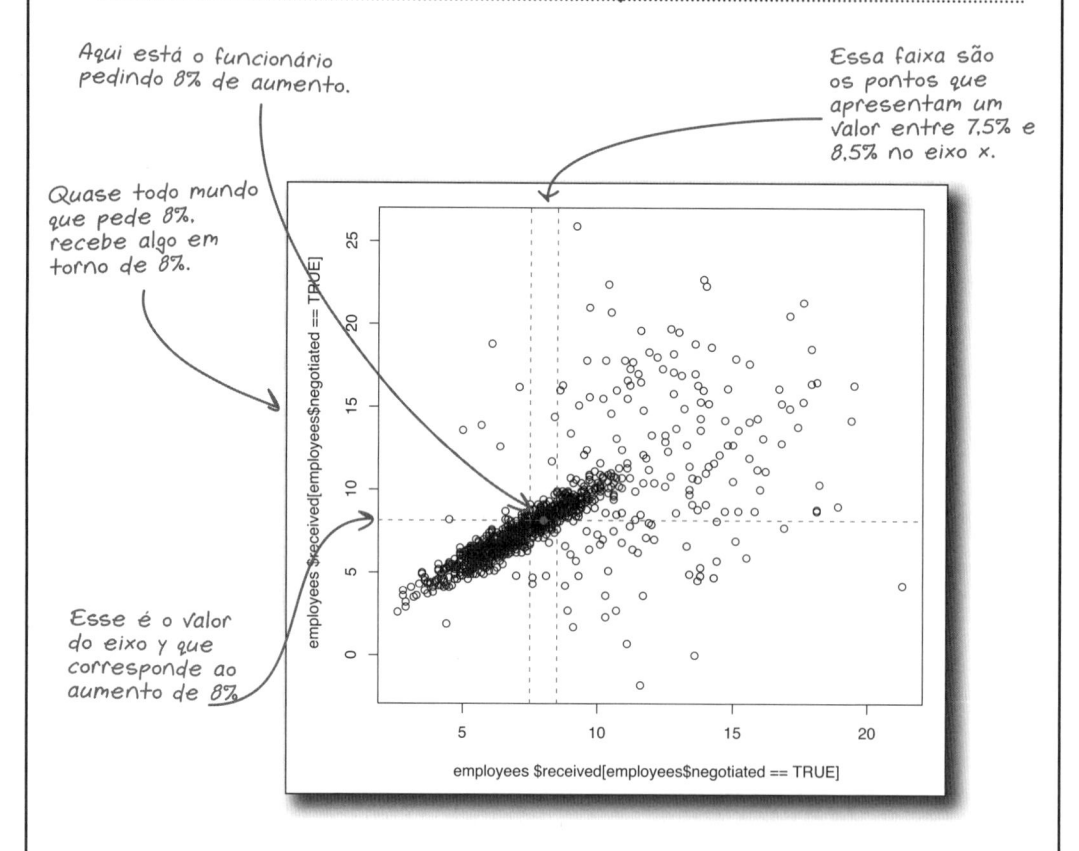

Se você tirar a **média** dos pontos em torno de 8% no Aumento Recebido, você obtém algo em torno de 8%. De acordo com a média, se você pedir 8%, você terá 8%.

Então, você resolveu o problema do aumento para um grupo de pessoas> aqueles que pedem aumento de 8%. Mas as outras pessoas vão pedir outros valores de aumento.

O que acontece se você olhar no valor médio recebido para todas as faixas do eixo x?

Preveja valores em cada faixa com o gráfico de médias

O **gráfico de médias** é um gráfico de dispersão que mostra os valores previstos do eixo y para *cada faixa no eixo x*. Esse gráfico nos mostra o que as pessoas conseguem de aumento, em média, quando elas pedem cada um dos diferentes níveis de aumento.

O gráfico de médias é muito mais poderoso do que simplesmente fazer a média geral. A média geral do valor do aumento, como você sabe, é de 4%. Mas este gráfico exibe uma representação muito mais sutil de como tudo se sai.

Esses pontos são os valores recebidos previstos para as diferentes solicitações de aumento.

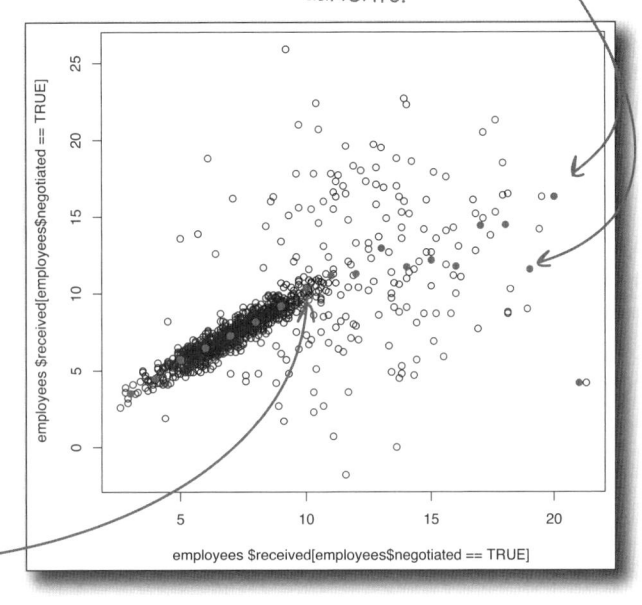

Esse é o ponto que nós criamos para prever o valor provável para um pedido de aumento de 8%.

Cara, eu queria desenhar uma linha que passasse pelo primeiro gráfico de dispersão. Estou desesperado para traçar uma linha no gráfico de médias!

Você atingiu a linha certa.

Sério. Trace uma linha unindo os pontos do gráfico de médias.

Essa é a linha que você está procurando, aquela que você pode usar para **prever aumentos para todo mundo**.

A linha de regressão prevê quais aumentos as pessoas receberão

Aqui está: a fascinante linha de regressão.

Linha de regressão é simplesmente **a linha que melhor se encaixa nos pontos do gráfico de médias**. Como você está prestes a ver, você não tem apenas que desenhá-las no seu gráfico.

Você pode representá-las com uma equação simples que vai permitir que você faça uma previsão da variável y para qualquer variável x.

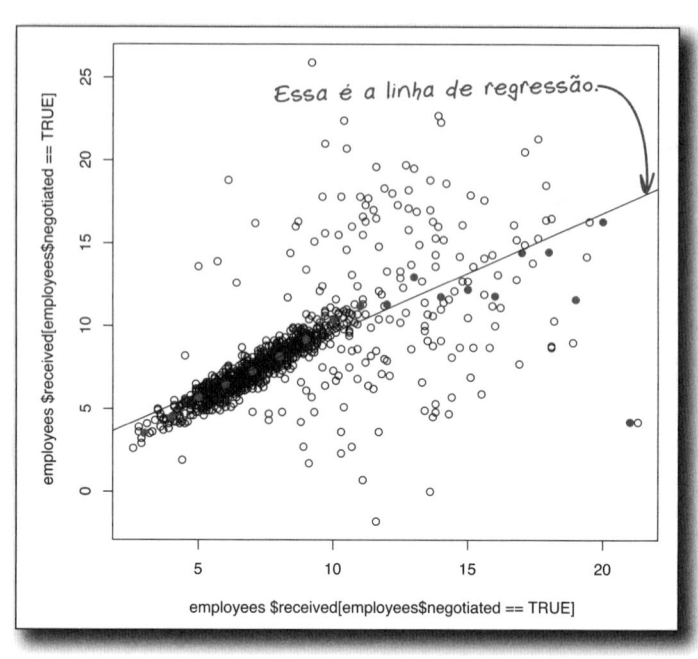

Essa é a linha de regressão.

Não existem, Perguntas Idiotas

P: Por que "regressão"?

R: O cara que descobriu o método, Sir Francis Galton (1822-1911), estava estudando como a altura dos pais podia prever a altura dos filhos. Os dados mostraram que, em média, pais mais baixos tinham filhos mais altos, e pais altos tinham filhos mais baixos. Ele chamou esse fenômeno de "regressão à mediocridade".

P: Parece meio arrogante e elitista. Parece que a palavra "regressão" tem mais a ver com como Galton se sentia com relação aos números sobre os pais e filhos do que com qualquer coisa estatística.

R: É isso mesmo. A palavra "regressão" é mais um artefato histórico do que algo analiticamente iluminador.

P: Nós passamos esse tempo prevendo o valor do aumento baseado no valor da solicitação. É possível prever o valor da solicitação baseado no valor do aumento? É possível prever o eixo x a partir do eixo y?

R: Certamente, mas, neste caso, você estaria prevendo o valor de um evento passado. Se alguém chegasse para você com o aumento que recebeu, você poderia prever o aumento que a pessoa tinha pedido. É importante que você sempre verifique a realidade e certifique-se de manter o significado de qualquer coisa que você estiver estudando. A previsão **faz sentido**?

P: Eu usaria a mesma linha para prever o eixo x a partir do eixo y?

R: Não. Há duas linhas de regressão, uma para x considerando y, e outra para y considerando x. Pense nisso. Há dois gráficos de médias diferentes: um para cada uma das duas variáveis.

P: A linha tem de ser reta?

R: Ela não tem de ser reta, contanto que a regressão faça sentido. **A regressão não-linear** é um campo muito interessante e muito mais complicado, que está além do objetivo deste livro.

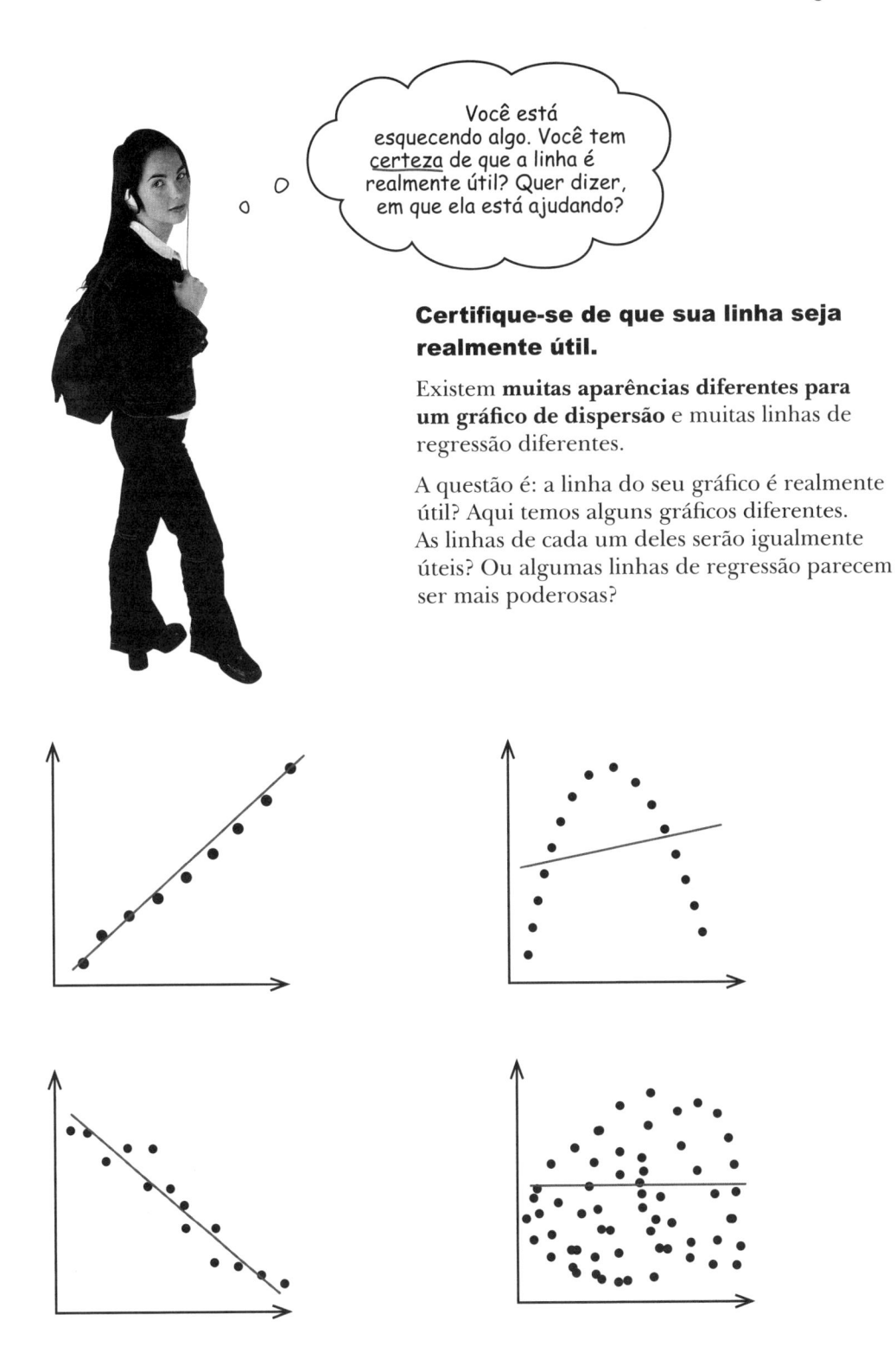

> Você está esquecendo algo. Você tem <u>certeza</u> de que a linha é realmente útil? Quer dizer, em que ela está ajudando?

Certifique-se de que sua linha seja realmente útil.

Existem **muitas aparências diferentes para um gráfico de dispersão** e muitas linhas de regressão diferentes.

A questão é: a linha do seu gráfico é realmente útil? Aqui temos alguns gráficos diferentes. As linhas de cada um deles serão igualmente úteis? Ou algumas linhas de regressão parecem ser mais poderosas?

A linha é útil se os seus dados exibirem uma correlação linear

Correlação é uma associação linear entre duas variáveis, e para que uma associação seja linear, os pontos do gráfico de dispersão precisam (quase) formar uma reta.

Os pontos neste gráfico de dispersão não seguem uma linha reta, então, a linha de regressão não vai funcionar com precisão.

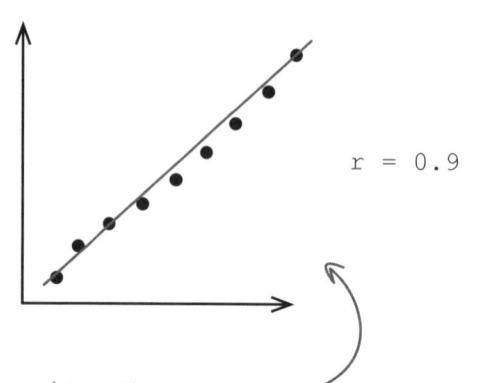

r = 0.9

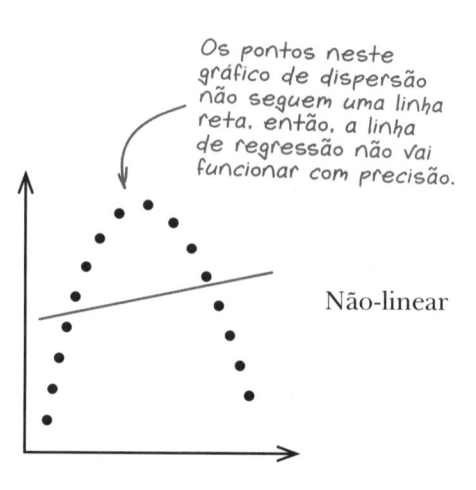

Não-linear

Esses dois gráficos mostram correlações próximas e fortes, e suas linhas de regressão vão fornecer ótimas previsões.

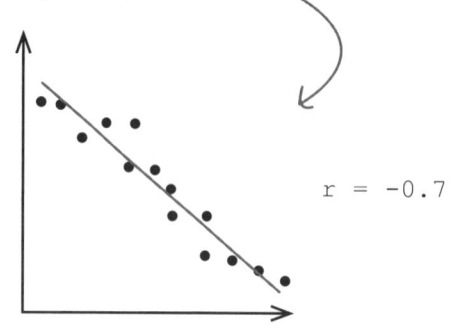

r = -0.7

Neste gráfico, há pontos para todos os lados, então, a linha de regressão pode não ter muita utilidade aqui.

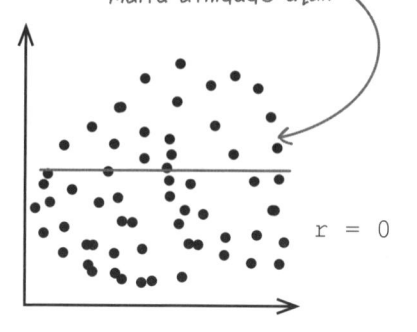

r = 0

Você pode ter correlações fortes ou fracas, e elas são medidas por um **coeficiente de correlação**, que também é conhecido como r (não se confunda com o R [maiúsculo], o programa de computador). Para que a sua linha de regressão seja útil, os dados devem exibir uma forte correlação linear.

r varia de -1 a 1, onde 0 significa que *não há associações* e 1 e -1 significa que há uma associação *perfeita* entre as duas variáveis.

Os seus dados do aumento mostram uma correlação linear?

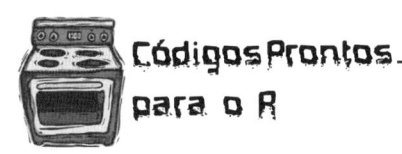

CódigosProntos
para o R

Tente usar o R (o programa) para calcular r (o coeficiente de correlação) dos seus dados do aumento. Digite e execute essa função:

```
cor(employees$requested[employees$negotiated==TRUE],
        employees$received[employees$negotiated==TRUE])
```

Explique os elementos da função. O que você acha que eles significam?

Como o que foi gerado pela função de correlação se corresponde ao seu gráfico de dispersão? O valor é semelhante ao que você acredita sobre a associação entre essas duas variáveis?

....

....

....

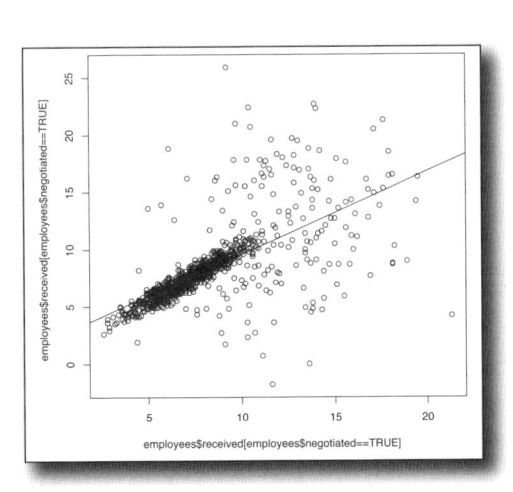

Códigos Prontos

para o R

Você acabou de mandar o R providenciar o coeficiente de correlação das suas duas variáveis. O que você aprendeu?

A função cor *diz ao R para gerar a correlação das duas variáveis.*

Essas são as duas variáveis que você quer testar na sua correlação.

Você pode ver uma associação linear analisando o gráfico.

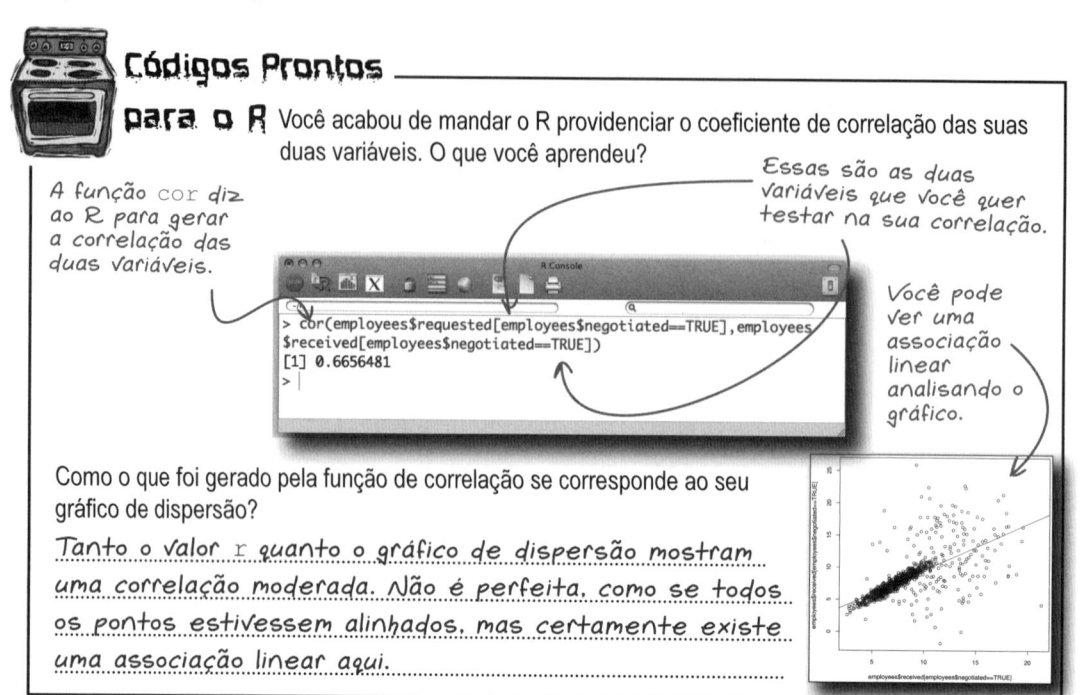

```
> cor(employees$requested[employees$negotiated==TRUE],employees
$received[employees$negotiated==TRUE])
[1] 0.6656481
>
```

Como o que foi gerado pela função de correlação se corresponde ao seu gráfico de dispersão?

Tanto o valor r *quanto o gráfico de dispersão mostram uma correlação moderada. Não é perfeita, como se todos os pontos estivessem alinhados, mas certamente existe uma associação linear aqui.*

Correlação Mais de Perto

Como você obtém o coeficiente de correlação? O cálculo para obter esse coeficiente é simples, mas tedioso.

Aqui temos um dos algoritmos que podem ser usados para calcular o coeficiente de correlação:

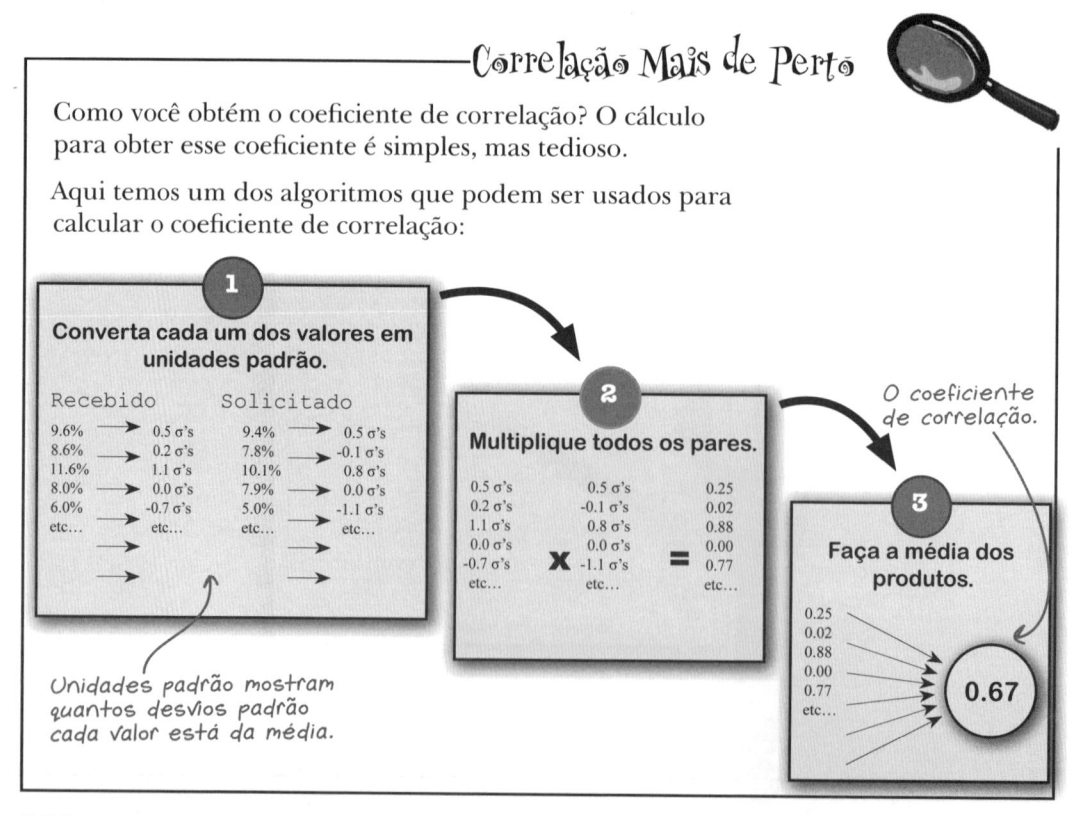

1

Converta cada um dos valores em unidades padrão.

Recebido		Solicitado	
9.6% →	0.5 σ's	9.4% →	0.5 σ's
8.6% →	0.2 σ's	7.8% →	-0.1 σ's
11.6% →	1.1 σ's	10.1% →	0.8 σ's
8.0% →	0.0 σ's	7.9% →	0.0 σ's
6.0% →	-0.7 σ's	5.0% →	-1.1 σ's
etc...	etc...	etc...	etc...

Unidades padrão mostram quantos desvios padrão cada valor está da média.

2

Multiplique todos os pares.

0.5 σ's	0.5 σ's	0.25
0.2 σ's	-0.1 σ's	0.02
1.1 σ's	0.8 σ's	0.88
0.0 σ's **X**	0.0 σ's **=**	0.00
-0.7 σ's	-1.1 σ's	0.77
etc...	etc...	etc...

O coeficiente de correlação.

3

Faça a média dos produtos.

```
0.25
0.02
0.88
0.00      0.67
0.77
etc...
```

Não existem Perguntas Idiotas

P: **Deu pra ver que a correlação de 1 ou -1 é forte o suficiente para permitir o uso de uma linha de regressão. Mas qual é o valor de uma correlação baixa?**

R: Você precisa usar seus melhores julgamentos no contexto. Quando você vê a linha de regressão, seus julgamentos devem ser sempre qualificados pelo coeficiente de correlação.

P: **Mas como vou saber quando um coeficiente de correlação é baixo?**

R: Assim como em todas as perguntas de estatística e análise de dados, pense em como a regressão **faz sentido**. Nenhuma ferramenta estatística vai lhe dar a resposta precisamente correta o tempo todo, mas se você fizer bom uso dessas ferramentas, você saberá o quão perto da média você pode chegar. Use seus melhores julgamentos para perguntar, "Esse coeficiente de correlação é grande o suficiente para justificar as decisões que eu farei a partir dessa linha de regressão?"

P: **Como eu posso dizer, com certeza, se minha distribuição é linear?**

R: Você deve saber que existem ferramentas estatísticas elaboradas que você pode usar para quantificar a linearidade do seu gráfico de dispersão. Mas geralmente você está seguro com a análise visual.

P: **Se eu mostrar uma relação linear entre duas coisas, eu estou provando essa relação cientificamente?**

R: Provavelmente não. Você está especificando uma relação de maneira que faça sentido matematicamente falando, mas o fato dessa relação poder ser de outro jeito é uma questão diferente. A qualidade dos seus dados é realmente alta? Outras pessoas replicaram seus resultados repetidamente? Você tem uma teoria qualitativa forte para explicar o que você está vendo? Se tudo isso estiver a postos, você pode dizer que demonstrou algo de maneira analiticamente rigorosa, mas "provar" é uma palavra muito forte.

P: **Quantos registros cabem em um gráfico de dispersão?**

R: Assim como o histograma, o gráfico de dispersão é uma exibição em alta resolução. Com a formatação correta, você pode colocar milhares e milhares de pontos nele. A natureza de ótima resolução dos gráficos de dispersão é uma de suas virtudes.

Certo, certo, a linha de regressão é útil. Mas eu tenho uma pergunta: como eu uso ela? Eu quero calcular os aumentos específicos precisamente.

Você vai precisar de uma **função matemática** para fazer suas previsões com precisão...

Você precisa de uma equação para tornar suas predições precisas

As linhas retas podem ser descritas algebricamente usando a **equação linear**.

y é o valor do eixo y, que, neste caso, é a coisa que estamos tentando prever: o aumento recebido.

x é o valor do eixo x, que, neste caso, é a coisa que sabemos: o valor de aumento pedido.

$$y = a + bx$$

Sua linha de regressão pode ser representada por essa equação linear. Se você soubesse qual era a sua, você conseguiria colocar qualquer pedido de aumento que quisesse na variável x e ter a previsão de qual seria o aumento concedido.

Você só precisa encontrar os valores numéricos de a e b, que são os valores chamados **coeficientes**.

a representa a intercepção no eixo y

A primeira variável do lado direito da equação linear representa a **intercepção** no eixo y, onde a sua linha passa no eixo y.

Aqui está a intercepção no eixo y.

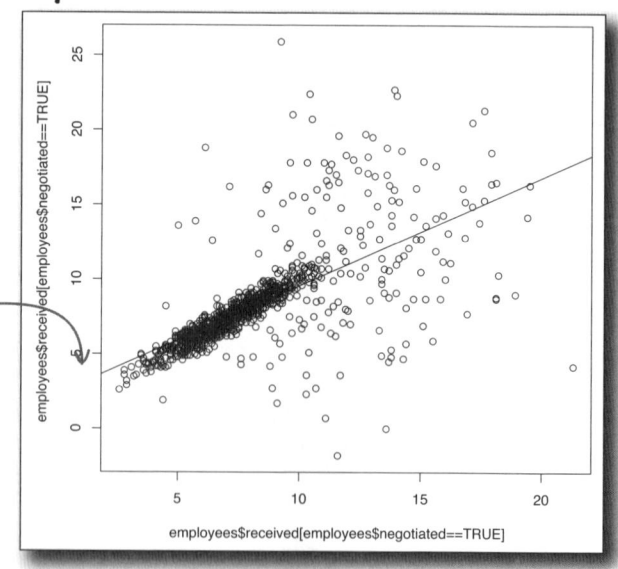

Se acontecer de ter pontos no seu gráfico de dispersão ao redor de x=0, você pode achar o ponto de média para essa faixa. Nós não temos tanta sorte, então, encontrar a intercepção é um pouco mais trabalhoso.

b representa a inclinação

A **inclinação** de uma linha é a medida do seu ângulo. Uma linha com uma inclinação íngreme tem um valor b alto, e uma com uma inclinação mais plana tem um valor b próximo de zero. Para calcular a inclinação, meça com que rapidez a linha cresce (o aumento, ou mudança no valor de y) com relação a cada unidade do eixo x (a distância).

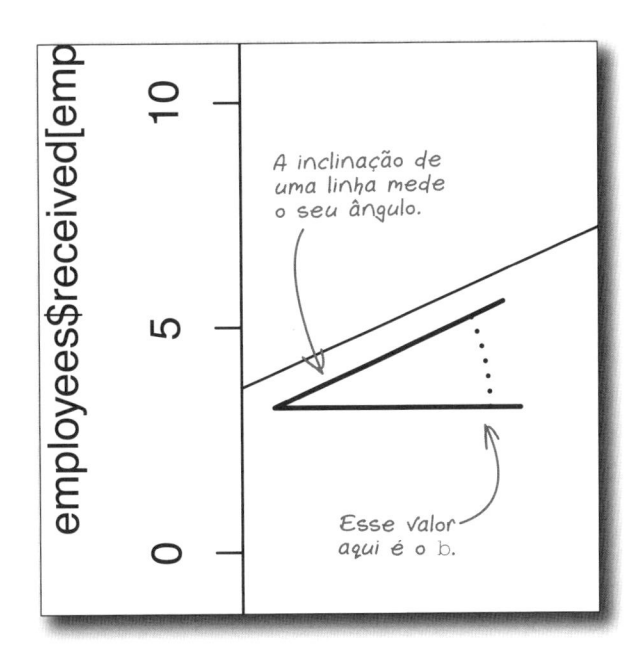

A inclinação de uma linha mede o seu ângulo.

Esse valor aqui é o b.

$$\text{inclinação} = \frac{\text{aumento}}{\text{distância}} = b$$

Depois de descobrir a inclinação e a intercepção do eixo y de uma linha, você consegue facilmente preencher os valores da equação linear.

Não seria um sonho se o R encontrasse a inclinação e a interceptação pra mim?

Mande o R criar um objeto de regressão

Se você fornecer ao R a variável que você quer prever com base em outra variável, ele gera uma regressão para você num piscar de olhos.

Nos Bastidores

A função básica para usar neste caso é lm, que significa **modelo linear**. Quando você cria um modelo linear, o R cria um **objeto** na memória que tem uma extensa lista de propriedades, e entre essas propriedades estão seus coeficientes para a equação de regressão.

Aqui temos uma lista com todas as propriedades que o R cria no seu modelo linear.

Objeto de modelo linear

Veja bem!

Nenhum software é capaz de dizer se a sua regressão faz sentido.

O R e o seu programa de planilhas podem criar regressões, mas é você quem tem de certificar que elas fazem sentido ao tentar prever uma variável a partir da outra. É muito fácil criar regressões inúteis e sem sentido.

Exercício

Tente criar sua regressão linear no R.

1 Execute as fórmulas para criar um modelo linear que descreva seus dados e exiba o coeficiente da regressão linear.

```
myLm <- lm(received[negotiated==TRUE]~requested[negoti
ated==TRUE],
        data==employees)
myLm$coefficients
```

2 Usando os coeficientes numéricos que o R encontrou pra você, escreva a equação de regressão dos seus dados.

....

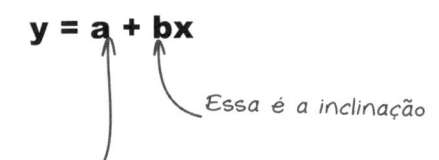

y = a + bx

Essa é a inclinação

Essa é a intercepção

Que fórmula você criou usando os coeficientes que o R calculou?

Solução do Exercício

1 Execute as fórmulas para criar um modelo linear que descreva seus dados e exiba o coeficiente da regressão linear.

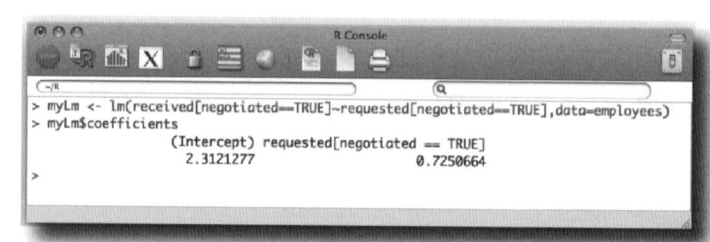

2 Usando os coeficientes numéricos que o R encontrou para você, escreva a equação de regressão dos seus dados.

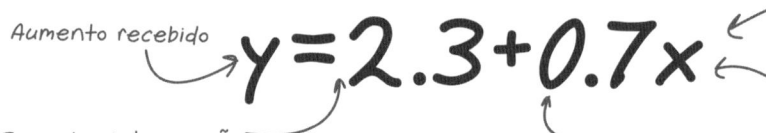

Aumento recebido

$$y = 2.3 + 0.7x$$

Essa é a intercepção

Essa é a inclinação

Essa é a sua fórmula de regressão

Aumento solicitado

Miscelânea dos nerds

Como o R calculou a inclinação? Parece que a inclinação da linha de regressão é igual ao coeficiente de correlação multiplicado pelo desvio padrão de y, dividido pelo desvio padrão de x.

$$b = r * \sigma_y / \sigma_x$$

Essa equação calcula a inclinação da linha de regressão.

Essa é a sua inclinação!

$$b = .67 * 3.1 / 2.8 = \boxed{0.7}$$

Vamos dizer que calcular a inclinação de uma linha de regressão é uma das tarefas que deveríamos agradecer por ter computadores fazendo isso por nós. Esses cálculos são bem complexos. Mas o que é realmente importante lembrar é que:

Contanto que você possa ver uma associação sólida entre suas duas variáveis, e contanto que a sua regressão faça sentido, você pode confiar no seu software para lidar com os coeficientes.

A equação da regressão caminha lado a lado com seu gráfico de dispersão

Tome o exemplo da pessoa que queria saber que tipo de aumento ele receberia se ele pedisse 8%. Algumas páginas atrás, você fez uma previsão olhando no gráfico de dispersão e nas faixas verticais ao redor dos 8 por cento do eixo x.

Esse é o cara que talvez peça os 8%.

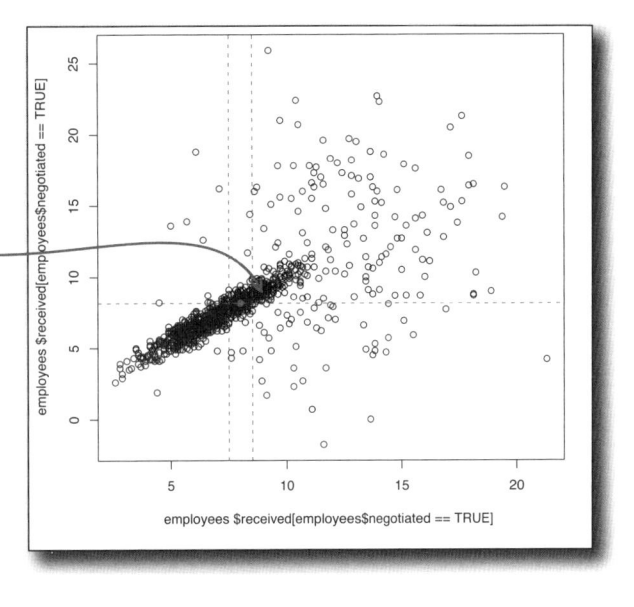

A equação de regressão que você encontrou com a ajuda da função `lm` fornece o mesmo resultado.

```
y = 2.3 + 0.7x
  = 2.3 + 0.7 * 8
  = 7.9
```

Isso é o que a equação de regressão prevê que ele vá receber.

Então, o que é o Calculador de Aumento?

Você fez um excelente trabalho ao elaborar a regressão dos dados dos aumentos. A sua equação de regressão ajuda a criar um produto que oferece consultoria compensadora para seus amigos e colegas?

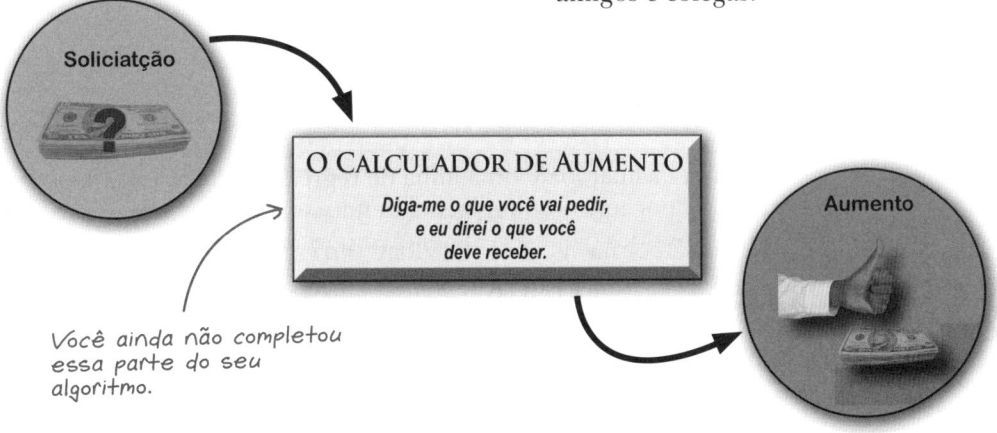

Você ainda não completou essa parte do seu algoritmo.

A equação da regressão é o algoritmo Calculador de Aumento

Com uma boa olhada em como as pessoas se saíram nas negociações de aumentos do passado, você identificou uma **equação de regressão** que pode ser usada para prever aumentos considerando certo nível de solicitação.

Seus clientes vão usar essa equação para calcular o aumento esperado.

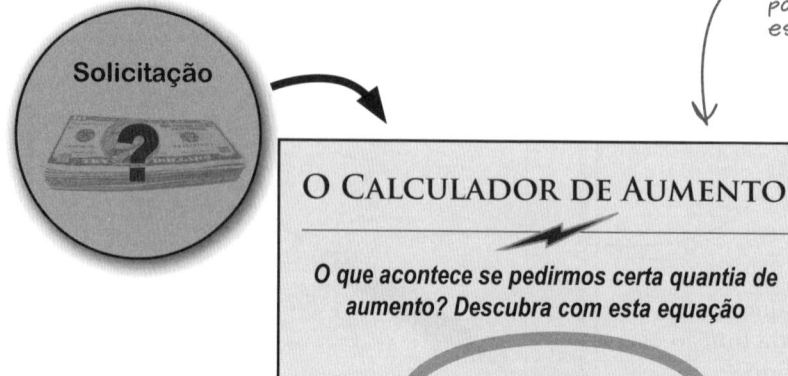

O CALCULADOR DE AUMENTO

O que acontece se pedirmos certa quantia de aumento? Descubra com esta equação

$$y=2.3+0.7x$$

Onde x é o valor solicitado e y é a quantidade que você deve esperar receber.

Esperamos que seu cliente consiga ter a solicitação atendida.

Essa equação será muito útil para as pessoas que estão perdidas, sem saber que tipo de aumento podem pedir. É uma análise sólida, baseada em dados, sobre o sucesso de outras pessoas na obtenção de mais dinheiro dos patrões.

Utilizar essa equação é uma questão de aritmética simples no R. Vamos supor que você quer descobrir que aumento pode ser esperado se fizer um pedido de 5%. Esse é o código:

Configure a variável `my_raise` para 5 (referente aos 5%)...

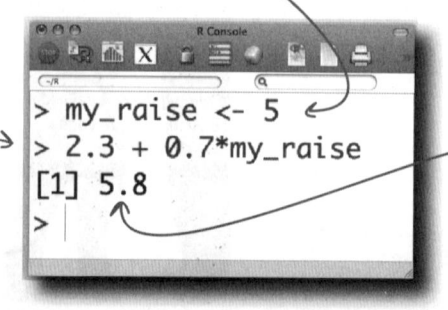

```
> my_raise <- 5
> 2.3 + 0.7*my_raise
[1] 5.8
>
```

...execute `my_raise` através da sua equação de regressão...

...e aqui está! O aumento esperado para uma solicitação de 5% é de 5,8%.

Não existem Perguntas Idiotas

P: Como vou saber se o que as pessoas vão pedir no futuro será igual ao que elas recebem hoje?

R: Essa é uma das grandes questões quando o assunto é análise de regressão. Não apenas "Amanhã vai ser igual hoje?", mas também "O que acontece com a minha empresa se amanhã for diferente?". A resposta é que não dá pra saber se amanhã será igual a hoje. **Sempre** pode ser diferente e, às vezes, completamente diferente. A probabilidade de mudança e suas implicações dependem do domínio do seu problema.

P: Como assim?

R: Bem... compare dados médicos com as preferências dos consumidores. Qual é a probabilidade de o corpo humano, amanhã, mudar repentinamente a maneira como funciona? É possível, principalmente se o meio ambiente sofrer grande alteração, mas improvável. Qual é a probabilidade de as preferências dos consumidores mudarem amanhã? Pode apostar que elas vão mudar, e muito!

P: Então, por que nos incomodar e tentar prever o comportamento?

R: No mundo da internet, por exemplo, uma boa análise de regressão pode ser muito lucrativa durante certo tempo, até que ela pare de produzir boas previsões amanhã. Pense no seu próprio comportamento. Para um vendedor de livros online, você é simplesmente um conjunto de ponto de dados.

P: Isso é meio depressivo...

R: Nem tanto — isso quer dizer que o vendedor de livros sabe o que você quer. Você é um conjunto de pontos de dados no qual o vendedor executa uma regressão para prever quais livros você tem interesse em comprar. E essa previsão vai funcionar até seu gosto por livros mudar. Quando isso acontecer, e você começar a comprar livros diferentes, o vendedor vai executar uma nova regressão para acomodar as novas informações.

P: Então, quando o mundo muda e a regressão não funciona mais, é só atualizá-la?

R: De novo, isso depende do domínio do seu problema. Se você tiver boas razões qualitativas para acreditar que a sua regressão é precisa, pode ser que você nunca tenha de alterá-la. Mas, se seus dados estiverem em constantes alterações, você deve realizar as regressões com certa frequência, e utilizá-las de maneira a permitir que você se beneficie caso elas estejam corretas, mas que não destruam seus negócios se a realidade mudar e elas não mais funcionarem.

P: Você não acha que as pessoas deveriam pedir o aumento que acham que *merecem* do que pedir o aumento que eles veem outras pessoas recebendo?

R: Excelente pergunta! A questão faz parte do seu modelo mental, e as estatísticas não vão lhe dizer se o que você está fazendo é a abordagem correta ou justa. É uma questão qualitativa que você, o analista, precisa utilizar seu melhor discernimento para avaliar. (Mas a resposta curta é: você merece um enorme aumento!).

Exercício

Conheça seus primeiros clientes! Escreva que tipo de aumento você acha que é adequado para cada um deles pedir, considerando o que eles pensam sobre o assunto, e use o R para calcular o que eles podem esperar.

Eu tenho medo de pedir qualquer tipo de aumento. Me dá um número baixo. Algo modesto.

Estou pronto pra partir pra cima. Eu quero um aumento de dois dígitos!

Exercício

O que você recomendou aos seus dois primeiros clientes? Qual foi o número do aumento esperado de acordo com os cálculos do R?

> Eu tenho medo de pedir qualquer tipo de aumento. Me dá um número baixo. Algo modesto.

> Estou pronto pra partir pra cima. Eu quero um aumento de dois dígitos!

Você pode ter solicitada números diferentes destes.

Por que não pedir 3%? É o que está na extremidade mais baixa da escala.

Um aumento mais agressivo seria pedir 15%.

Um aumento baixo seria pedir 3%.

Um aumento mais alto pode ser 15%.

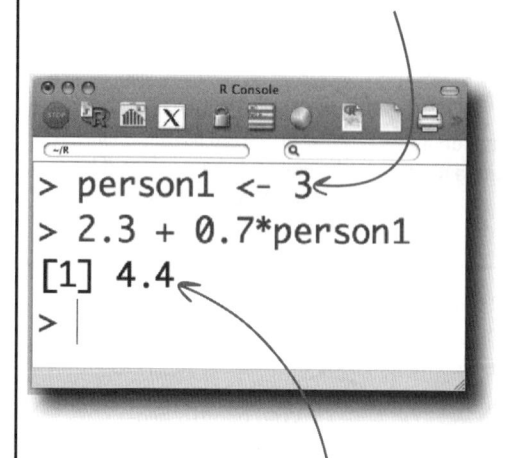

```
> person1 <- 3
> 2.3 + 0.7*person1
[1] 4.4
>
```

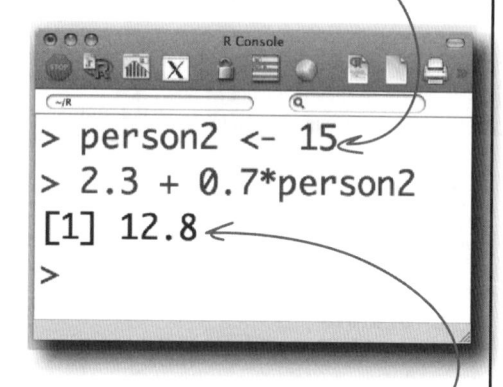

```
> person2 <- 15
> 2.3 + 0.7*person2
[1] 12.8
>
```

As pessoas que pediram 15% receberam, em média, 12,8% de aumento.

As pessoas que pediram 3% receberam, em média, 4,4% de aumento.

Vamos ver o que aconteceu...

Sua predição de aumento não funcionou como o planejado...

As pessoas estavam desesperadas para serem aconselhadas por você, e você passou pelo seu primeiro grupo de recomendações sem grandes problemas.

Mas, então, o **telefone começou a tocar**. Alguns de seus clientes estavam super contentes com o resultado, mas outros, nem tanto.

Eu recebi 5%! Certamente estou satisfeito. Bom pra você. O cheque já foi postado!

12,8%? Cara, meu aumento foi de 0,0%. Espero que você conheça um bom advogado!

Parece que esse aqui se saiu bem.

O pedido desse cara não foi atendido.

Essa coisa não atingiu o alvo?

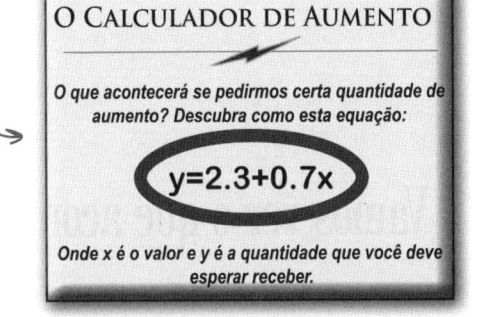

O CALCULADOR DE AUMENTO

O que acontecerá se pedirmos certa quantidade de aumento? Descubra como esta equação:

$$y = 2.3 + 0.7x$$

Onde x é o valor e y é a quantidade que você deve esperar receber.

O que seus clientes **fizeram** com o seu conselho? O que deu errado para aqueles que ficaram insatisfeitos?

Você vai ter que investigar isso a fundo no **próximo capítulo**...

11 Erro

O mundo está bagunçado.

Então, não deveria ser surpresa o fato de suas predições raramente atingirem o alvo desejado. Mas se você oferecer uma previsão com uma **margem de erro**, você e seus clientes saberão não somente a média do valor previsto, como também a distância entre os desvios típicos e o erro. Todas as vezes que você expressa um erro, você oferece uma perspectiva muito mais rica para as suas predições e convicções. E com as ferramentas neste capítulo, você também vai aprender sobre como controlar erros, fazendo com que fiquem o menor possível para aumentar a confiança.

Seus clientes estão bastante incomodados

No capítulo anterior, você criou uma regressão linear para prever que tipo de aumento as pessoas poderiam esperar, baseada no que elas pediram.

Muitos clientes estão usando o algoritmo do aumento. Vamos ver o que eles têm a dizer:

Eu recebi um aumento de 4,5%. Foi um bom aumento. Eu acho que era o tipo de aumento que eu merecia. Eu estava tão nervoso na reunião que nem consigo me lembrar o que pedi.

Não acredito! Eu recebi um aumento 5,0% maior que a previsão do algoritmo. Minha negociação deve ter assustado o chefe, e ele acabou jogando dinheiro em mim!

É, eu **não** recebi aumento! Você ouviu isso? **0,0%**. Eu tenho algumas ideias sobre o que você pode começar a fazer com os algoritmos.

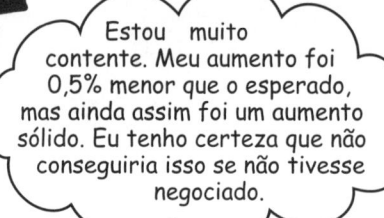

Estou muito contente. Meu aumento foi 0,5% menor que o esperado, mas ainda assim foi um aumento sólido. Eu tenho certeza que não conseguiria isso se não tivesse negociado.

Na mira! Eu recebi o aumento exato que o algoritmo previu. Vou dizer, isso é incrível! Você deve ser algum tipo de gênio. Você é o rei do mundo!

O que seu algoritmo fez para prever o aumento?

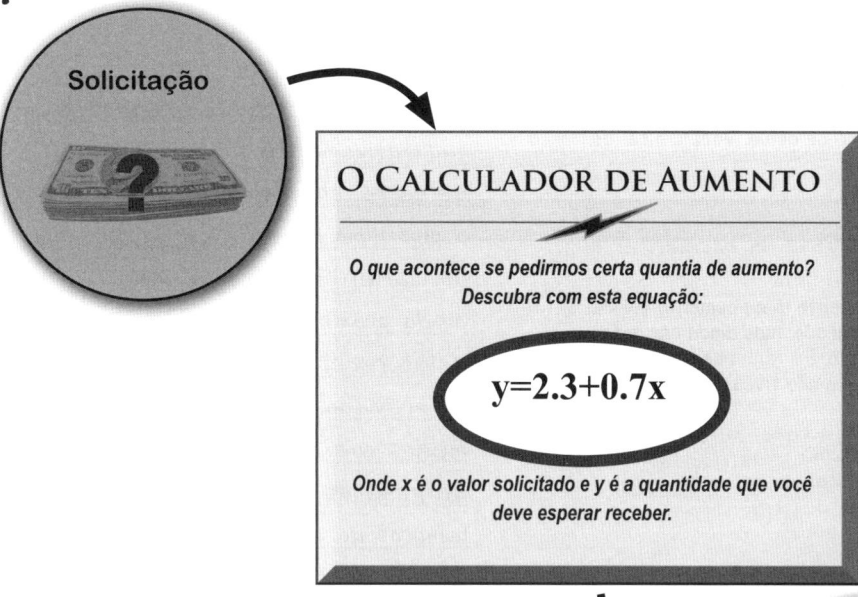

Solicitação

O CALCULADOR DE AUMENTO

O que acontece se pedirmos certa quantia de aumento?
Descubra com esta equação:

$$y = 2.3 + 0.7x$$

Onde x é o valor solicitado e y é a quantidade que você
deve esperar receber.

Todo mundo usou a mesma fórmula, que foi baseada em dados empíricos sólidos.

Mas parece que as pessoas tiveram várias experiências diferentes.

Aumento

O que aconteceu?

Aponte seu lápis

As declarações na página anterior são dados qualitativos sobre a eficácia da sua regressão.

Como você poderia **categorizar** essas declarações?

....

....

....

....

Aponte seu lápis
Solução

Você analisou melhor as respostas qualitativas dos seus clientes referentes às suas previsões. O que você descobriu?

As declarações.

Na mira! Eu recebi o aumento exato que o algoritmo previu. Vou dizer, isso é incrível! Você deve ser algum tipo de gênio. Você é o rei do mundo!

Essa foi excelente!

Estou muito contente. Meu aumento foi 0,3% menor que o esperado, mas ainda assim foi um aumento sólido. Eu tenho certeza que não conseguiria isso se não tivesse negociado.

Esse recebeu um aumento próximo, mas não foi exatamente o previsto.

É, eu **não** recebi aumento! Você ouviu isso? **0,0%**. Eu tenho algumas idéias sobre o que você pode começar a fazer com os algoritmos.

Não acredito! Eu recebi um aumento 5,0% maior que a previsão do algoritmo. Minha negociação deve ter assustado o chefe, e ele acabou jogando dinheiro em mim!

Esses dois parecem estar fora da variação.

Basicamente, parece que existem três tipos de respostas, qualitativamente falando. Um deles recebeu exatamente o que o algoritmo previu. Outro recebeu um aumento meio fora, mas ainda próximo, da previsão. Dois deles receberam aumentos fora da previsão. E o último... bem, a menos que haja uma tendência de pessoas que não consigam se lembrar do aumento que pediram, não há nada que você possa fazer com ele.

Esse aqui é estranho. É meio difícil tirar conclusões de uma declaração como essa.

Eu recebi um aumento de 4,5%. Foi um bom aumento. Eu acho que era o tipo de aumento que eu merecia. Eu estava tão nervoso na reunião que nem consigo me lembrar o que pedi.

Os segmentos de clientes

Lembre-se: a equação de regressão prevê o que pessoas vão obter **em média**. Obviamente nem todos estarão exatamente na média.

Suas respostas

fora, mas bom

totalmente fora

exato

Exercício

Vamos obter mais algumas respostas dos seus clientes. As respostas abaixo são um pouco mais específicas do que as anteriores.

Desenhe setas que apontem onde cada uma dessas pessoas acabariam se você fizesse o gráfico das solicitações/recebimentos delas.

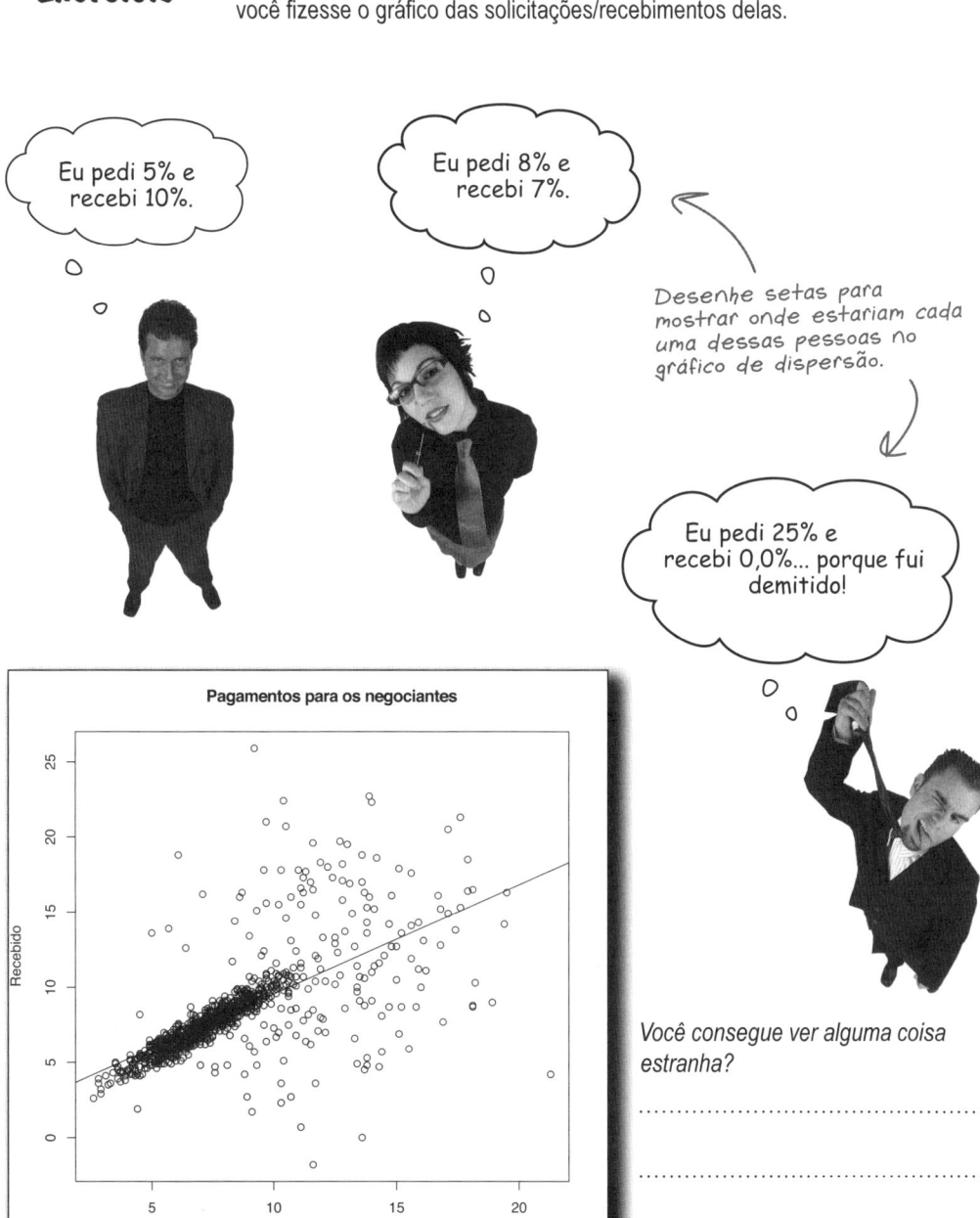

Eu pedi 5% e recebi 10%.

Eu pedi 8% e recebi 7%.

Desenhe setas para mostrar onde estariam cada uma dessas pessoas no gráfico de dispersão.

Eu pedi 25% e recebi 0,0%... porque fui demitido!

Pagamentos para os negociantes

Recebido

Solicitado

Você consegue ver alguma coisa estranha?

....

....

....

Solução do Exercício

Você acabou de adicionar novos pontos no gráfico de dispersão para descrever onde três de seus clientes estariam. O que você descobriu?

O cara que pediu *25%* saiu totalmente do modelo

Utilizar uma equação de regressão para prever um valor fora da sua variação de dados é o que chamamos de **extrapolação**. Tome cuidado com as extrapolações!

A linha de regressão aponta para a obscuridade.

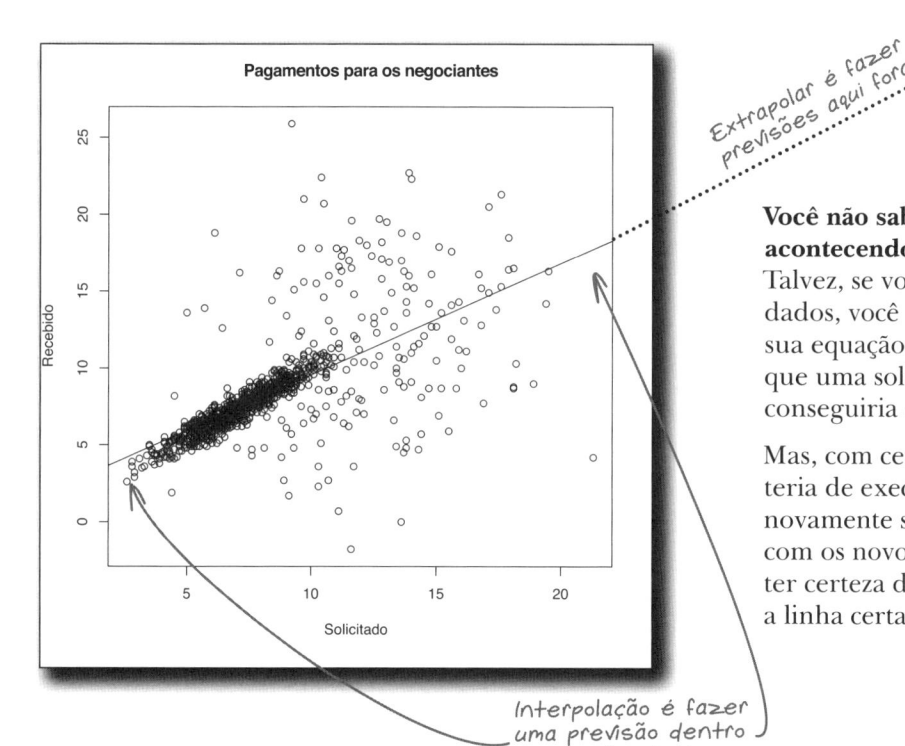

Pagamentos para os negociantes

Extrapolar é fazer previsões aqui fora.

Interpolação é fazer uma previsão dentro dessas fronteiras.

Você não sabe o que está acontecendo aqui fora. Talvez, se você tivesse mais dados, você pudesse usar sua equação para prever o que uma solicitação maior conseguiria obter.

Mas, com certeza, você teria de executar novamente sua regressão com os novos dados para ter certeza de estar usando a linha certa.

Extrapolação é diferente de **interpolação**, onde você prevê pontos dentro da sua variação de dados, que é o que a regressão faz. A interpolação não traz problemas, mas você deve ser muito cauteloso com a extrapolação.

As pessoas extrapolam o tempo todo. Mas, se você vai fazer isso, você precisa **especificar algumas suposições adicionais** que deixam claro a sua ignorância sobre o que acontece fora desses dados.

⚛ PODER DO CÉREBRO

O que você diria a um cliente que está imaginando o que deve esperar se ele pedisse um aumento de 30%

Como lidar com o cliente que quer uma previsão fora do alcance dos dados

Basicamente, você tem duas opções quando seus clientes quiserem uma previsão fora da variação dos seus dados: não dizer nada ou introduzir uma hipótese que você pode usar para encontrar a previsão.

Você

Não diga nada:

> Sem comentários. Se você pedir 25%, eu não tenho a menor ideia do que pode acontecer.

Quais dessas respostas seriam mais benéficas para o seu cliente? A segunda pode satisfazer o desejo do seu cliente de ter uma previsão específica, mas uma péssima previsão pode ser pior do que não ter previsão.

Use uma hipótese para fazer uma previsão:

> Os dados não conseguem nos dizer isso, mas esse foi um ano lucrativo, então, um pedido de aumento de 30% é razoável. Eu acho que isso fará com que você receba por volta de 20%.

Aqui está uma hipótese que você pode usar para fazer a previsão.

Você pode ou não ter boas razões para acreditar nessa hipótese!

Não existem Perguntas Idiotas

P: O que exatamente pode acontecer fora da variação dos dados que acaba se tornando um problema?

R: Pode ser que nem exista dados fora da variação que estamos usando. E, se houver, esses dados podem ser totalmente diferentes. Podem até nem ser lineares.

P: Mas nem sempre vou ter todos os meus pontos *dentro* da variação dos dados.

R: Você tem razão! E isso é um problema de qualidade dos dados e amostragem. Se você não tiver todos os pontos de dados — se

estiver usando uma amostra — você deve ter certeza que essa amostra é representativa do conjunto total de dados e, portanto, é algo onde se pode construir um modelo.

P: Não há nada a ser dito por pensar sobre o que aconteceria sob diferentes situações hipotéticas e meramente especulativas?

R: Sim, e você deve fazer isso. Mas é necessária muita disciplina para ter certeza que suas ideias sobre os mundos hipotéticos não atrapalhe as suas ideias (e ações) do mundo real. As pessoas abusam da extrapolação.

P: E as previsões sobre o *futuro* já não são um tipo de extrapolação?

R: Sim, mas se isso é um problema ou não, vai depender do que você está estudando. O que você está analisando é o tipo de coisa que poderia mudar de comportamento no futuro ou é algo bem estável? As leis físicas do universo provavelmente não vão mudar muito na próxima semana, mas as associações usadas para explicar o mercado de ações pode mudar, e muito. Essas considerações devem ajudá-lo a entender melhor como usar seu modelo.

Sempre fique de olhe nas suposições do seu modelo.

E quando você estiver olhando o modelo de outras pessoas, sempre pense em ver se as suposições que elas apresentam são razoáveis e se, talvez, elas esqueceram de mencionar alguma. As suposições ruins podem tornar seu modelo realmente inútil, no melhor cenário, e perigosamente fraudulento, no pior dos casos.

Seja o modelo

Dê uma olhada nessa lista de possíveis suposições para o Calculador de Aumento. Como cada uma delas pode mudar o seu modelo, se fossem verdadeiras?

O desempenho econômico foi praticamente o mesmo em todos os anos da variação de dados, mas, este ano, os lucros foram bem menores.

....

Um chefe cuidou de todos os aumentos da empresa referentes aos dados que nós temos, mas ele saiu da empresa e foi substituído por outro chefe.

....

Como você pede, faz uma diferença enorme no aumento que você recebe.

....

A disseminação dos pontos na variação de 20-50 por centro parece com a disseminação dos pontos na variação de 10-20 por cento.

....

Somente as pessoas altas pedem aumento.

....

Seja o modelo

Dê uma olhada nessa lista de possíveis suposições para o Calculador de Aumento. Como cada uma delas pode mudar o seu modelo, se fossem verdadeiras?

O desempenho econômico foi praticamente o mesmo em todos os anos da variação de dados, mas, este ano, os lucros foram bem menores.

Os aumentos desse ano poderiam ser, em média, menores. O modelo pode não funcionar.

Um chefe cuidou de todos os aumentos da empresa referentes aos dados que nós temos, mas ele saiu da empresa e foi substituído por outro chefe.

O chefe novo pode pensar de maneira diferente e quebrar o modelo.

Uau! Isso seria o fim da sua empresa, ao menos até você conseguir os dados sobre o cara novo.

Como você pede faz uma diferença enorme no aumento que você recebe.

Isso certamente é verdade, e os dados refletem a variação, então não há problemas com o modelo.

Você não tem dados sobre como pedir aumento... o modelo só diz o que você vai obter, em média, se pedir diferentes valores.

A disseminação dos pontos na variação de 20-50 por cento parece com a disseminação dos pontos na variação de 10-20 por cento.

Se isso fosse verdade, você conseguiria extrapolar a equação de regressão.

Somente as pessoas altas pedem aumento.

Se isso fosse verdade, o modelo não funcionaria para pessoas baixas.

As pessoas baixas podem se sair melhor ou pior do que as pessoas altas.

Agora que você já pensou em como as suas suposições afetam o seu modelo, você precisa mudar seu algoritmo **para que as pessoas saibam como lidar com extrapolações.**

Aponte seu lápis

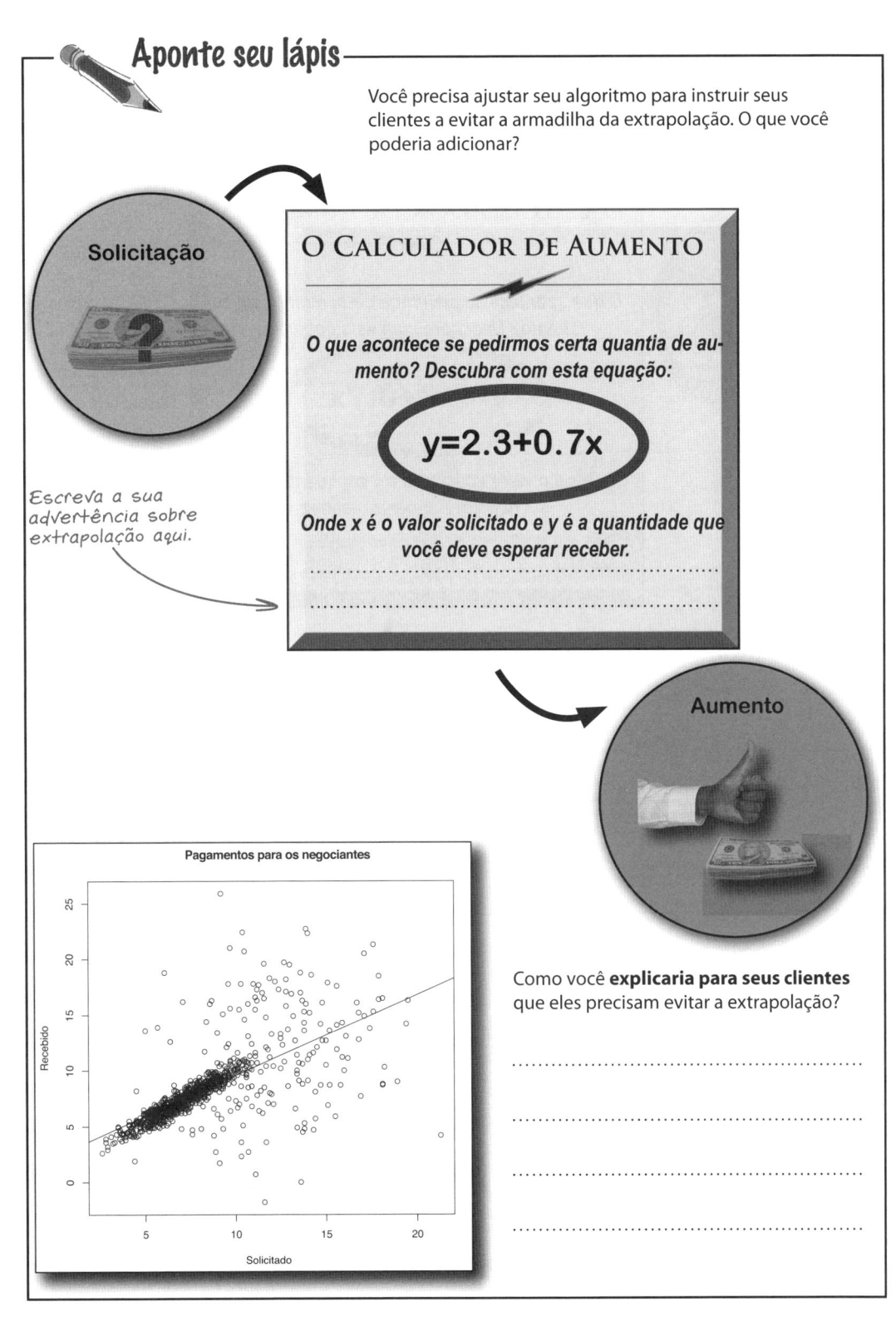

Você precisa ajustar seu algoritmo para instruir seus clientes a evitar a armadilha da extrapolação. O que você poderia adicionar?

Solicitação

O Calculador de Aumento

O que acontece se pedirmos certa quantia de aumento? Descubra com esta equação:

$$y = 2.3 + 0.7x$$

Onde x é o valor solicitado e y é a quantidade que você deve esperar receber.

Escreva a sua advertência sobre extrapolação aqui.

Aumento

Pagamentos para os negociantes

Recebido / *Solicitado*

Como você **explicaria para seus clientes** que eles precisam evitar a extrapolação?

Aponte seu lápis
Solução

Como você modificou seu algoritmo de compensação para ter certeza que seus clientes não vão extrapolar a variação de dados?

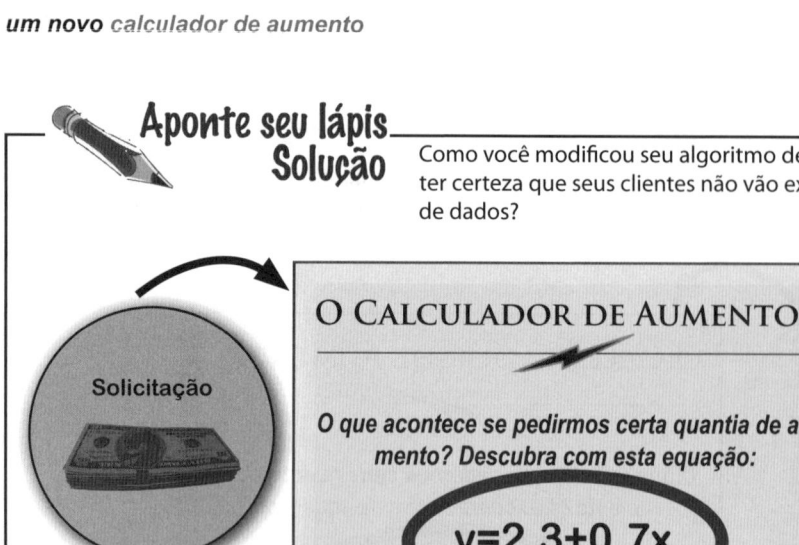

Solicitação

O CALCULADOR DE AUMENTO

O que acontece se pedirmos certa quantia de aumento? Descubra com esta equação:

$$y = 2.3 + 0.7x$$

Onde x é o valor solicitado e y é a quantidade que você deve esperar receber.

Mas a fórmula só funciona se o valor solicitado (x) estiver entre 0% e 22%.

Essa é a linguagem que você precisa adicionar.

Sua equação de regressão funciona dentro dessa variação.

Aumento

Pagamentos para os negociantes

Recebido / Solicitado

A variação dos dados para o valor solicitado só alcança até aqui.

Você não consegue prever o que pode acontecer com uma solicitação de mais de 22%.

?

Como você **explicaria para seus clientes** que eles precisam evitar a extrapolação?

Visto que você só tem dados para pessoas que pedem 22% ou menos de aumento, a sua regressão só se aplica aos pedidos entre 0% e 22%. Seus clientes podem pedir mais — e talvez eles ganhem bastante dinheiro se fizerem isso — mas, considerando o que você sabe, eles estariam desamparados.

O cara que foi demitido por causa de extrapolações já se acalmou

Bem, pelo menos você está arrumando a sua análise à medida que as coisas vão acontecendo. Isso é integridade. Eu ainda vou pedir seus conselhos da próxima vez que for negociar um aumento.

Com a sua fórmula de regressão nova e aperfeiçoada, poucos clientes vão acabar **na terra do "estatisticamente desconhecido"**.

Então, isso tudo quer dizer que você terminou?

Você resolveu somente parte do problema

Ainda há muitas pessoas que tiveram resultados terríveis, embora elas tenham pedido um aumento que estivesse dentro da sua variação de dados.

O que você vai fazer com esse pessoal?

Eu pedi 8% e recebi 7%.

Esse cara ganhou mais do que ele pediu, bem mais.

Eu pedi 5% e recebi 10%.

Ela pediu um valor comum e recebeu um pouquinho a menos do que solicitou.

Por que você acha que ele recebeu 10% ao invés de 5%?

Com o que se parecem os dados desse resultado terrível?

Dê uma outra olhada na sua visualização e linha de regressão. Por que as pessoas não conseguem exatamente o que pediram?

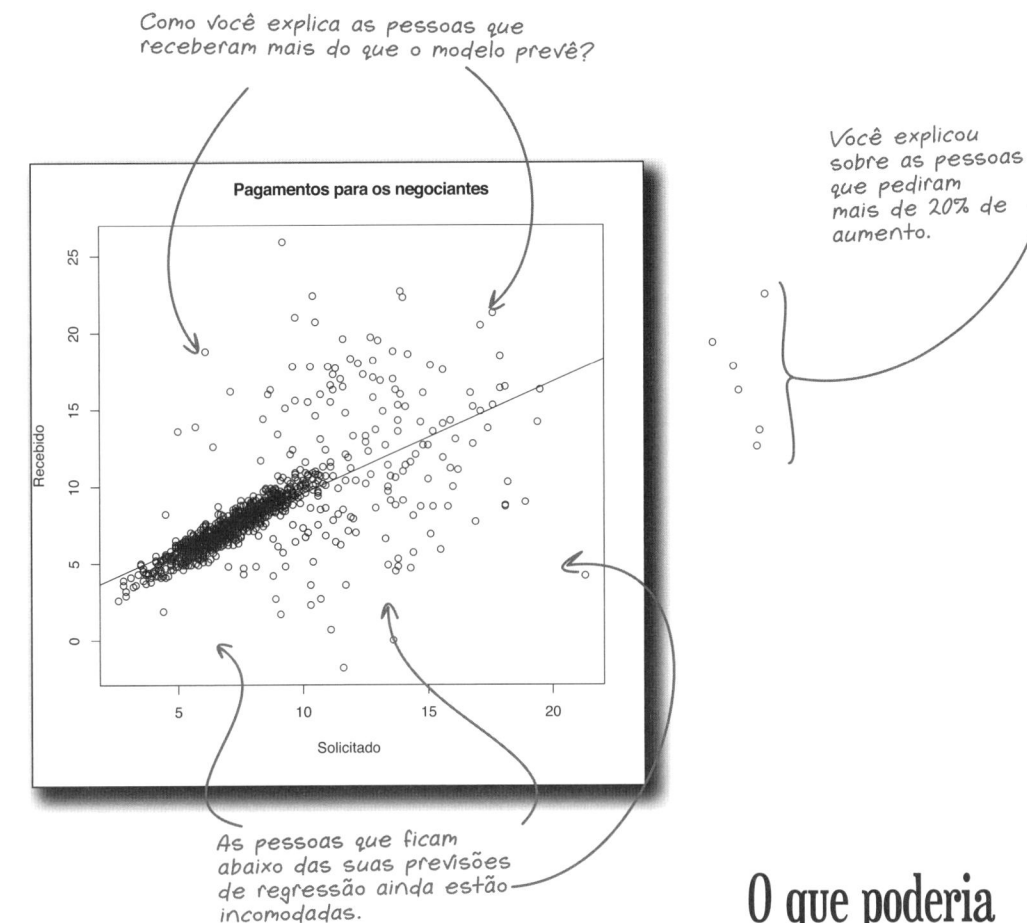

Como você explica as pessoas que receberam mais do que o modelo prevê?

Você explicou sobre as pessoas que pediram mais de 20% de aumento.

As pessoas que ficam abaixo das suas previsões de regressão ainda estão incomodadas.

O que poderia estar causando esses desvios das suas previsões?

Margens de erro são desvios das predições do seu modelo

Você sempre fará previsões de algum tipo, quer você faça um trabalho de regressão completo ou não. Essas previsões raramente serão *exatamente* corretas, e o valor pelo qual os resultados desviam da sua predição é chamado de **margem de erro**.

Em estatística, as margens de erro também são chamadas de **resíduos**, e a análise dos resíduos é a parte central de um bom modelo estatístico.

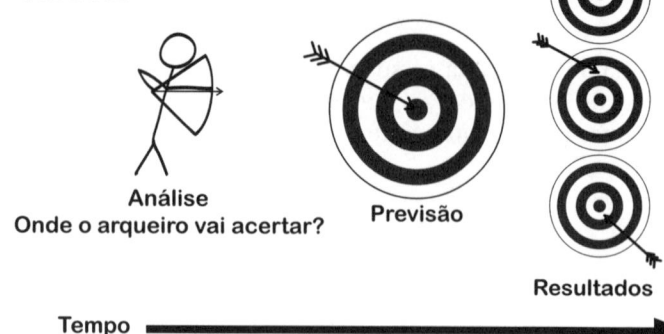

Análise
Onde o arqueiro vai acertar?

Previsão

Resultados

Tempo

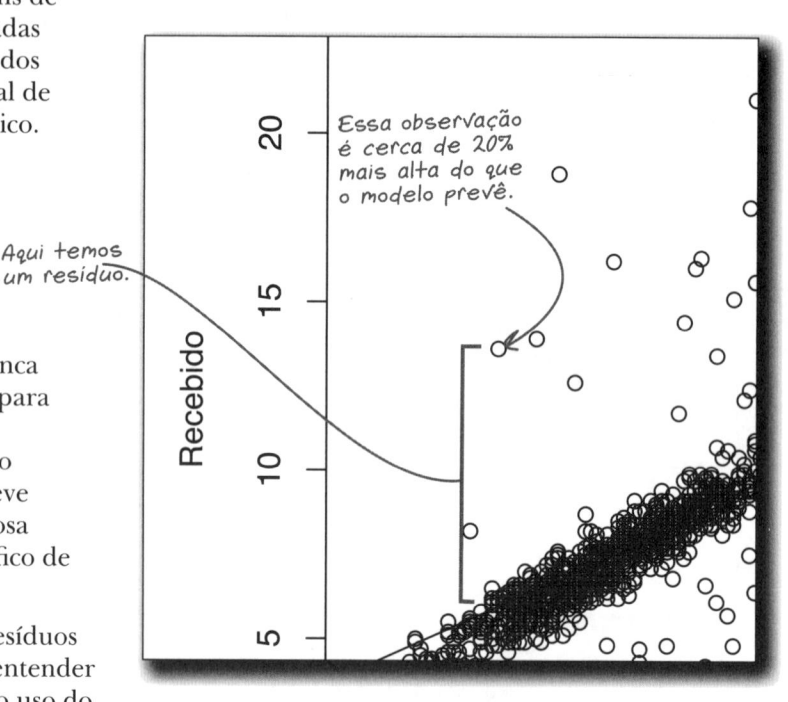

Essa observação é cerca de 20% mais alta do que o modelo prevê.

Aqui temos um resíduo.

Recebido

Enquanto você pode nunca ter uma boa explicação para o porquê de os resíduos individuais desviarem do modelo, você sempre deve dar uma olhada cuidadosa nos resíduos do seu gráfico de dispersão.

Se você interpretar os resíduos corretamente, você vai entender melhor os seus dados e o uso do seu modelo.

Você sempre vai ter margem de erro nas suas previsões e pode ser que você nunca descubra porque elas estão lá.

Aponte o seu lápis

É melhor refinar um pouco mais seu algoritmo: dessa vez, você deve mencionar alguma coisa sobre erros.

Aqui estão algumas possíveis provisões para o seu algoritmo, com relação à margem de erros. Qual você adicionaria ao algoritmo?

"Provavelmente você não vai obter o que o modelo prevê, devido à margem de erro."

....

....

....

....

"Seus resultados podem variar por uma margem de 20 por centro para cima ou para baixo do resultado previsto."

....

....

....

....

"Somente os resultados reais que se encaixam no modelo são garantidos."

....

....

....

"Por favor, observe que o seu resultado pode ser diferente da previsão devido à margem de erro."

....

....

....

....

Solicitação

O CALCULADOR DE AUMENTO

O que acontece se pedirmos certa quantia de aumento? Descubra com esta equação:

$$y = 2.3 + 0.7x$$

Onde x é o valor solicitado e y é a quantidade que você deve esperar receber.

Mas a fórmula só funciona se você pedir um valor(x) entre 0% e 22%.

....

....

A provisão que você escolher entra aqui.

Aumento

Aponte seu lápis
Solução

Você aperfeiçoou o algoritmo para incorporar a margem de erros. O que ele diz agora?

"Provavelmente você não vai obter o que o modelo prevê, devido à margem de erro."

Isso é verdade. Provavelmente, poucas pessoas obterão exatamente o resultado da equação. Mas essa explicação não é muito satisfatória para o cliente.

"Seus resultados podem variar por uma margem de 20 por cento para cima ou para baixo do resultado previsto."

É bom especificar os erros de maneira quantitativa. Mas o que o levou a acreditar nos 20%? E se for realmente isso, você não ia querer um erro menor que esse?

"Somente os resultados reais que se encaixam no modelo são garantidos."

Isso é besteira que soa como coisa importante. Seus resultados só são garantidos se eles se encaixarem na predição do modelo? Bem, e se eles não se encaixarem? Isso é besteira.

"Por favor, observe que o seu resultado pode ser diferente da previsão devido à margem de erro."

Verdade, mas não muito satisfatória. Até que obtenhamos algumas ferramentas mais poderosas, essa frase vai ter de servir.

Solicitação

Aqui está a advertência sobre a margem de erros.

O CALCULADOR DE AUMENTO

O que acontece se pedirmos certa quantia de aumento? Descubra com este equação:

$$y = 2.3 + 0.7x$$

Onde x é o valor solicitado e y é a quantidade que você deve esperar receber.

Mas a fórmula só funciona se você pedir um valor(x) entre 0% e 22%..

Por favor, observe que seu próprio resultado pode variar das predições devido à margem de erro.

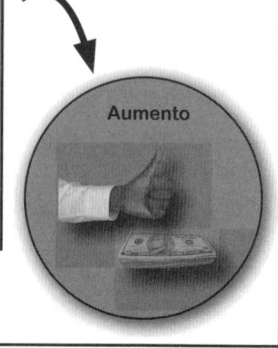

Aumento

Você acabou de perder todos os seus clientes.

Odeio dar as más notícias, mas o seu negócio se desmantelou. Aquela última frase no seu algoritmo de compensação foi a diferença entre as pessoas sentirem que você estava ajudando e as pessoas sentirem que seu produto não vale a pena.

Como você vai fazer pra consertar seu produto?

Erros são bons para você e seu cliente

Quanto mais direto e previsível você for com relação às margens de erro que seus clientes devem esperar das suas previsões, melhor vocês dois se saem.

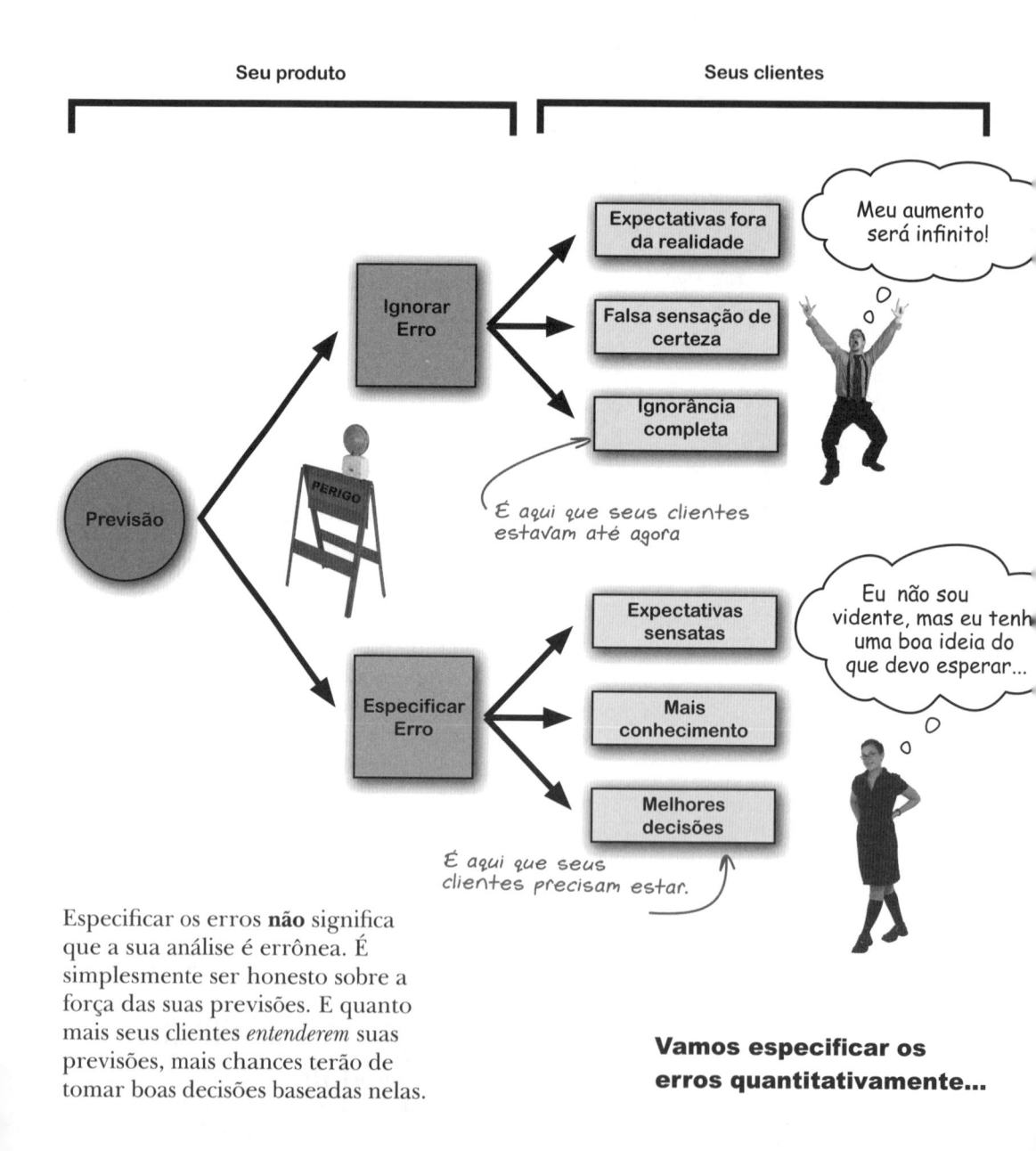

Seu produto

Seus clientes

Meu aumento será infinito!

Expectativas fora da realidade

Ignorar Erro

Falsa sensação de certeza

Ignorância completa

PERIGO

Previsão

É aqui que seus clientes estavam até agora

Eu não sou vidente, mas eu tenh uma boa ideia do que devo esperar...

Expectativas sensatas

Especificar Erro

Mais conhecimento

Melhores decisões

É aqui que seus clientes precisam estar.

Especificar os erros **não** significa que a sua análise é errônea. É simplesmente ser honesto sobre a força das suas previsões. E quanto mais seus clientes *entenderem* suas previsões, mais chances terão de tomar boas decisões baseadas nelas.

Vamos especificar os erros quantitativamente...

MARGENS DE ERRO EXPOSTAS

Entrevista da semana:
Quais são as chances?

Use a Cabeça: Cara, você é difícil!

Margem de Erro: Como assim?

Use a Cabeça: É que, por sua causa, a regressão nunca vai ser capaz de fazer boas previsões.

Margem de Erro: Eu sou uma parte indispensável da regressão e de qualquer tipo de mensuração.

Use a Cabeça: Bem, como alguém pode confiar em uma previsão de regressão enquanto você for uma possibilidade? Se os nossos clientes quiserem saber quanto vão conseguir quando pedem um aumento, eles não querem ouvir que é sempre possível (ou ainda provável!) que eles recebam um valor diferente do que o valor que o modelo prevê.

Margem de Erro: Você está me entendendo mal. Pense em mim como alguém que está sempre presente e que não é tão assustador se você aprender a falar de mim.

Use a Cabeça: Então, "erro" não é necessariamente uma palavra ruim.

Margem de Erro: Claro que não! Há muitos contextos onde a especificação de erro é útil. Na verdade, o mundo seria um lugar melhor se as pessoas fizessem um trabalho melhor ao expressar erros com mais frequência.

Use a Cabeça: Ok, então isso é o que vou dizer aos clientes a partir de agora. Vamos supor que alguém queira saber quanto vão receber se pedirem um aumento de 7%. Então, eu digo, "o modelo prevê 7 por cento, mas a margem de erro significa que provavelmente você vai receber um valor diferente desse.

Margem de Erro: E se você disser assim: Se você pedir 7 por cento, *provavelmente* você vai receber algo entre 6 e 8 por cento. Não soa melhor?

Use a Cabeça: É, isso não parece tão assustador! É tão simples assim mesmo?

Margem de Erro: Sim! Bem, mais ou menos. Na verdade, ter o erro sob controle não é tarefa fácil, e há uma enorme variedade de ferramentas estatísticas que você pode usar para analisar e descrever o erro. Mas a coisa mais importante que você deve saber é que especificar uma **variação** para as suas previsões é muito mais útil (e *verdadeiro*) do que especificar um único número.

Use a Cabeça: Eu posso usar as margens de erro para descrever probabilidades subjetivas?

Margem de Erro: Você não só pode, como deve. Veja um outro exemplo: quais desses caras é o analista mais cuidadoso: um que diz acreditar que as ações subirão 10% no próximo ano ou outro que diz que ele acha que as ações subirão entre 0 e 20 por cento no próximo ano?

Use a Cabeça: Isso é óbvio! O primeiro cara não pode acreditar seriamente que as ações vão subir *exatamente* 10 por cento. O outro cara é muito mais sensato.

Margem de Erro: Pois é.

Use a Cabeça: E, de onde você disse que você veio?

Margem de Erro: Ok, agora as notícias podem não ser tão boas. Muitas vezes você não vai ter a menor ideia de onde vem a margem de erro, principalmente para uma única observação.

Use a Cabeça: Fala sério, você quer dizer que é impossível explicar por que as observações desviam das previsões do modelo?

Margem de Erro: Às vezes, é possível explicar alguns dos desvios. Por exemplo, talvez você consiga agrupar alguns pontos de dados e reduzir a margem de erro. Mas eu sempre estarei presente, de um jeito ou de outro.

Use a Cabeça: Então, é meu dever reduzi-lo o máximo possível?

Margem de Erro: É o seu dever fazer com que seus modelos e análises tenham uma força explanatória e preditiva. E isso significa me levar em conta, de maneira inteligente, e não se livrar de mim.

Especifique os erros quantitativamente

É uma feliz coincidência se o resultado obtido for exatamente o previsto, mas a pergunta que não quer calar é: qual é a disseminação da margem de erro (a **distribuição residual**)?

O que você precisa aqui é uma estatística que mostre o quão distante *da média* encontram-se os pontos ou observações típicas da sua linha de regressão.

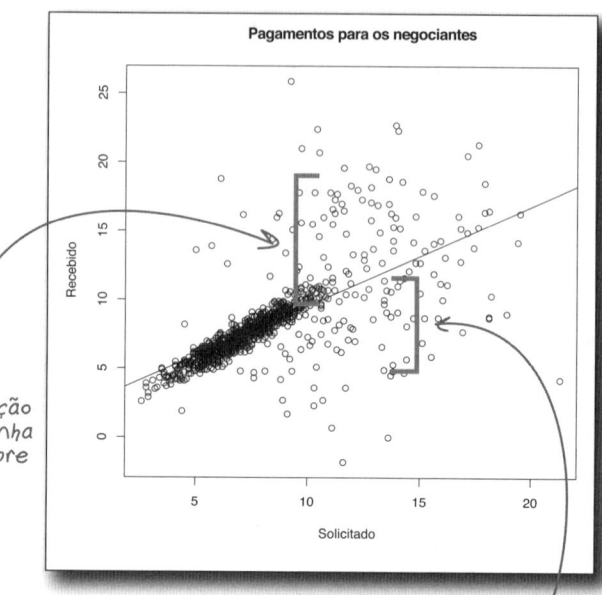

A disseminação ou distribuição dos resíduos em volta da linha de regressão fala muito sobre o seu modelo.

Quanto mais próximas da linha de regressão suas observações estiverem, mais poderosa é a sua linha.

Isso parece com o desvio padrão. O desvio padrão descreve quão distante os pontos típicos estão da média de observação.

Certamente. A distribuição da margem de erro, ou erro RMS (*raiz quadrada da média*), em torno da linha de regressão é uma métrica que você pode usar assim como o desvio padrão ao redor da média.

Se você tiver o valor do erro RMS da sua linha de regressão, você poderá usá-lo para explicar para seus clientes **onde estão os resultados típicos comparados com as previsões**.

Quantifique sua distribuição residual com a raiz quadrada da média

Você se lembra das unidades que usou para o desvio padrão? Elas são as mesmas com o que quer que esteja sendo medido: se o seu desvio padrão dos aumentos recebidos é de 5%, então, as observações típicas estarão 5% distantes da média.

Acontece a mesma coisa com RMS. Vamos supor que seu RMS para a previsão de recebimento a partir do valor solicitado é de 5%, então, as observações típicas estarão 5% distantes de qualquer valor que a equação de regressão prever.

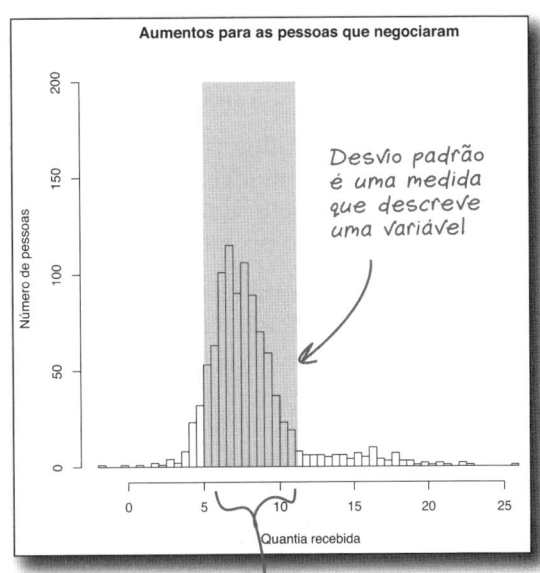

Desvio padrão é uma medida que descreve uma variável

O desvio padrão descreve a disseminação em torno da média.

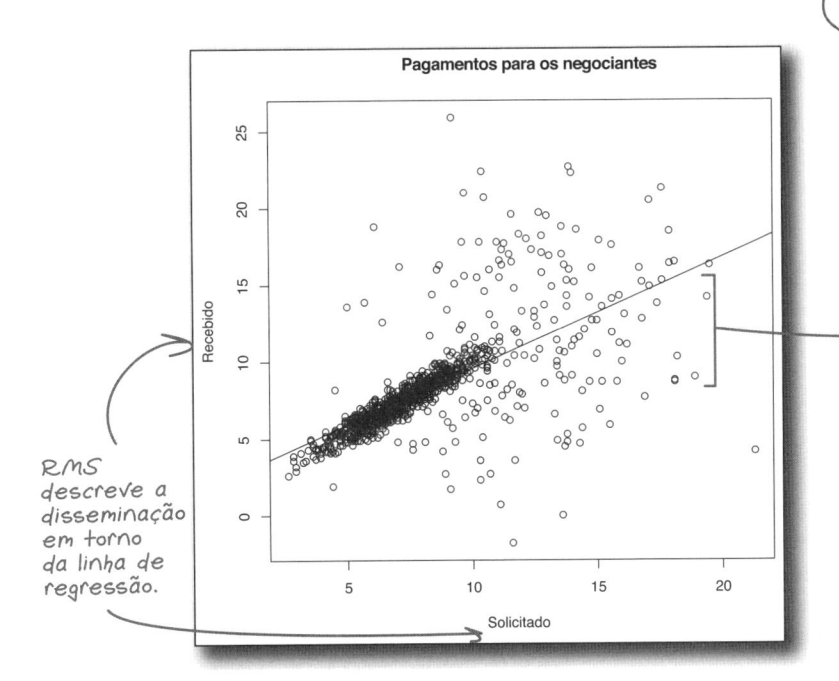

RMS se refere à relação entre duas variáveis

RMS descreve a disseminação em torno da linha de regressão.

Então, como calculamos o RMS?

Seu modelo no R já conhece o RMS

O objeto de modelo linear que você criou no R no capítulo anterior não sabe somente a intercepção do eixo y e a inclinação da sua linha de regressão.

Ele sabe lidar com todos os tipos de estatísticas relacionadas ao seu modelo, inclusive RMS. Se você não tiver mais o objeto myLm que criou no R, digite essa função antes do próximo exercício:

Certifique-se de ter os dados mais atuais no seu computador.

```
employees <- read.csv("http://www.headfirstlabs.com/books/hfda/
    hfda_ch10_employees.csv", header=TRUE)
myLm <- lm(received[negotiated==TRUE]~
    requested[negotiated==TRUE], data=employees)
```

myLm

Objeto de modelo linear

Nos bastidores

Por baixo dos panos, o R está usando essa fórmula para calcular o RMS:

$$\sigma_y * \sqrt{1 - r^2}$$

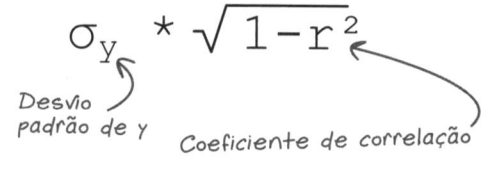

Desvio padrão de Y

Coeficiente de correlação

Não existem Perguntas Idiotas

P: Eu preciso decorar essa fórmula?

R: Conforme você vai ver, é muito fácil calcular o RMS no R ou em outro programa estatístico. O mais importante é saber que o erro pode ser descrito e usado quantitativamente, e que você sempre deve conseguir descrever o erro das suas previsões.

P: Todos os tipos de regressão usam a mesma fórmula para descrever o erro?

R: Se você considerar a regressão não linear ou múltipla, você verá fórmulas diferentes para especificar o erro. Na verdade, existem outras maneiras de descrever a variação mesmo na regressão linear, além do RMS. Existem vários tipos de ferramentas estatísticas disponíveis para medir o erro, dependendo do que você necessita saber.

TEST DRIVE

Ao invés de preencher a equação algébrica para obter o RMS, vamos deixar o R fazer isso por nós.

Dê uma olhada no resumo do R para o seu modelo, digitando a fórmula a seguir:

```
summary(myLm)
```

Seu RMS será o valor gerado, mas você também pode digitar isso para calcular erro:

```
summary(myLm)$sigma
```

O RMS também é chamado de "sigma" ou "erro residual padrão".

Em seguida, pinte uma faixa de erro por toda a sua linha de regressão para representar o RMS. A faixa do erro deve acompanhar a linha de regressão, e a largura desta faixa acima e abaixo da linha de regressão deve ser igual ao RMS.

Comece a sua faixa de erro por aqui.

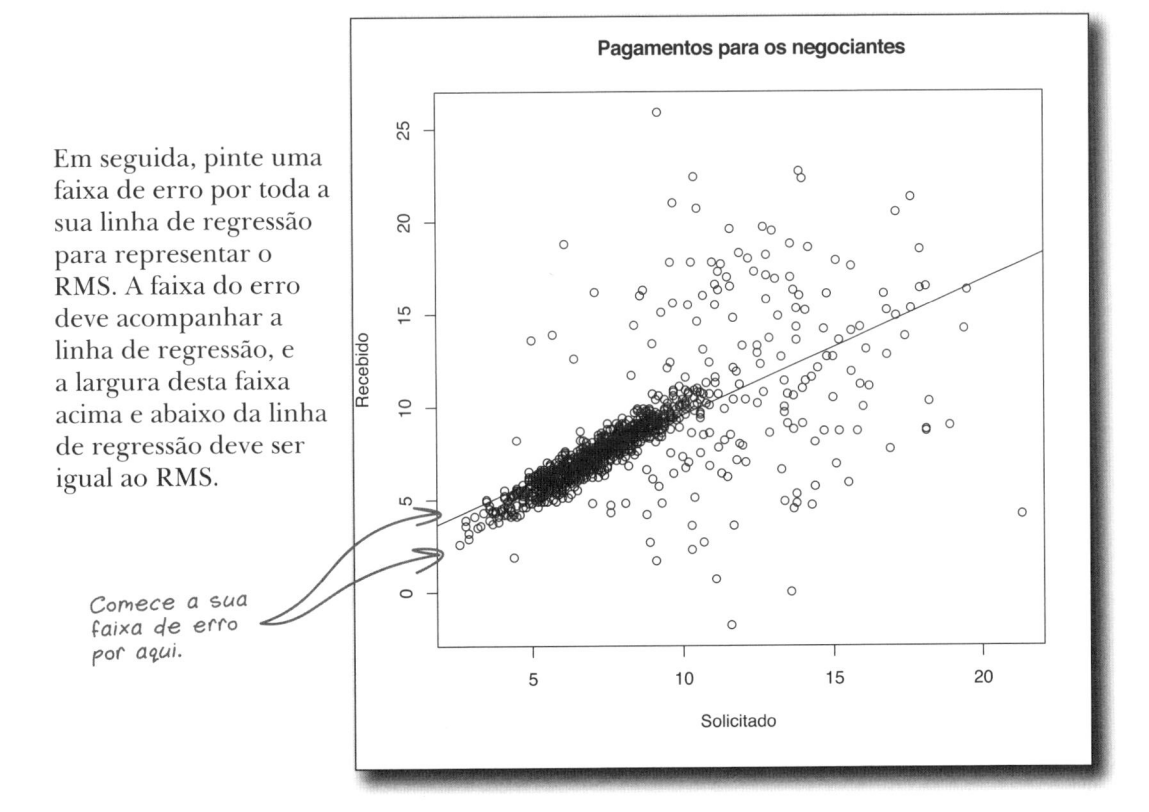

O resumo do R para o seu modelo linear mostra o erro RMS

Quando você pede ao R para resumir o objeto de modelo linear, ele fornece um monte de informações sobre o que está dentro do objeto.

Esse é um resumo do seu modelo.

myLm

objeto de modelo linear

R tem muitas informações sobre o seu modelo linear.

```
> summary(myLm)

Call:
lm(formula = received[negotiated == TRUE] ~ requested[negotiated ==
    TRUE], data = employees)

Residuals:
    Min      1Q   Median      3Q      Max
-13.5560  -0.5914  -0.0601   0.3879  16.9173

Coefficients:
                              Estimate Std. Error t value Pr(>|t|)
(Intercept)                    2.31213    0.21775   10.62   <2e-16 ***
requested[negotiated == TRUE]  0.72507    0.02573   28.18   <2e-16 ***
---
Signif. codes:  0 '***' 0.001 '**' 0.01 '*' 0.05 '.' 0.1 ' ' 1

Residual standard error: 2.298 on 998 degrees of freedom
Multiple R-squared: 0.4431,  Adjusted R-squared: 0.4425
F-statistic:  794 on 1 and 998 DF,  p-value: < 2.2e-16

> |
```

Estes são dados da inclinação que intercepta a sua linha de regreção

Você não somente vê os coeficientes da sua regressão, como você viu no capítulo anterior, como também vê o RMS e muitas outras estatísticas que descrevem o modelo.

E esse é o seu RMS!

Se você desenhar uma faixa que seja 2,3 pontos percentuais acima e abaixo da linha de regressão, você terá um gráfico assim.

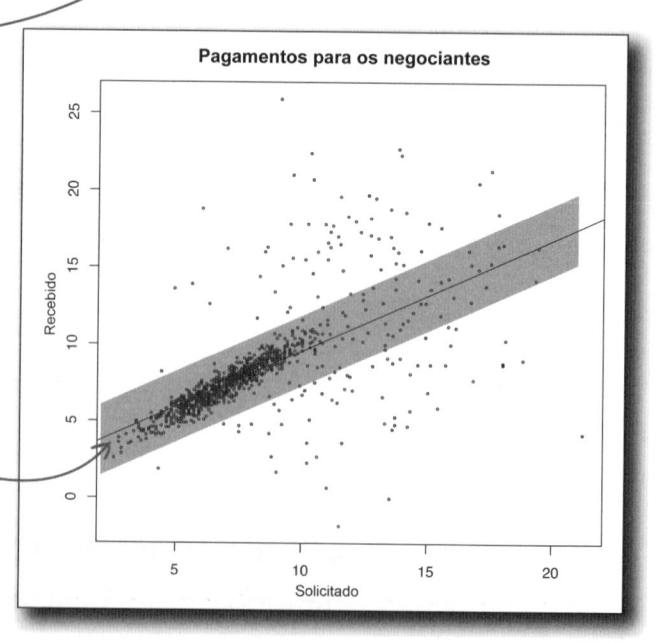

Pagamentos para os negociantes

Recebido (eixo y)
Solicitado (eixo x)

Aponte seu lápis

Você está pronto para verificar seu algoritmo de compensação novamente. Você consegue incorporar uma concepção mais sutil da margem de erro?

Como você poderia mudar este algoritmo para incorporar o RMS? Escreva sua resposta no Calculador de Aumento.

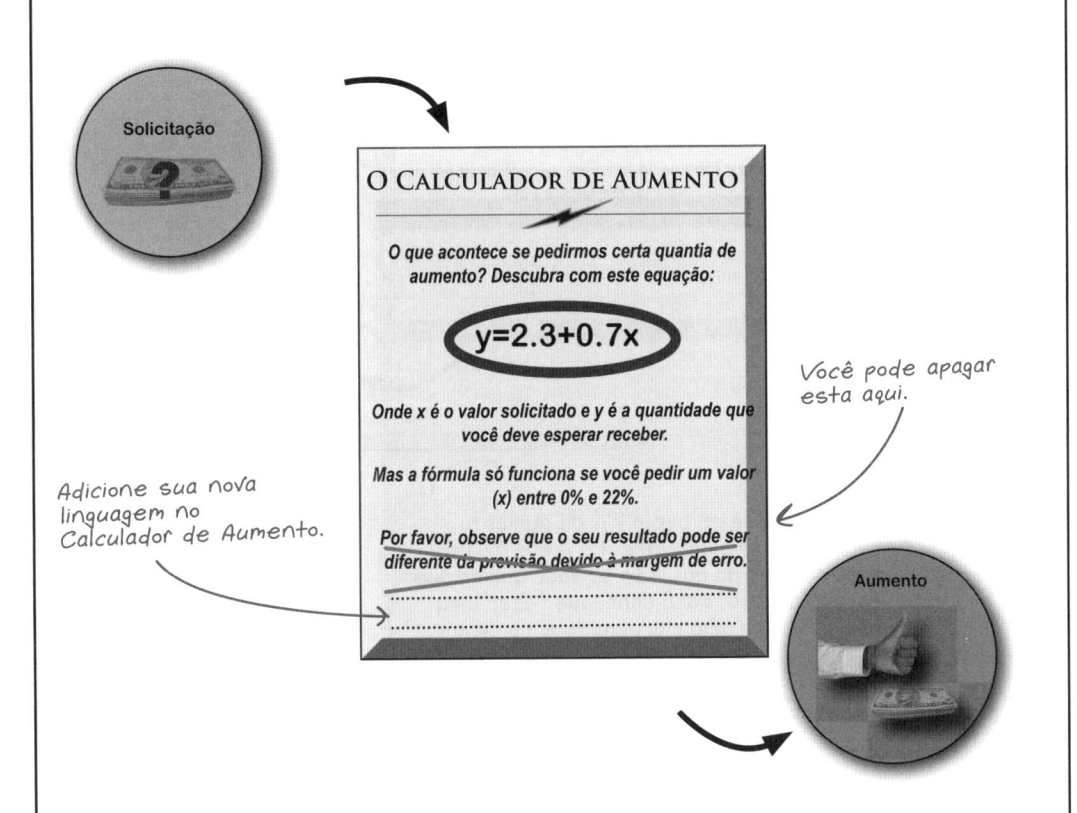

Solicitação

O CALCULADOR DE AUMENTO

O que acontece se pedirmos certa quantia de aumento? Descubra com este equação:

$$y = 2.3 + 0.7x$$

Onde x é o valor solicitado e y é a quantidade que você deve esperar receber.

Mas a fórmula só funciona se você pedir um valor (x) entre 0% e 22%.

Por favor, observe que o seu resultado pode ser diferente da previsão devido à margem de erro.

Você pode apagar esta aqui.

Adicione sua nova linguagem no Calculador de Aumento.

Aumento

```
Signif. codes:  0 '***' 0.001

Residual standard error: 2.298
Multiple R-squared: 0.4431,  Ad
```

Use o RMS para aperfeiçoar seu algoritmo.

Aponte seu lápis
Solução

Vamos dar uma olhada no seu novo algoritmo, agora completo com o RMS da sua regressão.

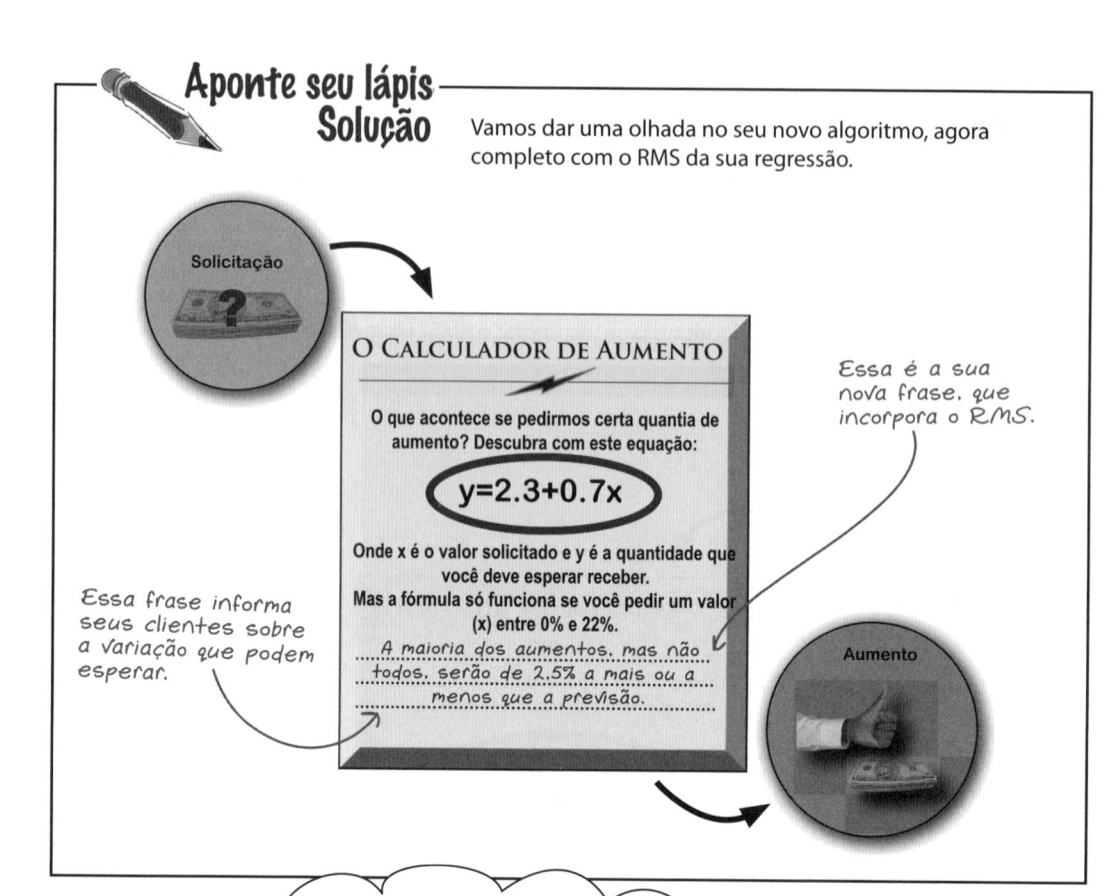

Solicitação

O CALCULADOR DE AUMENTO

O que acontece se pedirmos certa quantia de aumento? Descubra com este equação:

$$y = 2.3 + 0.7x$$

Onde x é o valor solicitado e y é a quantidade que você deve esperar receber.
Mas a fórmula só funciona se você pedir um valor (x) entre 0% e 22%.

A maioria dos aumentos, mas não todos, serão de 2,5% a mais ou a menos que a previsão.

Essa é a sua nova frase, que incorpora o RMS.

Essa frase informa seus clientes sobre a variação que podem esperar.

Aumento

Então, se eu pedir 7% de aumento, vou receber algo entre 4,5% e 9,5%? Eu preciso mais do que isso se você quiser que te leve a sério. Você consegue fazer uma previsão com uma margem de erro menor, por favor?

Ela está certa.

Existe algo que você possa fazer para tornar essa regressão mais útil? Você consegue enxergar seus dados de maneira a reduzir os erros?

Exercício

Analise as diferentes faixas do seu gráfico de dispersão. O RMS é diferente nas várias fiaxas ao longo da linha de regressão?

Para cada faixa do gráfico de dispersão, pinte o que você considera como sendo o erro em cada uma delas.

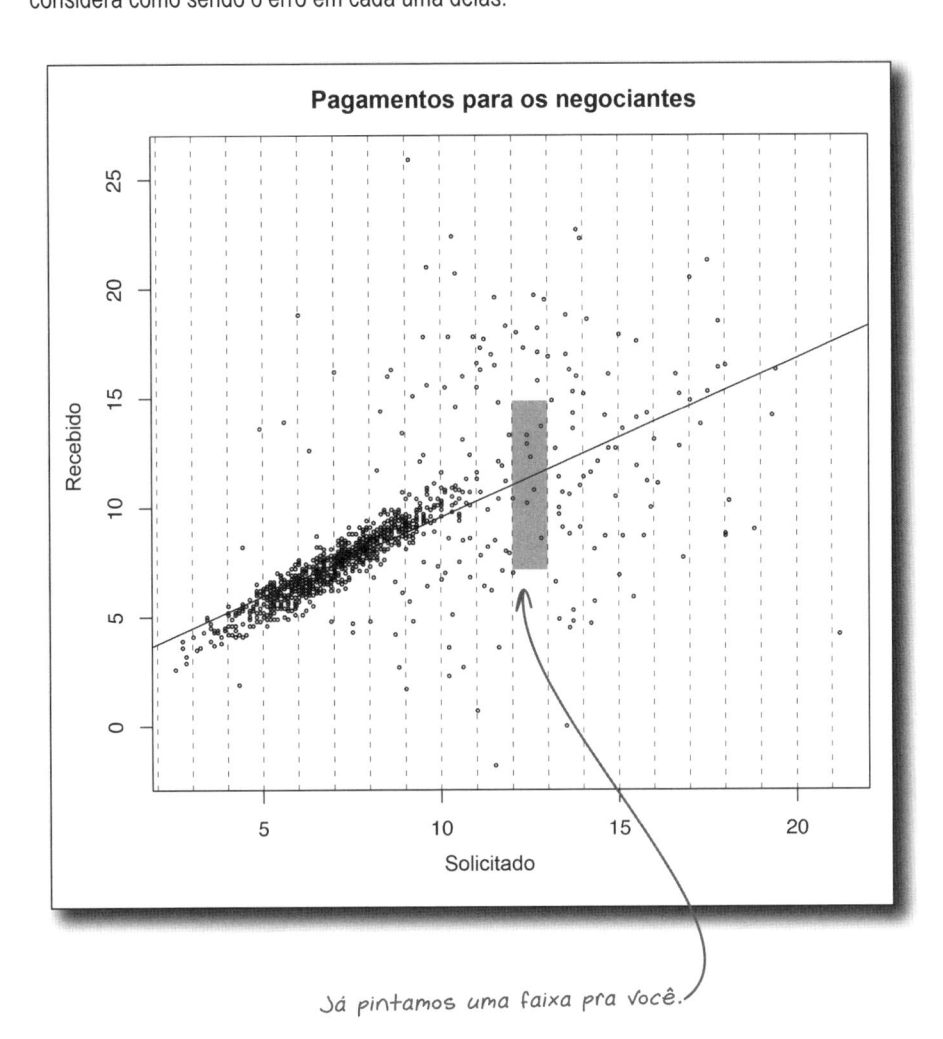

Já pintamos uma faixa pra você.

Você vê **segmentos** *onde os resíduos são diferentes?*

Solução do Exercício

Você analisou o RMS de cada faixa. O que você descobriu?

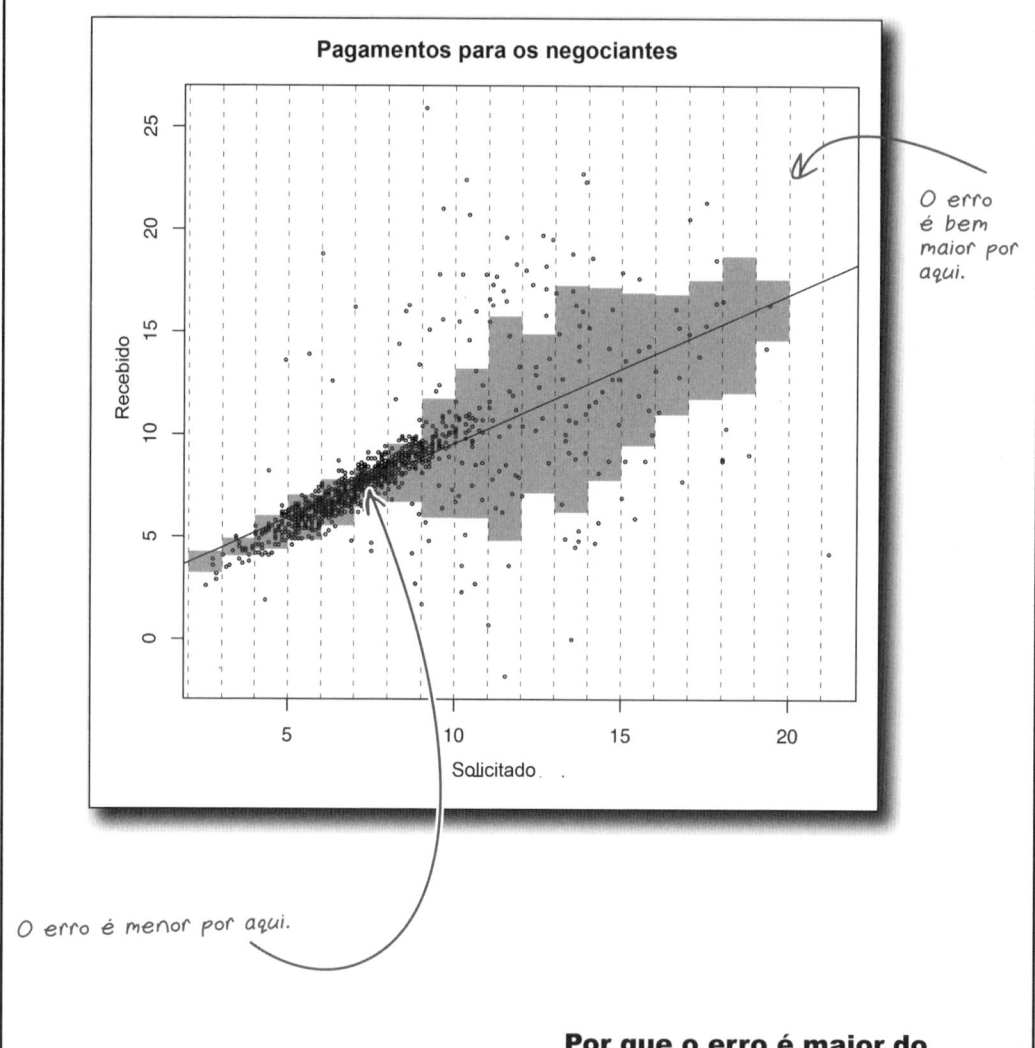

Pagamentos para os negociantes

O erro é bem maior por aqui.

O erro é menor por aqui.

Por que o erro é maior do lado direito?

Analise os dados e pense o que isso deve significar.

Jim: Cara, isso é loucura! Parece que existe uma disseminação diferente para cada faixa do gráfico de dispersão!

Joe: É, é loucura mesmo. Sério. Como faremos para explicar isso para os nossos clientes?

Jim: Eles nunca acreditarão nisso. Se nós dissermos que o erro é relativamente baixo na casa dos 7-8 por cento, mas nos 10-11 por cento ele vai lá em cima, eles não vão entender.

Frank: Calma, relaxa pessoal. Talvez devêssemos perguntar *por que* a faixa de erro está do jeito que está. Pode nos ajudar a entender o que está acontecendo com todos esses aumentos.

Jim: [zombando] Aí vai você, todo cauteloso de novo.

Frank: Ué, nós somos analistas, certo?

Joe: Tá. Vamos analisar o que as pessoas estão pedindo. No começo da escala, há uma grande disseminação que vai se estreitando quando chega perto dos 5%.

Jim: Sim, e há somente 3 pessoas que pediram menos de 5%, então, talvez não devêssemos nos empenhar tanto no erro dos 4-5 por cento.

Frank: Excelente! Então, agora estamos olhando a variação de 5 por cento até os 10 por cento. O erro é menor aqui.

Joe: Bem, as pessoas estão sendo conservadoras com o que estão pedindo. E os chefes estão reagindo bem, de maneira conservadora também.

Frank: Mas aí, quando passamos dos 10%...

Jim: Não se sabe o que acontece. Pense. 15% é um belo aumento. Eu não teria coragem para pedir este valor. Nem imagino o que meu chefe faria!

Frank: Hipótese interessante. Seu chefe pode gratificar você por ser tão destemido, ou pode te despachar por ser tão audacioso.

Jim: Quando você começa a pedir muito dinheiro, qualquer coisa pode acontecer.

Joe: Sabe, pessoal, eu acho que nós temos dois grupos diferentes nesses dados. Na verdade, eu até acho que nós temos dois **modelos** diferentes.

Como seria a sua análise se você dividisse os dados?

A segmentação tem a ver com lidar com erros

A divisão de dados em grupos menores é chamada de **segmentação** e normalmente fazemos isso quando existem vários modelos preditivos que apresentam melhores resultados se divididos em subgrupos.

Em um único modelo, a estimativa de erro para as pessoas que pediram 10 por cento ou menos *é muito alta*, enquanto que a estimativa de erro para as pessoas que pediram mais de 10 por cento *é muito baixa!*

Aqui, a estimativa de erro é muito alta.

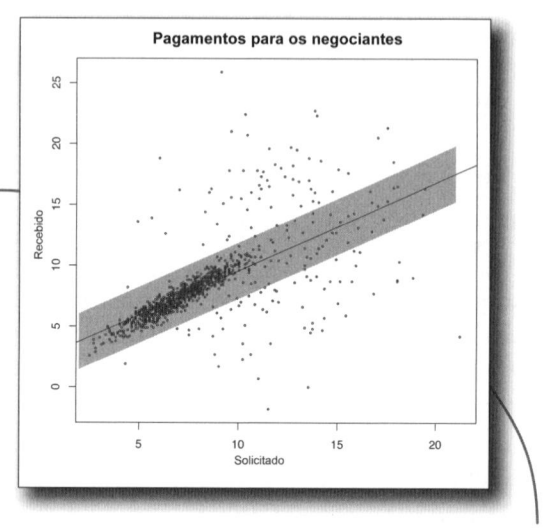

Quando analisamos as faixas, nós percebemos que o erro nas duas regiões era bem diferente. Na verdade, a segmentação dos dados em dois grupos, dando um modelo para cada um, forneceria uma explicação mais realista sobre o que está acontecendo.

A segmentação dos seus dados em dois grupos vai ajudá-lo a **administrar o erro** fornecendo estatísticas mais sensíveis, que descrevem o que acontece em cada região.

Essa estimativa de erro é muito baixa.

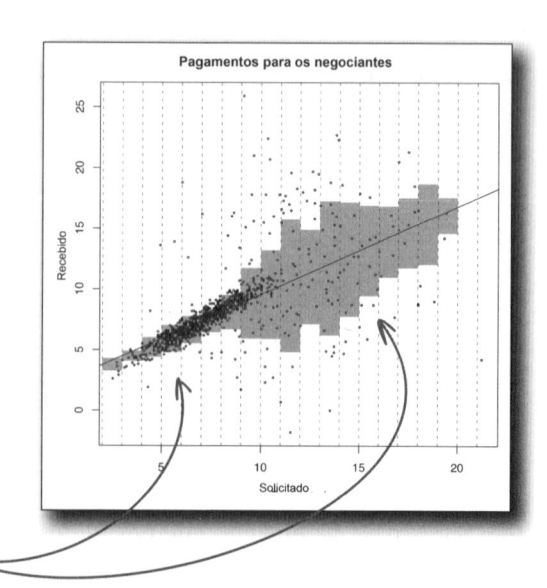

Essas estimativas de erro são mais realistas.

 **Aponte seu lápis**

Se você segmentar seus dados entre as pessoas que pediram menos de 10 por cento de aumento e as pessoas que pediram mais de 10 por cento, as suas linhas de regressão terão aparências diferentes.

Aqui estão os dados divididos. Desenhe o que você imagina ser a linha de regressão para esses dois grupos.

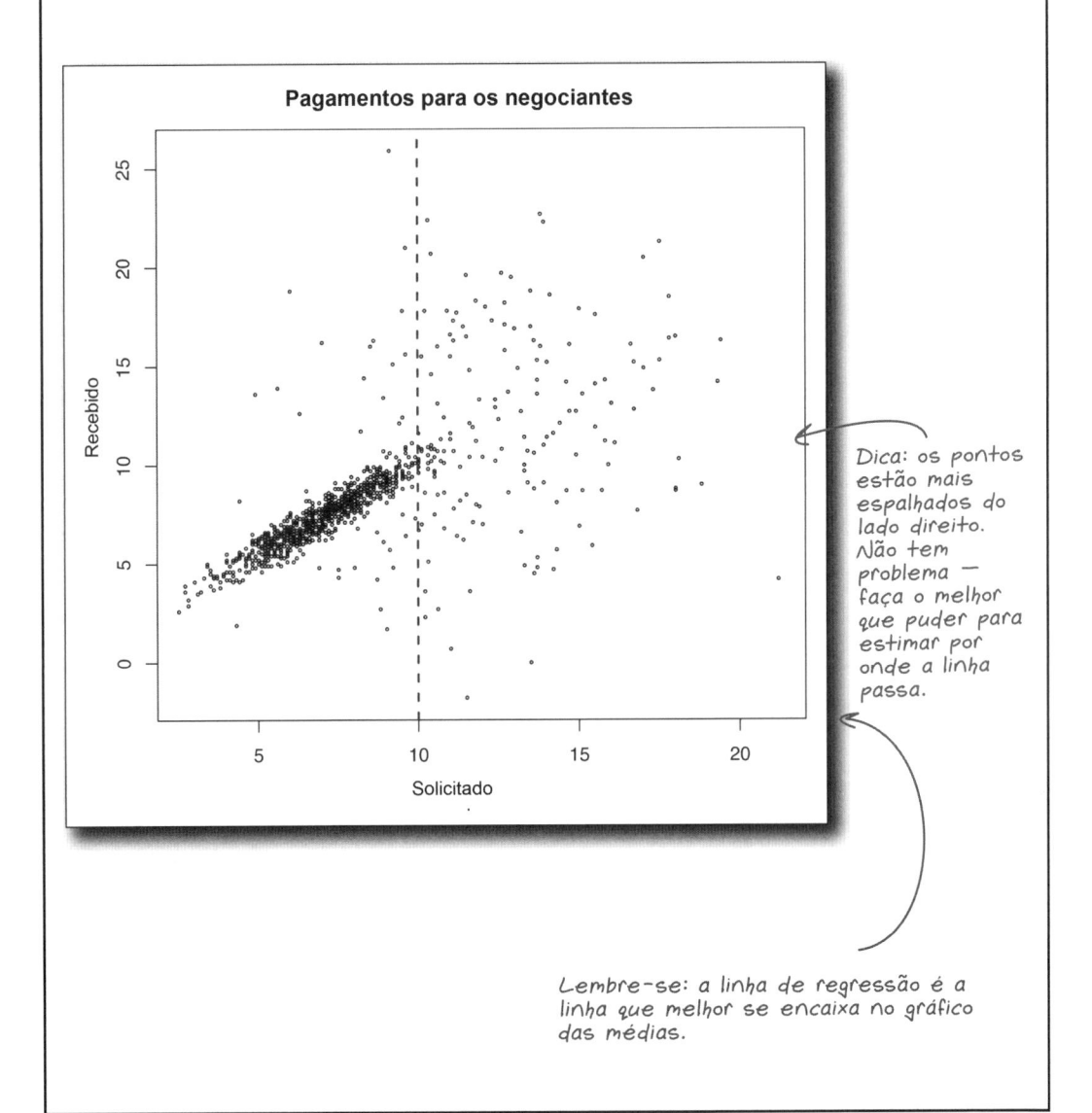

Dica: os pontos estão mais espalhados do lado direito. Não tem problema — faça o melhor que puder para estimar por onde a linha passa.

Lembre-se: a linha de regressão é a linha que melhor se encaixa no gráfico das médias.

Aponte seu lápis
Solução

Você acabou de criar duas linhas de regressão — dois modelos separados!

Como elas são?

Essa linha, a das pessoas que pediram menos aumento, deve se encaixar nos dados bem melhor do que a do modelo original.

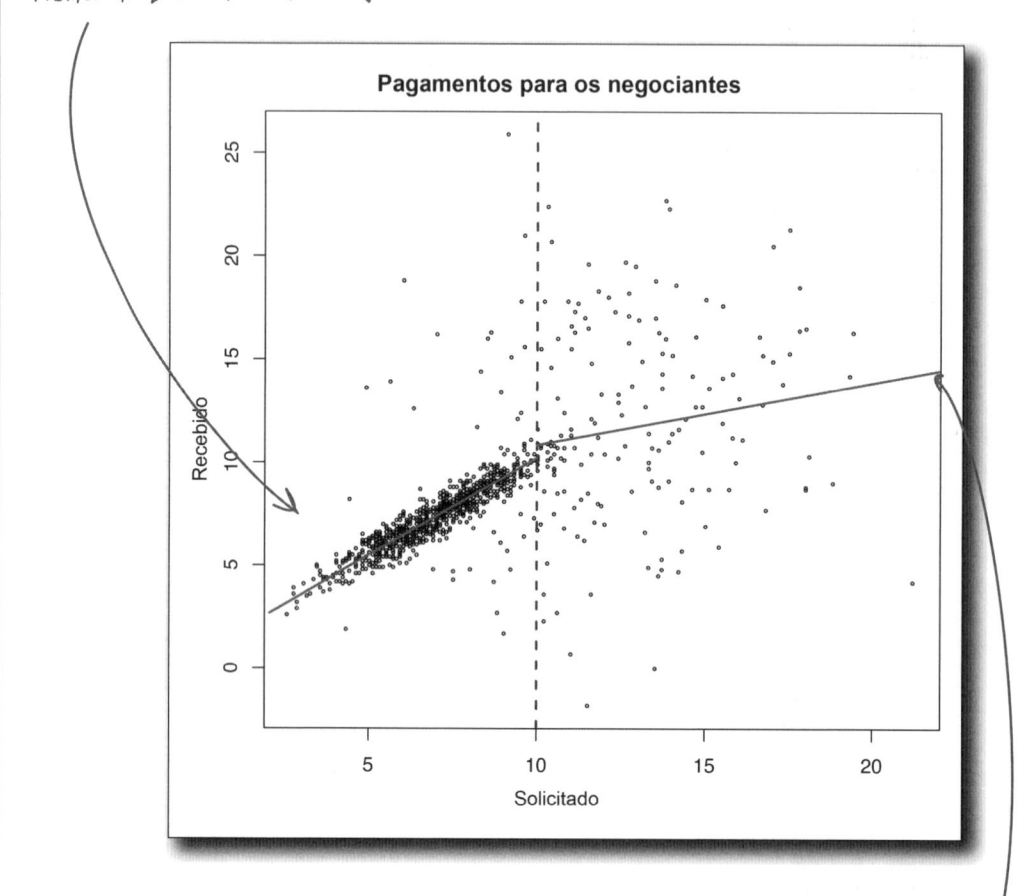

Pagamentos para os negociantes

Recebido

Solicitado

Esse é o seu modelo original.

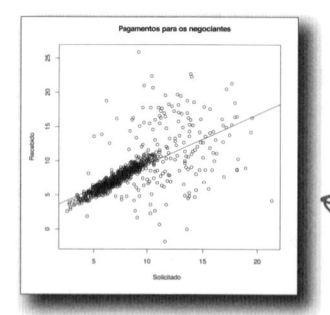

A linha de regressão que passa pelos negociantes mais agressivos deve ter uma inclinação diferente da outra linha.

Duas linhas de regressão, hein? Por que não 20? Eu conseguiria desenhar uma linha de regressão para cada faixa... não ia ser bom?

EXERCITANDO O CÉREBRO

Essa é boa. Por que somente duas linhas de regressão? O fato de ter mais linhas — muito mais linhas — não tornaria seu modelo ainda mais útil?

Boas regressões equilibram explicação e predição

Dois segmentos na sua regressão dos aumentos permitem que você encaixe todos os dados sem ter de passar pelos extremos de muita explicação ou de muita previsão. Como consequência, seu modelo se torna **útil**.

O modelo se encaixa em muitas configurações possíveis de pontos de dados.

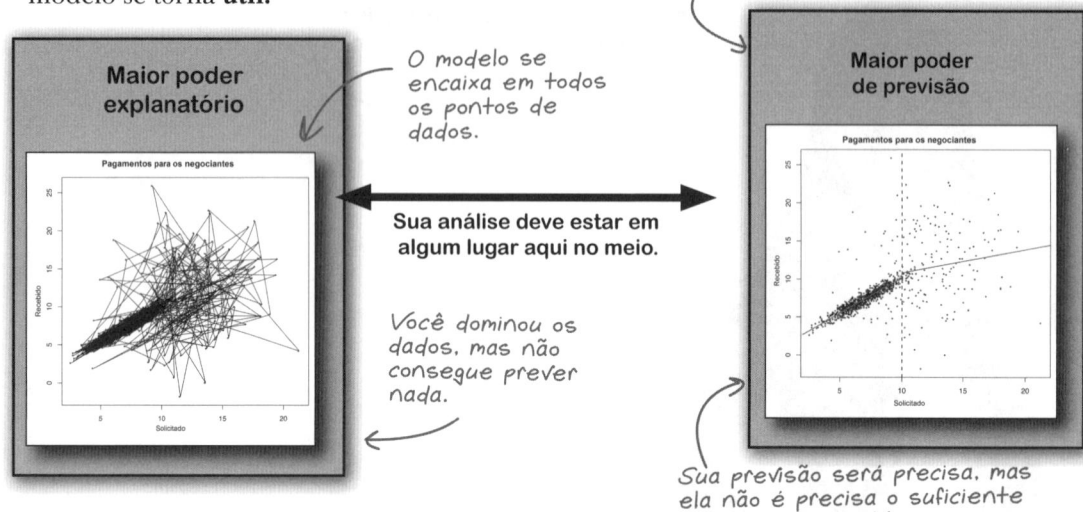

O modelo se encaixa em todos os pontos de dados.

Sua análise deve estar em algum lugar aqui no meio.

Você dominou os dados, mas não consegue prever nada.

Sua previsão será precisa, mas ela não é precisa o suficiente para se tornar útil.

Não existem Perguntas Idiotas

P: **Por que eu dividiria os dados em apenas dois grupos? Por que não dividi-los em 5 grupos?**

R: Se você tiver uma boa razão para fazer isso, vá em frente.

P: **Eu poderia enlouquecer e dividir os dados em 3.000 grupos. É o mesmo número de pontos de dados que temos.**

R: Certamente você poderia fazer isso. E se você fizesse, qual o poder que as suas 3.000 regressões teriam para prever o aumento das pessoas?

P: **Mmm...**

R: Se você fizesse isso, você conseguiria **explicar** tudo. Todos os seus pontos de dados seriam contabilizados e o RMS das suas equações de regressão seriam 0. Mas seus modelos perderiam a habilidade de **prever** as coisas.

P: **Então, como seria uma análise que tem um poder enorme de previsão, mas quase não tem poder explanatório?**

R: Seria parecida com o seu primeiro modelo. Vamos supor que seu modelo fosse: "Independente do valor que você pedir, você vai receber algo entre -1.000 e 1.000 por cento de aumento".

P: **Isso parece idiota.**

R: Com certeza, mas é um modelo que tem um poder de previsão incrível. Não existem chances de você encontrar alguém que esteja fora dessa variação. Mas o modelo não explica nada. Com um modelo desses, você sacrifica o poder explanatório para ganhar força de previsão.

P: **Então, 0 de erro é assim: sem habilidade para prever as coisas.**

R: Isso mesmo! Sua análise deve estar em algum lugar entre o poder explanatório completo e o poder preditivo completo. E onde você fica entre esses dois extremos está ligado à sua capacidade de ponderação como analista. Que tipo de modelo o seu cliente precisa?

Aponte o seu lápis

Para cada um desses dois modelos, pinte as faixas que representam o RMS.

Desenhe faixas que representem a distribuição residual desses modelos.

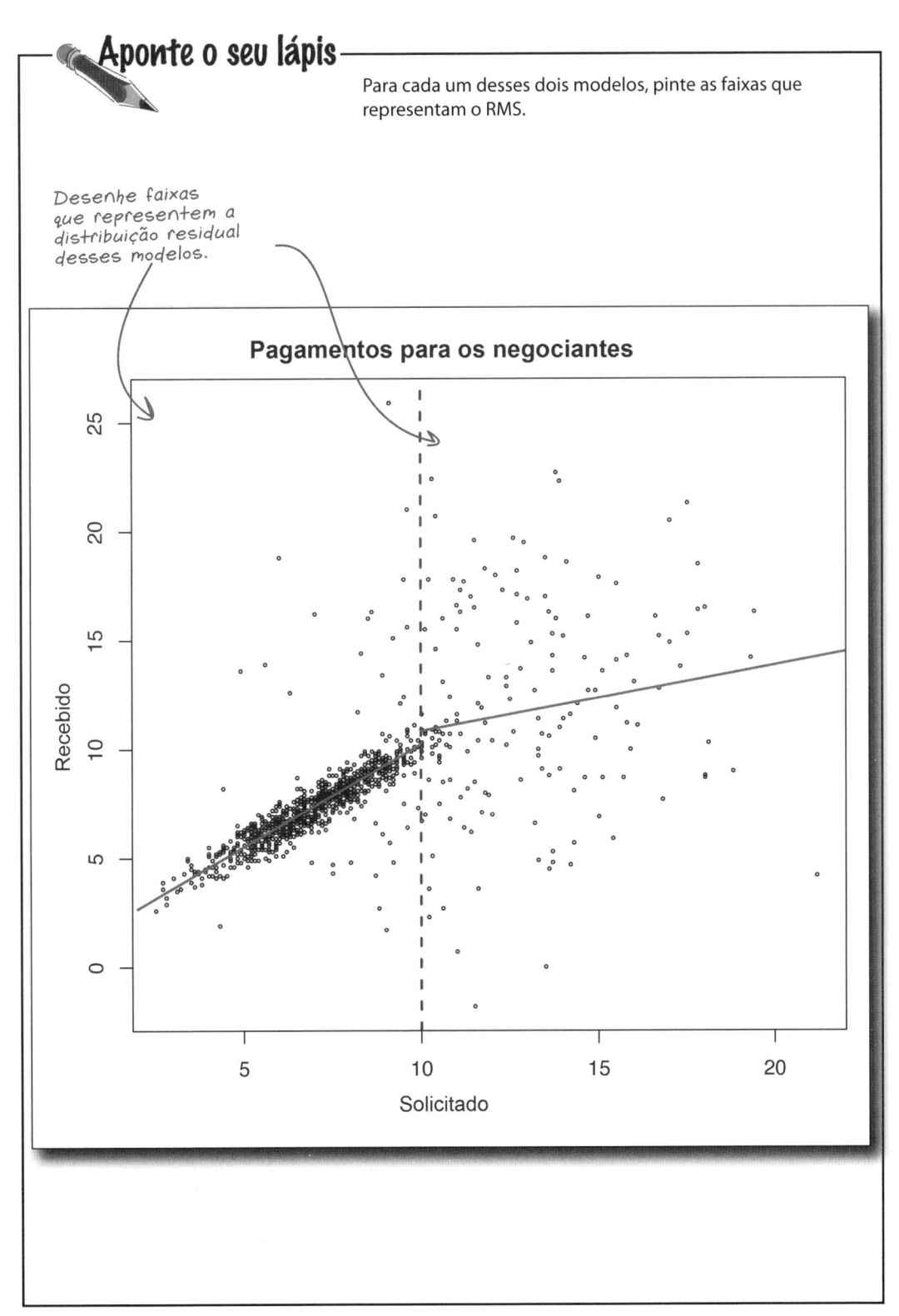

Seus modelos segmentados lidam com erros melhor do que o modelo original

Eles são mais poderosos porque desempenham melhor a função de descrever o que realmente acontece quando as pessoas pedem aumento.

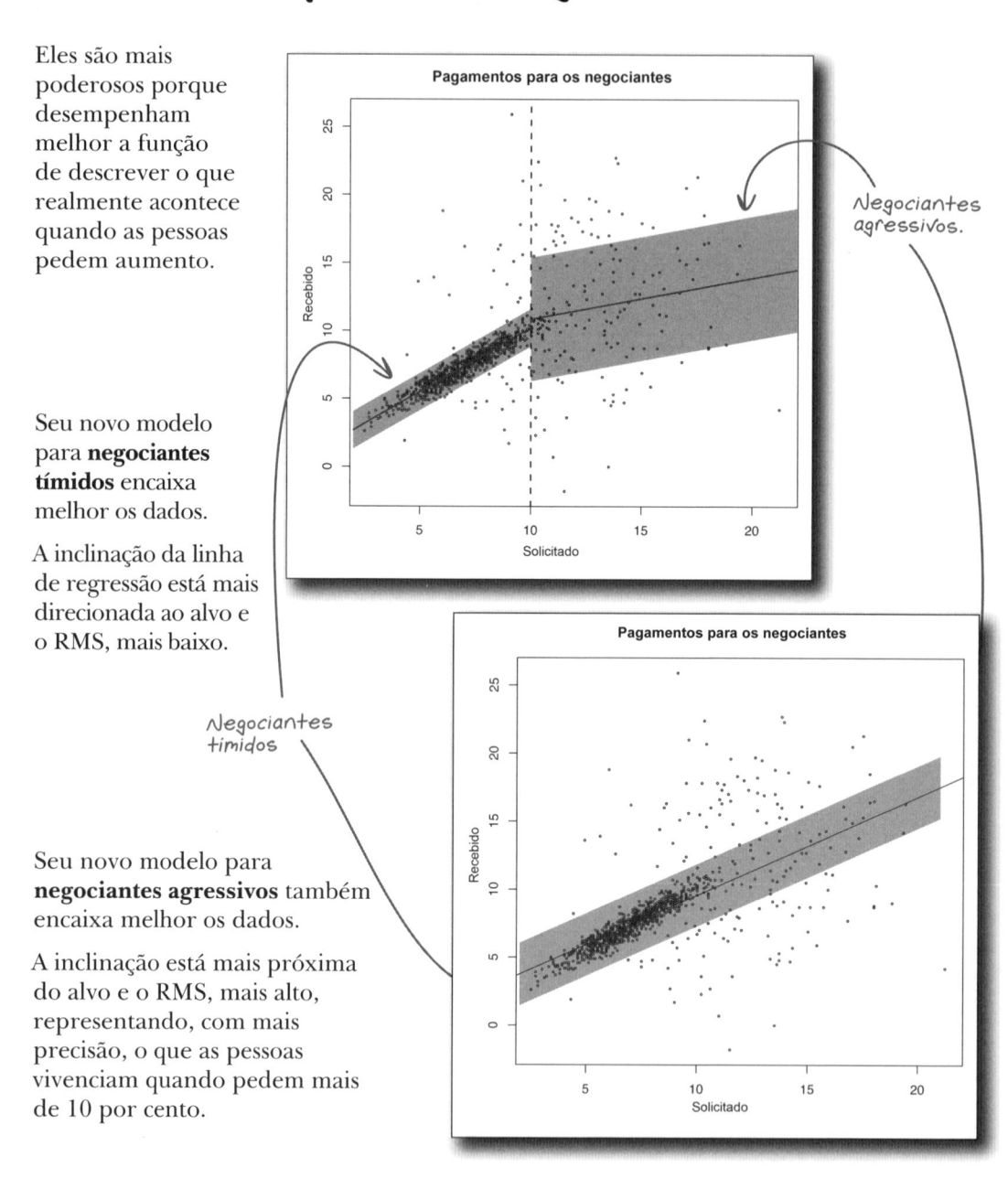

Negociantes agressivos.

Seu novo modelo para **negociantes tímidos** encaixa melhor os dados.

A inclinação da linha de regressão está mais direcionada ao alvo e o RMS, mais baixo.

Negociantes tímidos

Seu novo modelo para **negociantes agressivos** também encaixa melhor os dados.

A inclinação está mais próxima do alvo e o RMS, mais alto, representando, com mais precisão, o que as pessoas vivenciam quando pedem mais de 10 por cento.

Vamos implementar esses modelos no R...

Exercício

É hora de implementar esses novos modelos e segmentos no R. Depois de criar os modelos, você poderá usar os coeficientes para refinar seu algoritmo de previsão de aumento.

Crie novos objetos de modelo linear que correspondam aos dois segmentos criados, digitando a seguinte linha de comando:

Esse código faz com que o R verifique somente os dados do seu banco de dados relacionados à negociantes...

```
myLmBig <- lm(received[negotiated==TRUE & requested > 10]~
     requested[negotiated==TRUE & requested > 10],
     data=employees)
myLmSmall <- lm(received[negotiated==TRUE & requested <= 10]~
     requested[negotiated==TRUE & requested <= 10],
     data=employees)
```

... e divida os segmentos na variação de 10%.

Analise os resumos de ambos os objetos de modelo linear usando essas versões da função `summary()`. Explique esses comandos e mostre o que cada um faz:

```
summary(myLmSmall)$coefficients
summary(myLmSmall)$sigma
summary(myLmBig)$coefficients
summary(myLmBig)$sigma
```

Esses resultados tornarão seu algoritmo mais poderoso.

Solução do Exercício

Você acabou de executar duas novas regressões em dados segmentados. O que você descobriu?

Quando você manda o R criar novos modelos, ele não exibe nada no console.

Mas muita coisa acontece nos bastidores.

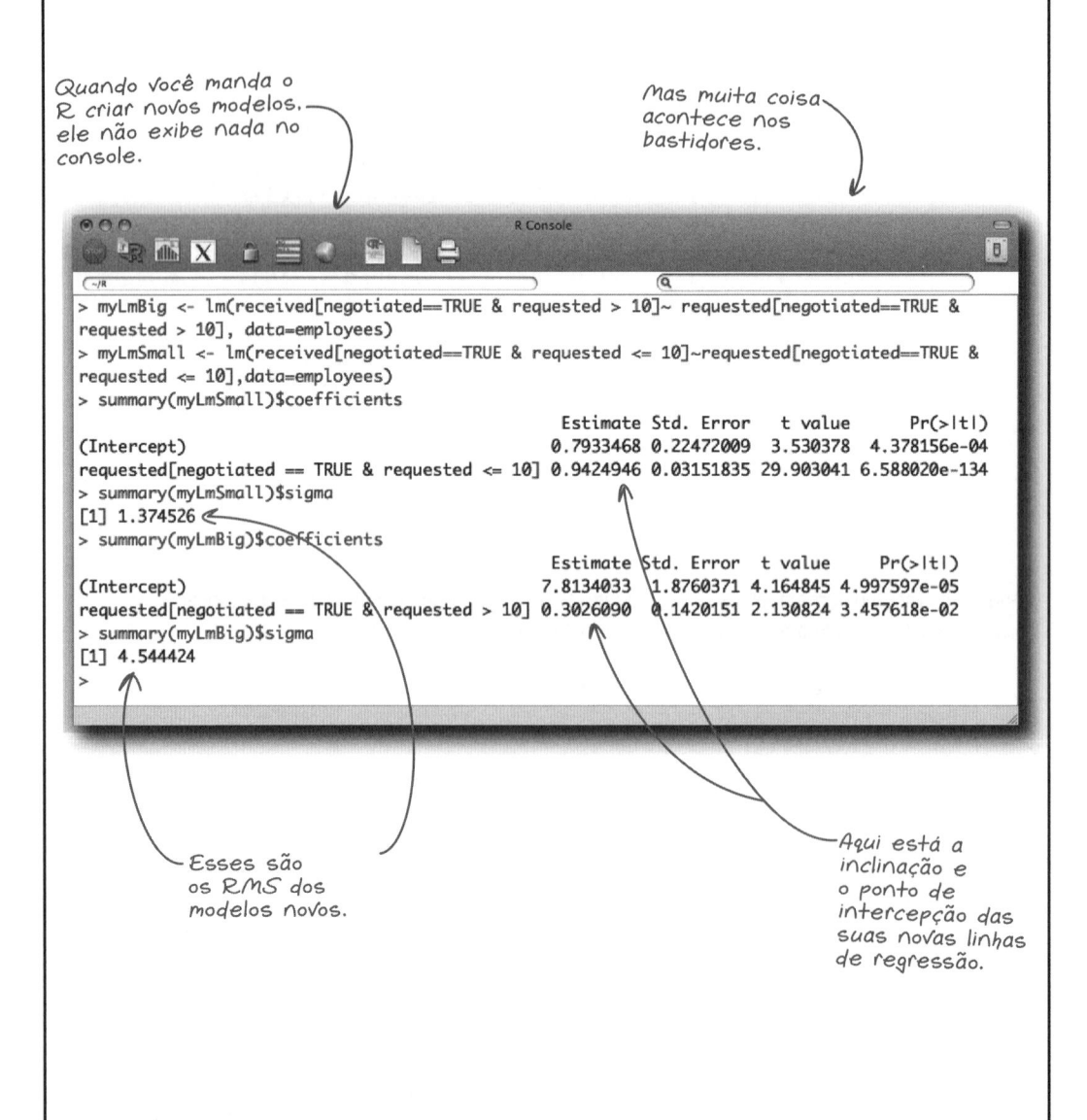

```
> myLmBig <- lm(received[negotiated==TRUE & requested > 10]~ requested[negotiated==TRUE &
requested > 10], data=employees)
> myLmSmall <- lm(received[negotiated==TRUE & requested <= 10]~requested[negotiated==TRUE &
requested <= 10],data=employees)
> summary(myLmSmall)$coefficients
                                             Estimate Std. Error   t value       Pr(>|t|)
(Intercept)                                 0.7933468 0.22472009  3.530378   4.378156e-04
requested[negotiated == TRUE & requested <= 10] 0.9424946 0.03151835 29.903041 6.588020e-134
> summary(myLmSmall)$sigma
[1] 1.374526
> summary(myLmBig)$coefficients
                                             Estimate Std. Error   t value       Pr(>|t|)
(Intercept)                                 7.8134033 1.8760371 4.164845 4.997597e-05
requested[negotiated == TRUE & requested > 10] 0.3026090 0.1420151 2.130824 3.457618e-02
> summary(myLmBig)$sigma
[1] 4.544424
>
```

Esses são os RMS dos modelos novos.

Aqui está a inclinação e o ponto de intercepção das suas novas linhas de regressão.

Aponte o seu lápis

Agora você já tem tudo que precisa para criar um algoritmo muito mais poderoso, que vai ajudar seus clientes a entender o que devem esperar, independente do tipo de aumento que pedirem. É hora de jogar fora o algoritmo antigo e incorporar tudo que você aprendeu no novo.

Utilizando a inclinação e ponto de intercepção dos seus novos modelos, escreva a equação que os descreve.

....

....

Não se esqueça de evitar as extrapolações!

Para qual nível de aumento cada modelo funciona?

....

....

Seu cliente pode esperar um aumento perto da previsão, dependendo do modelo utilizado?

Pense no RMS.

....

....

Solicitação

O CALCULADOR DE AUMENTO

O que acontece se pedirmos determinado valor?

?

Suas respostas serão o seu novo algoritmo.

Aumento

Aponte seu lápis
Solução

Qual é seu algoritmo de compensação final?

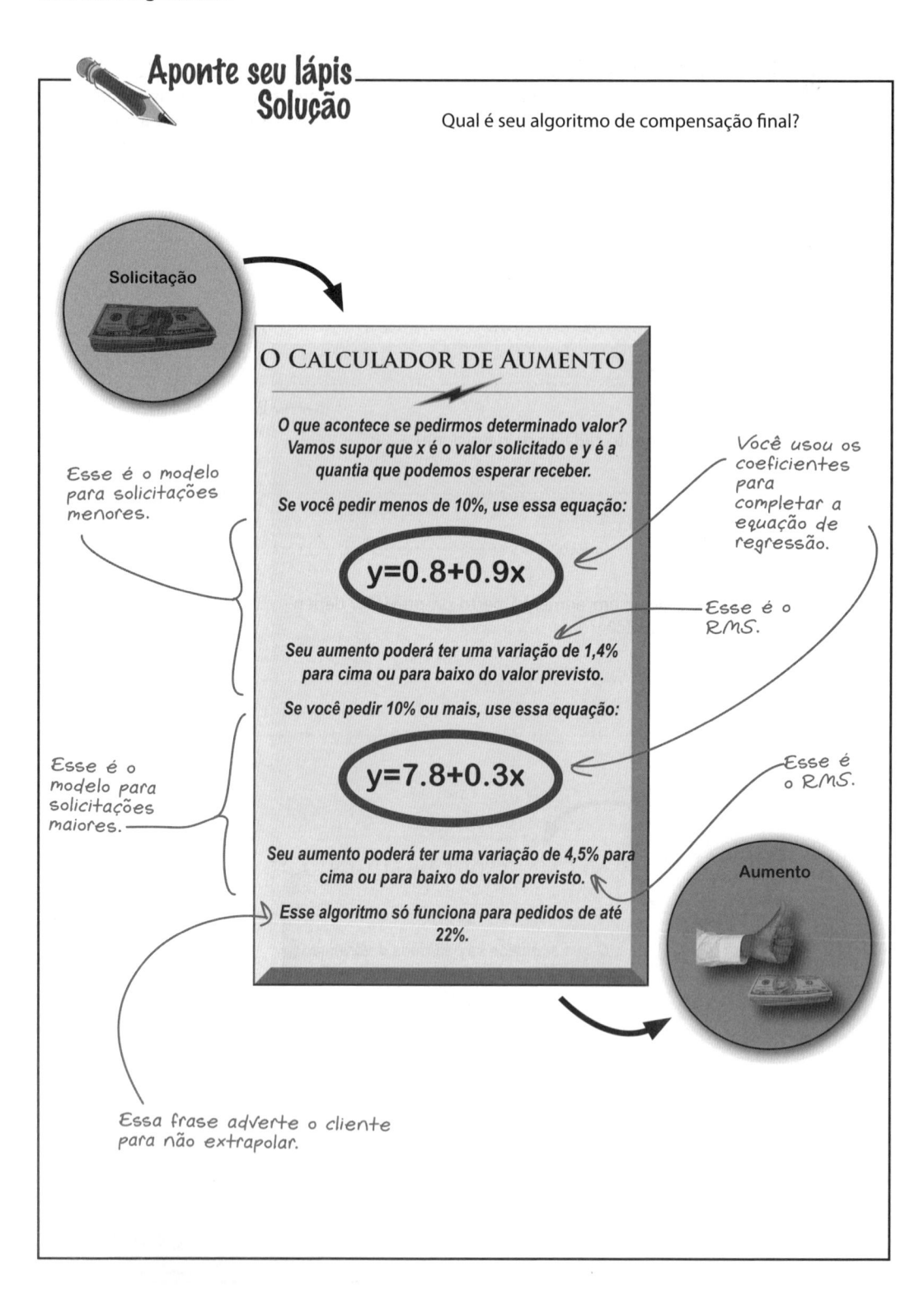

Solicitação

O CALCULADOR DE AUMENTO

O que acontece se pedirmos determinado valor? Vamos supor que x é o valor solicitado e y é a quantia que podemos esperar receber.

Se você pedir menos de 10%, use essa equação:

$$y=0.8+0.9x$$

Seu aumento poderá ter uma variação de 1,4% para cima ou para baixo do valor previsto.

Se você pedir 10% ou mais, use essa equação:

$$y=7.8+0.3x$$

Seu aumento poderá ter uma variação de 4,5% para cima ou para baixo do valor previsto.

Esse algoritmo só funciona para pedidos de até 22%.

Aumento

Esse é o modelo para solicitações menores.

Você usou os coeficientes para completar a equação de regressão.

Esse é o RMS.

Esse é o modelo para solicitações maiores.

Esse é o RMS.

Essa frase adverte o cliente para não extrapolar.

Seus clientes estão voltando em bando

Seu novo algoritmo está começando a valer a pena e todos estão muito empolgados.

Agora, as pessoas podem decidir se querem seguir a estratégia mais arriscada de pedir um aumento grande ou se preferem ter mais segurança e pedir um aumento menor.

As pessoas que optam pela segurança estão conseguindo o aumento que pediram, e as pessoas que optam por riscos maiores entendem onde estão se metendo quando pedem um aumento desses.

12 banco de dados relacional

Você Consegue Relacionar?

Eu sou só um, mas há tantos deles aqui...

Como você estrutura dados muito, muito multivariados?

Uma planilha de cálculos tem somente duas dimensões: linhas e colunas. E se você tiver uma enorme dimensão de dados, o **formato em tabelas** fica velho rapidamente. Neste capítulo, você está prestes a ver, em primeira mão, onde as planilhas dificultam o gerenciamento de dados multivariados e aprender **como os sistemas de administração de banco de dados relacionais** facilitam o armazenamento e restauram inúmeras permutações de dados multivariados.

A Despachos Dadolândia quer analisar as vendas

A *Despachos Dadolândia* é uma revista semanal, lida pela maioria dos habitantes da Dadolândia. E a *Despachos* tem uma pergunta bem específica para você: eles querem ligar o número de artigos em cada edição com as vendas da revista e descobrir o melhor número de artigos a ser impresso.

Eles querem que cada edição da revista tenha a melhor relação custo-benefício possível. Se uma revista com cem artigos não vender mais do que uma revista com cinquenta artigos, eles não querem fazer a de cem. Por outro lado, se uma edição com cinquenta artigos correspondem a *mais* vendas do que uma edição com dez artigos, eles vão optar pela edição de cinquenta.

Eles estão oferecendo **propaganda gratuita** para a sua empresa, durante um ano, se você conseguir fornecer uma análise detalhada dessas variáveis.

Aqui estão os dados que eles mantêm para rastrear as operações

A *Despachos* enviou os dados que eles usam para administrar as operações em quatro arquivos de planilhas diferentes. Todos os arquivos são relacionados de **alguma maneira** e, para conseguir realizar a análise, você vai precisar descobrir como é essa relação.

Parece que eles mantêm registro de muitas coisas!

Como essas tabelas de dados se relacionam?

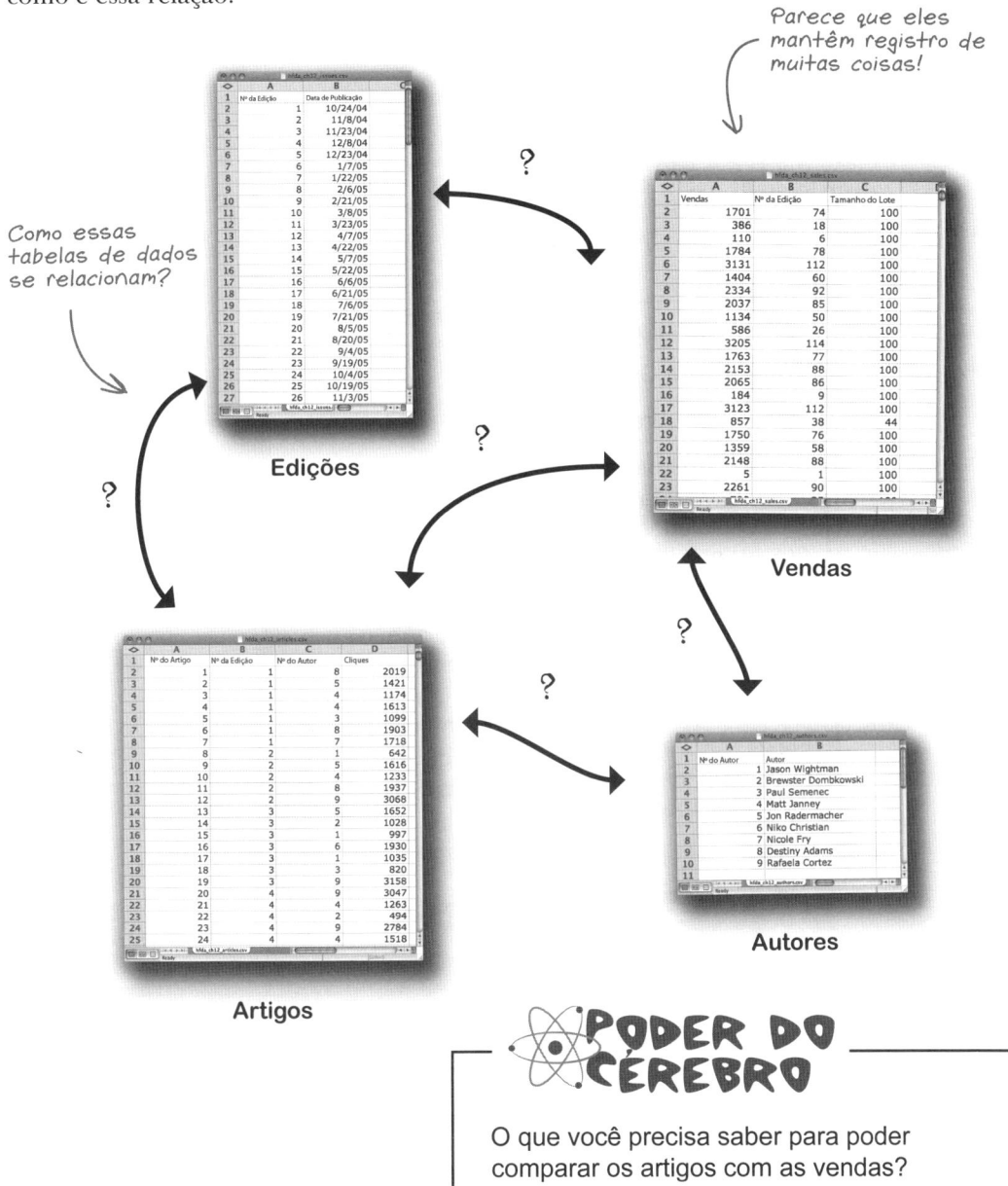

Edições

Vendas

Artigos

Autores

PODER DO CÉREBRO

O que você precisa saber para poder comparar os artigos com as vendas?

Você precisa saber como as tabelas de dados se relacionam

A tabela, ou tabelas, que você criar para conseguir as respostas que a *Despachos* quer deve relacionar o **número de artigos** com as **vendas**.

Então, você precisa descobrir *como* essas tabelas se relacionam. Qual campo de dados liga especificamente uma à outra? E, além disso, qual é o **significado** dessa relação?

Isso é o que a Despachos tem a dizer sobre como mantêm os dados.

De: Despachos Dadolândia

Para: Use a Cabeça

Assunto: Sobre nossos dados

Bem, cada edição da revista tem vários artigos, e cada artigo tem um autor, então, em nossos dados nós ligamos os autores aos artigos. Quando a edição está pronta, nós contatamos a nossa lista de atacadistas. Eles fazem pedidos para cada edição, os quais gravamos em nossas tabelas de vendas. O "tamanho do lote" na tabela que você está olhando contabiliza o número de cópias que vendemos daquela edição — geralmente em centenas, mas, às vezes, vendemos menos. Isso ajuda?

- DD

Eles têm muitas coisas para registrar, e é por isso que precisam de todas essas planilhas.

Aponte seu lápis

Desenhe setas e use palavras para descrever a relação entre os itens registrados em cada planilha.

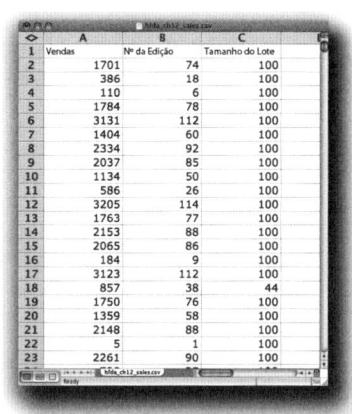

Vendas

	A	B	C
1	Vendas	Nº da Edição	Tamanho do Lote
2	1701	74	100
3	386	18	100
4	110	6	100
5	1784	78	100
6	3131	112	100
7	1404	60	100
8	2334	92	100
9	2037	85	100
10	1134	50	100
11	586	26	100
12	3205	114	100
13	1763	77	100
14	2153	88	100
15	2065	86	100
16	184	9	100
17	3123	112	100
18	857	38	44
19	1750	76	100
20	1359	58	100
21	2148	88	100
22	5	1	100
23	2261	90	100

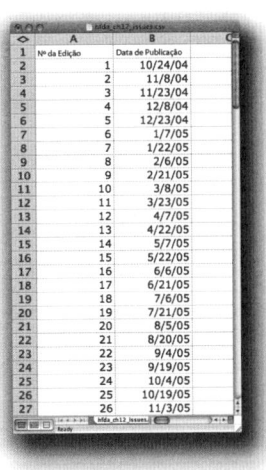

Edições

	A	B
1	Nº da Edição	Data de Publicação
2	1	10/24/04
3	2	11/8/04
4	3	11/23/04
5	4	12/8/04
6	5	12/23/04
7	6	1/7/05
8	7	1/22/05
9	8	2/6/05
10	9	2/21/05
11	10	3/8/05
12	11	3/23/05
13	12	4/7/05
14	13	4/22/05
15	14	5/7/05
16	15	5/22/05
17	16	6/6/05
18	17	6/21/05
19	18	7/6/05
20	19	7/21/05
21	20	8/5/05
22	21	8/20/05
23	22	9/4/05
24	23	9/19/05
25	24	10/4/05
26	25	10/19/05
27	26	11/3/05

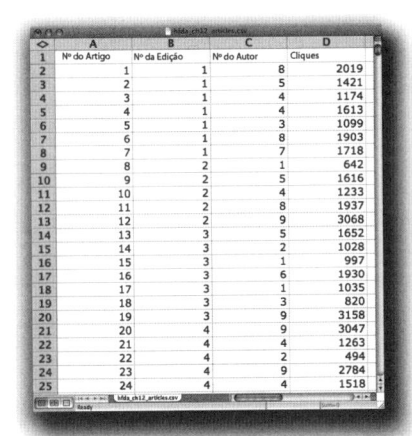

Artigos

	A	B	C	D
1	Nº do Artigo	Nº da Edição	Nº do Autor	Cliques
2	1	1	8	2019
3	2	1	5	1421
4	3	1	4	1174
5	4	1	4	1613
6	5	1	3	1099
7	6	1	8	1903
8	7	1	7	1718
9	8	2	1	642
10	9	2	5	1616
11	10	2	4	1233
12	11	2	8	1937
13	12	2	9	3068
14	13	3	5	1652
15	14	3	2	1028
16	15	3	1	997
17	16	3	6	1930
18	17	3	1	1035
19	18	3	3	820
20	19	3	9	3158
21	20	4	9	3047
22	21	4	4	1263
23	22	4	2	494
24	23	4	9	2784
25	24	4	4	1518

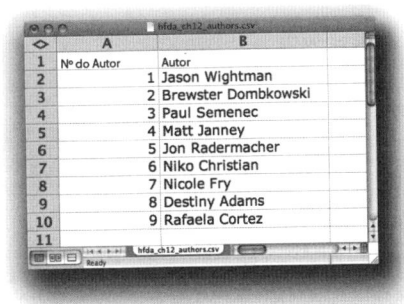

Autores

	A	B
1	Nº do Autor	Autor
2	1	Jason Wightman
3	2	Brewster Dombkowski
4	3	Paul Semenec
5	4	Matt Janney
6	5	Jon Radermacher
7	6	Niko Christian
8	7	Nicole Fry
9	8	Destiny Adams
10	9	Rafaela Cortez
11		

Faça as setas entre as tabelas e descreva como elas se relacionam.

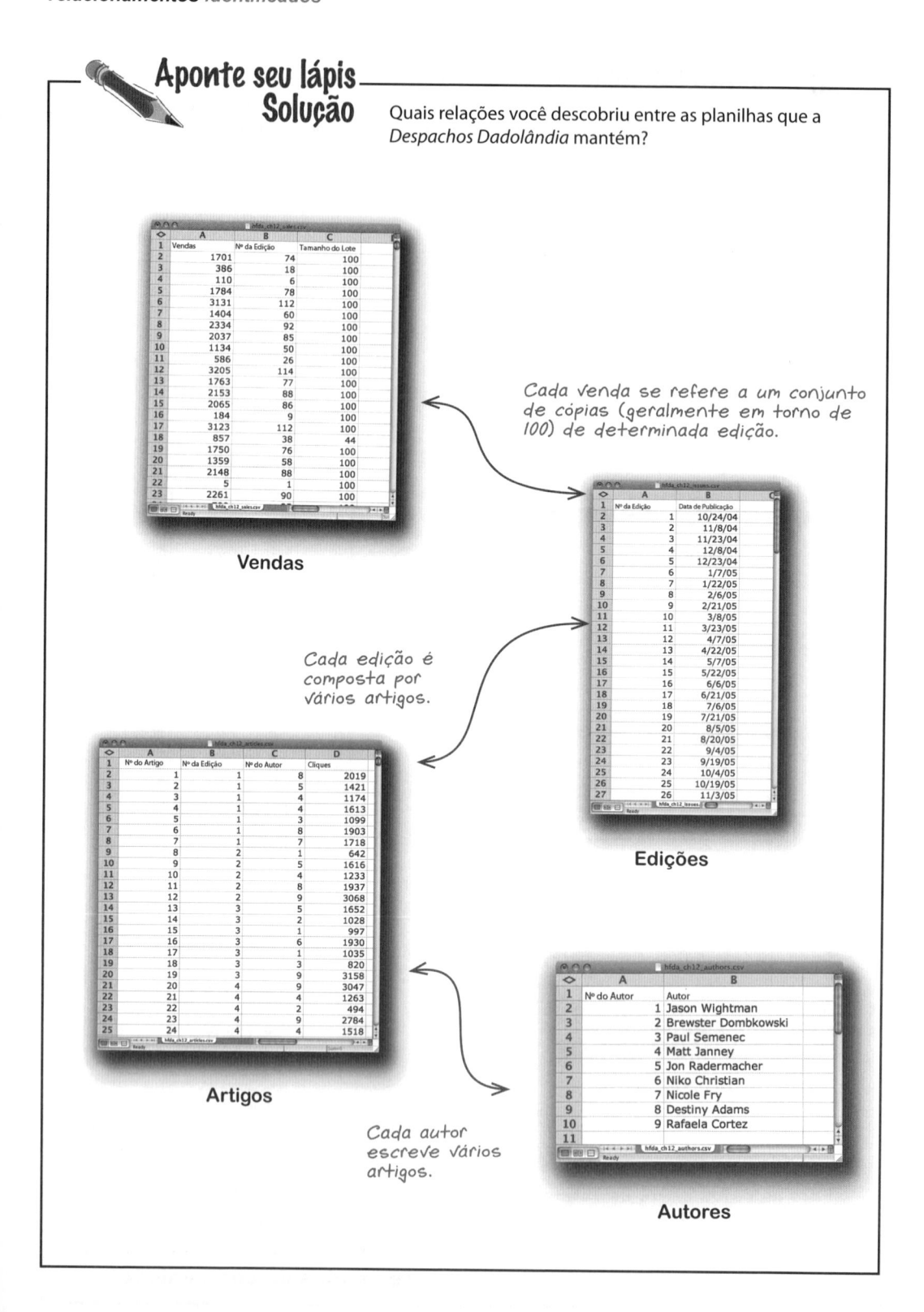

Aponte seu lápis
Solução

Quais relações você descobriu entre as planilhas que a *Despachos Dadolândia* mantém?

Vendas

Cada venda se refere a um conjunto de cópias (geralmente em torno de 100) de determinada edição.

Edições

Cada edição é composta por vários artigos.

Artigos

Cada autor escreve vários artigos.

Autores

Banco de dados é uma coleção de dados que se relacionam de maneira bem especificada

Banco de dados é uma tabela ou coleção de tabelas que gerenciam os dados de modo a tornar essas relações explícitas. Os softwares de banco de dados gerenciam essas tabelas, e existem muitos softwares diferentes para fazer isso.

Para as organizações que coletam o mesmo tipo de dados, os softwares disponíveis no mercado administram esse tipo de dados.

Implementação de software já existente.

Há uma infinidade de softwares de bancos de dados.

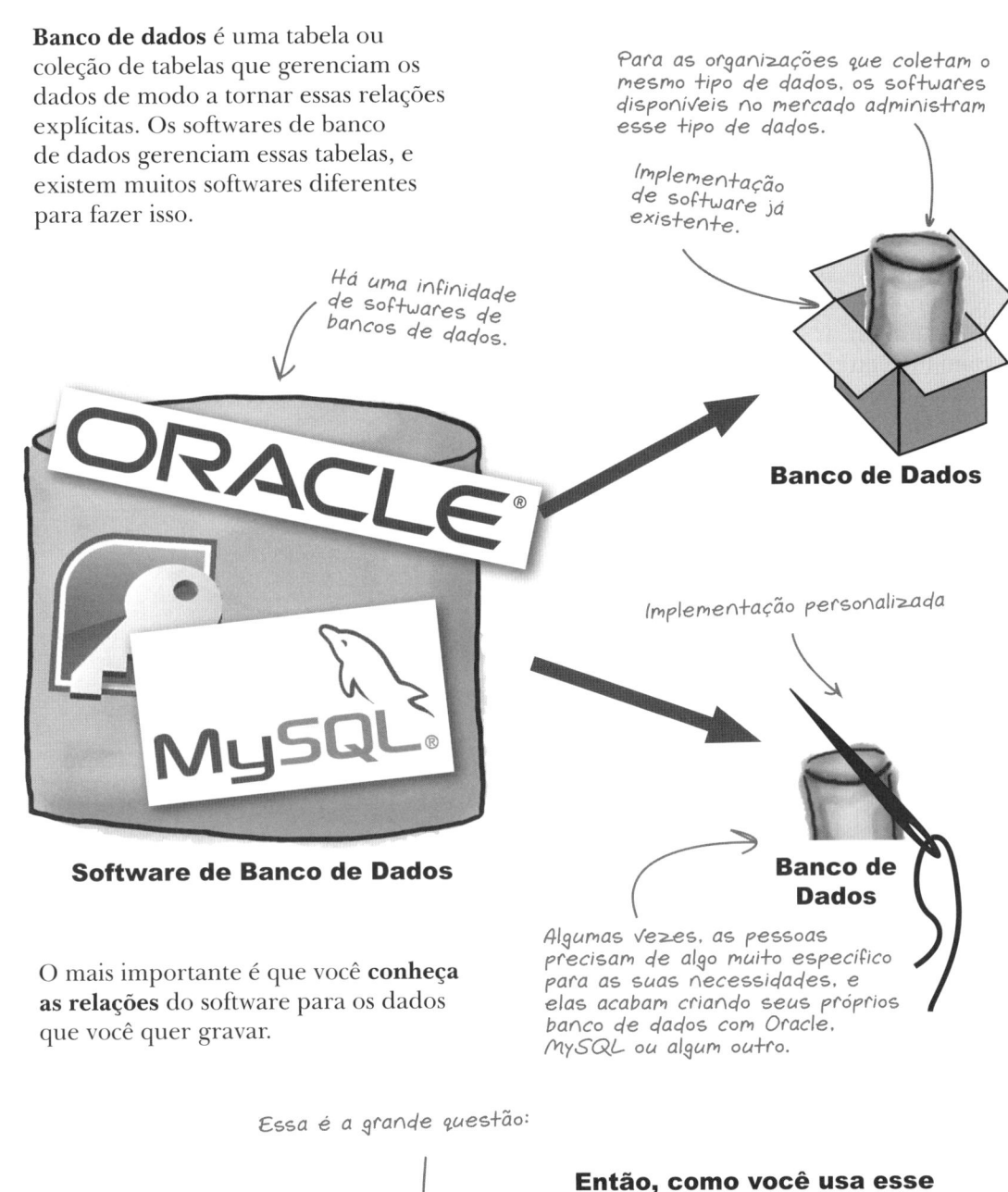

Banco de Dados

Implementação personalizada

Software de Banco de Dados

Banco de Dados

Algumas vezes, as pessoas precisam de algo muito específico para as suas necessidades, e elas acabam criando seus próprios banco de dados com Oracle, MySQL ou algum outro.

O mais importante é que você **conheça as relações** do software para os dados que você quer gravar.

Essa é a grande questão:

Então, como você usa esse conhecimento para calcular a quantidade de artigos e o total de vendas de cada edição?

Trace um caminho pelas relações para fazer as comparações que precisa

Quando você tem um monte de tabelas separadas, mas unidas pelos dados que apresentam, e você tem uma pergunta que quer responder e que envolve as várias tabelas, você precisa traçar o caminho entre as tabelas que são relevantes.

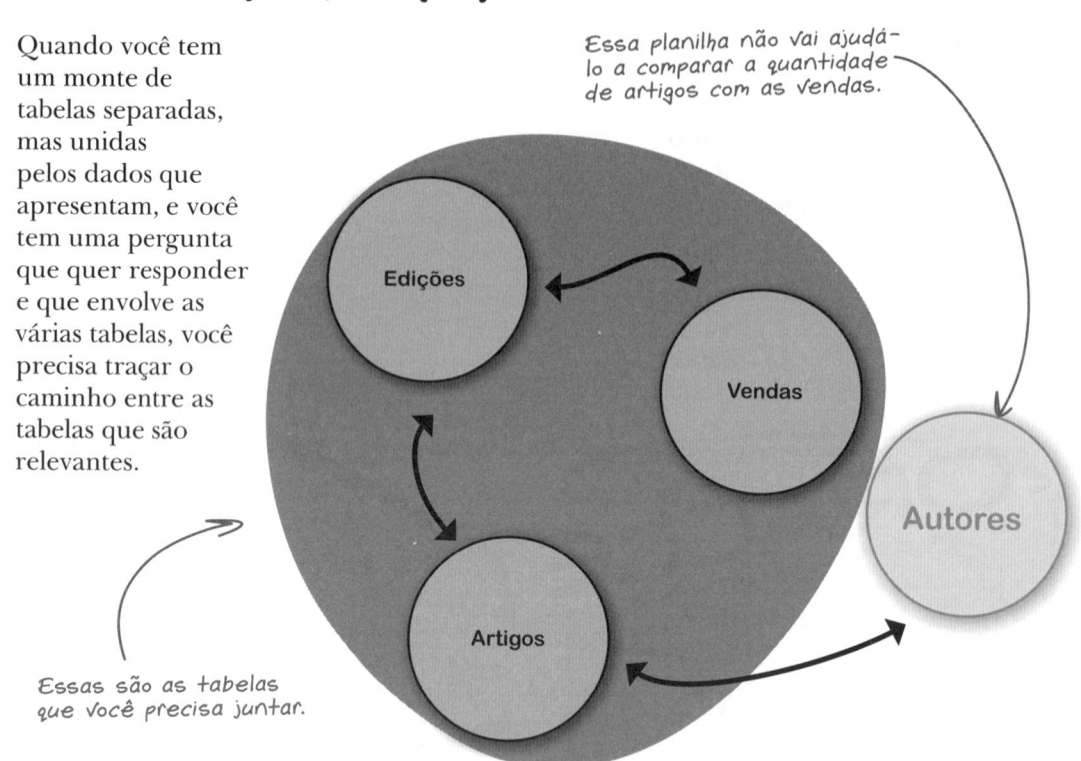

Essa planilha não vai ajudá-lo a comparar a quantidade de artigos com as vendas.

Essas são as tabelas que você precisa juntar.

Crie uma planilha que passe pelo caminho

Depois de descobrir quais tabelas precisa, você pode criar um plano para ligar os dados usando fórmulas.

Aqui, você precisa de uma tabela que compare a quantidade de artigos com as vendas de cada edição. Você vai precisar criar fórmulas para calcular esses valores.

No próximo exercício, você vai calcular esses valores.

Edição	Quantidade de Artigos	Vendas (total
1	5	1250
2	7	1800
3	8	1500
4	6	1000

Você vai precisar de fórmulas para esses números.

Exercício

Vamos criar uma planilha, como a que temos na página anterior, e começar calculando a "quantidade de artigos" de cada edição da Despachos.

1 Abra o arquivo *hfda_ch12_issues.csv* e salve uma cópia. Lembre-se: você não deve alterar o arquivo original! Renomeie seu novo artigo para "análise despachos.xls".

Salve esse arquivo com um nome novo para não destruir os dados originais.

Baixe isso!

Acesse o site **www.altabooks.com.br** e na caixa "*localizar*" procure pelo livro. Acesse a página de cadastro e localize o hiperlink *download*.

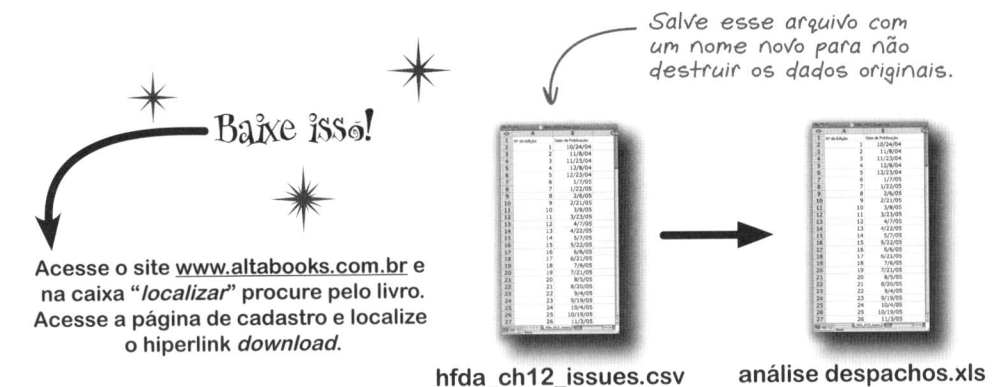

hfda_ch12_issues.csv　　　**análise despachos.xls**

2 Abra o arquivo *hfda_ch12_articles.csv* e clique com o botão direito na guia que lista o nome do arquivo no final da planilha. Faça a planilha mover o arquivo para o seu documento *análise despachos.xls*.

Copie as planilhas dos seus artigos no seu novo documento.

3 Crie uma coluna para a quantidade de artigos na sua planilha de edições. Escreva uma fórmula CONT.SE para contar o número de artigos de determinada edição, e copie e cole essa fórmula para todas as edições.

Coloque a sua fórmula CONT.SE aqui.

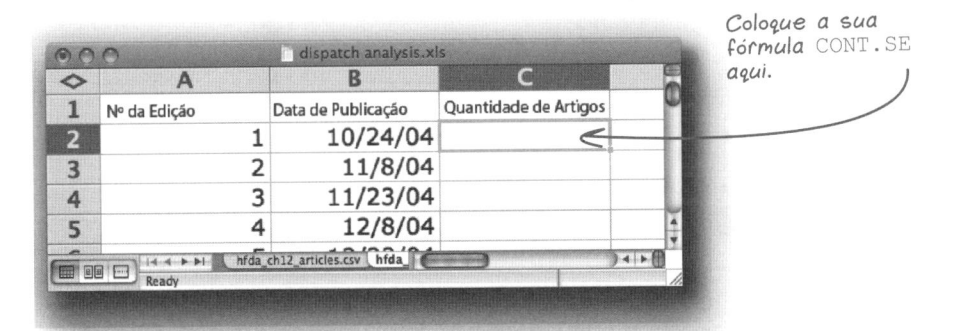

Como ficou a contagem de artigos de cada edição?

Solução do
Exercício

1 Abra o arquivo ***ucad_cap12_lançamentos.csv*** e salve uma cópia. Lembre-se: você não deve alterar o arquivo original! Renomeie seu novo artigo para "análise despachos.xls".

2 Abra o arquivo ***ucad_cap12_artigos.csv*** e clique com o botão direito na guia que lista o nome do arquivo no final da planilha. Faça a planilha mover o arquivo para o seu documento ***análise despachos.xls***.

3 Crie uma coluna para a quantidade de artigos na sua planilha de edições. Escreva uma fórmula COUNT.SE para contar o número de artigos de determinada edição, e copie e cole essa fórmula para todas as edições.

A aparência da fórmula na guia "artigos" da sua planilha.

$$=COUNT.SE\ (hfda\_ch12\_articles.csv!B:B.hfda\_ch12\_issues.csv!A2)$$

Ela conta o número de vezes que cada edição aparece na lista de artigos.

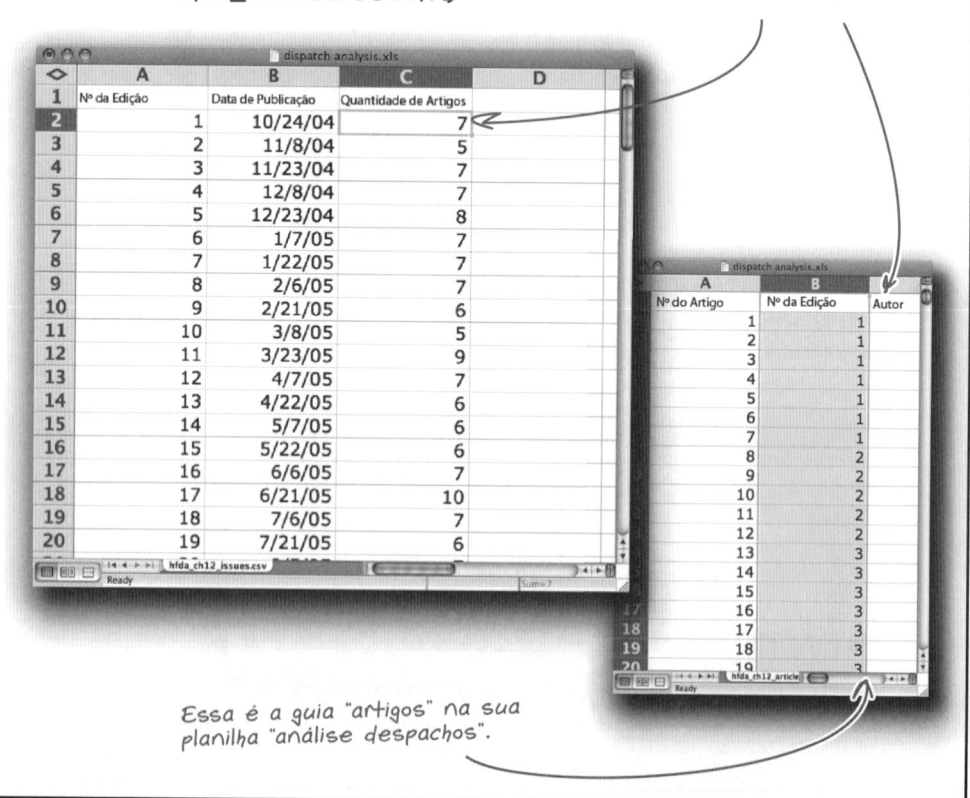

Essa é a guia "artigos" na sua planilha "análise despachos".

> Legal! Quando você adicionar os números de vendas na sua planilha, lembre-se de que eles se referem a unidades da revista, e não a valores. Eu preciso que você avalie as vendas em termos de número de revistas vendidas, e não com relação à receita obtida.

Esse é o diretor administrativo da Despachos.

Parece bom... vamos adicionar as vendas na lista!

Exercício

Adicione um campo para o total de vendas na planilha que você está criando.

Baixe isso!

Acesse o site **www.altabooks.com.br** e na caixa "*localizar*" procure pelo livro. Acesse a página de cadastro e localize o hiperlink *download*.

1 Copie o arquivo *hfda_ch12_sales.csv* como uma nova guia no seu arquivo *análise despachos.xls*. Crie uma nova coluna para Vendas na mesma planilha que você usou para contar os artigos.

Adicione essa coluna e coloque suas novas fórmulas aqui.

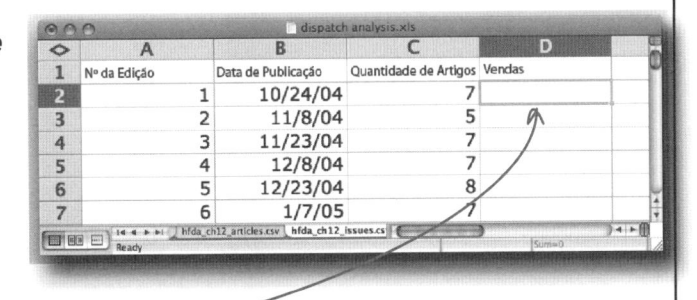

	A	B	C	D
1	Nº da Edição	Data de Publicação	Quantidade de Artigos	Vendas
2	1	10/24/04	7	
3	2	11/8/04	5	
4	3	11/23/04	7	
5	4	12/8/04	7	
6	5	12/23/04	8	
7	6	1/7/05	7	

2 Use a fórmula SOMASE para calcular os números de vendas do Nº da Edição 1, colocando a fórmula na célula C2. Copie a fórmula e cole em todas as outras edições.

Solução do Exercício

Que fórmula você usou para adicionar as vendas na sua planilha?

Essa fórmula mostra que a edição nº 1 vendeu 2.227 unidades.

O primeiro argumento da fórmula SUMIF se refere às edições.

=SOMASE(hfda_ch12_sales.csv!B:B, hfda_ch12_issues.csv!A2, hfda_ch12_sales.csv!C:C)

	A	B	C	D	E
1	Nº da Edição	Data de Publicação	Quantidade de Artigos	Vendas	
2	1	10/24/04	7	2227	
3	2	11/8/04	5	703	
4	3	11/23/04	7	2252	
5	4	12/8/04	7	2180	
6	5	12/23/04	8	2894	
7	6	1/7/05	7	2006	
8	7	1/22/05	7	2140	
9	8	2/6/05	7	2308	
10	9	2/21/05	6	1711	
11	10	3/8/05	5	1227	
12	11	3/23/05	9	3642	
13	12	4/7/05	7	2153	
14	13	4/22/05	6	1826	
15	14	5/7/05	6	1531	
16	15	5/22/05	6	1406	
17	16	6/6/05	7	2219	
18	17	6/21/05	10	4035	

dispatch analysis.xls — hfda_ch12_articles.csv / hfda_ch12_issues.csv — Ready — Sum=2227 — SCRL CAPS NUM

O segundo argumento se refere às edições especificas, cujas vendas você quer contabilizar.

	A	B	C	D	E
1	Vendas	Nº da Edição	Tamanho do Lote		
2	1701	74	100		
3	386	18	100		
4	110	6	100		
5	1784	78	100		
6	3131	112	100		
7	1404	60	100		
8	2334	92	100		
9	2037	85	100		
10	1134	50	100		
11	586	26	100		
12	3205	114	100		
13	1763	77	100		
14	2153	88	100		
15	2065	86	100		
16	184	9	100		
17	3123	112	100		
18	857	38	100		

dispatch analysis.xls — hfda_ch12_sales.csv / hfda_ch12_articles.csv / hfda_ch1... — Ready — Sum=321186 — SCRL CAPS NUM

O terceiro argumento demonstra os números de vendas que você quer somar.

Seu resumo liga a quantidade de artigos e as vendas

Essa é exatamente a planilha que você precisa para lhe dizer se existe mesmo uma relação entre a quantidade de artigos que a *Despachos Dadolândia* publica e o número de edições vendidas.

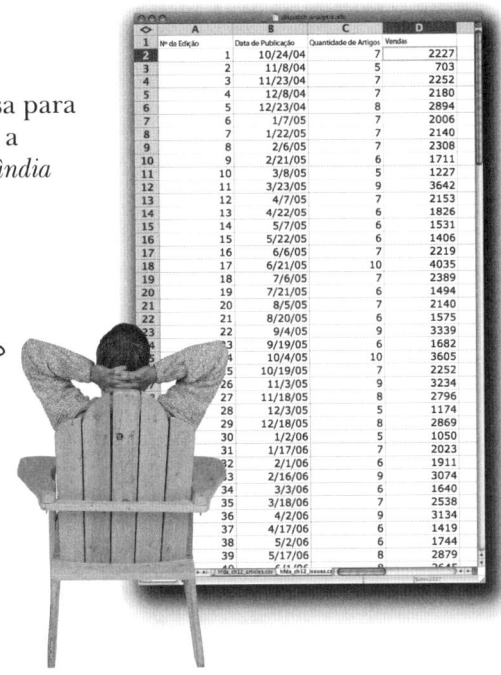

Nº da Edição	Data de Publicação	Quantidade de Artigos	Vendas
1	10/24/04	7	2227
2	11/8/04	5	703
3	11/23/04	7	2252
4	12/8/04	7	2180
5	12/23/04	8	2894
6	1/7/05	7	2006
7	1/22/05	7	2140
8	2/6/05	7	2308
9	2/21/05	6	1711
10	3/8/05	5	1227
11	3/23/05	9	3642
12	4/7/05	7	2153
13	4/22/05	6	1826
14	5/7/05	6	1531
15	5/22/05	6	1406
16	6/6/05	7	2219
17	6/21/05	10	4035
18	7/6/05	7	2389
19	7/21/05	6	1494
20	8/5/05	7	2140
21	8/20/05	6	1575
22	9/4/05	9	3339
23	9/19/05	6	1682
24	10/4/05	10	3605
25	10/19/05	7	2252
26	11/3/05	9	3234
27	11/18/05	8	2796
28	12/3/05	5	1174
29	12/18/05	8	2869
30	1/2/06	5	1050
31	1/17/06	7	2023
32	2/1/06	6	1911
33	2/16/06	9	3074
34	3/3/06	6	1640
35	3/18/06	7	2538
36	4/2/06	9	3134
37	4/17/06	6	1419
38	5/2/06	6	1744
39	5/17/06	8	2879

> Isso parece legal. Mas seria mais fácil de entender se estivéssemos visualizando um gráfico de dispersão. Você já ouviu falar dos gráficos de dispersão?

Certamente! Vamos providenciar isso para ele...

✏️ Aponte seu lápis

Essa função fornece o diretório que o R usa para armazenamento, onde ele procura os arquivos.

1 Abra o R e digite o comando `getwd()` para descobrir onde o R armazena os arquivos de dados. Depois, na sua planilha, vá em Arquivos > Salvar Como... e salve seus dados como um arquivo CSV nesse diretório.

Execute o comando para carregar os dados no R:

```
> getwd()
[1] "Users/headfirst"
> |
```

```
dispatch <- read.csv("dispatch analysis.csv",
     header=TRUE)
```

Nomeie o seu arquivo "análise despachos.csv".

Salve sua planilha de dados como um arquivo CSV no diretório que o R usa.

2 Depois de ter carregado os dados, executa essa função. Você vê um valor ideal?

```
plot(Sales~jitter(Article.count),data=dispatch
```

Você verá como o `jitter` funciona em um segundo...

Aponte seu lápis
Solução

Você encontrou o valor ideal nos dados que carregou?

O valor ideal parece ser de aproximadamente 10 artigos.

Use esse comando para carregar seu CSV no R.

O comando head *mostra o que você acabou de carregar... é sempre bom verificar.*

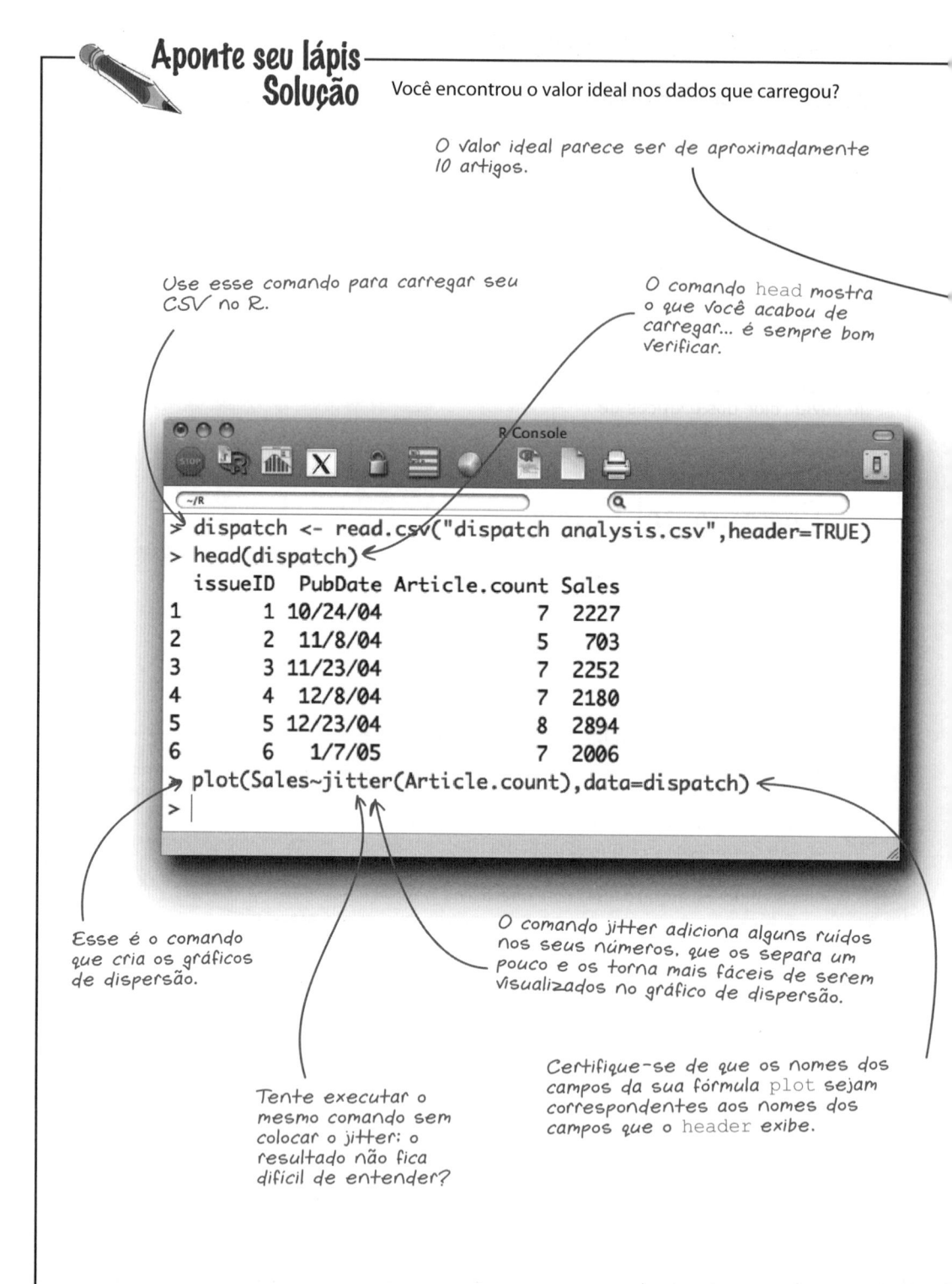

```
> dispatch <- read.csv("dispatch analysis.csv",header=TRUE)
> head(dispatch)
  issueID  PubDate Article.count Sales
1       1 10/24/04             7  2227
2       2  11/8/04             5   703
3       3 11/23/04             7  2252
4       4  12/8/04             7  2180
5       5 12/23/04             8  2894
6       6   1/7/05             7  2006
> plot(Sales~jitter(Article.count),data=dispatch)
>
```

Esse é o comando que cria os gráficos de dispersão.

O comando jitter *adiciona alguns ruídos nos seus números, que os separa um pouco e os torna mais fáceis de serem visualizados no gráfico de dispersão.*

Certifique-se de que os nomes dos campos da sua fórmula plot *sejam correspondentes aos nomes dos campos que o* header *exibe.*

Tente executar o mesmo comando sem colocar o jitter: o resultado não fica difícil de entender?

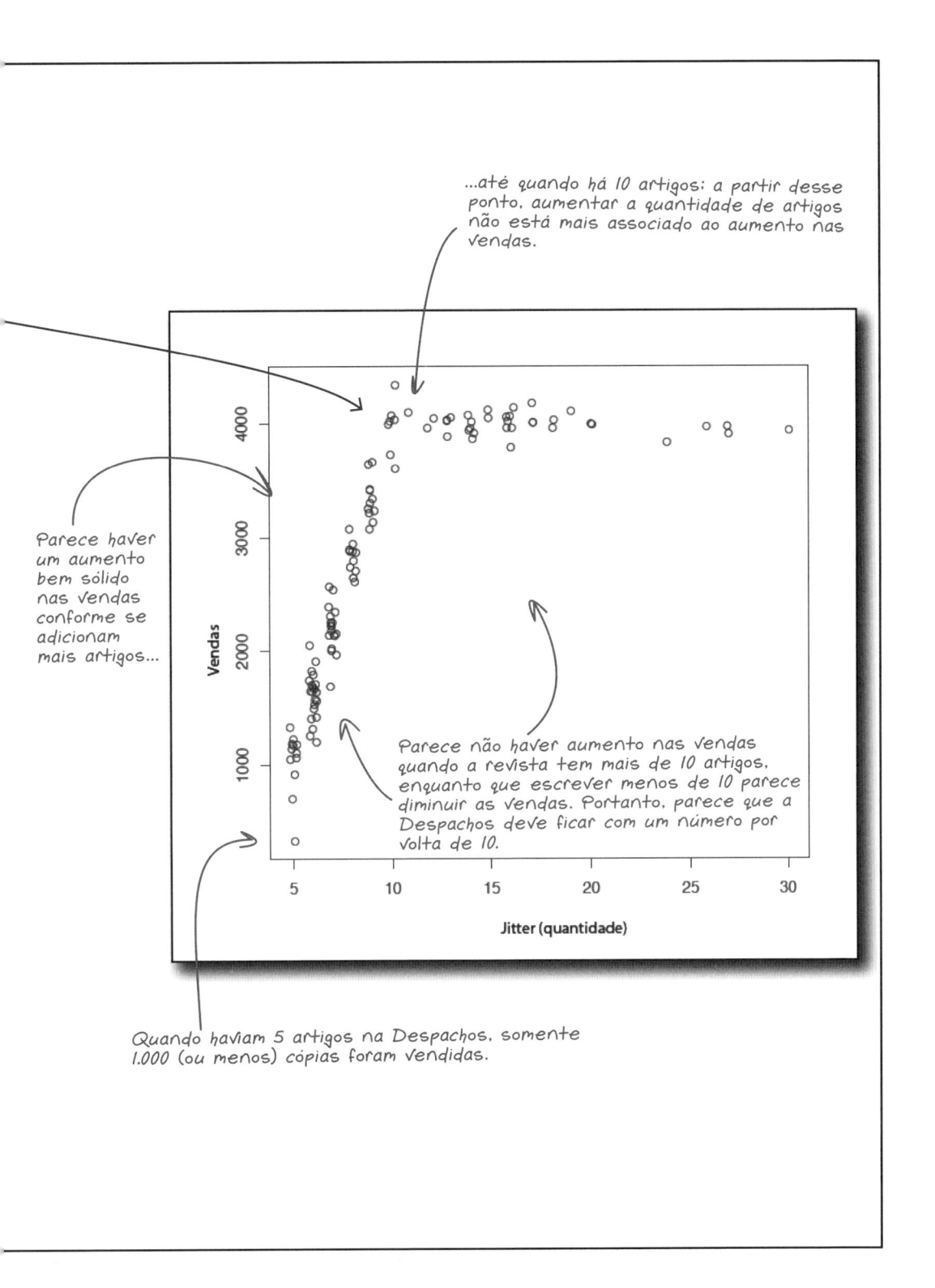

...até quando há 10 artigos: a partir desse ponto, aumentar a quantidade de artigos não está mais associado ao aumento nas vendas.

Parece haver um aumento bem sólido nas vendas conforme se adicionam mais artigos...

Parece não haver aumento nas vendas quando a revista tem mais de 10 artigos, enquanto que escrever menos de 10 parece diminuir as vendas. Portanto, parece que a Despachos deve ficar com um número por volta de 10.

Quando haviam 5 artigos na Despachos, somente 1.000 (ou menos) cópias foram vendidas.

Parece que seu gráfico de dispersão está sendo muito bem aceito

De: Despachos Dadolândia

Assunto: Obrigado

Obrigado! Essa é uma grande ajuda pra nós. Eu meio que suspeitava haver uma relação desse tipo, e a sua análise demonstrou tudo de maneira perfeita.

E parabéns! Você acabou de ganhar um ano de propaganda gratuita! Será um enorme prazer ajudar a divulgar suas incríveis habilidades.

Eu acho que terei muitas outras perguntas como essa. Você acha que pode lidar com todo esse trabalho?

-DD

Ele está evidentemente contente!

Parece que tem mais trabalho vindo... ótimo!

Não existem Perguntas Idiotas

P: **As pessoas realmente armazenam dados em planilhas interligadas como aquela?**

R: Certamente. Algumas vezes você ainda vai receber trechos de banco de dados maiores, e outras vezes você vai receber dados que as pessoas fizeram a ligação manualmente.

P: **Basicamente, desde que haja aqueles códigos que a fórmula consegue ler, fazer a relação das coisas com planilhas é tedioso, mas não impossível.**

R: Bem, nem sempre você vai ter a sorte de receber dados de várias tabelas que têm códigos pequenos e organizados que as unem. Muitas vezes, os dados chegam até você em um estado de bagunça total, e, para fazer com que as planilhas funcionem junto com fórmulas, você precisa fazer uma limpeza nos dados. Você vai aprender um pouco mais sobre isso no próximo capítulo.

P: **Existe algum mecanismo de software melhor para juntar os dados de diferentes tabelas?**

R: Deveria haver, certo?

Copiar e colar todos aqueles dados foi uma droga

É uma droga passar por todo aquele processo todas as vezes que alguém quisesse **pesquisar** (ou fazer uma pergunta sobre) os dados.

Além disso, não era para os computadores serem capazes de fazer todo esse trabalho chato para você?

Não seria um sonho se houvesse um jeito de manter as relações de dados de modo a facilitar nossas indagações para o banco de dados? Mas eu sei que isso é só um sonho...

Bancos de dados relacionais gerenciam as relações para você

Uma das maneiras mais importantes e poderosas de administrar dados é através do SGBD ou **sistema gerenciador de banco de dados.** Os bancos de dados relacionais são bem extensos, e, quanto mais você entendê-los, mais você conseguirá extrair dos dados que estiverem armazenados neles.

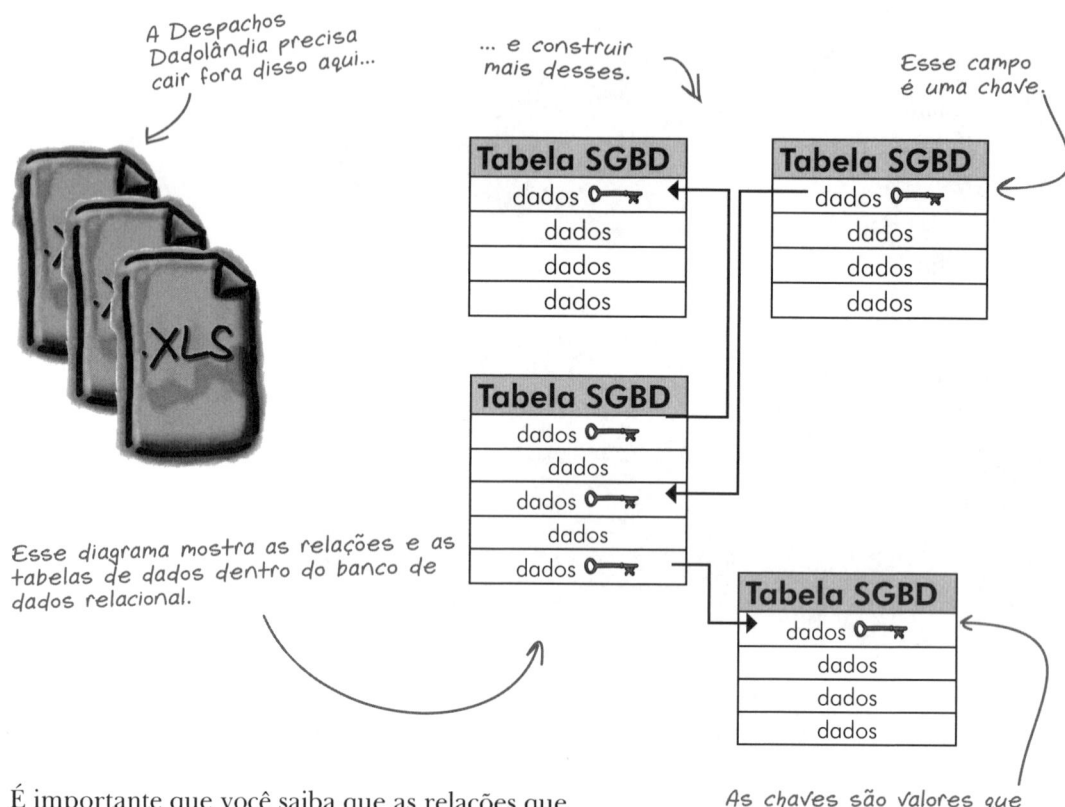

A Despachos Dadolândia precisa cair fora disso aqui...

... e construir mais desses.

Esse campo é uma chave.

Esse diagrama mostra as relações e as tabelas de dados dentro do banco de dados relacional.

As chaves são valores que identificam o registro de maneira única.

É importante que você saiba que as relações que os bancos de dados fazem entre as tabelas são **quantitativas.** O banco de dados não está nem aí para o que "edição" ou "autor" significam; ele só sabe que uma edição tem vários autores.

Cada fileira do SGBD tem uma chave única, que normalmente é chamada de ID, e as chaves são utilizadas para ter certeza que essas relações quantitativas nunca serão violadas. Após ter o SGBD, tome cuidado: dados relacionais bem formados são um tesouro para os analistas.

Se a Despachos Dadolândia tivesse um SGBD, seria muito mais fácil fazer a análise que acabamos de fazer.

A Despachos Dadolândia construiu um SGBD com seu diagrama de relacionamento

Já tinha passado da hora da *Despachos Dadolândia* carregar todas aquelas planilhas em um SGBD. Com o diagrama que você analisou, junto com a explicação do diretor administrativo sobre os dados, um arquiteto de banco de dados juntou tudo isso em um banco de dados relacional.

> Agora que encontramos a quantidade ideal de artigos, nós precisamos descobrir quem são nossos autores mais populares, e ter certeza que eles estão em todas as edições da revista. Você poderia contabilizar os cliques e os comentários do site para cada artigo e autor.

Aponte seu lápis

Aqui está o esquema do banco de dados da *Despachos Dadolândia*. Circule as tabelas que você precisaria juntar em uma única tabela para mostrar qual autor tem o maior número de cliques e comentários. Depois, faça a tabela que mostre os campos que você precisa para criar o gráfico de dispersão.

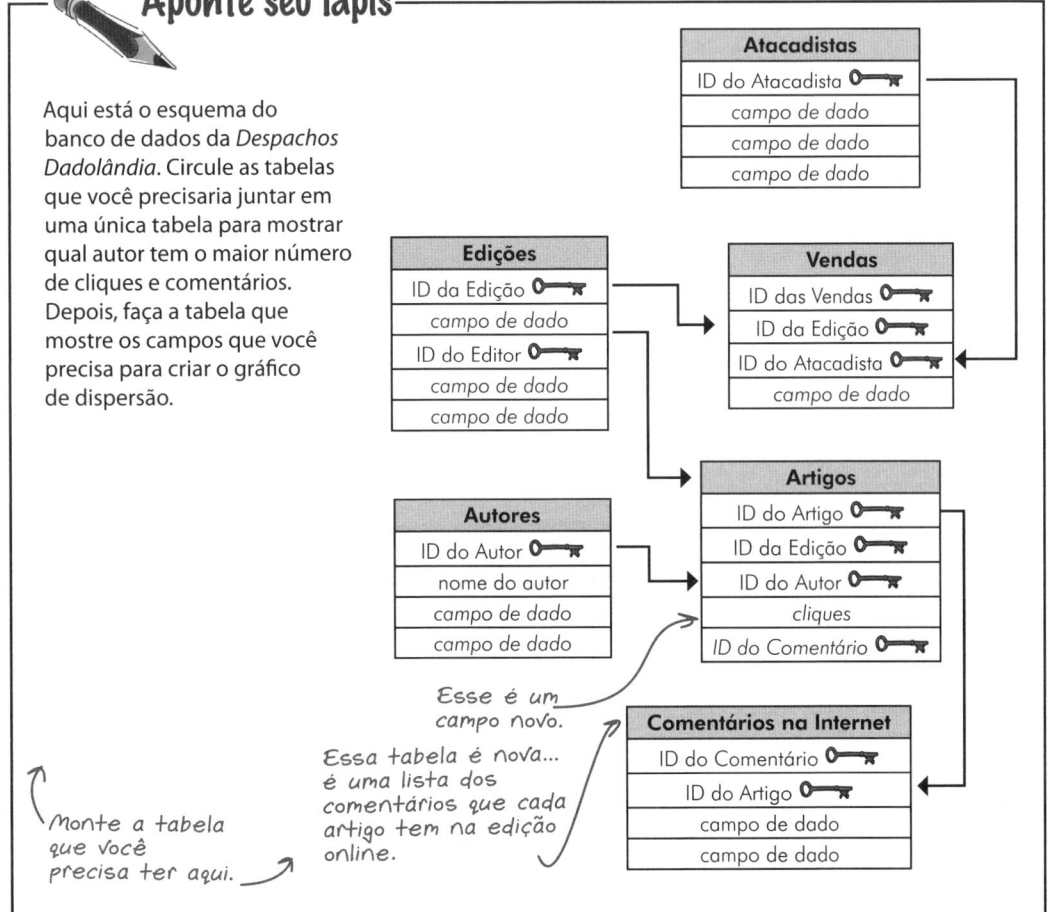

Atacadistas
| ID do Atacadista |
| campo de dado |
| campo de dado |
| campo de dado |

Edições
| ID da Edição |
| campo de dado |
| ID do Editor |
| campo de dado |
| campo de dado |

Vendas
| ID das Vendas |
| ID da Edição |
| ID do Atacadista |
| campo de dado |

Autores
| ID do Autor |
| nome do autor |
| campo de dado |
| campo de dado |

Artigos
| ID do Artigo |
| ID da Edição |
| ID do Autor |
| cliques |
| ID do Comentário |

Comentários na Internet
| ID do Comentário |
| ID do Artigo |
| campo de dado |
| campo de dado |

Esse é um campo novo.

Essa tabela é nova... é uma lista dos comentários que cada artigo tem na edição online.

Monte a tabela que você precisa ter aqui.

Aponte seu lápis
Solução

Quais tabelas você precisa juntar para poder avaliar a popularidade de cada autor, através da contagem dos cliques e dos comentários que cada autor recebe?

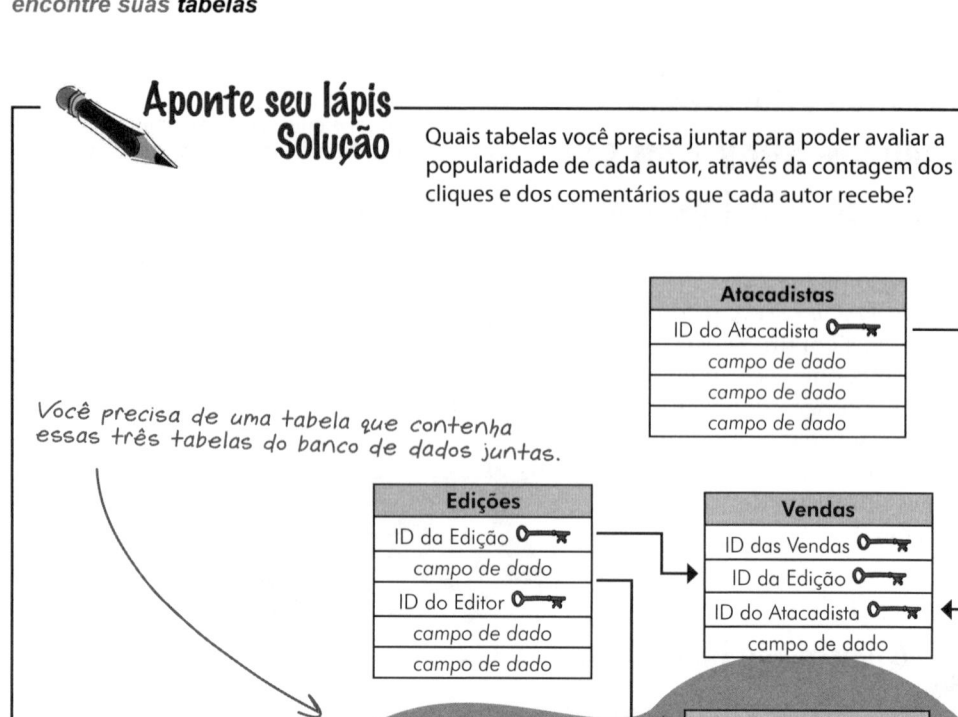

Você precisa de uma tabela que contenha essas três tabelas do banco de dados juntas.

Na última tabela que você usou, cada linha representava uma edição, mas agora, cada linha representa um artigo.

Artigo	Autor	Cliques nº	Nº de Comentários
1	Ann	2016	20
2	Ann	2016	15
3	Cathy	2164	40
4	Jeff	749	5
5	George	749	14

Ann é a autora tanto do artigo 1 quanto do artigo 2 desta tabela hipotética.

A Despachos Dadolândia extraiu seus dados usando a linguagem SQL

Essa é a saída da sua solicitação, que fornece a tabela que você quer.

SQL, ou Linguagem de Consulta Estruturada, é como os dados são extraídos dos bancos de dados relacionais. Você pode fazer com que seu banco de dados responda às suas solicitações do SQL tentando o código diretamente ou usando uma interface gráfica que cria o código SQL pra você.

Baixe isso!

Acesse o site www.altabooks.com.br e na caixa *"localizar"* procure pelo livro. Acesse a página de cadastro e localize o hiperlink *download*.

Essa é uma solicitação simples de SQL.

```
SELECT AuthorName
    FROM Author WHERE
    AuthorID=1;
```
Exemplo de Solicitação do SQL

A questão que criou esses dados é muito mais complexa do que o exemplo à esquerda.

Essa solicitação retorna o nome do autor listado na tabela Autor *com o campo* ID do Autor *igual a 1.*

Você não precisa aprender SQL, mas seria bom. O mais importante é que você entenda **como fazer as solicitações corretas** do banco de dados, **entendendo as tabelas** dentro do banco de dados e as relações entre elas.

Exercício

1 Use o comando abaixo para carregar a planilha **hfda_ch12_articleHitsComments.csv** *no R, e depois, analise os dados com o comando* head:

Tenha certeza que você está conectado à internet para este comando.

```
articleHitsComments <- read.csv(
    "http://www.headfirstlabs.com/books/hfda/
    hfda_ch12_articleHitsComments.csv",header=TRUE)
```

2 Dessa vez, nós vamos usar uma função mais ponderosa para criar os gráficos de dispersão. Utilizando esses comandos, carregue o pacote lattice e execute a fórmula xyplot *para criar a estrutura do gráfico de dispersão:*

```
library(lattice)
xyplot(webHits~commentCount|authorName,data=articleHit
sComments)
```

Essa é a estrutura de dados que você carregou.

Esse símbolo é novo!

3 Qual o autor, ou autores, que se saíram melhor de acordo com essa avaliação?

Solução do Exercício

O que os seus gráficos de dispersão mostram? Alguns autores têm vendas maiores?

1 Carregue a planilha ***hfda_ch12_articleHitsComments.csv*** no R.

2 Dessa vez, nós vamos usar uma função mais ponderosa para criar os gráficos de dispersão. Utilizando esses comandos, carregue o pacote `lattice` e execute a fórmula `xyplot` para criar a estrutura do gráfico de dispersão:

```
library(lattice)
xyplot(webHits~commentCount|authorName,data=articleHitsComments)
```

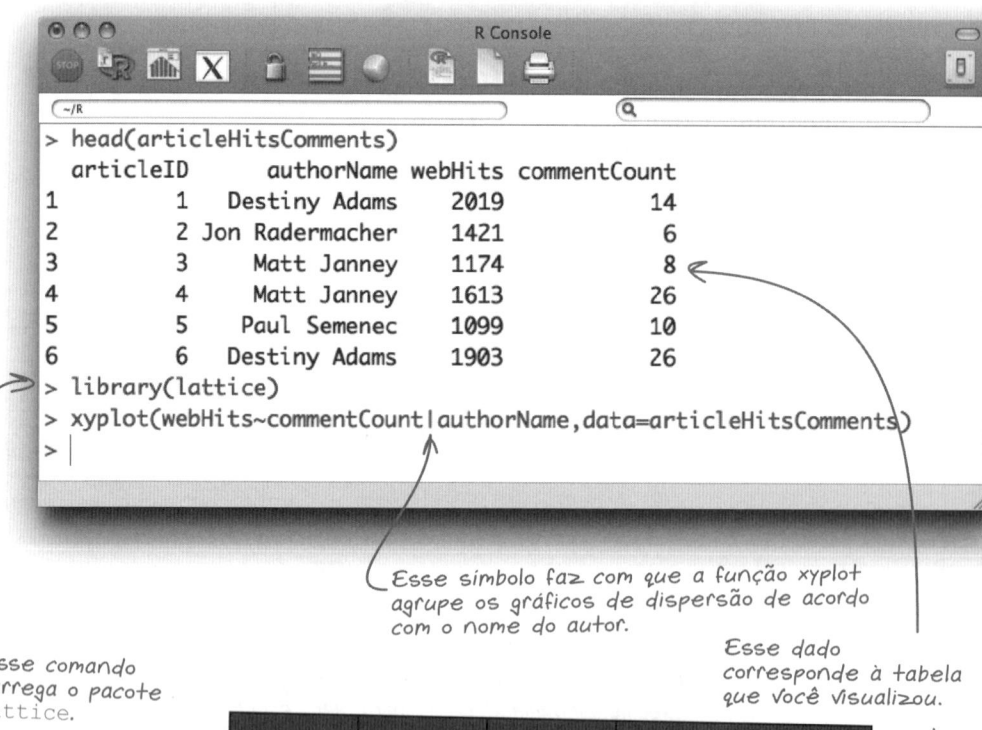

```
> head(articleHitsComments)
  articleID        authorName webHits commentCount
1         1    Destiny Adams    2019           14
2         2 Jon Radermacher    1421            6
3         3      Matt Janney    1174            8
4         4      Matt Janney    1613           26
5         5     Paul Semenec    1099           10
6         6    Destiny Adams    1903           26
> library(lattice)
> xyplot(webHits~commentCount|authorName,data=articleHitsComments)
>
```

Esse símbolo faz com que a função xyplot agrupe os gráficos de dispersão de acordo com o nome do autor.

Esse comando carrega o pacote lattice.

Esse dado corresponde à tabela que você visualizou.

Artigo	Autor	Cliques	Nº de Comentários
1	Ann	2016	20
2	Ann	2016	15
3	Cathy	2164	40
4	Jeff	749	5
5	George	749	14

Essa disposição de gráficos de dispersão mostra os cliques e comentários de cada artigo, agrupados por autor.

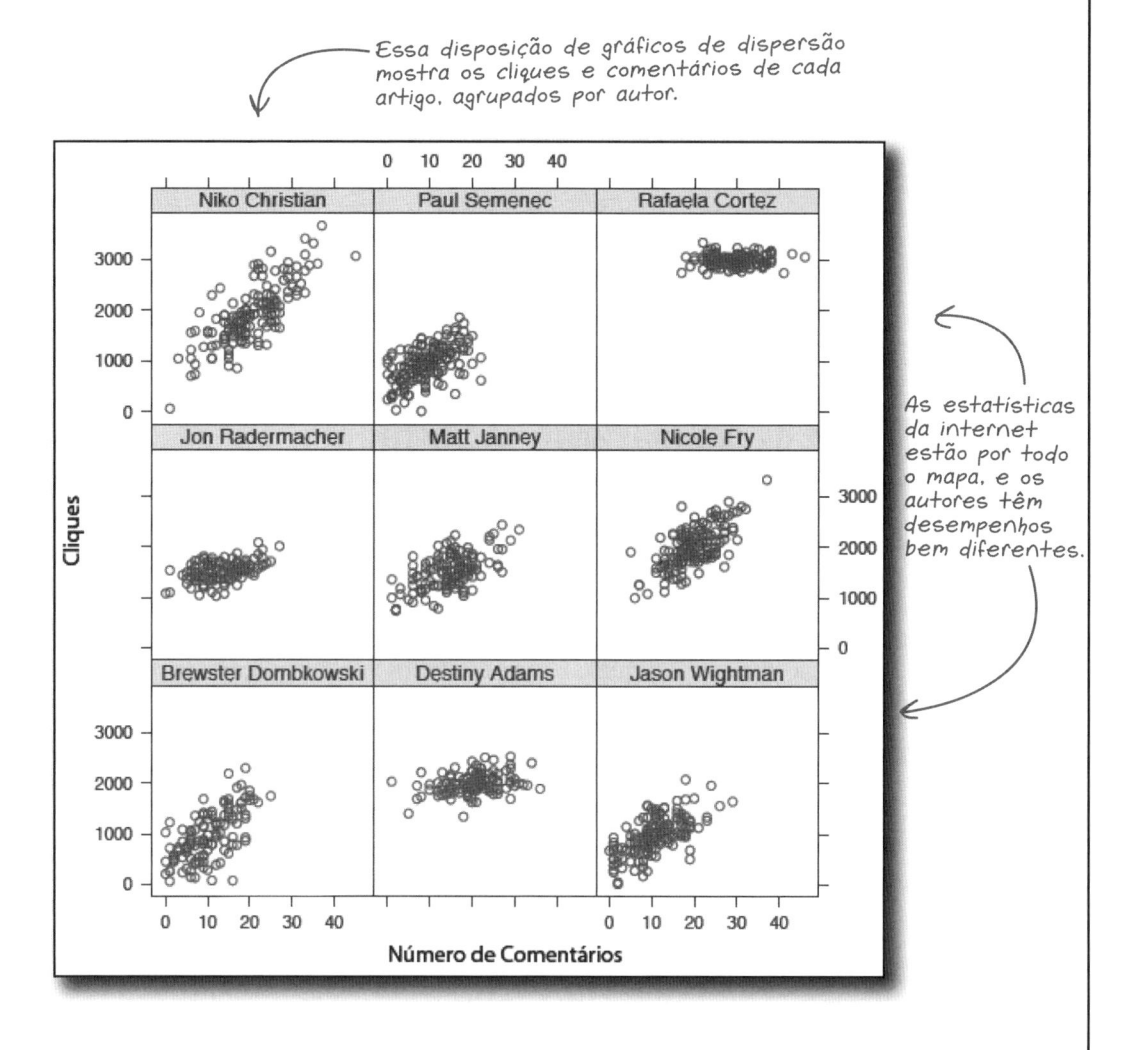

As estatísticas da internet estão por todo o mapa, e os autores têm desempenhos bem diferentes.

③ Qual o autor, ou autores, que se saíram melhor de acordo com essa avaliação?

Está bem claro que a Rafaela Cortez tem o melhor desempenho. Todos os artigos que ela escreveu têm, pelo menos, 3.000 cliques e muitos deles apresentam mais de 20 comentários. Parece que as pessoas gostam muito dela. E com relação aos outros autores, alguns deles (como Destiny e Nicole) parecem se sair melhor que o restante. O Niko tem uma grande disseminação no desempenho, enquanto Brewster e Jason não são populares.

> De: Despachos Dadolândia
>
> Assunto: Sobre nossos dados
>
> Uau! Isso tudo realmente me surpreendeu. Eu sempre suspeitei que a Rafaela e a Destiny eram nossas estrelas, mas isso mostra que elas estão muito a frente do restante. Ótima promoção para elas! Todas essas informações vão fazer com que aprendamos cada vez mais com nossas publicações, enquanto nos permite recompensar melhor os autores com desempenhos excelentes. Obrigado.
>
> -DD

Aqui temos o que o editor tem a dizer sobre sua análise mais recente.

As possibilidades de comparação são infinitas se seus dados estiverem em um SGBD

A visualização complexa que você acabou de criar com os dados do SGBD da *Despachos Dadolândia* é só o começo. Os bancos de dados das empresas podem ficar cada vez maiores — muito, muito maiores. E, para você, analista, isso quer dizer que a variedade de comparações que o banco de dados relacional possibilita fazer é *enorme*.

Pense no quanto você pode avançar nesse mar de tabelas para fazer comparações brilhantes!

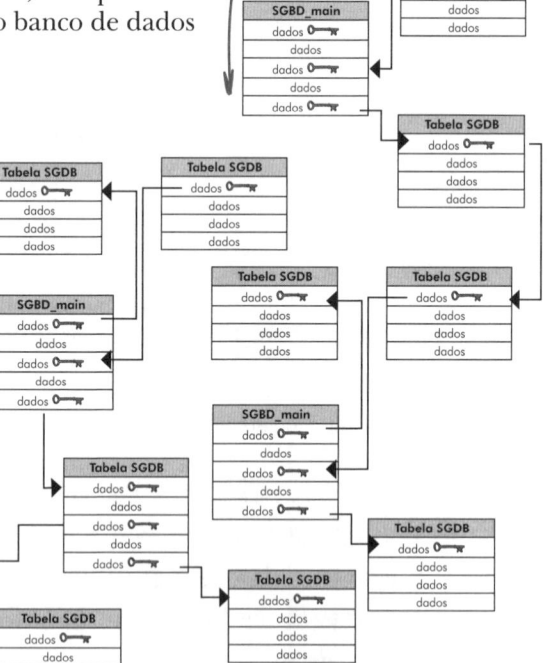

Os bancos de dados podem ficar grandes... muito, muito grandes.

A estrutura do banco de dados da Despachos Dadolândia nem chega perto dessa complexidade, mas normalmente os bancos de dados são grandes assim.

Se você consegue imaginar isso, o SGBD pode ligar dados para comparações poderosíssimas. Os bancos de dados relacionais são um sonho realizado para os analistas.

Você está na capa

Os autores e editores da *Despachos Dadolândia* ficaram impressionados com o seu trabalho e decidiram apresentar você na edição sobre dados. Bom trabalho. Adivinha quem escreveu a história principal?

> Eu não acredito que sempre tivemos esses dados e nunca descobrimos como utilizá-los. Muito obrigado!

Parece que você ganhou algumas amigas na equipe de redação.

13 limpando os dados

Mantenha a Ordem

> Eu faço o meu trabalho bem melhor quando tudo está no seu devido lugar.

Seus dados são inúteis...

se tiver estruturas bagunçadas. E muitas pessoas que *colecionam* dados realizam um trabalho muito fraco para manter a estrutura limpa. Se os seus dados não estiverem organizados, você não pode fatiá-los ou picá-los, executar fórmulas nele ou até mesmo *vê-los*. Então, vamos simplesmente ignorá-los, certo? Na verdade, você pode fazer muito melhor. Com uma **visão clara** de como você precisa que seja a aparência deles e algumas **ferramentas de manipulação de texto**, você pode arrumar essa bagunça e torná-los algo bem útil.

Acabei de receber uma lista de clientes de um concorrente morto

Seu mais novo cliente, Use a Cabeça Recrutadores, acabou de receber uma **lista de pessoas procurando emprego** de um concorrente morto. Eles gastaram uma grana enorme para obter essa lista, mas ela é muito valiosa! As pessoas dessa lista são as melhores das melhores, as mais empregáveis que se pode encontrar.

Isso pode ser uma mina...

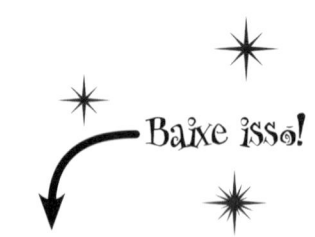

Baixe isso!

Acesse o site www.altabooks.com.br e na caixa "*localizar*" procure pelo livro. Acesse a página de cadastro e localize o hiperlink *download*.

Olha isso!

O que você vai fazer com esses dados?

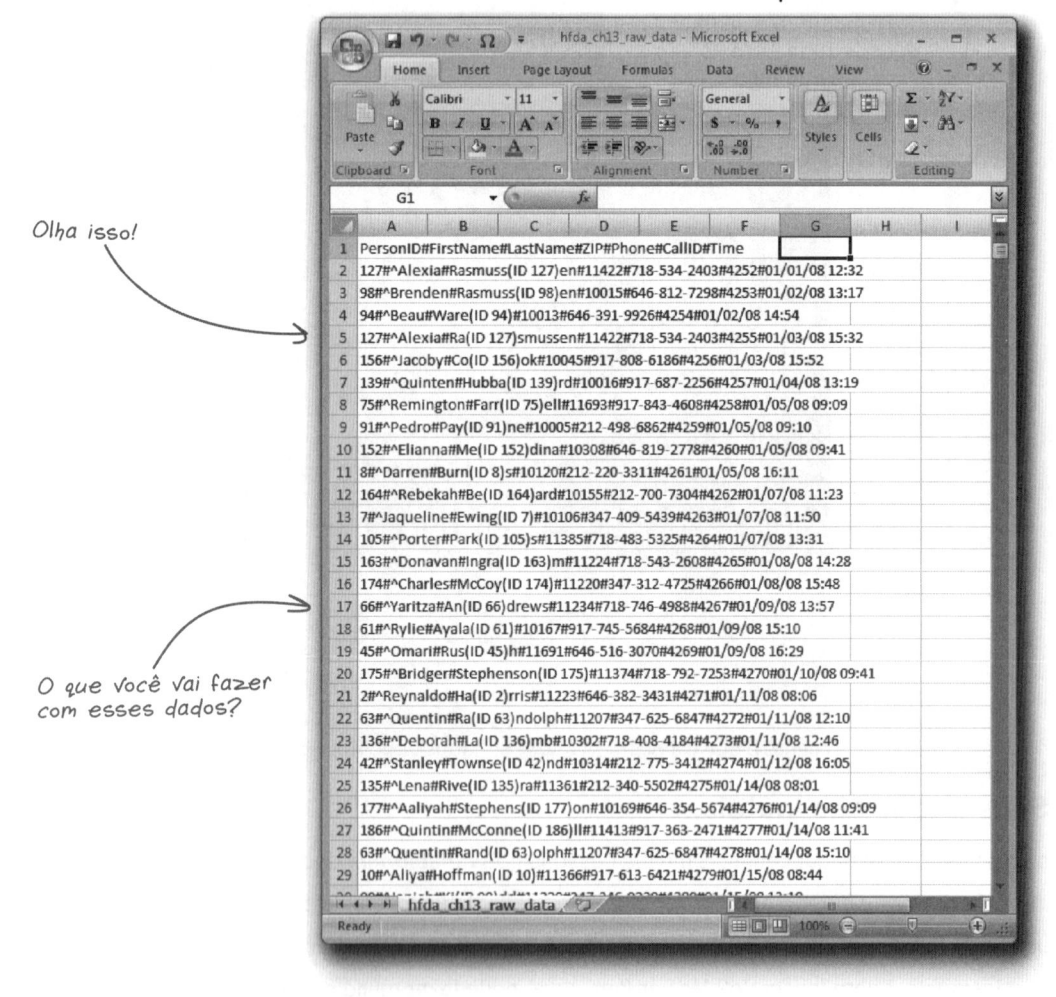

...pena que os dados estão uma **bagunça**! Do jeito que está, eles não conseguirão fazer muitas coisas com esses dados. É por isso que ligaram para você. Você pode ajudar?

O segredo obscuro da análise de dados

O segredo obscuro da análise de dados
é que, como analista, você pode passar
mais tempo *limpando* do que *analisando* os
dados. Normalmente, os dados não chegam
perfeitamente organizados, então, você deve
fazer algumas manipulações de texto de modo
a colocá-los em um formato útil para a análise.

Mas seu trabalho como analista de dados pode envolver muito disso...

Essa é a parte divertida da análise de dados.

O visionário trabalhando.

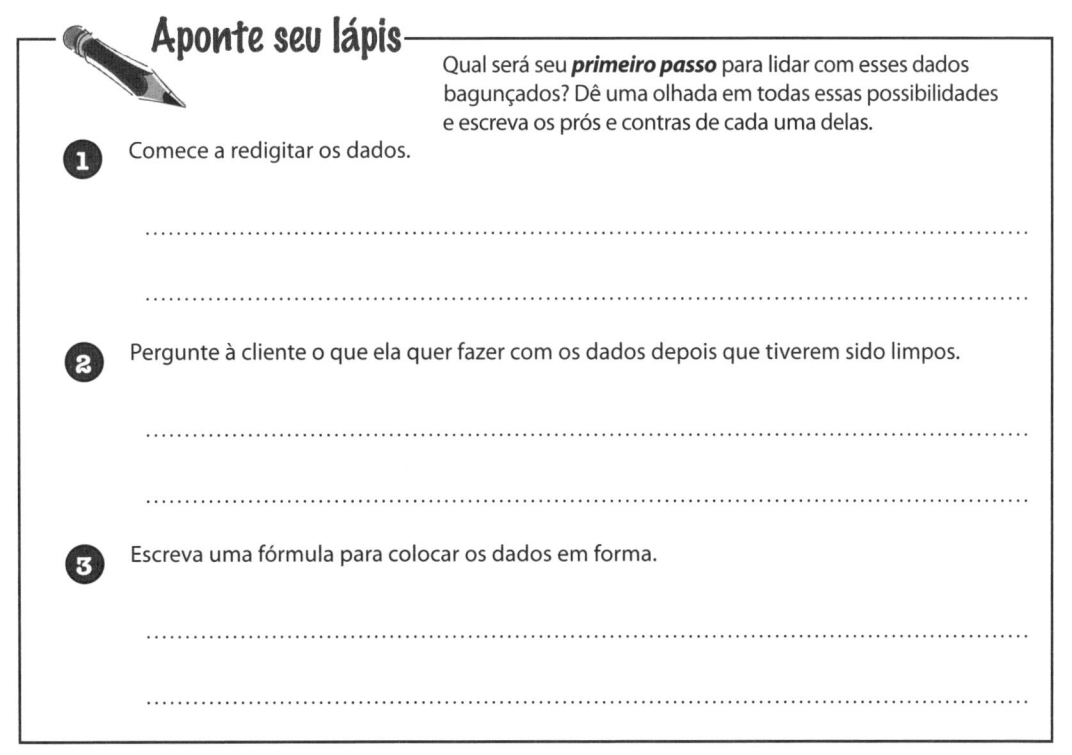

Aponte seu lápis

Qual será seu *primeiro passo* para lidar com esses dados bagunçados? Dê uma olhada em todas essas possibilidades e escreva os prós e contras de cada uma delas.

1 Comece a redigitar os dados.

....

....

2 Pergunte à cliente o que ela quer fazer com os dados depois que tiverem sido limpos.

....

....

3 Escreva uma fórmula para colocar os dados em forma.

....

....

Aponte seu lápis
Solução

Qual dessas opções você escolheu como seu primeiro passo?

① Comece a redigitar os dados.

> *Que droga! Isso não vai acabar nunca. E há uma boa chance de transcrevê-los incorretamente, bagunçando ainda mais os dados. Se esse for o único jeito de organizar os dados, é melhor nos certificarmos antes de seguir por esse caminho.*

② Pergunte à cliente o que ela quer fazer com os dados depois que tiverem sido limpos.

> *Acho que essa é a melhor opção. Com uma ideia do que o cliente quer, eu posso ter certeza de colocar os dados no formato correto.*

③ Escreva uma fórmula para colocar os dados em forma.

> *Uma ou duas fórmulas poderosas certamente ajudariam, após ter uma ideia de como os dados precisam ser organizados. Mas vamos falar com o cliente primeiro.*

Use a Cabeça Recrutadores quer a lista para sua equipe de vendas

> Nós precisamos de uma lista para nossa equipe de vendas entrar em contato com futuros clientes que ainda não conhecemos. Essa é uma lista de pessoas que estão procurando empregos, elaborada por nosso antigo concorrente, e nós queremos ser os responsáveis pela recolocação deles no mercado.

Mesmo que os dados crus estejam uma bagunça, parece que eles só querem extrair nomes e telefones. Isso não deve ser difícil. Vamos começar...

Aponte seu lápis

Os dados se parecem com uma lista de nomes, que é o que esperávamos pela descrição do cliente. O que você precisa agora é uma aparência limpa para esses nomes.

Desenhe uma figura que ilustre as colunas e amostra de dados para a aparência que você *quer* dar a esses dados bagunçados.

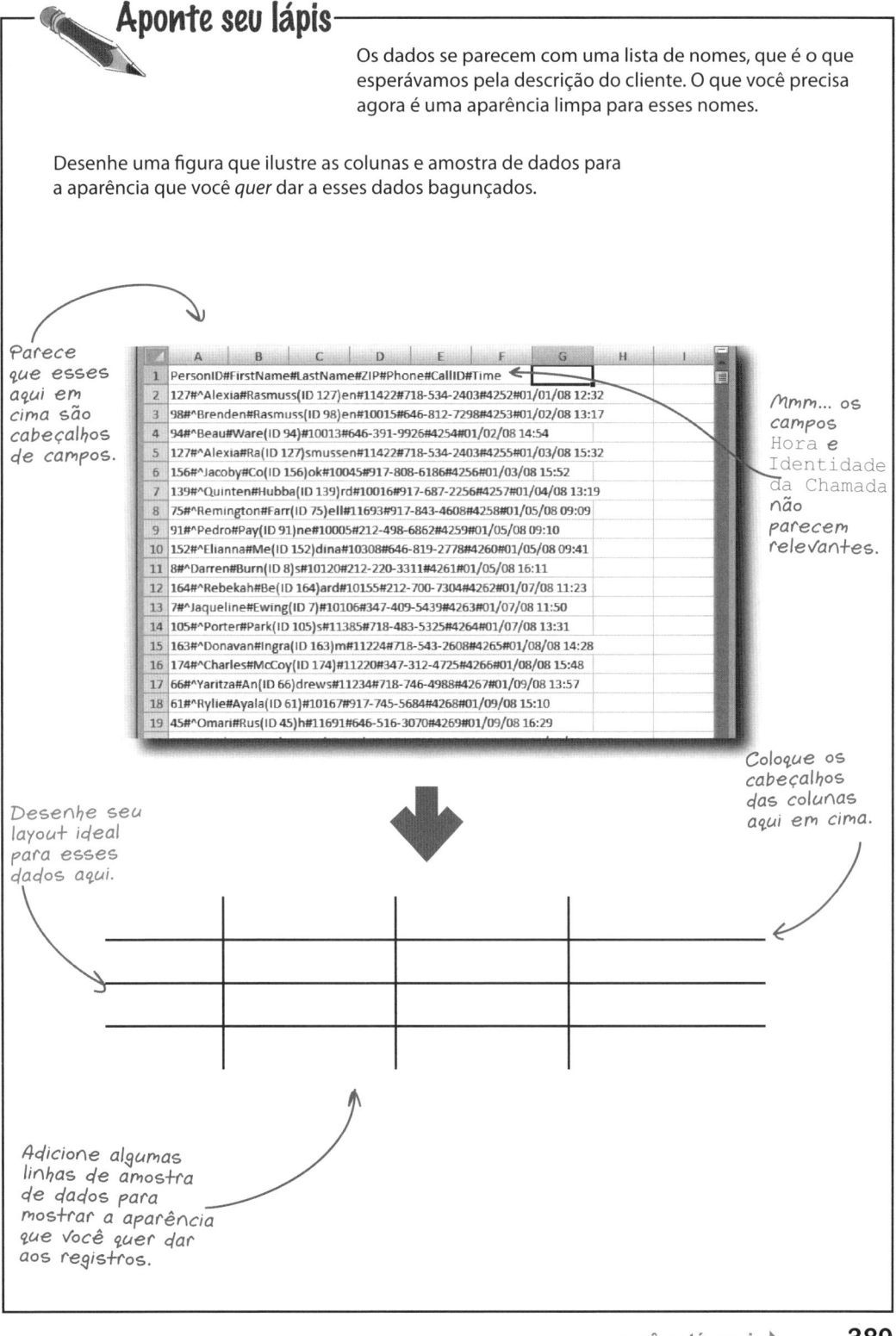

Parece que esses aqui em cima são cabeçalhos de campos.

Mmm... os campos Hora e Identidade da Chamada não parecem relevantes.

Desenhe seu layout ideal para esses dados aqui.

Coloque os cabeçalhos das colunas aqui em cima.

Adicione algumas linhas de amostra de dados para mostrar a aparência que você quer dar aos registros.

Aponte seu lápis
Solução

Como você quer que seja a aparência dos seus dados depois de limpá-los?

Você pode ver que a informação que você quer está toda misturada na coluna A...

...o que você precisa é que essa informação esteja dividida em colunas.

	A	B	C	D	E	F	G	H	I
1	PersonID#FirstName#LastName#ZIP#Phone#CallID#Time								
2	127#^Alexia#Rasmuss(ID 127)en#11422#718-534-2403#4252#01/01/08 12:32								
3	98#^Brenden#Rasmuss(ID 98)en#10015#646-812-7298#4253#01/02/08 13:17								
4	94#^Beau#Ware(ID 94)#10013#646-391-9926#4254#01/02/08 14:54								
5	127#^Alexia#Ra(ID 127)smussen#11422#718-534-2403#4255#01/03/08 15:32								
6	156#^Jacoby#Co(ID 156)ok#10045#917-808-6186#4256#01/03/08 15:52								
7	139#^Quinten#Hubba(ID 139)rd#10016#917-687-2256#4257#01/04/08 13:19								
8	75#^Remington#Farr(ID 75)ell#11693#917-843-4608#4258#01/05/08 09:09								
9	91#^Pedro#Pay(ID 91)ne#10005#212-498-6862#4259#01/05/08 09:10								
10	152#^Elianna#Me(ID 152)dina#10308#646-819-2778#4260#01/05/08 09:41								
11	8#^Darren#Burn(ID 8)s#10120#212-220-3311#4261#01/05/08 16:11								
12	164#^Rebekah#Be(ID 164)ard#10155#212-700-7304#4262#01/07/08 11:23								
13	7#^Jaqueline#Ewing(ID 7)#10106#347-409-5439#4263#01/07/08 11:50								
14	105#^Porter#Park(ID 105)s#11385#718-483-5325#4264#01/07/08 13:31								
15	163#^Donavan#Ingra(ID 163)m#11224#718-543-2608#4265#01/08/08 14:28								
16	174#^Charles#McCoy(ID 174)#11220#347-312-4725#4266#01/08/08 15:48								
17	66#^Yaritza#An(ID 66)drews#11234#718-746-4988#4267#01/09/08 13:57								
18	61#^Rylie#Ayala(ID 61)#10167#917-745-5684#4268#01/09/08 15:10								
19	45#^Omari#Rus(ID 45)h#11691#646-516-3070#4269#01/09/08 16:29								

Com tudo separado, você pode classificar os dados de acordo com os campos, filtrá-los ou enviá-lo para um site ou qualquer outra coisa.

É preciso ter os números de telefones... é o mais importante para a equipe de vendas!

PersonID	FirstName	LastName	Phone
127	Alexia	Rasmussen	718-534-2403
98	Brenden	Rasmussen	646-812-7298
[Etc...]	[Etc...]	[Etc...]	[Etc...]

Você precisa dos campos nome e telefone separados.

Esse campo de identidade é útil, visto que ele permitirá que os registros sejam únicos.

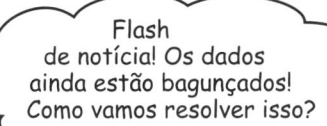

Flash
de notícia! Os dados
ainda estão bagunçados!
Como vamos resolver isso?

É verdade, se pensar bem em como é a aparência de dados limpos. Mas precisávamos pré-visualizar uma solução antes de seguir em frente. Vamos dar uma olhada na nossa **estratégia geral** para corrigir dados bagunçados e, então, **começar a codificá-los**...

A limpeza de dados bagunçados precisa de preparo

Talvez não seja necessário dizer, mas a limpeza dos dados deve começar como qualquer outro projeto de dados: certificando-se de ter cópias dos dados originais para que você possa voltar e conferir seu trabalho.

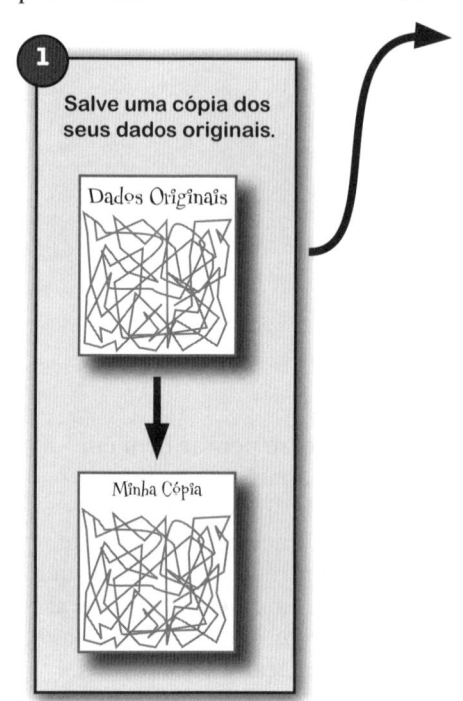

Depois de descobrir como deve ser a aparência final dos seus dados, você pode começar a **identificar os padrões no meio da bagunça.**

A última coisa que você quer fazer é ter de voltar e alterar os dados, linha a linha — isso sim levaria uma eternidade — então, se você pode identificar a repetição na bagunça, você pode escrever fórmulas e funções que explorem os padrões que deixam os dados mais limpos.

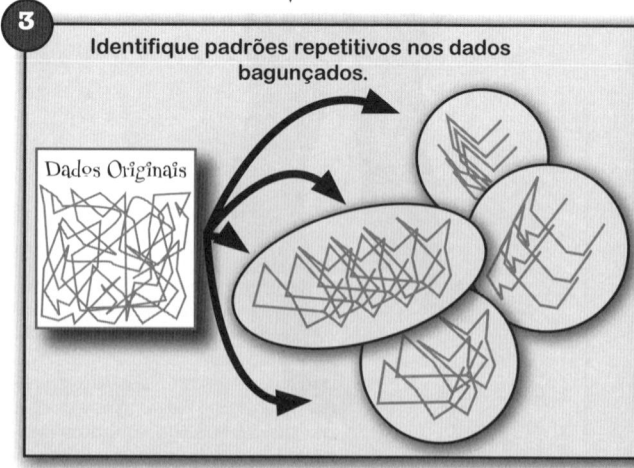

Após ter organizado os dados, você pode consertá-los

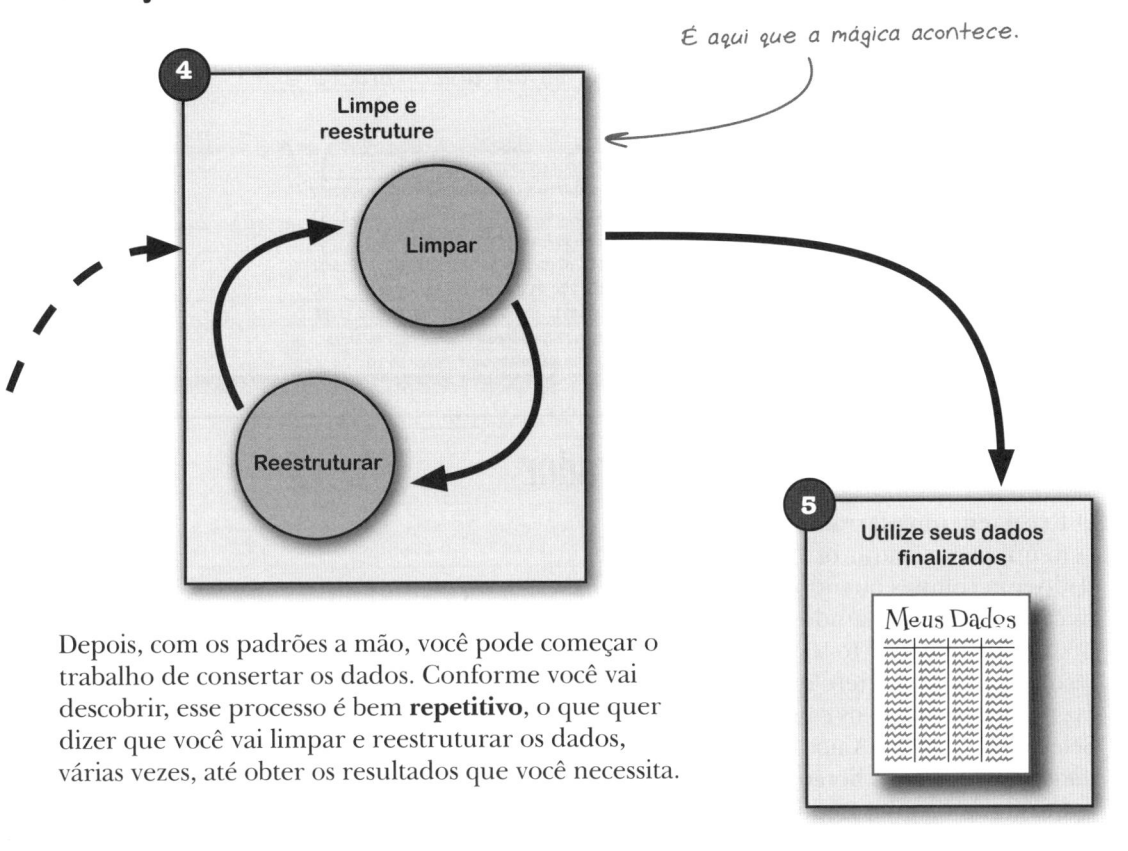

É aqui que a mágica acontece.

Depois, com os padrões a mão, você pode começar o trabalho de consertar os dados. Conforme você vai descobrir, esse processo é bem **repetitivo**, o que quer dizer que você vai limpar e reestruturar os dados, várias vezes, até obter os resultados que você necessita.

Aponte seu lápis

Primeiro, vamos dividir os campos. Existe um padrão de como os campos são separados?

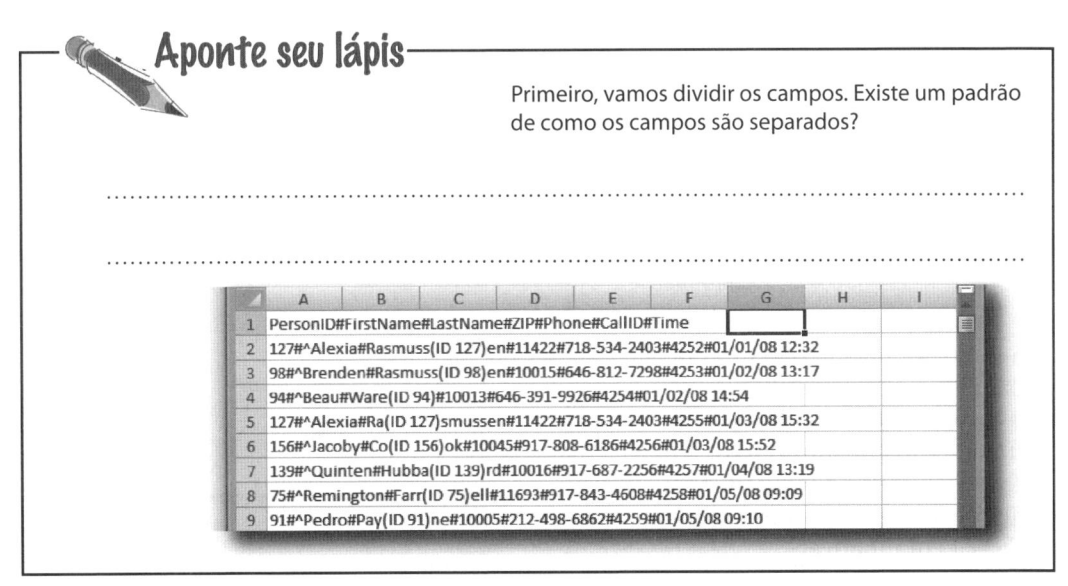

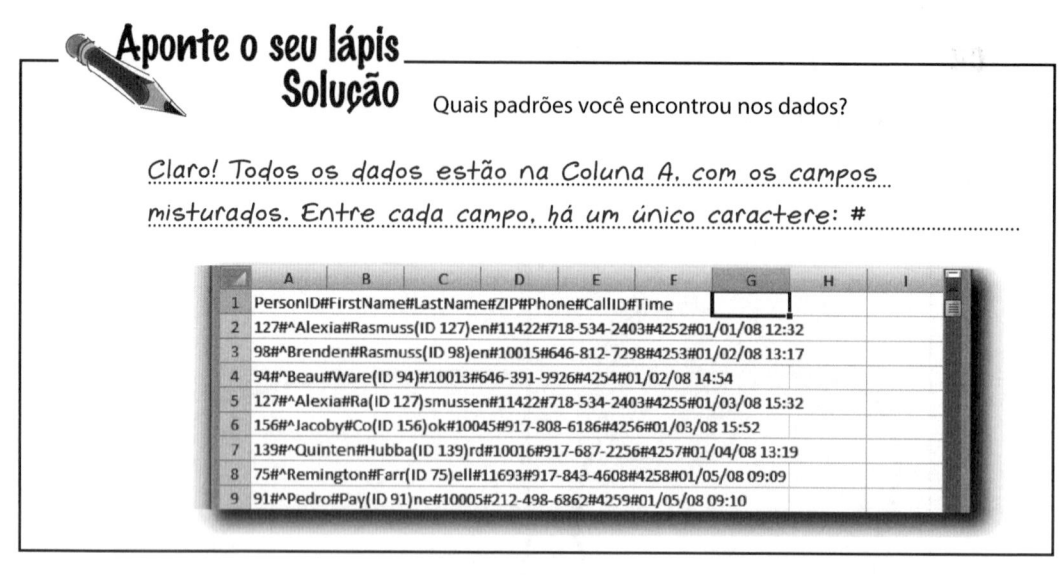

Aponte o seu lápis
Solução   Quais padrões você encontrou nos dados?

Claro! Todos os dados estão na Coluna A, com os campos misturados. Entre cada campo, há um único caractere: #

	A	B	C	D	E	F	G	H	I
1	PersonID#FirstName#LastName#ZIP#Phone#CallID#Time								
2	127#^Alexia#Rasmuss(ID 127)en#11422#718-534-2403#4252#01/01/08 12:32								
3	98#^Brenden#Rasmuss(ID 98)en#10015#646-812-7298#4253#01/02/08 13:17								
4	94#^Beau#Ware(ID 94)#10013#646-391-9926#4254#01/02/08 14:54								
5	127#^Alexia#Ra(ID 127)smussen#11422#718-534-2403#4255#01/03/08 15:32								
6	156#^Jacoby#Co(ID 156)ok#10045#917-808-6186#4256#01/03/08 15:52								
7	139#^Quinten#Hubba(ID 139)rd#10016#917-687-2256#4257#01/04/08 13:19								
8	75#^Remington#Farr(ID 75)ell#11693#917-843-4608#4258#01/05/08 09:09								
9	91#^Pedro#Pay(ID 91)ne#10005#212-498-6862#4259#01/05/08 09:10								

Use o símbolo # como delimitador

O Excel tem uma ferramenta bem útil para separar os dados em colunas quando os campos estão separados por um delimitador (o termo técnico para o caractere que faz os espaços entre os campos). Selecione a Coluna A nos seus dados e pressione o botão Texto em Colunas na guia Dados...

Selecione a Coluna A e clique nesse botão.

Diga ao Excel que você tem um delimitador.

Especifique o delimitador

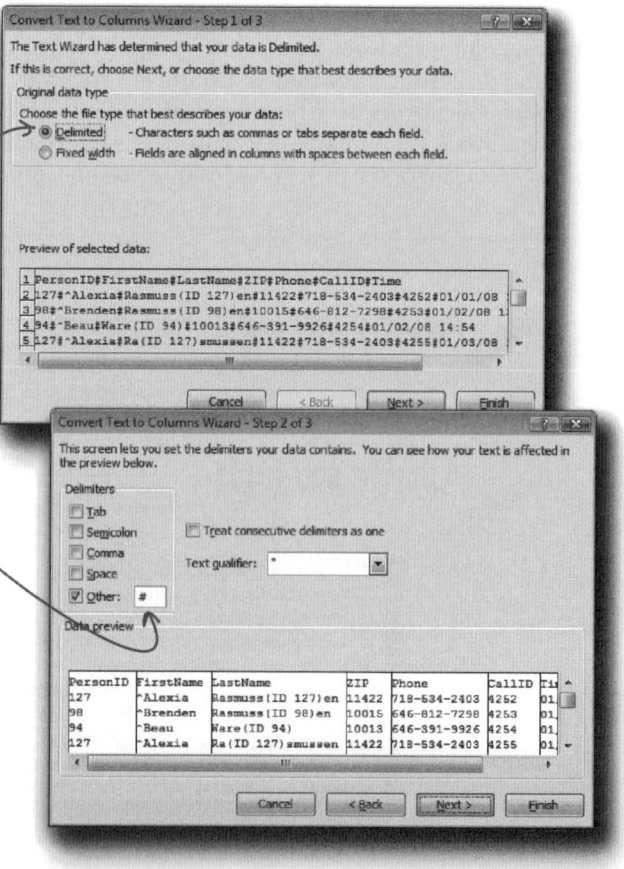

...e agora você iniciou o Assistente. No primeiro passo, diga ao Excel que os seus dados estão separados por um delimitador. No segundo passo, diga ao Excel que o seu delimitador é o caractere #. O que acontece quando você clica em **Finalizar**?

O Excel divide seus dados em colunas usando o delimitador

E nem deu trabalho. A utilização do Assistente de Conversão de Textos em Colunas é ótima se você tiver delimitadores simples separando os seus dados.

Mas os dados ainda têm alguns problemas. O primeiro e último nomes, por exemplo, parecem ter caracteres bagunçando os campos. Você vai precisar criar uma maneira de se livrar deles!

Os dados estão separados em colunas agora.

Agora que os dados já estão separados. Você pode manipulá-los individualmente se quiser.

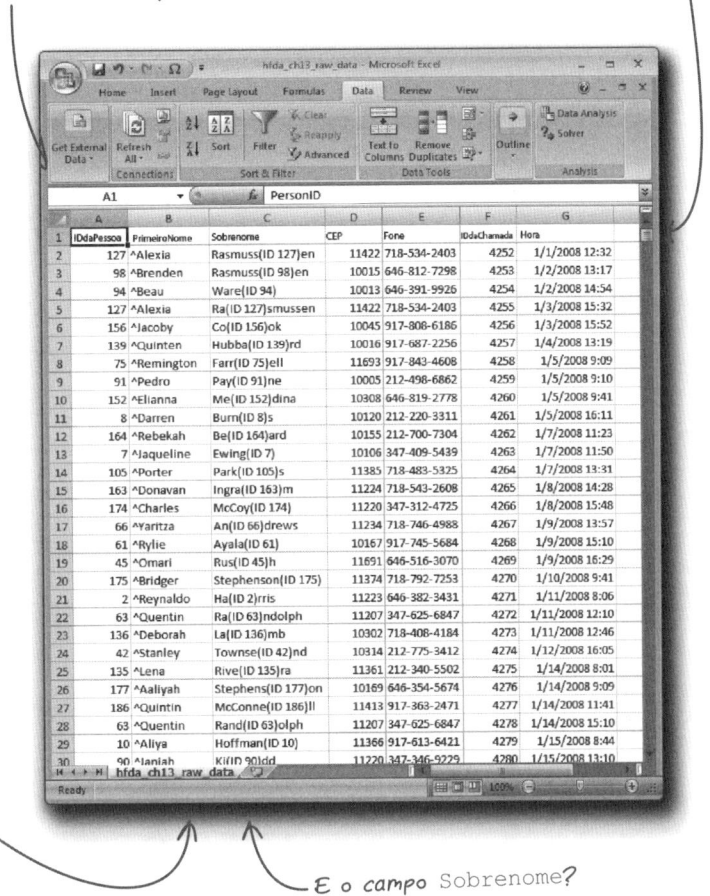

O que você vai fazer para arrumar o campo `PrimeiroNome`?

E o campo `Sobrenome`?

Aponte seu lápis

Qual padrão você usaria para arrumar a coluna `PrimeiroNome`?

....

....

Aponte seu lápis

Solução

Há um padrão para a bagunça no campo `PrimeiroNome`?

No começo de cada nome há um caractere ^. Nós precisamos nos livrar de todos eles para deixar essa coluna limpa.

^PrimeiroNome

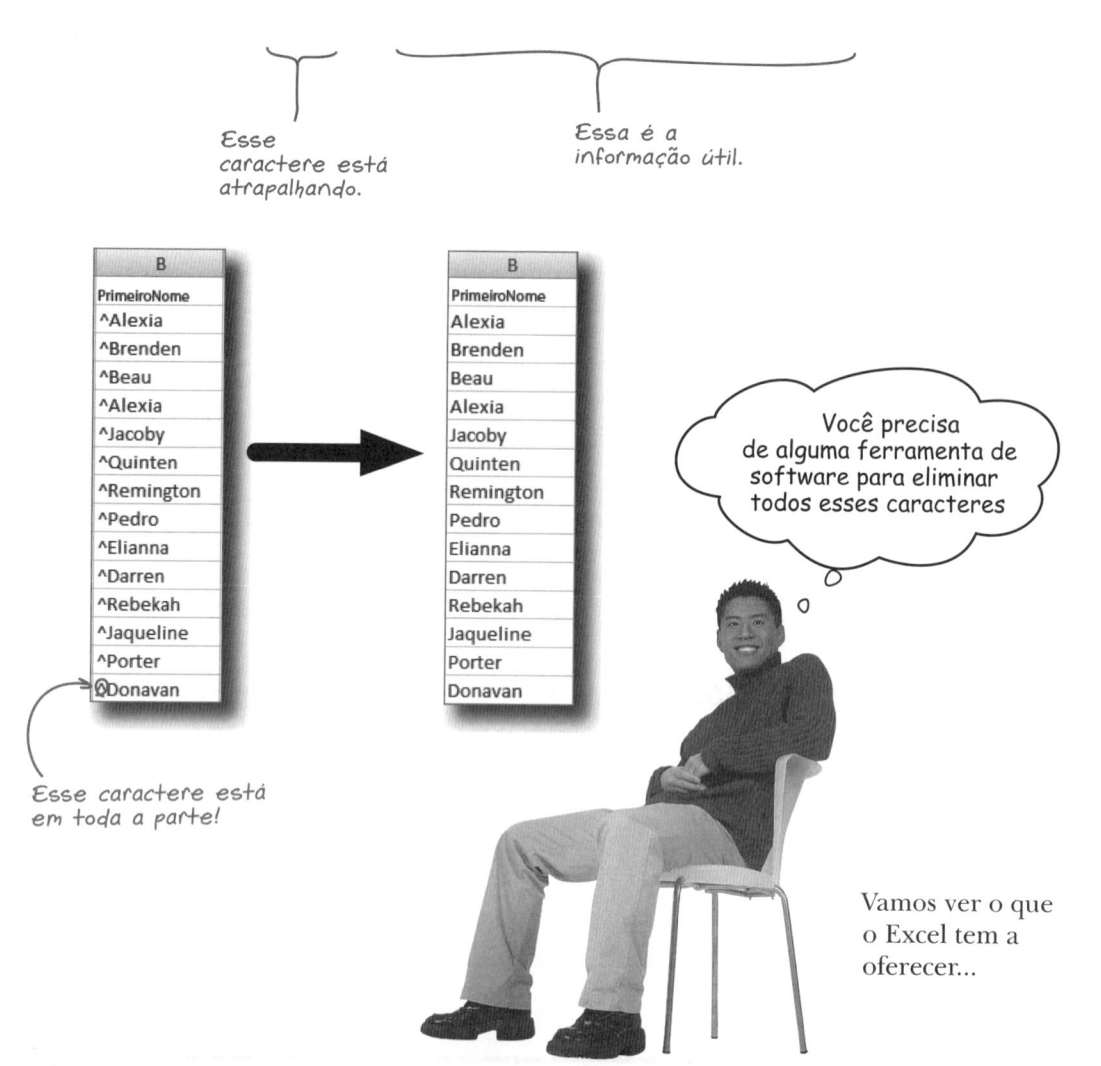

Esse caractere está atrapalhando.

Essa é a informação útil.

B
PrimeiroNome
^Alexia
^Brenden
^Beau
^Alexia
^Jacoby
^Quinten
^Remington
^Pedro
^Elianna
^Darren
^Rebekah
^Jaqueline
^Porter
@Donavan

→

B
PrimeiroNome
Alexia
Brenden
Beau
Alexia
Jacoby
Quinten
Remington
Pedro
Elianna
Darren
Rebekah
Jaqueline
Porter
Donavan

Esse caractere está em toda a parte!

Você precisa de alguma ferramenta de software para eliminar todos esses caracteres

Vamos ver o que o Excel tem a oferecer...

QUEM FAZ O QUE?

Relacione cada texto de fórmula do Excel com sua função. Qual função você acha que vai precisar usar para limpar a coluna Nome?

LOCALIZAR

Fornece o comprimento de uma célula.

ESQUERDA

Retorna um valor numérico para um número armazenado como texto.

DIREITA

Coloca os caracteres do lado direito da célula.

ARRUMAR

Substitui o texto que você não quer em uma célula com o novo texto que você especificar.

NÚM. CARAC.

Diz onde encontrar uma sequência de pesquisa em uma célula.

CONCATENAR

Pega dois valores e os coloca juntos.

VALOR

Coloca os caracteres do lado esquerdo de uma célula.

SUBSTITUIR

Remove os excessos de espaços em branco de uma célula.

QUEM FAZ O QUE?
SOLUÇÃO

Relacione cada texto de fórmula do Excel com sua função. Qual função você acha que vai precisar usar para limpar a coluna Nome?

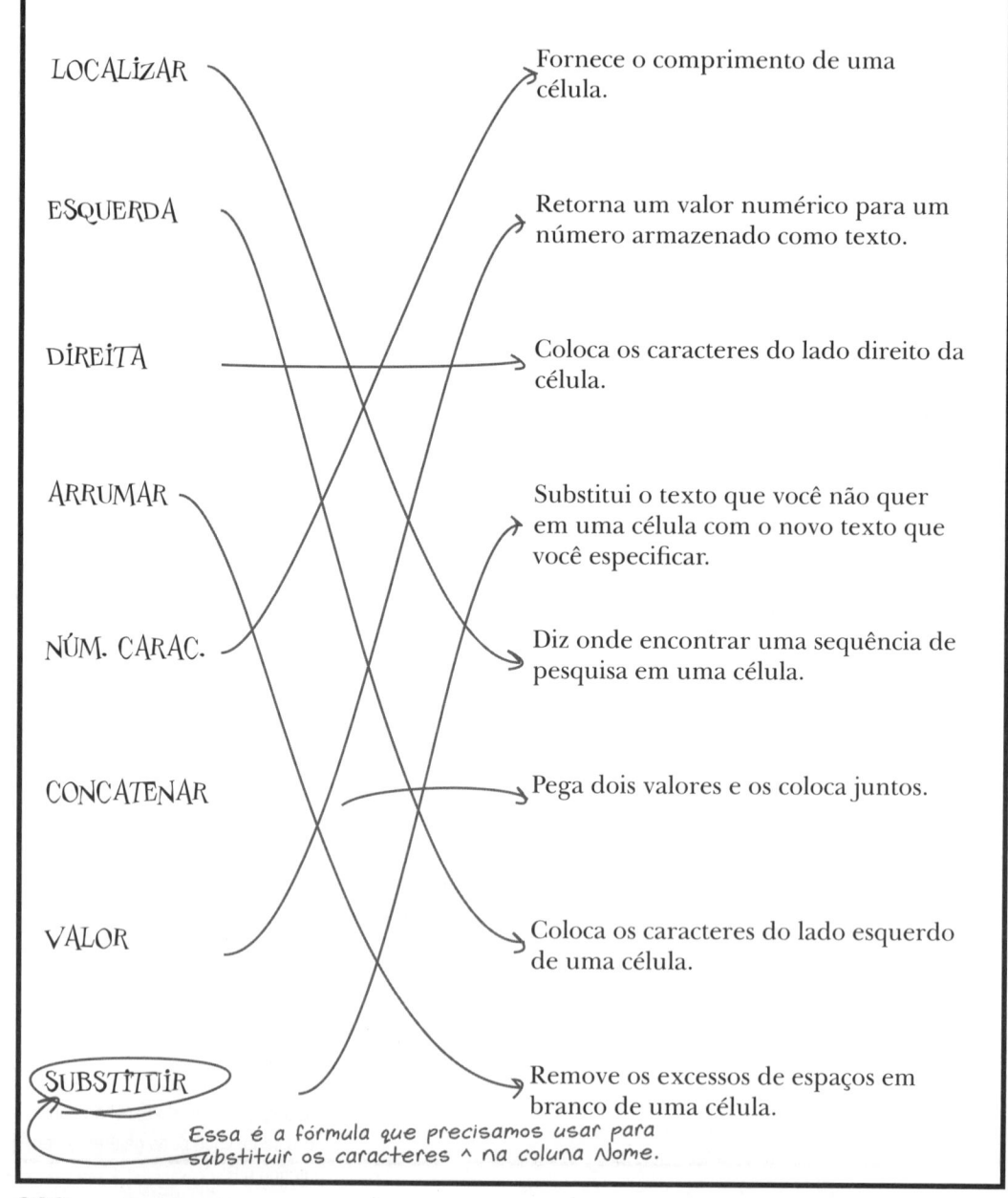

LOCALIZAR

ESQUERDA

DIREITA

ARRUMAR

NÚM. CARAC.

CONCATENAR

VALOR

SUBSTITUIR

Fornece o comprimento de uma célula.

Retorna um valor numérico para um número armazenado como texto.

Coloca os caracteres do lado direito da célula.

Substitui o texto que você não quer em uma célula com o novo texto que você especificar.

Diz onde encontrar uma sequência de pesquisa em uma célula.

Pega dois valores e os coloca juntos.

Coloca os caracteres do lado esquerdo de uma célula.

Remove os excessos de espaços em branco de uma célula.

Essa é a fórmula que precisamos usar para substituir os caracteres ^ na coluna Nome.

Utilize SUBSTITUIR para substituir o caractere quilate

① Para arrumar o campo `PrimeiroNome`, digite essa fórmula na célula H2:

`=SUBSTITUIR(B2, "^", "")`

Faça isso!

Digite a fórmula aqui.

② Copie esta fórmula e cole em todas as células até o final dos dados da coluna H. O que acontece?

Não existem Perguntas Idiotas

P: Eu estou limitada à essas fórmulas apenas? E se eu quiser pegar os caracteres da direita e esquerda de uma célula e colocá-los juntos? Parece que não tem uma fórmula para fazer isso.

R: Não, não tem. Mas se você abrigar as funções de texto uma dentro da outra, você consegue obter manipulações de textos muitos mais complexas. Por exemplo, se você quisesse pegar o primeiro e último caracteres da célula `A1` e colocá-los juntos, você usaria essa fórmula:

`CONCATENAR(ESQUERDA(A1, 1),DIREITA(A1,1)`

P: Então, é possível colocar várias fórmulas de texto, uma dentro da outra?

R: Sim, e é uma maneira poderosa de manipular o texto. No entanto, há um problema: se os seus dados estiverem muito bagunçados e você tem de juntar muitas fórmulas, sua fórmula pode ser quase impossível de ser lida.

P: E daí? Desde que funcione, eu não vou ler as fórmulas mesmo.

R: Bem, quanto mais complexa for a sua fórmula, maior probabilidade você terá de precisar ajustá-la. E quando mais difícil for para ler a sua fórmula, mais difícil será o ajuste.

P: Então, como contornar o problemas das fórmulas que são grandes e impossíveis de serem lida?

R: Ao invés de colocar todas as suas fórmulas pequenas dentro de uma grande, você pode quebrar as pequenas fórmulas em células diferentes e ter uma fórmula "final" que junta todas elas. Desta maneira, se alguma coisa não estiver certa, será mais fácil encontrar a fórmula que precisa ser alterada.

P: Sabe, aposto que o R tem maneiras muito mais poderosas de trabalhar com a manipulação de textos.

R: E tem, mas por que se preocupar em aprendê-las? Se a fórmula `SUBST` do Excel dá conta do recado, você pode ganhar tempo pulando o R.

Você limpou todos os primeiros nomes

Utilizando a fórmula SUBST, você fez com que o Excel retirasse o símbolo ^ de todos os primeiros nomes e o substituísse por nada, que você especificou pelas duas aspas ("").

Muitos programas diferentes permitem que você sew livre dos caracteres que estão atrapalhando, substituindo tais caracteres por nada.

Aqui estão os primeiros nomes corrigidos.

Esses são os dados originais dos primeiros nomes.

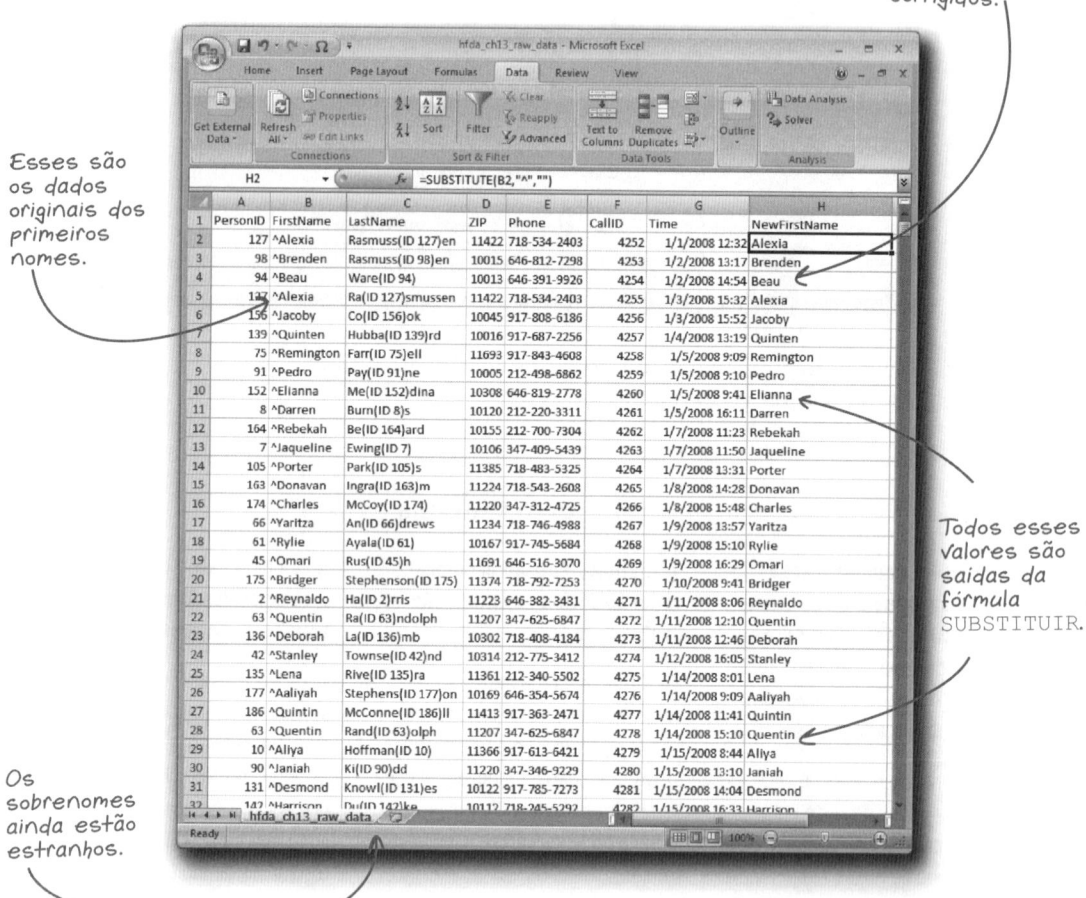

Todos esses valores são saídas da fórmula SUBSTITUIR.

Os sobrenomes ainda estão estranhos.

Para fazer com que os primeiros nomes originais sumam de vez, copie a coluna H e cole Especial > Valores para transformar esses valores em texto de verdade ao invés de resultados de fórmulas. Depois disso, você pode **apagar** a coluna PrimeiroNome para que nunca mais tenha de ver esse incômodo de símbolo ^ de novo.

Você pode apagá-los, contanto que salve uma cópia do arquivo original para usar de referência se cometer algum erro.

> Mmm... o padrão do primeiro nome foi fácil porque era somente um caractere no início que precisava ser removido. Mas o sobrenome vai dar mais trabalho, porque é um padrão mais difícil.

Exercício

Vamos tentar usar SUBST de novo, desta vez para arrumar os sobrenomes.

C
Sobrenome
Rasmuss(ID 127)en
Rasmuss(ID 98)en
Ware(ID 94)
Ra(ID 127)smussen
Co(ID 156)ok
Hubba(ID 139)rd
Farr(ID 75)ell
Pay(ID 91)ne
Me(ID 152)dina
Burn(ID 8)s
Be(ID 164)ard
Ewing(ID 7)
Park(ID 105)s
Ingra(ID 163)m

Primeiro, procure um padrão nessa bagunça. O que você diria que SUBSTITUIR deve substituir? Aqui está a sintaxe novamente:

```
SUBSTITUIR(sua célula de referência, o texto
que você quer substituir, o que você quer que
substitua o texto)
```

Você consegue criar uma fórmula que funcione?

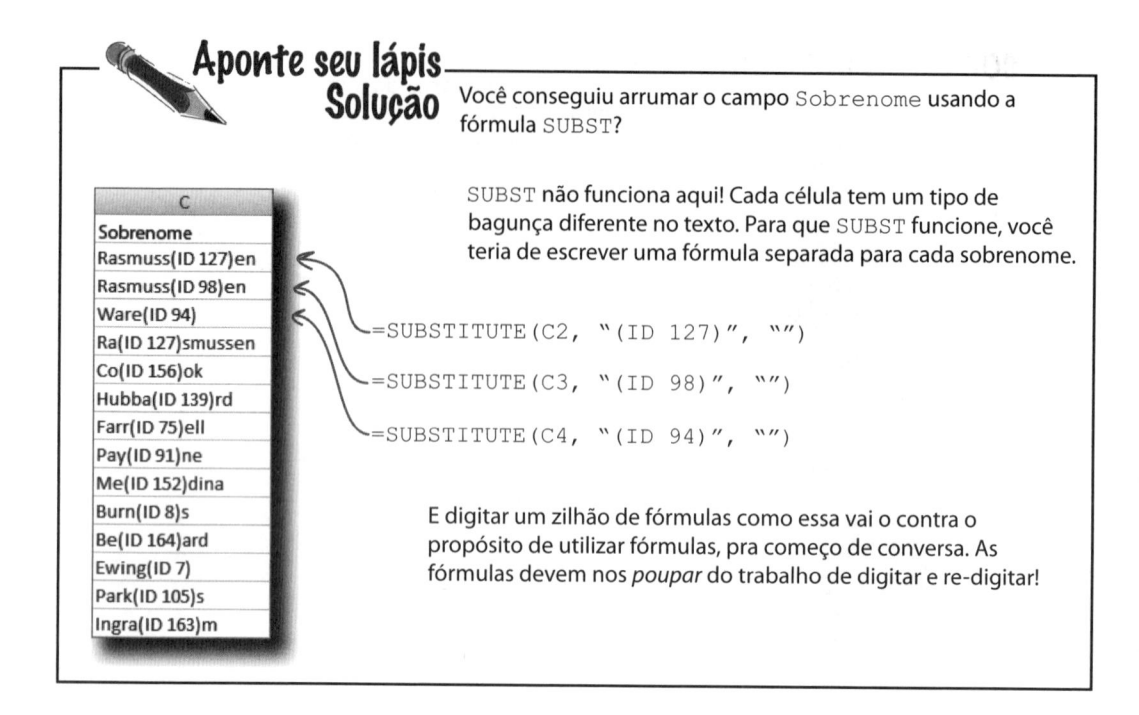

Aponte seu lápis
Solução

Você conseguiu arrumar o campo `Sobrenome` usando a fórmula `SUBST`?

`SUBST` não funciona aqui! Cada célula tem um tipo de bagunça diferente no texto. Para que `SUBST` funcione, você teria de escrever uma fórmula separada para cada sobrenome.

C
Sobrenome
Rasmuss(ID 127)en
Rasmuss(ID 98)en
Ware(ID 94)
Ra(ID 127)smussen
Co(ID 156)ok
Hubba(ID 139)rd
Farr(ID 75)ell
Pay(ID 91)ne
Me(ID 152)dina
Burn(ID 8)s
Be(ID 164)ard
Ewing(ID 7)
Park(ID 105)s
Ingra(ID 163)m

`=SUBSTITUTE(C2, "(ID 127)", "")`

`=SUBSTITUTE(C3, "(ID 98)", "")`

`=SUBSTITUTE(C4, "(ID 94)", "")`

E digitar um zilhão de fórmulas como essa vai o contra o propósito de utilizar fórmulas, pra começo de conversa. As fórmulas devem nos *poupar* do trabalho de digitar e re-digitar!

O padrão do sobrenome é muito complexo para SUBSTITUIR

A função SUBST procura um padrão na forma de uma única série de texto para substituir. O problemas com os sobrenomes é que **cada um deles tem um texto diferente** para ser substituído.

Essas séries de textos são diferentes.

Rasmuss(ID 98)en

Co(ID 156)ok

É impossível simplesmente digitar o valor que você quer substituir porque esse valor é diferente para cada célula.

E isso não é tudo: o padrão de bagunça no campo `Sobrenome` é mais complexo, no sentido de que as séries aparecem em **posições diferentes** nas células e têm **comprimentos diferentes**.

Aqui, a bagunça começa no oitavo caractere da célula...

O comprimento deste texto é de sete caracteres.

Rasmuss(ID 98)en

Co(ID 156)ok

...e aqui começa no terceiro caractere!

Esse aqui tem oito caracteres de extensão.

Lide com padrões complexos com fórmulas de texto aninhado

Depois de se familiarizar com as fórmulas do Excel, você pode colocá-las uma dentro da outra para realizar operações complexas nos seus dados bagunçados. Veja um exemplo:

A fórmula LOCALIZAR *retorna o número que representa a posição do "(".*

ESQUEDAR *pega o texto à esquerda da célula.*

```
LOCALIZAR("(",C3)
```

Rasmuss(ID 98)en

```
ESQUERDA(C3,LOCALIZAR
("(",C3)-1)
```

Rasmuss(ID 98)en

```
DIREITA"C3,NUM.CARACT(C3)-LOCALIZAR
(")",C3))
```

Rasmuss(ID 98)en

```
CONCATENAR(ESQUERDA(C3,LOCALIZAR
("(",C3)-1),DIREITA(C3,NUM.CARACT
(C3)-LOCALIZAR(")",C3)))
```

Rasmussen

DIREITA *pega o texto à direita da célula.*

CONCATENAR *junta tudo.*

A fórmula funciona, mas há um **problema**: está começando a ficar muito difícil de ler. Isso pode até não ser um problema se você já escrever as fórmulas perfeitamente da primeira vez, mas é melhor fazer isso com uma ferramenta que tem poder *e* simplicidade, diferente desta fórmula aninhada CONCATENAR.

Não seria um sonho se houvesse uma maneira mais fácil de arrumar essas bagunças complexas do que com fórmulas longas, impossíveis de serem lidas? Mas eu sei que isso é só um sonho...

O R consegue usar expressões regulares para esmigalhar padrões de dados complexos

Expressões regulares são ferramentas de programação que permitem especificar padrões complexos para substituir séries de texto, e o R tem uma ferramenta poderosa para fazer isso.

Aqui temos um simples **padrão** de expressão regular que procura a letra "a". Quando você dá esse padrão ao R, ele diz que se há alguma correspondência.

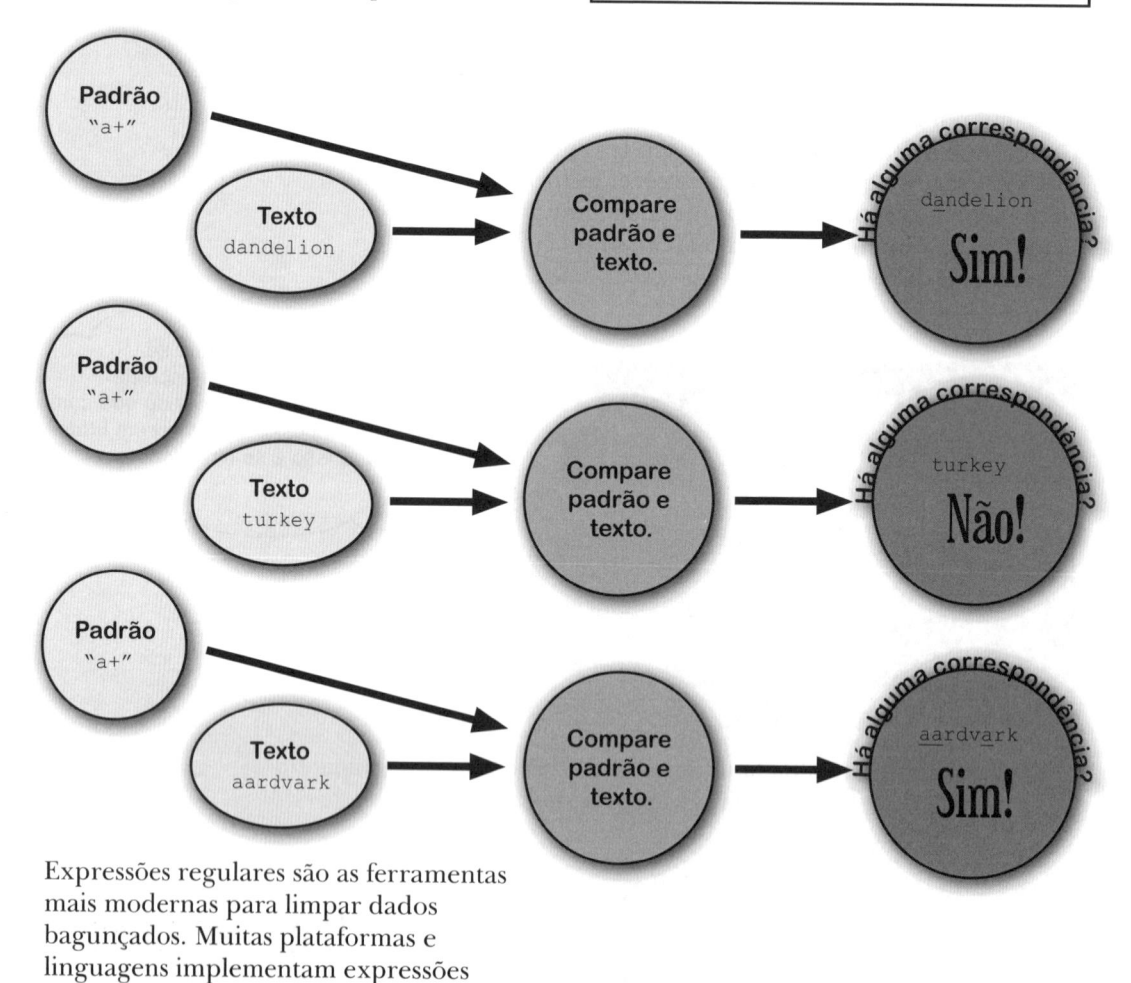

Expressões regulares são as ferramentas mais modernas para limpar dados bagunçados. Muitas plataformas e linguagens implementam expressões regulares, embora o Excel não faça isso.

> **De: Use a Cabeça Recrutadores**
> **Para: Analista**
> **Assunto: Preciso dos nomes AGORA**
> **Bem, vamos andar com isso! Esses prospectos são quentíssimos e estão começando a esfriar. Eu quero que nossa força de vendas entre em contato com essas pessoas ontem!**

É melhor começar a correr! Aqui vai:

Faça isso!

1 Carregue seus dados no R e dê uma olhado no que você tem com o comando `head`. Você pode tanto salvar seu arquivo em Excel como um CSV e carregar o CSV no R, como você pode usar o link abaixo e carregar os dados mais recentes

Esse comando exibe o CSV em uma tabela chamada `hfhh`.

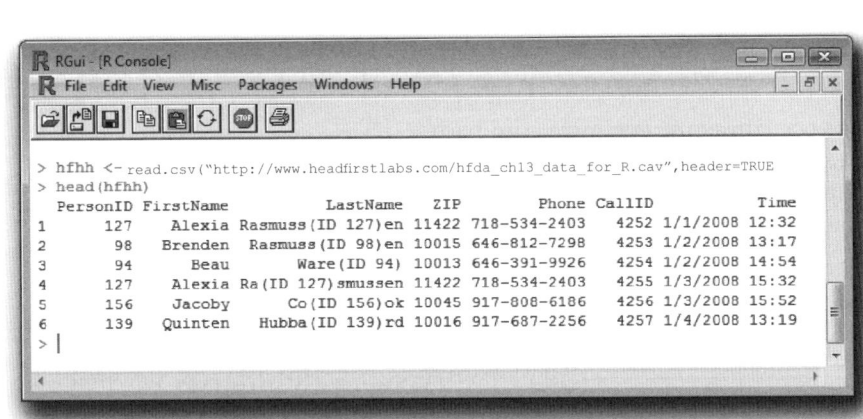

```
> hfhh <- read.csv("http://www.headfirstlabs.com/hfda_ch13_data_for_R.cav",header=TRUE
> head(hfhh)
  PersonID FirstName        LastName   ZIP       Phone CallID          Time
1      127    Alexia Rasmuss(ID 127)en 11422 718-534-2403   4252 1/1/2008 12:32
2       98   Brenden  Rasmuss(ID 98)en 10015 646-812-7298   4253 1/2/2008 13:17
3       94      Beau      Ware(ID 94) 10013 646-391-9926   4254 1/2/2008 14:54
4      127    Alexia  Ra(ID 127)smussen 11422 718-534-2403   4255 1/3/2008 15:32
5      156    Jacoby    Co(ID 156)ok 10045 917-808-6186   4256 1/3/2008 15:52
6      139   Quinten   Hubba(ID 139)rd 10016 917-687-2256   4257 1/4/2008 13:19
> |
```

2 Execute esse comando de expressão regular

```
NewLastName <- sub("\\(.*\\)","",hfhh$LastName)
```

3 Depois, dê uma olhada no seu trabalho executando o comando `head` para ver as primeiras linhas da sua tabela.

```
head(NewLastName)
```

O que acontece?

O comando sub consertou os sobrenomes

O comando sub usou o **padrão** que você especificou
e substituiu todas as correspondências por texto em
branco, apagando, com
eficiência, todas as séries
de texto parentéticas na
coluna Sobrenome.

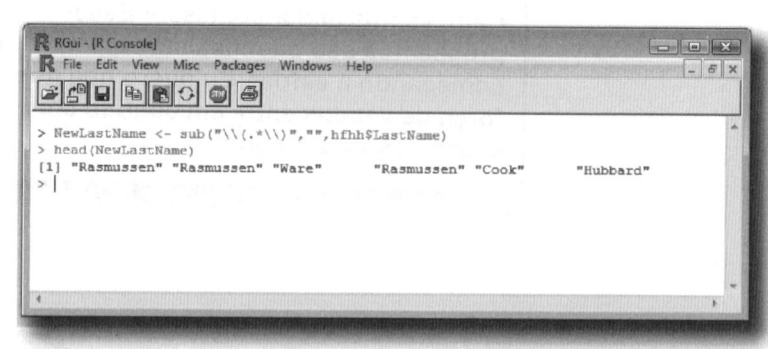

Vamos dar uma olhada na
sintaxe mais de perto:

Esse é um novo vetor dos sobrenomes limpos.

Esse é o seu padrão de expressão regular.

Esse é o texto em branco, que substitui os textos que correspondem aos padrões.

NewLastName <- sub("\\(.*\\)","",hfhh$LastName)

Se você conseguir encontrar um padrão na
bagunça dos seus dados, você pode escrever uma
expressão regular que vai explorá-los, de forma
clara, para fornecer a estrutura que você quer.

Não há necessidade de escrever fórmulas
insanamente longas!

Suas Expressões Regulares de Perto

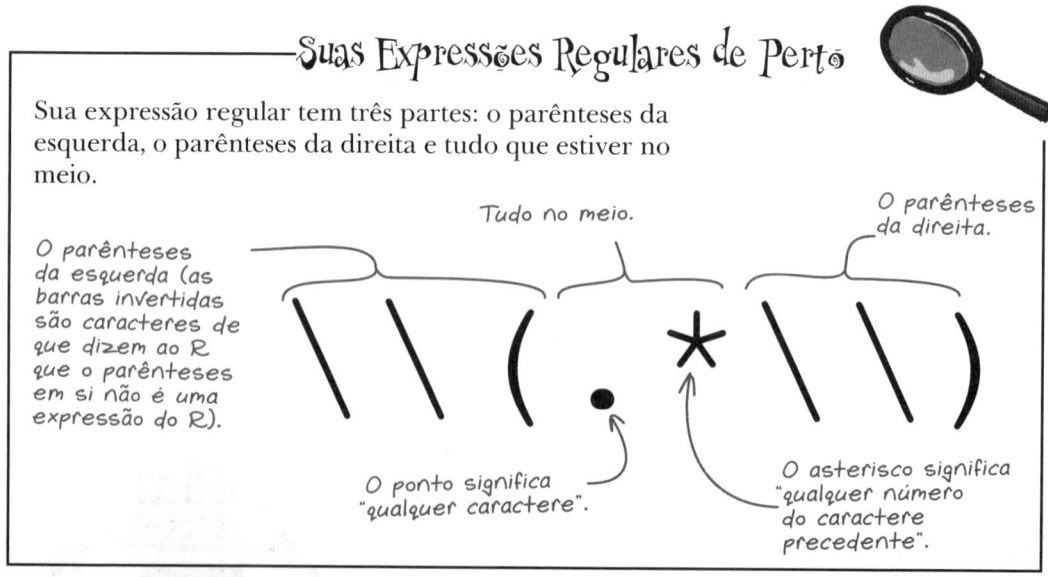

Sua expressão regular tem três partes: o parênteses da
esquerda, o parênteses da direita e tudo que estiver no
meio.

Tudo no meio.

O parênteses da direita.

O parênteses da esquerda (as barras invertidas são caracteres de que dizem ao R que o parênteses em si não é uma expressão do R).

O ponto significa "qualquer caractere".

O asterisco significa "qualquer número do caractere precedente".

P: Alguns desses comandos de expressões regulares parecem muito difíceis de serem lidos. É muito difícil dominar as expressões regulares?

R: Elas podem ser difíceis de serem lidos porque são bem concisas. Essa economia de sintaxe pode ser um enorme benefício quando você tem padrões complexos e estranhos para decodificar. As expressões regulares são fáceis de aprender, mas (como em qualquer coisa complexa) difíceis de dominar. Leia-as sem pressa que você acaba se acostumando.

P: E se os dados nem vierem em uma planilha? Pode ser que eu precise extrair dados de um PDF, site ou até XML.

R: Esses são os tipos de situação nos quais as expressões regulares realmente brilham. Desde que você possa fazer com que a sua informações esteja em algum tipo de arquivo de texto, você consegue analisá-las com as expressões regulares. Os sites, em especial, são fontes comuns de informação para a análise de dados e é muito rápido programar padrões de HTML nas suas fórmulas de expressões regulares.

P: Quais outras plataformas específicas usam as expressões regulares?

R: Java, Perl, Python, JavaScript.. todos os diferentes tipos de linguagem de programação as usam.

P: Se as expressões regulares são tão comuns em linguagem de programação, por que o Excel não trabalha com elas?

R: Na plataforma Windows, você pode usar a linguagem de programação Visual Basic for Applications (VBA) da Microsoft. Mas a maioria das pessoas acabam usando um programa mais poderoso, como o R, ao invés de aprender a programar o Excel. Ah, e considerando que o VBA não está mais no lançamento recente do Excel para Mac, você não pode usar as expressões regulares no Excel em um Mac, independente do quanto você queira fazer isso.

Agora você já pode enviar os dados para seu cliente

É melhor gravar seu trabalho em um arquivo CSV para o seu cliente.

Faça isso!

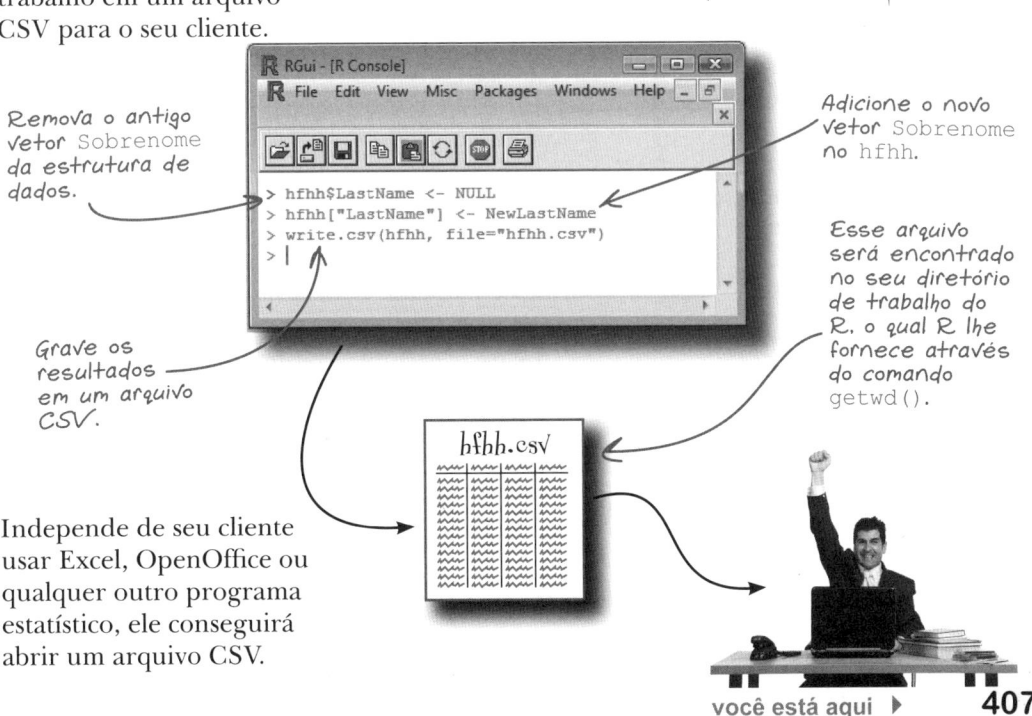

Remova o antigo vetor Sobrenome da estrutura de dados.

Adicione o novo vetor Sobrenome no hfhh.

Esse arquivo será encontrado no seu diretório de trabalho do R, o qual R lhe fornece através do comando getwd().

```
> hfhh$LastName <- NULL
> hfhh["LastName"] <- NewLastName
> write.csv(hfhh, file="hfhh.csv")
> |
```

Grave os resultados em um arquivo CSV.

hfhh.csv

Independe de seu cliente usar Excel, OpenOffice ou qualquer outro programa estatístico, ele conseguirá abrir um arquivo CSV.

Talvez você ainda não tenha acabado...

É impossível usar isso! Dá uma olhada nos registros duplicados!!!

O cliente encontrou alguns problemas no seu trabalho.

Ele tem razão. Por exemplo, dê uma olhada em "Alexia Rasmussen". Ela certamente aparece mais de uma vez. Pode ser que haja duas pessoas diferentes com o mesmo nome, claro. Mas, aqui, ambos os registros tem a mesma ID, 127, o que sugere que estamos falando da mesma pessoa.

Talvez Alexia seja o **único nome duplicado** e o cliente está reagindo ao erro. Para descobrir, você vai precisar achar uma maneira de *ver* os registros duplicados com maior facilidade.

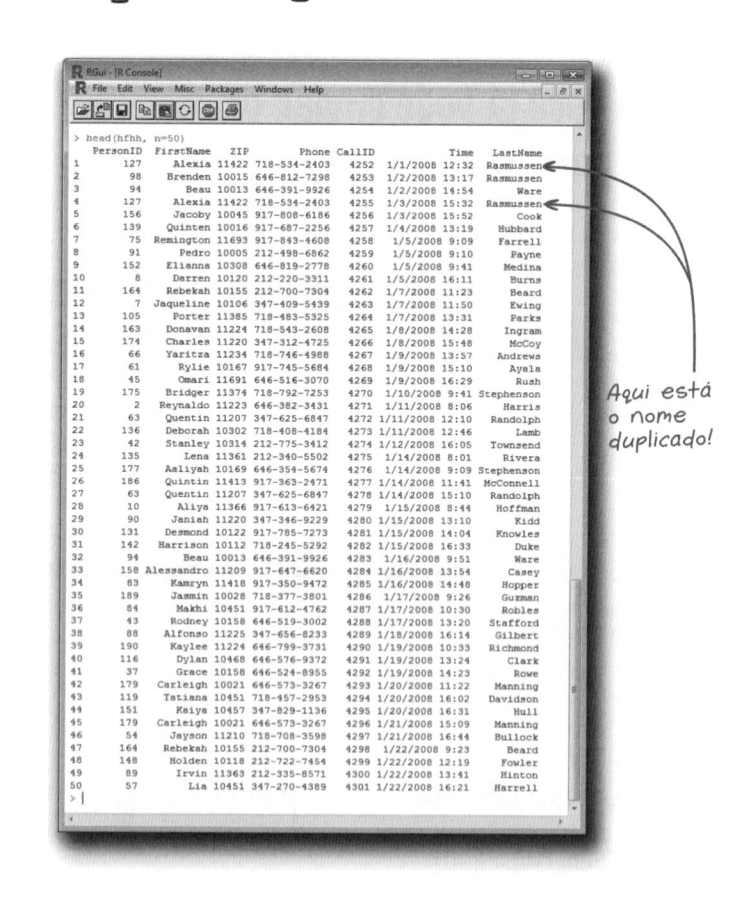

Aqui está o nome duplicado!

Classifique seus dados para exibir os valores duplicados juntos

Se você tem muitos dados, pode ser difícil **ver** se os valores realmente se repetem. É muito mais fácil ver as repetições se a lista estiver classificada.

Há muitas repetições aqui.

É difícil ver as repetições dessa lista, principalmente se ela for longa.

Não classificado

```
Alex
Stu
Sara
Greg
Chris
Jen
Jorge
```

Classificado

```
Alex
Alex
Alex
Ben
Chris
Chris
Dee
```

Agora é muito fácil ver as duplicidades.

Exercício

Vamos dar uma olhada melhor nos registros duplicados da sua lista com a classificação dos dados.

No R, você classifica uma estrutura de dados usando a função `order` dentro do subconjunto dos colchetes.

Uma nova lista, classificada.

```
hfhhSorted <- hfhh[order(hfhh$PersonID), ]
```

Considerando que o campo `IDdaPessoa` provavelmente representa um número único para cada pessoa, ele se torna um bom campo para classificar. Afinal de contas, é possível que haja mais de um pessoa chamada "John Smith". A seguir, execute o comando `head` para ver o que você criou:

```
head(hfhhSorted, n=50)
```

O que o R Faz?

Solução do Exercício

A classificação dos seus dados no R pela `IDdaPessoa` revelou as duplicidades?

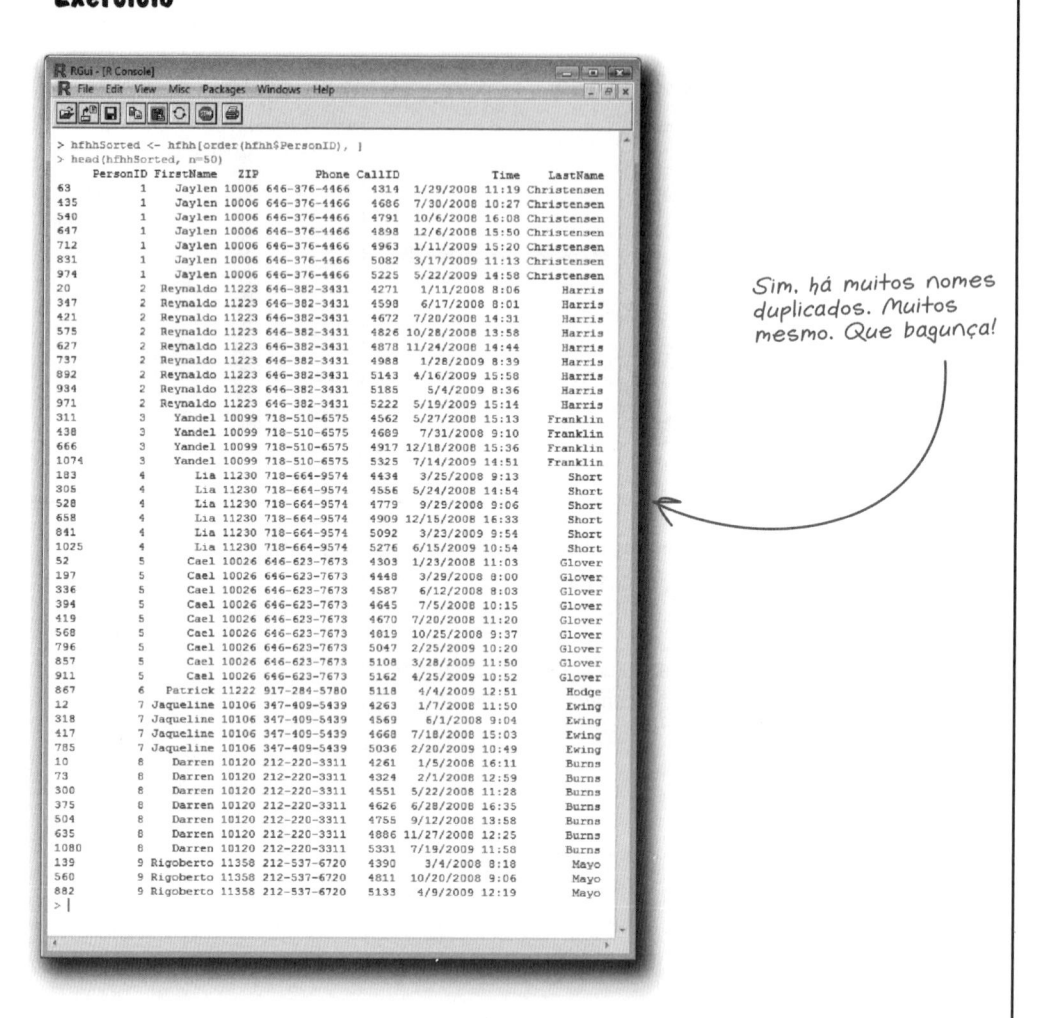

```
> hfhhSorted <- hfhh[order(hfhh$PersonID), ]
> head(hfhhSorted, n=50)
     PersonID FirstName  ZIP        Phone CallID        Time    LastName
63          1    Jaylen 10006 646-376-4466   4314  1/29/2008 11:19 Christensen
435         1    Jaylen 10006 646-376-4466   4686  7/30/2008 10:27 Christensen
540         1    Jaylen 10006 646-376-4466   4791 10/6/2008 16:08 Christensen
647         1    Jaylen 10006 646-376-4466   4898 12/6/2008 15:50 Christensen
712         1    Jaylen 10006 646-376-4466   4963  1/11/2009 15:20 Christensen
831         1    Jaylen 10006 646-376-4466   5082  3/17/2009 11:13 Christensen
974         1    Jaylen 10006 646-376-4466   5225  5/22/2009 14:58 Christensen
20          2  Reynaldo 11223 646-382-3431   4271  1/11/2008 8:06   Harris
347         2  Reynaldo 11223 646-382-3431   4598  6/17/2008 8:01   Harris
421         2  Reynaldo 11223 646-382-3431   4672  7/20/2008 14:31  Harris
575         2  Reynaldo 11223 646-382-3431   4826 10/28/2008 13:58  Harris
627         2  Reynaldo 11223 646-382-3431   4878 11/24/2008 14:44  Harris
737         2  Reynaldo 11223 646-382-3431   4988  1/28/2009 8:39   Harris
892         2  Reynaldo 11223 646-382-3431   5143  4/16/2009 15:58  Harris
934         2  Reynaldo 11223 646-382-3431   5185  5/4/2009 8:36    Harris
971         2  Reynaldo 11223 646-382-3431   5222  5/19/2009 15:14  Harris
311         3    Yandel 10099 718-510-6575   4562  5/27/2008 15:13 Franklin
438         3    Yandel 10099 718-510-6575   4689  7/31/2008 9:10  Franklin
666         3    Yandel 10099 718-510-6575   4917 12/18/2008 15:36 Franklin
1074        3    Yandel 10099 718-510-6575   5325  7/14/2009 14:51 Franklin
183         4       Lia 11230 718-664-9574   4434  3/25/2008 9:13    Short
305         4       Lia 11230 718-664-9574   4556  5/24/2008 14:54  Short
528         4       Lia 11230 718-664-9574   4779  9/29/2008 9:06   Short
658         4       Lia 11230 718-664-9574   4909 12/15/2008 16:33  Short
841         4       Lia 11230 718-664-9574   5092  3/23/2009 9:54   Short
1025        4       Lia 11230 718-664-9574   5276  6/15/2009 10:54  Short
52          5      Cael 10026 646-623-7673   4303  1/23/2008 11:03  Glover
197         5      Cael 10026 646-623-7673   4448  3/29/2008 8:00   Glover
336         5      Cael 10026 646-623-7673   4587  6/12/2008 8:03   Glover
394         5      Cael 10026 646-623-7673   4645  7/5/2008 10:15   Glover
419         5      Cael 10026 646-623-7673   4670  7/20/2008 11:20  Glover
568         5      Cael 10026 646-623-7673   4819 10/25/2008 9:37   Glover
796         5      Cael 10026 646-623-7673   5047  2/25/2009 10:20  Glover
857         5      Cael 10026 646-623-7673   5108  3/28/2009 11:50  Glover
911         5      Cael 10026 646-623-7673   5162  4/25/2009 10:52  Glover
867         6   Patrick 11222 917-284-5780   5118  4/4/2009 12:51   Hodge
12          7 Jaqueline 10106 347-409-5439   4263  1/7/2008 11:50   Ewing
318         7 Jaqueline 10106 347-409-5439   4569  6/1/2008 9:04    Ewing
417         7 Jaqueline 10106 347-409-5439   4668  7/18/2008 15:03  Ewing
785         7 Jaqueline 10106 347-409-5439   5036  2/20/2009 10:49  Ewing
10          8    Darren 10120 212-220-3311   4261  1/5/2008 16:11   Burns
73          8    Darren 10120 212-220-3311   4324  2/1/2008 12:59   Burns
300         8    Darren 10120 212-220-3311   4551  5/22/2008 11:28  Burns
375         8    Darren 10120 212-220-3311   4626  6/28/2008 16:35  Burns
504         8    Darren 10120 212-220-3311   4755  9/12/2008 13:58  Burns
635         8    Darren 10120 212-220-3311   4886 11/27/2008 12:25  Burns
1080        8    Darren 10120 212-220-3311   5331  7/19/2009 11:58  Burns
139         9 Rigoberto 11358 212-537-6720   4390  3/4/2008 8:18    Mayo
560         9 Rigoberto 11358 212-537-6720   4811 10/20/2008 9:06   Mayo
882         9 Rigoberto 11358 212-537-6720   5133  4/9/2009 12:19   Mayo
> |
```

Sim, há muitos nomes duplicados. Muitos mesmo. Que bagunça!

Quando você recebe dados bagunçados, você deve classificá-los de maneira progressiva. Normalmente é muito difícil ver todos os dados de uma vez, e a classificação dos dados de acordo com os campos permite que você visualize grupos de modo a ajudá-lo a encontrar as duplicidades ou qualquer outra coisa estranha.

Há alguma coisa estranha aqui! Por que nosso concorrente armazenaria dados duplicados? Isso é algum tipo de piada?

Aponte seu lápis

Analise melhor os dados. Você consegue dizer *por que* os nomes podem estar duplicados?

Escreva sua resposta aqui.

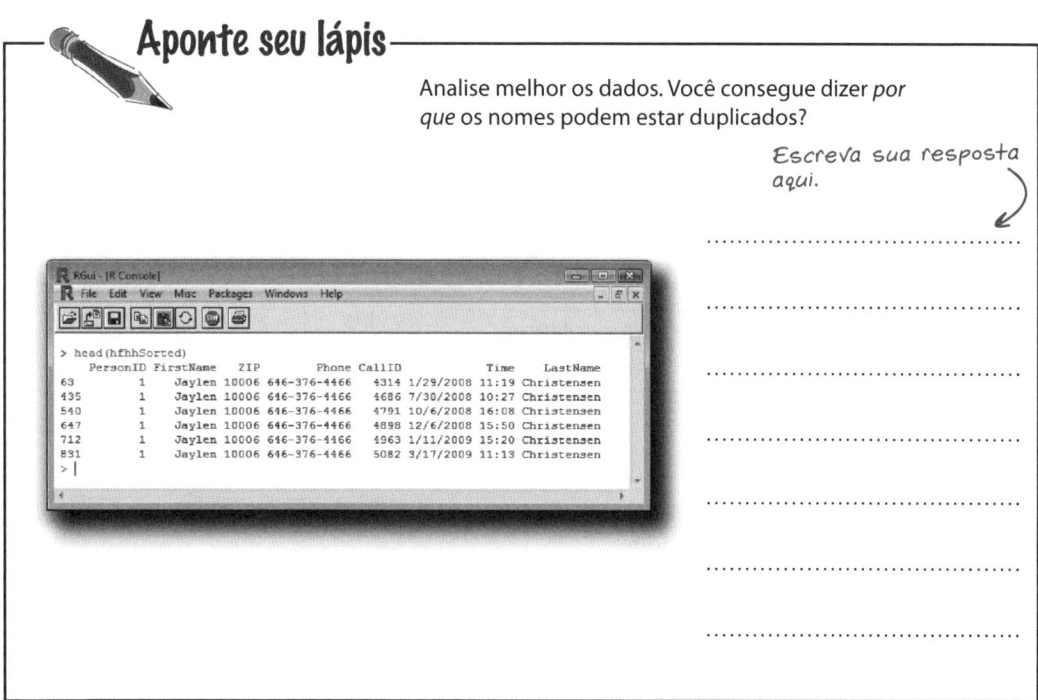

```
> head(hfhhSorted)
    PersonID FirstName ZIP       Phone CallID            Time  LastName
63         1   Jaylen 10006 646-376-4466  4314 1/29/2008 11:19 Christensen
435        1   Jaylen 10006 646-376-4466  4686 7/30/2008 10:27 Christensen
540        1   Jaylen 10006 646-376-4466  4791 10/6/2008 16:08 Christensen
647        1   Jaylen 10006 646-376-4466  4898 12/6/2008 15:50 Christensen
712        1   Jaylen 10006 646-376-4466  4963 1/11/2009 15:20 Christensen
831        1   Jaylen 10006 646-376-4466  5082 3/17/2009 11:13 Christensen
> |
```

....

....

....

....

....

....

....

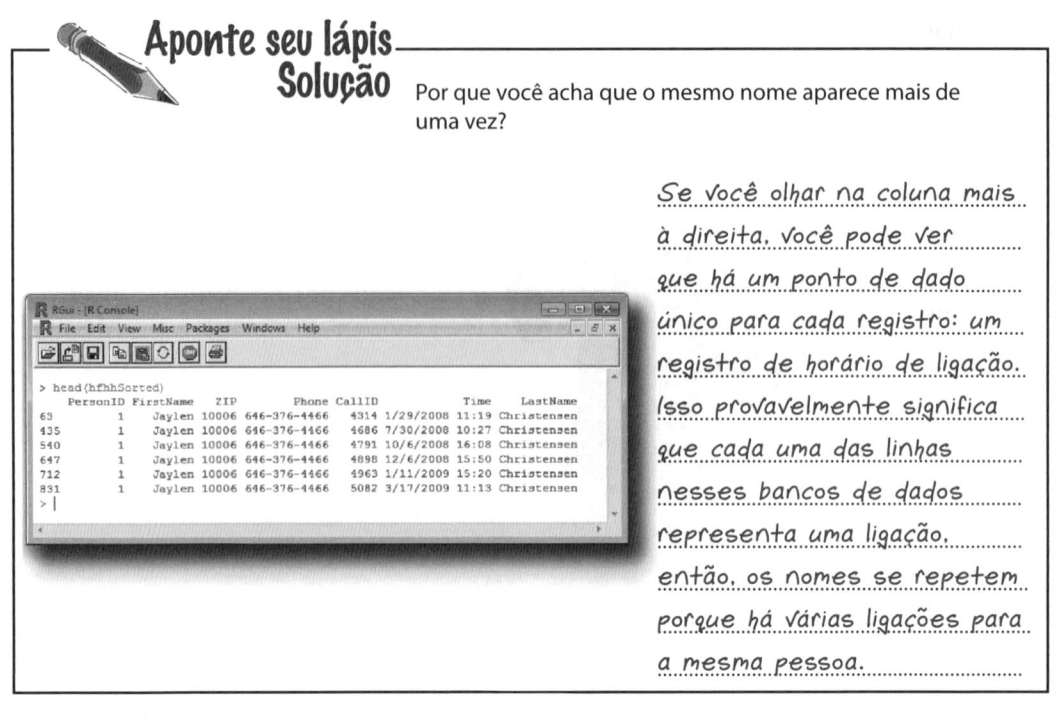

Aponte seu lápis
Solução

Por que você acha que o mesmo nome aparece mais de uma vez?

Se você olhar na coluna mais à direita, você pode ver que há um ponto de dado único para cada registro: um registro de horário de ligação. Isso provavelmente significa que cada uma das linhas nesses bancos de dados representa uma ligação, então, os nomes se repetem porque há várias ligações para a mesma pessoa.

Os dados provavelmente são de um banco de dados relacional

Se os elementos da sua lista bagunçada se repetem, então, os dados provavelmente vieram de um banco de dados relacional. Neste caso, seus dados são a saída de uma solicitação que consolidou duas tabelas.

Visto que você entende a arquitetura dos SGBD, você sabe que as repetições como as que estamos vendo aqui são derivadas de **como as solicitações retornam os dados** ao invés da **pobre qualidade dos dados**. Então, agora você já pode remover os nomes duplicados sem se preocupar se há algo fundamentalmente errado com os seus dados.

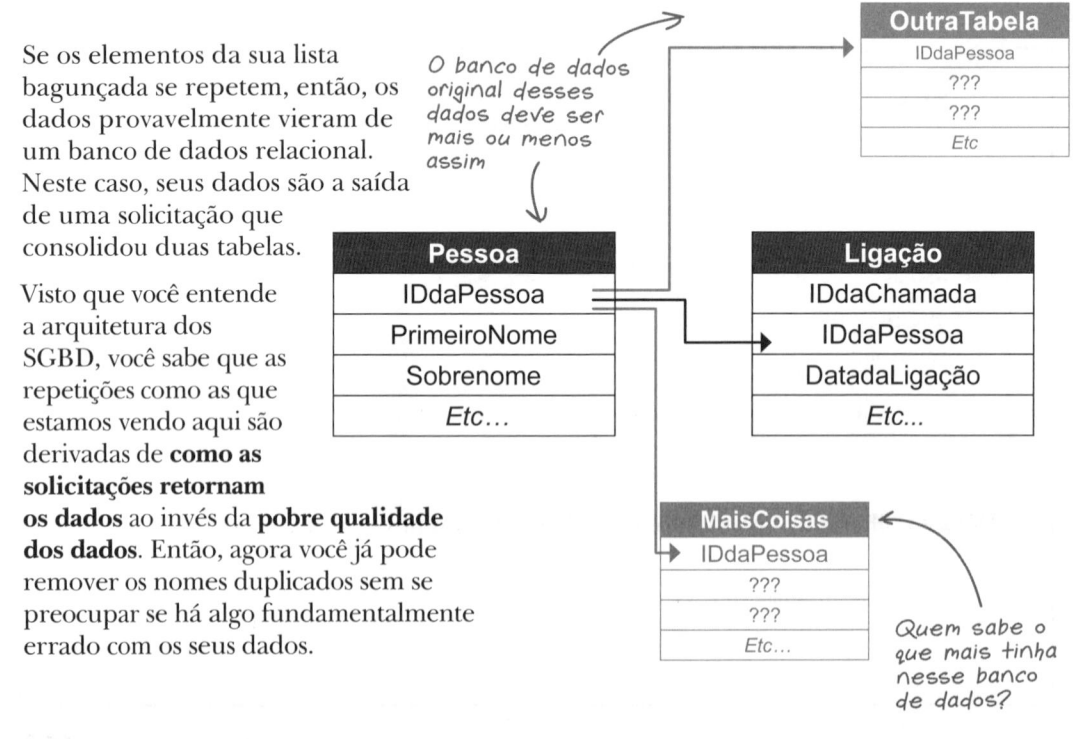

O banco de dados original desses dados deve ser mais ou menos assim

Quem sabe o que mais tinha nesse banco de dados?

Remova os nomes duplicados

Agora que você já sabe *por que* os nomes estão
duplicados, você pode começar a **removê-los**.
Tanto o R quando o Excel têm funções rápidas
e diretas para remover os registros duplicados.

**Remover as duplicidades no
R é muito simples:**

A função unique retorna um vetor
ou estrutura de dados como o que
você especificou, exceto que os
registros duplos são removidos.

*No R, você
precisa
da função
unique.*

unique(mydata)

Só isso! Certifique-se de gravar o
resultado sob um novo nome para
que você possa usar os dados que lhe
foram retornados.

*Para remover
as duplicidades
no Excel, use
esse botão.*

**Remover as duplicidades
no Excel é muito rápido:**

Certifique-se de que seu cursor esteja
nos seus dados e clique nesse botão:

O Excel vai pedir para você especificar
quais colunas contêm dados duplicados,
e os dados das outras colunas que não
forem duplicados serão apagados.

Bom, agora que você já tem a ferramenta
que precisa para se livrar daqueles nomes
duplicados que tanto incomodavam, vamos
limpar a sua lista e devolvê-la ao cliente.

*Conserte seus dados de
uma vez por todas no R...*

1 Crie uma nova estrutura de dados para
representar seus registros únicos:

```
hfhhNamesOnly <- hfhhSorted
```

2 Remova os campos Hora e IDdaChamada, os quais o cliente não precisa e
que são a causa dos seus valores duplicados.

```
hfhhNamesOnly$CallID <- NULL
hfhhNamesOnly$Time <- NULL
```

*E a unique está
em ação!*

3 Use a função unique para remover os nomes duplicados:

```
hfhhNamesOnly <- unique(hfhhNamesOnly)
```

4 Dê uma olhada nos resultados e grave-os em um novo arquivo CSV:

```
head(hfhhNamesOnly, n=50)
write.csv(hfhhNamesOnly, file="hfhhNamesOnly.csv")
```

Você criou registros únicos, limpos e belos

Esses dados parecem totalmente sólidos.

As colunas não estão misturadas, não há caracteres estranhos nem duplicidades. E tudo isso por seguir os passos básicos da limpeza de um conjunto de dados:

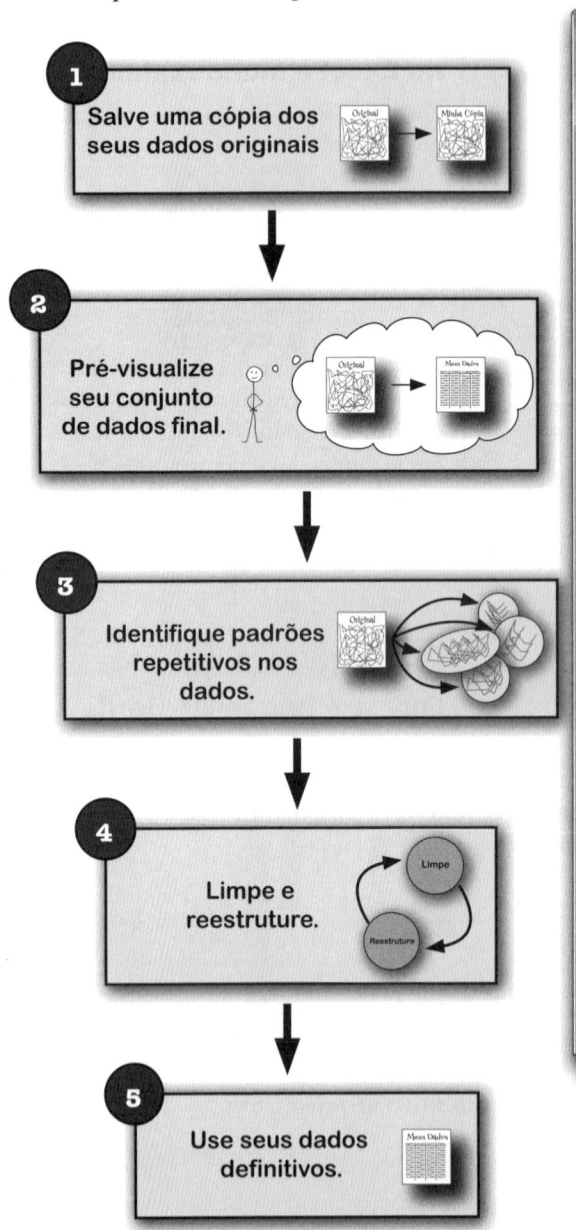

1. Salve uma cópia dos seus dados originais

2. Pré-visualize seu conjunto de dados final.

3. Identifique padrões repetitivos nos dados.

4. Limpe e reestruture.

5. Use seus dados definitivos.

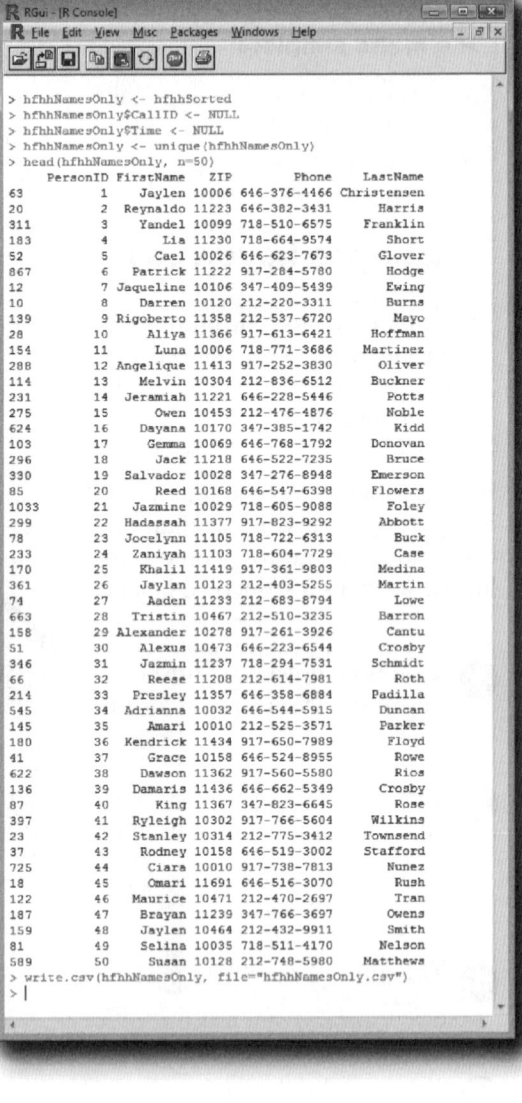

```
> hfhhNamesOnly <- hfhhSorted
> hfhhNamesOnly$CallID <- NULL
> hfhhNamesOnly$Time <- NULL
> hfhhNamesOnly <- unique(hfhhNamesOnly)
> head(hfhhNamesOnly, n=50)
     PersonID FirstName   ZIP        Phone      LastName
63          1    Jaylen 10006 646-376-4466 Christensen
20          2  Reynaldo 11223 646-382-3431       Harris
311         3    Yandel 10099 718-510-6575     Franklin
183         4       Lia 11230 718-664-9574        Short
52          5      Cael 10026 646-623-7673       Glover
867         6   Patrick 11222 917-284-5780        Hodge
12          7 Jaqueline 10106 347-409-5439        Ewing
10          8    Darren 10120 212-220-3311        Burns
139         9 Rigoberto 11358 212-537-6720         Mayo
28         10     Aliya 11366 917-613-6421      Hoffman
154        11      Luna 10006 718-771-3686     Martinez
288        12 Angelique 11413 917-252-3830       Oliver
114        13    Melvin 10304 212-836-6512      Buckner
231        14  Jeramiah 11221 646-228-5446        Potts
275        15      Owen 10453 212-476-4876        Noble
624        16    Dayana 10170 347-385-1742         Kidd
103        17     Gemma 10069 646-768-1792      Donovan
296        18      Jack 11218 646-522-7235        Bruce
330        19  Salvador 10028 347-276-8948      Emerson
85         20      Reed 10168 646-547-6398      Flowers
1033       21   Jazmine 10029 718-605-9088        Foley
299        22  Hadassah 11377 917-823-9292       Abbott
78         23  Jocelynn 11105 718-722-6313         Buck
233        24   Zaniyah 11103 718-604-7729         Case
170        25    Khalil 11419 917-361-9803       Medina
361        26    Jaylan 10123 212-403-5255       Martin
74         27     Aaden 11233 212-683-8794         Lowe
663        28   Tristin 10467 212-510-3235       Barron
158        29 Alexander 10278 917-261-3926        Cantu
51         30    Alexus 10473 646-223-6544       Crosby
346        31    Jazmin 11237 718-294-7531      Schmidt
66         32     Reese 11208 212-614-7981         Roth
214        33   Presley 11357 646-358-6884      Padilla
545        34   Adrianna 10032 646-544-5915      Duncan
145        35     Amari 10010 212-525-3571       Parker
180        36  Kendrick 11434 917-650-7989        Floyd
41         37     Grace 10158 646-524-8955         Rowe
622        38    Dawson 11362 917-560-5580         Rios
136        39   Damaris 11436 646-662-5349       Crosby
87         40      King 11367 347-823-6645         Rose
397        41   Ryleigh 10302 917-766-5604      Wilkins
23         42   Stanley 10314 212-775-3412     Townsend
37         43    Rodney 10158 646-519-3002     Stafford
725        44     Ciara 10010 917-738-7813        Nunez
18         45     Omari 11691 646-516-3070         Rush
122        46   Maurice 10471 212-470-2697         Tran
187        47    Brayan 11239 347-766-3697        Owens
159        48    Jaylen 10464 212-432-9911        Smith
81         49    Selina 10035 718-511-4170       Nelson
589        50     Susan 10128 212-748-5980     Matthews
> write.csv(hfhhNamesOnly, file="hfhhNamesOnly.csv")
>
```

Use a Cabeça Recrutadores está recrutando intensamente!

Já temos certeza que sua lista foi incrivelmente poderosa. Com um conjunto de dados limpos de possíveis clientes, a Use a Cabeça Recrutadores está conquistando mais clientes do que antes, e eles nunca conseguiriam fazer isso se não fosse pelas suas habilidades com a limpeza dos dados. Bom trabalho!

Isso é ótimo! Nós estamos conquistando muitos clientes novos, muito melhor do que antes!

Deixando a cidade...

Foi muito bom ter você aqui na Dadolândia!

Estamos tristes em vê-lo partir, mas não há nada como colocar em prática tudo aquilo que se aprendeu. Você está apenas começando a sua jornada em análise de dados, e nós o colocamos no lugar do motorista. Estamos ansiosos por notícias de como as coisas vão caminhar daqui para frente, então **escreva pra nós** do Use a Cabeça Análise de Dados, **www.headfirstlabs.com**, e nos conte como a análise de dados está lhe beneficiando.

apêndice i: extras

Os Dez Mais
(que nós não cobrimos)

> Você ainda não acabou, certo? Há muita coisa ainda!

Você já percorreu boa parte do caminho.

Mas é um campo vasto e em desenvolvimento constante, e sempre há muito a ser aprendido. Neste apêndice, nós vamos dar uma olhada em dez itens que não tivemos espaço suficiente para cobrir no decorrer do livro, mas devem estar no topo da sua lista dos próximos assuntos a serem estudados.

#1: Todas as outras coisas sobre estatística

Estatística é um campo que tem **uma grande variedade de ferramentas e tecnologias** para a análise de dados. Na verdade, ela é tão importante para os analistas de dados que muitos livros sobre "análise de dados" tratam de estatística.

Aqui temos uma lista incompleta das ferramentas estatísticas que não cobrimos no *Use a Cabeça Análise de Dados*.

É sempre uma boa ideia aprender sobre todos esses tópicos se você for um analista de dados.

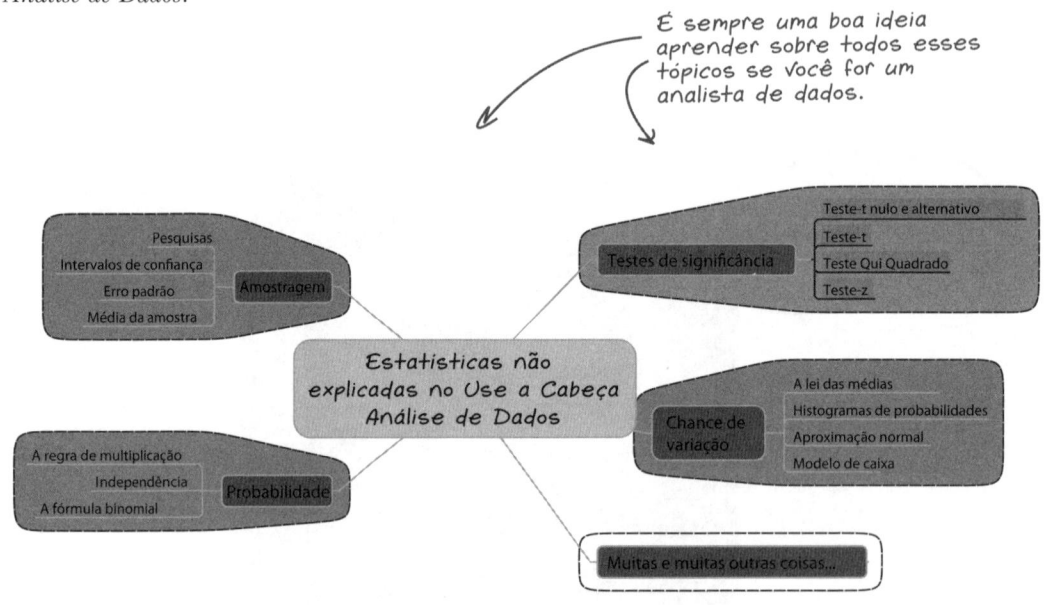

No entanto, muito do que você *aprendeu* neste livro aumentou o seu entendimento de assuntos mais complexos, que envolvem a construção de modelos e suposições, preparando você não só para usar as ferramentas estatísticas, mas também para entender suas **limitações**.

Quanto mais você conhecer a estatística, mais chances terá de desenvolver um bom trabalho analítico.

#2: Habilidades no Excel

Esse livro presume que você tem bons conhecimentos
de planilhas de cálculo, embora os analistas de dados
habilidosos tendam a ser *ninjas* com as planilhas.

Comparado à programas como o R e assuntos como
regressão, não é terrivelmente árduo aprender a lidar
com o Excel. E é melhor você fazer isso!

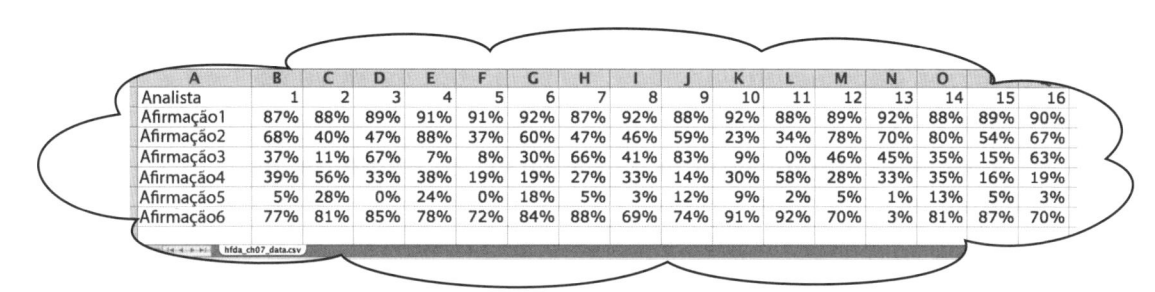

	A	B	C	D	E	F	G	H	I	J	K	L	M	N	O	
	Analista	1	2	3	4	5	6	7	8	9	10	11	12	13	14	15	16
	Afirmação1	87%	88%	89%	91%	91%	92%	87%	92%	88%	92%	88%	89%	92%	88%	89%	90%
	Afirmação2	68%	40%	47%	88%	37%	60%	47%	46%	59%	23%	34%	78%	70%	80%	54%	67%
	Afirmação3	37%	11%	67%	7%	8%	30%	66%	41%	83%	9%	0%	46%	45%	35%	15%	63%
	Afirmação4	39%	56%	33%	38%	19%	19%	27%	33%	14%	30%	58%	28%	33%	35%	16%	19%
	Afirmação5	5%	28%	0%	24%	0%	18%	5%	3%	12%	9%	2%	5%	1%	13%	5%	3%
	Afirmação6	77%	81%	85%	78%	72%	84%	88%	69%	74%	91%	92%	70%	3%	81%	87%	70%

hfda_ch07_data.csv

Os melhores analistas de dados conseguem
trabalhar com planilhas até em sonho.

#3: Edward Tufte e seu princípio de visualização

Os bons analistas de dados passam bastante tempo lendo e relendo o trabalho de grandes analistas, e o Edward Tufte é único não somente na qualidade do seu próprio trabalho, como também na qualidade do trabalho de outros analistas que ele junta e exibe em seus livros. **Aqui estão os princípios fundamentais do design analítico:**

> **"Mostre comparações, contrastes, diferenças."**
>
> **"Mostre a causalidade, o mecanismo, as explicações, a estrutura sistemática."**
>
> **"Exiba dados multivariados; ou seja, mostra mais de 1 ou 2 variáveis."**
>
> **"Integre completamente as palavras, os números, as imagens, os diagramas."**
>
> **"Descreva a evidência detalhadamente."**
>
> **"As apresentações analíticas essencialmente se mantêm ou caem dependendo da qualidade, relevância e integridade do conteúdo."**
>
> **—Edward Tufte**

Essas palavras de sabedoria, e muito mais, são das páginas 127, 128, 130, 131, 133 e 136 do livro *Beautiful Evidence*. Os livros de Edward são uma galeria do melhor que você pode encontrar sobre visualização de dados.

E, além disso, o livro *Data Analysis for Public Policy* é o melhor livro de regressão que você vai encontrar, e você pode baixá-lo gratuitamente em: *http://www.edwardtufte. com/tufte/dapp/* (conteúdo em inglês).

#4: TabelasPivot

A tabela Pivot é uma das ferramentas de mais poderosas embutidas nas planilhas de programas de estatística. As tabelas são fantásticas para **exploratória** e para resumir dados extraídos de **banco de dados relacionais.**

Você consegue criar várias tabelas Pivot diferentes a partir desses dados crus.

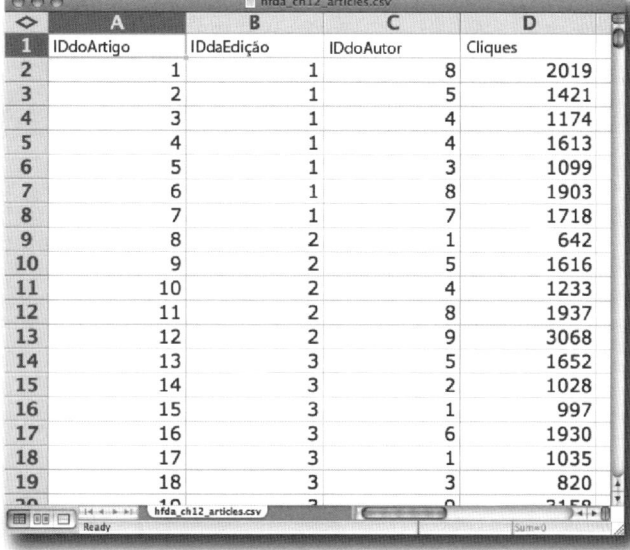

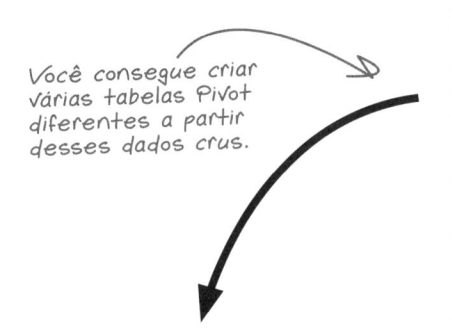

Essas são duas tabelas Pivot bem simples.

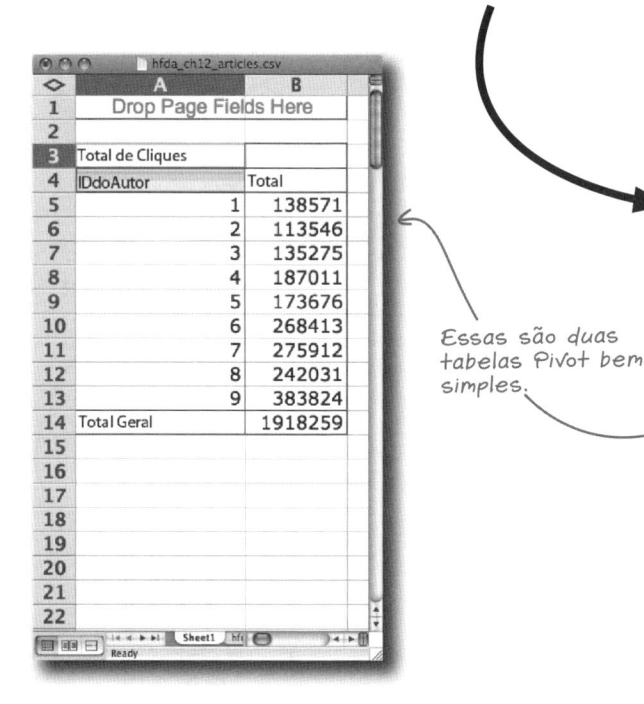

#5: A comunidade do R

O R não é somente um ótimo programa de computador, ele é uma ótima **plataforma** de programa. Muito do seu poder vem de uma comunidade de usuários e contribuidores globais que contribuem com **pacotes** gratuitos de funções que você pode utilizar para o seu domínio analítico.

Você experimentou essa comunidade quando executou a função xyplot a partir do **lattice**, um pacote lendário de visualização de dados.

Sua instalação do R pode ter qualquer combinação de pacotes para atender as suas necessidades.

Economistas

A equipe do R

Designers

Pacote de Contribuição

Pacote de Contribuição

Pacote de Contribuição

Pacote de Contribuição

Pacote principal do R

Biólogos

Pacote de Contribuição

Pacote de Contribuição

Sua instalação do R

Pessoas do financeiro

Estatísticos

Você

#6: Regressão não linear e múltipla

Mesmo que seus dados não exibam um padrão linear, sob algumas circunstâncias, você pode fazer previsões usando a regressão. Uma abordagem seria aplicar uma **transformação** numérica nos dados para torná-los lineares, e outra maneira seria desenhar um **polinômio** ao invés da regressão linear que passa pelos pontos.

Há uma correlação linear nos pontos de dados.

Então, a linha de regressão é reta.

Além disso, você não tem de se limitar a prever uma variável dependente de uma única variável independente. Às vezes, há fatores **múltiplos** que afetam a variável, então, para fazer uma boa previsão, você pode usar a técnica de **regressão múltipla**.

Esses pontos de dados não são lineares, mas há um padrão evidente.

A linha de regressão é não-linear.

y = a + bx

Você usa essa equação para prever a variável dependente a partir de uma única variável independente.

Mas você também pode escrever uma equação que prevê uma variável dependente a partir de variáveis independentes múltiplas.

$$y = a + bx_1 + cx_2 + dx_3 + \ldots$$

Essa equação é para regressão múltipla.

#7: Teste de hipóteses de alternativa nula

Enquanto a técnica de testar hipóteses que você aprendeu no Capítulo 5 é muito abrangente e pode acomodar uma variedade de problemas analíticos, **o teste de hipóteses de alternativa nula** é a técnica estatística que muitos (principalmente nas ciências e no mundo acadêmico) se lembram quando ouvem a expressão "testar hipóteses".

Essa ferramenta é utilizada com maior frequência do que ela é compreendida, e *Use a Cabeça* é um ótimo lugar para começar se você quer aprendê-la.

Considerando os dados que tenho, qual é a viabilidade das hipóteses nulas?

#8: Aleatoriedade

A aleatoriedade é um assunto muito importante na análise de dados.

Isso porque a **aleatoriedade** é difícil de ser vista. Quando as pessoas tentam explicar acontecimentos, elas realizam um excelente trabalho tentando encaixar os modelos nas evidências. Mas realizam um péssimo trabalho quando decidem usar modelos explanatórios.

Se o seu cliente perguntar por que um determinado evento aconteceu, a resposta honesta, baseada na melhor análise, normalmente será "o evento pode ser explicado por variações aleatórias nos resultados".

Quer ir ao parque?

Eu nunca sei o que este cara tem em mente para mim. Ele consegue quebrar todos os modelos que uso para tentar encaixar seu comportamento. Eu gostaria que ele falasse português...

#9: Google Docs

Nós falamos sobre o Excel, OpenOffice
e R, mas o Google Docs certamente
merece ser mencionado. O **Google Docs**
não apenas oferece planilhas online com
todas as funcionalidades, como também
tem recurso de **Gadget** que oferece uma
ampla variedade de visualizações.

Você pode obter várias visualizações diferentes usando o recurso Gadget do Google Docs.

É divertido explorar os diferentes gráficos que você pode construir com o Google Docs.

E, além disso, o Google Docs tem uma variedade
de funções que oferecem acesso a **fontes de dados
online em tempo real**. É um software gratuito que
certamente vale a pena conferir.

#10: Sua experiência

Você aprendeu a usar várias ferramentas neste livro, mas o que é mais empolgante é que você vai combinar sua experiência **de conhecimento** com essas ferramentas para compreender e melhorar o mundo. Boa sorte.

Sua experiência e as novas ferramentas analíticas devem ser somadas.

Você!

apendice ii: instale o r

Inicie o R!

Sim, eu gostaria de encomendar um pacote de software estatístico de primeira que vai liberar meu potencial analítico e, hã, sem discussões sobre isso, por favor.

Por trás de todo o poder de esmigalhar dados está sempre uma enorme complexidade.

Mas, felizmente, instalar e **iniciar** o R é algo que você pode realizar em alguns minutos, e esse apêndice é para mostra-lhe como ser bem sucedido na instalação do R, sem maiores dificuldades.

Começando a usar o R

A instalação do R, um software estatístico poderoso, gratuito e de código aberto, pode ser realizada seguindo esses quatro passos básicos.

1 **Acesse** *www.r-project.org* (conteúdo em inglês) para baixar o R. Não deve haver grandes problemas para encontrar um repositório perto de você que disponibilize o R para Windows, Mac e Linux.

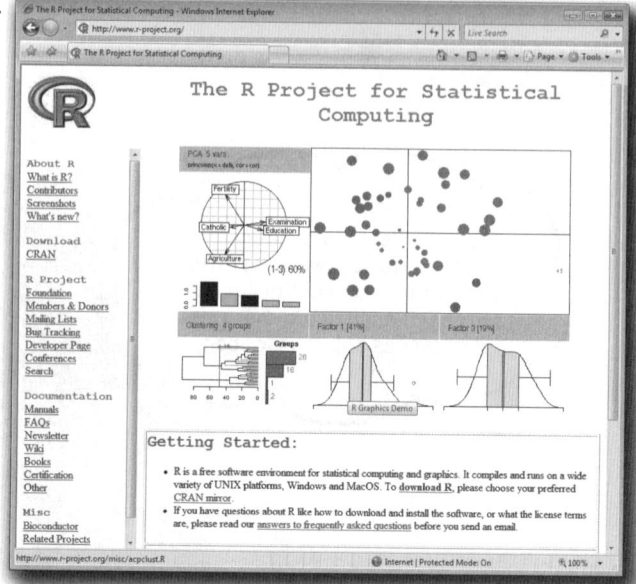

Clique neste link de download.

2 Depois de ter baixado o arquivo do R, **clique duas vezes** no ícone para iniciar o instalador.

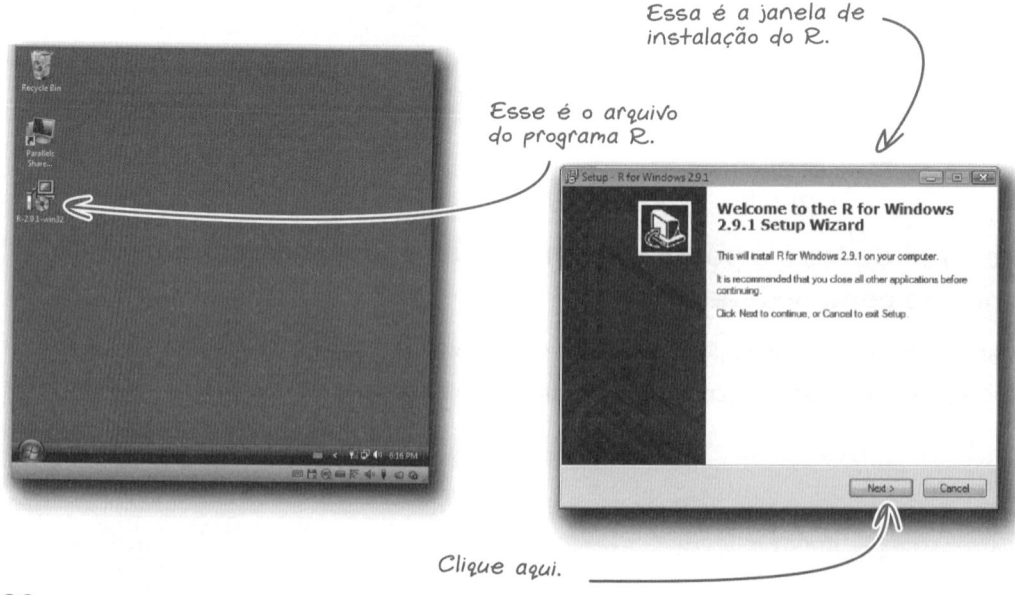

Essa é a janela de instalação do R.

Esse é o arquivo do programa R.

Clique aqui.

3 Aceite todas as opções padrão para carregar o R e clique em
Next nas janelas, deixando que o instalador faça seu trabalho.

É só aceitar todas
as configurações
padrão clicando em
Next.

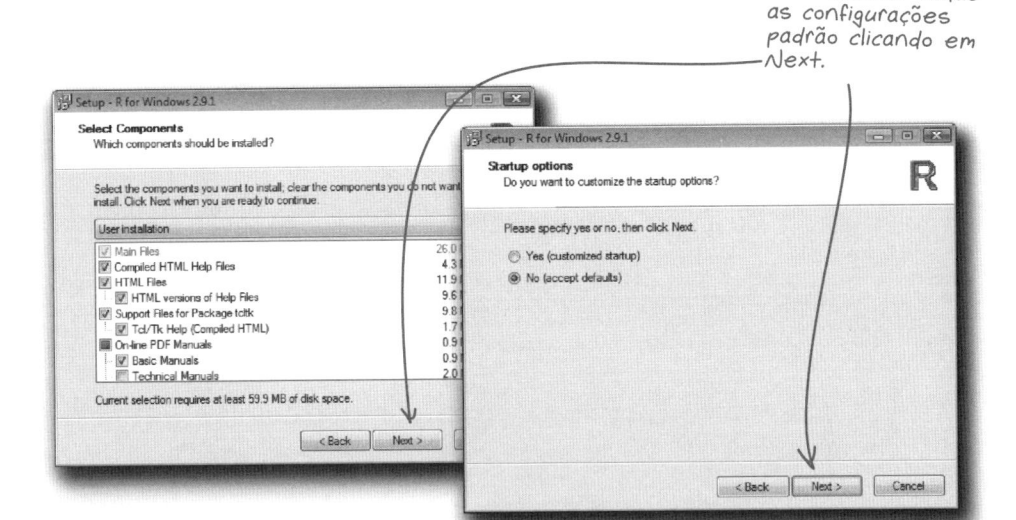

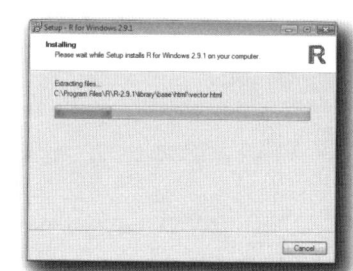

A espera é a parte mais difícil.

4 Clique no ícone do R
na área de trabalho
ou no Menu Iniciar e
você já está pronto para
começar a usar o R.

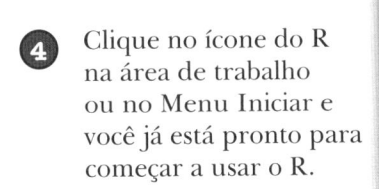

A janela do R é assim
quando você inicia o
programa pela primeira
vez.

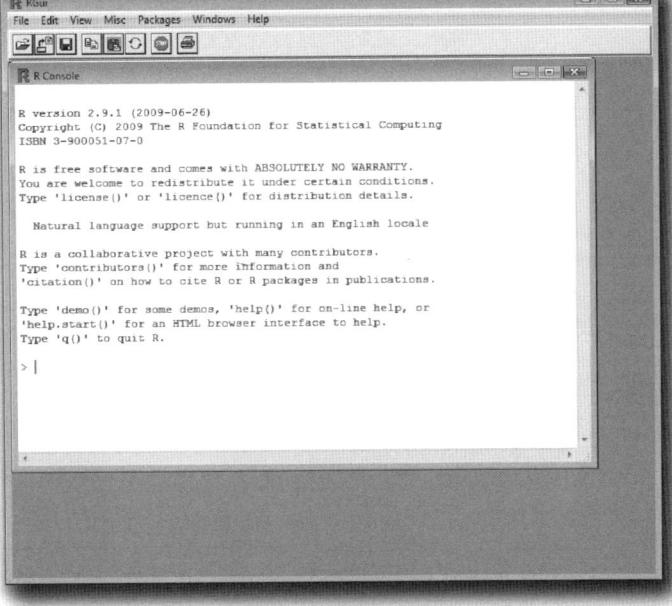

apendice iii: instalando as ferramentas de análise do excel

O Pacote de Ferramentas

Eu quero otimizar tudo agora! Eu não quero instalar add-ins...

Alguns dos melhores recursos do Excel não vêm instalados de modo padrão.

É isso mesmo. Para poder fazer a otimização do Capítulo 3 e os histogramas do Capítulo 9, você precisa ativar o **Solver** e o **Analysis ToolPak**, duas extensões que estão incluídas no Excel, mas que não são ativadas sem a sua iniciativa.

Instalando as ferramentas de análise de dados no Excel

A instalação do pacote de ferramentas de análise e do Solver no Excel é muito simples se você seguir esses passos.

Esse é o botão da Microsoft Office.

1 Clique no botão da Microsoft Office e selecione **Opções do Excel**.

Essas são as opções do Excel.

2 Selecione a guia Add-Ins e clique em **Ir...** ao lado de "Gerenciar Add-Ins do Excel".

A guia Add-Ins.

Clique nesse botão.

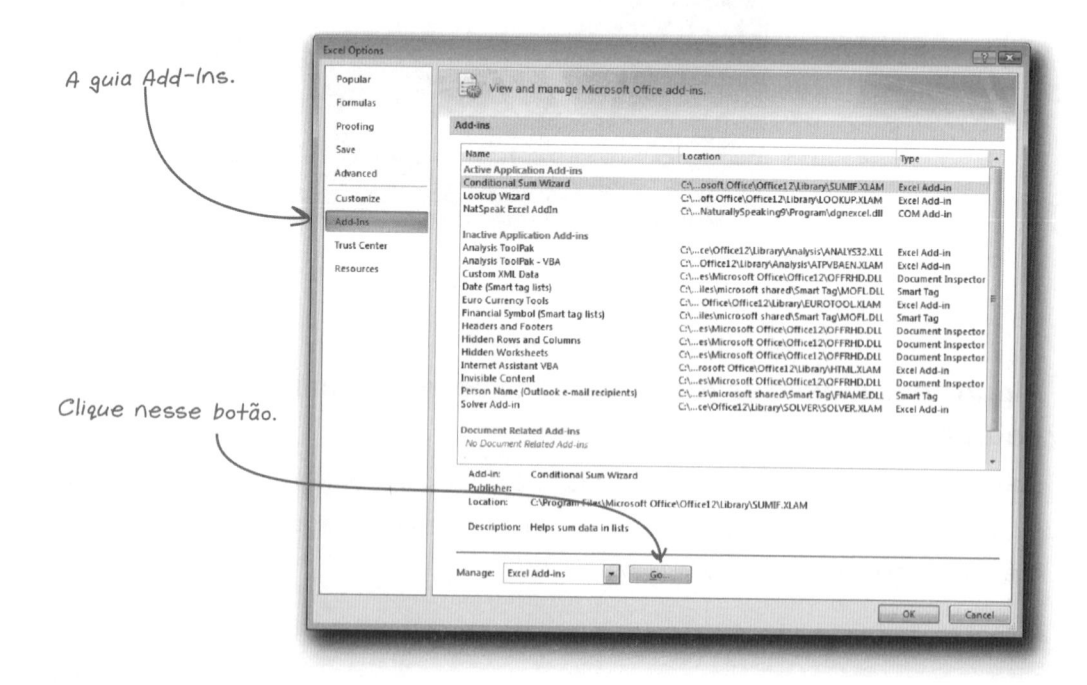

3 Certifique-se de que as caixas do Solver e do pacote de ferramentas de análise estejam marcadas.

Certifique-se de que essas duas caixas estejam marcadas.

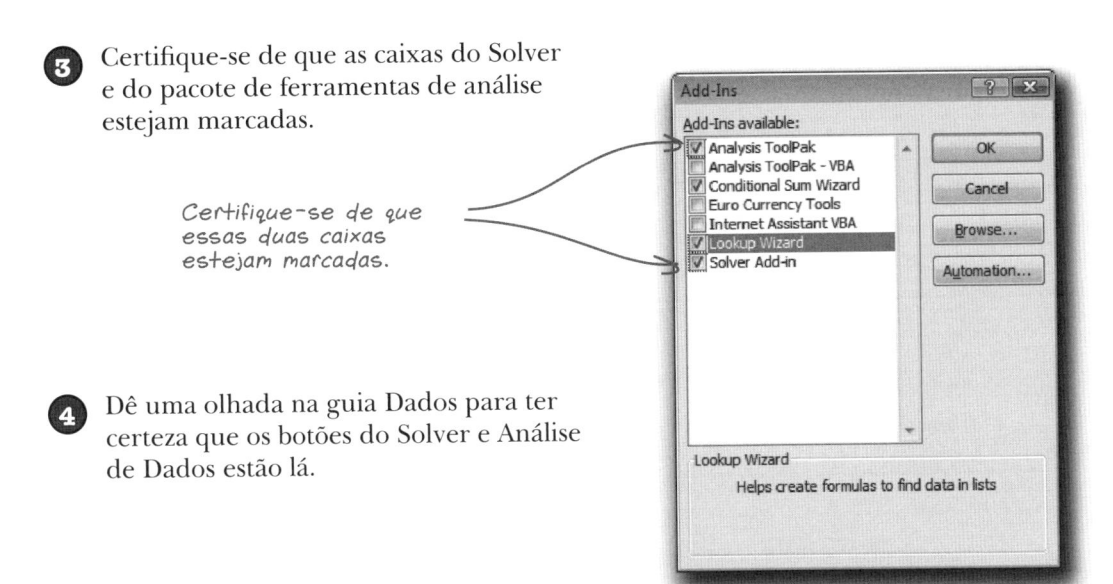

4 Dê uma olhada na guia Dados para ter certeza que os botões do Solver e Análise de Dados estão lá.

Certifique-se de que esses botões podem ser vistos na guia Dados.

Só isso!

Agora, você já está pronto para começar a utilizar otimizações, histogramas e muito mais.

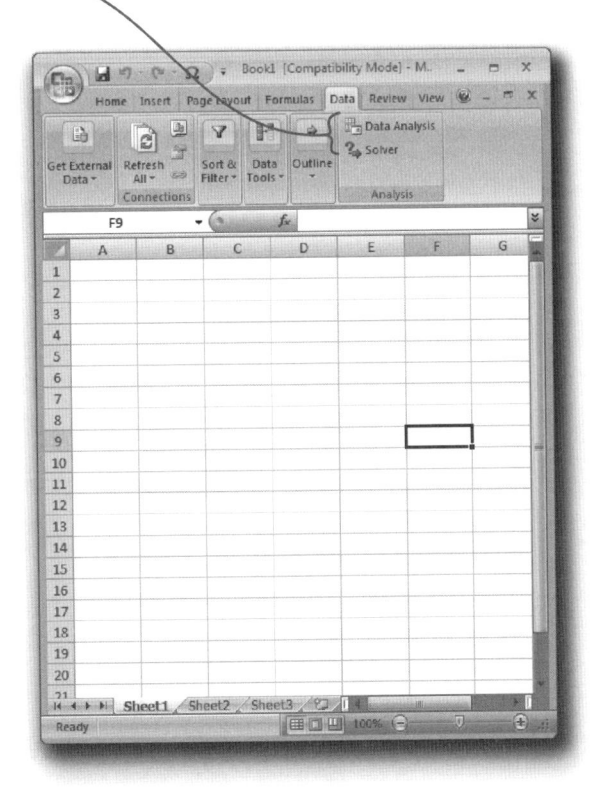

Índice Remissivo

Símbolos

\ barras invertidas 208

* caractere precedente 176

\ caracteres de fuga 406

A

Adobe Illustrator 129

aleatoriedade 424

Aleatoriedade 68, 424

Aleatoriedade Exposta 68, 238

Algoritmo 284

amostragem 322

análise da precisão 171

análise de dados 1, 4, 7, 35, 260, 172, 173, 174, 418, 424, 432, 433

análise de dados exploratória 7

análise de precisão 4, 173

análise exploratória de dados 171

análise

passos 124, 14

"anti-resumo" 25

arquivo CSV 371

"arte cognitiva" 218

arte de dados 291

associação linear 406

B

banco de dados 255, 338, 365, 412

banco de dados relacionais 359, 421

Beautiful Evidence 420

C

Calibre suas suposições 99

Cantinho dos Estudiosos,

Algoritmo 284

Diagnosticidade 159

Estudo observacional 43

Grupo Controle 58

Heurística 237

especificação completa e sintaxe da expressão regular 404

casualidade

associação 124

procurando por relações causais 291

procurar relações causais 149

redes causais 68

classificação 37, 43

Códigos Prontos 372, 407

    para o R 292

coeficiente de correlação 268

comando

    jitter 406

    plot 59

    sd 59

comparação

    método de 398, 399, 403

D

dados bagunçados 387, 389, 391, 392, 403, 404, 410

dados crus 28, 388, 421

dados duplicados 408, 411, 413

dados em constante mudança 27, 109

dados heterogêneos 155

dados observacionais 43

dados,

    Observações sobre os 13

    qualidade dos 115, 24, 412

    resumidos 10, 259

    resumo 10, 346

    segmentação dos 346, 271

    subconjuntos de 271

Data Analysis for Public Policy 420

Decomponha seus dados resumidos procurando 12

decompor 5, 258

Defina o problema 8

Definir 78

delimitador 394

delimitadores 395

de Perto,

    Correlação 302

    Denotação de Probabilidade Condicional 64

    Expressões Regulares 406

    Histogramas 263

    Necessidade de Dados 210

    variáveis de confusão 208

diagrama casual 103

diagrama rápido e frugal 124

E

edit 264

e gráficos de dispersão 124, 381

Entrevista Margens de Erro Expostas 335

equação de regressão 81, 45, 49, 306, 307, 309, 321, 324, 326, 337, 356, 318

Equação,

    função objetiva 45 , 80, 92, 100, 233

equação linear 304

equações de regressão 350

erro RMS (raiz quadrada da média) 129

erro

    variável no gráfico 69

estudos observacionais 62, 65, 159, 160

evidência,

    diagnóstico 260

Excel,

    Análise de Dados no menu
       Ferramentas. 394

    botão Texto em Colunas 395

    delimitador 394

    Especifique o delimitador 254

    expressões regulares 370

    fórmula DESVPAD 403

    fórmulas do 399

    fórmula SUBST 399

    Open Office CONCATENAR, fórmula
       399

    Open Office, =ESQUERDA fórmula
       400

    Open Office, =SUBST, fórmula 321

    OpenOffice, SUMIF, fórmula 413

    remover as duplicidades 321, 413

Target Cell 399

experimentos controlados aleatoriamente
    404, 407

expressões regulares 404, 406

F

faixa de erro 339, 345

    linha de regressão 339

falso-negativo 176, 175

falso-positivo 175

ferramentas analíticas 426

fórmula

    CONCATENAR 367

    COUNT.S 367

COUNT.SE 81

DESVPAD 403

LOCALIZAR 372

plot 233

SOMASE 400

SUBST 400

SUBSTITUIR 379

G

Gadget

    Google Docs 425

Galton, Sir Francis 298

gráfico de médias 297, 298

gráficos 289, 291, 68, 69, 70, 71, 69

gráficos de dispersão 292

gráficos de dispersão em 3D 291

    histogramas 292

    lattice 379, 380

    linhas de regressão 299

granularidade 62

H

head 291, 292

Heurística

    definição 244

    diagrama rápido e frugal 244

    estereótipos 155, 237, 238

    Estereótipos 155

    pensamento humano 155

hipótese base 270

hipótese do candidato 270

I

Illustrator 365

ilusões da taxa básica 365

Implementação de software já existente 25

Implementação personalizada 305

incertezas 304

inclinação 305

informação surpresa 304

intercepção 304

intercepção do eixo y 43, 236, 321

L

lattice

gráficos de dispersão 380, 379

library 379, 380

limpando os dados 385

limpeza de dados 392

linearidade 348, 309

Linguagem de Questão Estruturada, SQL 298, 379

linha de regressão 379

linhas de regressão 306

M

Margem de Erro 407

margem de erro

distribuição residual 308

método de comparação 20, 131, 27

Microsoft Excel 131, 21

Microsoft Visual Basic for Applications , VBA 21

N

negativos verdadeiros 175, 176, 177, 181

O

objetivas 81, 207

objetividade 14

objeto de modelo linear 338

OpenOffice 409

P

pacote de ferramentas

Excel 432

pensamento humano é heurístico 40

pesquisa aleatória 100

pesquisa de operações 27

pesquisas 254

planilha de cálculo 374

Ponto de Bala

Seu cliente pode: 9

pontos cegos 42

positivos verdadeiros 176

Preste Atenção

Nenhum software é capaz de dizer se a sua regressão faz sentid 323

Sempre faça as comparações de maneira explícita 178

Sempre fique de olhe nas suposições do seu modelo 329

Você errou essas probabilidades 176

previsões

desvios das suas 189

Probabilidade condicional 217

Q

quantitativamente

erros 334, 336

quantitativas

relações 376

teoria 233

R

R,

? 312, 409

r

coeficiente de correlação 300, 301, 302, 308

R,

comandos no 149, 291

comunidade de usuários 422

recomendações 313

redes causais 218

regra de Bayes 182, 218, 227, 228, 232, 241, 240

regra de Bayes

probabilidades 189

taxa básica 226

probabilidades 80

regressão

Data Analysis for Public Policy 420

erro RMS 336

linear 307, 423

margem de erro 330

não linear 338, 423

polinômio 423

resíduos 79, 330

restrições

função objetiva 291

mix de produtos 291, 322

S

satisfazimento 152, 159

save.image() 265

segmentação 346

segmentos 318, 343, 350, 353

SGBD 376, 377, 382, 412

sigma 114

sistema gerenciador de banco de dados 376

sites

Edward Tufte 420

Solver

ativar 431

T

tabelas Pivot 421

tag clouds 114

taxas básicas

   regras de Bayes 189

teoria 152, 155

V

variação interna 50

variáveis de decisão 75, 79, 80, 81, 91, 92, 93, 233

variáveis independentes 423

variáveis ligadas 103

variáveis ligadas negativamente 103

Visual Basic for Applications (VBA) 407

visualização de dados 125, 420, 422

visualizações,

   Beautiful Evidence 420

   lattice 422

   multivariadas 125, 365

X

xyplot 379, 380

Editora Alta Books

www.ALTABOOKS.com.br

Encontre livros dos mais diversos assuntos:

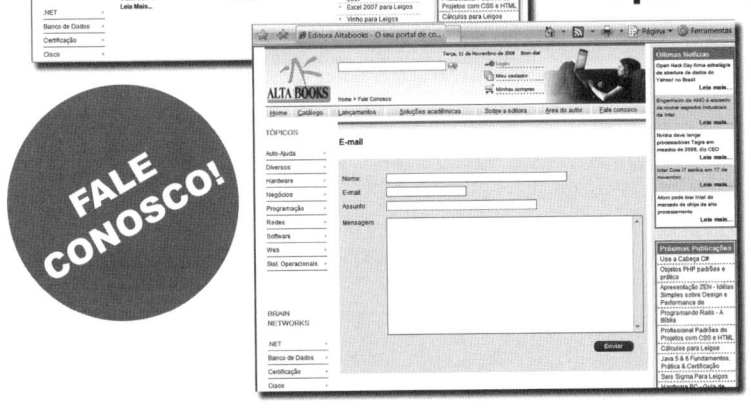

- **Guias de Viagens**
- **Hardware**
- **Negócios**
- **Programação**
- **Redes**
- **Software**
- **Web**
- **Sistemas Operacionais**

FALE CONOSCO!

Conheça nossos lançamentos.

E você ainda poderá comprar diretamente pelo nosso site!

Este livro foi impresso nas oficinas gráficas da Editora Vozes Ltda.,
Rua Frei Luís, 100 – Petrópolis, RJ.